ULRICH VÖLKLEIN

»Mitleid war von niemand zu erwarten«

Ulrich Völklein

»Mitleid war von niemand zu erwarten«

Das Schicksal der deutschen Vertriebenen

Droemer

Die Folie des Schutzumschlags sowie die Einschweißfolie sind
PE-Folien und biologisch abbaubar.
Dieses Buch wurde auf chlor- und säurefreiem Papier gedruckt.

Besuchen Sie uns im Internet:
www.droemer.de

Umschlaggestaltung: ZERO Werbeagentur, München
Umschlagabbildung: Corbis
Redaktion: Anke Schild
Satz: Ventura Publisher im Verlag
Druck und Bindung: Ebner & Spiegel, Ulm
Printed in Germany
ISBN 3-426-27340-3

2 4 5 3 1

Inhalt

Teil I:
Flucht, Vertreibung, neue Heimat

Einleitung 9
Flucht und Vertreibung östlich von Oder und Neiße 18
Flucht und Vertreibung aus dem Sudetenland 38
Aufnahme und Integration in der neuen Heimat 53

Teil II:
Erlebnisberichte

»Es war ein ziemlich wildes Leben« 79
Ursula Trautmann, Landwirtin, aus Markthausen/Ostpreußen

»Das Geschirr suchten wir auf Schrottplätzen« 96
Ursula Orlovius, Lehrerin, aus Warmhof/Westpreußen

»Mitleid war von niemand zu erwarten,
eher Gespött« 120
Luise Goldt, Postbotin, aus Krone an der Brahe

»Kein Mensch war da, der sich um uns kümmerte« 146
Anna Kientopf, Bäuerin, aus Machuswerder/Pommern

»Wegen jeder Kleinigkeit musste meine Frau bitten« 180
Bernhard Frieben, Makler, aus Breslau/Niederschlesien

»Ich war heimatlos« 202
Dr. Dieter Kosmalla, Historiker, aus Hirschberg/Niederschlesien

»Die Äpfel sollet verrecke, wie ihr au« 221
Reiner Sachse, Diplomingenieur, aus Oppeln/Oberschlesien

»Es blieb mein Wunsch, in die Heimat zurückzukehren« . . . 244
Franz Hickl, Bürgermeister, aus Mährisch-Trübau/Mähren

»Wir sind zufrieden und müssen es wohl sein« 261
Elisabeth Gitschner, Hausfrau, aus Karlsbad/Sudetenland

»Es kommt eben auch auf das Gesangbuch an« 282
Gustav Grüner, Ingenieur, aus Asch/Elstergebirge

»Sie gehen am besten dahin zurück,
woher sie gekommen sind« 291
Dr. Roland Chmelirsch, Arzt, aus Hodischau/Westböhmen

»Ich bin immer noch auf der Flucht« 312
Manfred Richter, Dozent, aus Spindelmühle/Riesengebirge

»Unverständnis gibt es uns gegenüber noch immer« 332
Josef Neumann, Handwerker, aus Neudorf/Moldawien

»Es fehlt an dem Gefühl, willkommen zu sein« 345
Hirsch Dutiné, Techniker, aus Frankfurt/Main

Anmerkungen 361
Bildnachweis 364
Ortsregister 365

Teil I
Flucht, Vertreibung, neue Heimat

Einleitung

Dies ist Geschichte: Nichts steht für sich und schon gar nicht für sich allein. Alles hat ein Davor und ein Danach, ist eingebettet in ein komplexes Geflecht von Bezügen, von Voraussetzungen und Konsequenzen. Es gibt in historischem Sinne keine Gegenwart, die allein aus sich selbst heraus begreifbar und bestimmbar wäre. Denn im Augenblick ihres Geschehens ist sie bereits Vergangenheit und Bedingung der Zukunft. Wer ein historisches Ereignis dennoch isoliert, der verfälscht Geschichte wenigstens insofern, als er sie unverständlich macht. Er setzt ein Datum, aber er leistet keinen Beitrag zur Aufklärung.

Dieses vor Augen, sind Kriege und auch Vertreibungen immer Ereignisse in einer Kette von Kriegen und Vertreibungen. Man mag zurückgehen bis zu dem Friedensvertrag von Versailles 1919, der Polen nach dem Ersten Weltkrieg neunzig Prozent der preußischen Provinz Posen und zwei Drittel der Provinz Westpreußen zusprach und Danzig zum Freistaat unter Völkerbundsaufsicht machte. Oder bis zu den drei Teilungen Polens im achtzehnten Jahrhundert, als das Zarenreich sich mehr als die Hälfte des polnischen Territoriums einverleibte und der Rest etwa zu gleichen Teilen an Preußen und Österreich ging. Oder bis zur Unterwerfung Ost- und Westpreußens durch den Deutschen Orden im dreizehnten und vierzehnten Jahrhundert. Oder bis zur Besiedelung Pommerns, der Lausitz, Niederschlesiens und Böhmens durch landlose Bauern und verarmte Handwerker aus den westlichen und südlichen Reichsgebieten des Heiligen Römischen Reiches Deutscher Nation im dreizehnten Jahrhundert. Alle diese Landnahmen und Städtegründungen, so segensreich sie auf längere Sicht für die zivilisatorische und kulturelle Entwicklung dieser Regionen gewesen sein mögen, waren keine Friedenstaten, sondern kamen gewaltsam über die Menschen, die dort lebten, und forderten von ihnen einen hohen Preis. Wer die neue Herrschaft nicht hinnahm, der wurde unterdrückt und entrechtet, getötet oder vertrieben. Oder er floh aus eigenem Antrieb, wenn er die Vorzeichen des drohenden Verhängnisses rechtzeitig zu deuten wusste.

Zwei Drittel der rund 1,1 Millionen Deutschen in den früher preußischen, davor polnischen und nun wiederum polnischen Provinzen Posen und Westpreußen verließen zwischen 1918 und 1922 ihre Heimat und zogen nach Deutschland, weil sie für sich in Polen keine Zukunft mehr sahen. Anders dagegen verhielten sich die damals 3,2 Millionen deutschen Bewohner Böhmens, Mährens und der Slowakei, die in ihren überwiegend geschlossenen Sprachgebieten nach dem Ersten Weltkrieg mit den doppelt so zahlreichen Tschechen, mit den Slowaken und Ungarn das Wagnis eines Vielvölkerstaates auf sich nahmen. Zwischen 1926 und 1935 beteiligten sich die so genannten »aktivistischen« deutschen Parteien (Bund der Landwirte, Christlichsoziale Volkspartei, Deutsche Sozialdemokratische Arbeiterpartei) sogar an den verschiedenen Koalitionsregierungen in Prag.

Aber dieser Versuch in den Hochzeiten des nationalistischen Ethnopurismus, auf staatlicher Ebene eine lebensfähige Gemeinschaft zu sichern, sollte scheitern. Die Tschechoslowakei wurde aus vielen Gründen nicht zu einer neuen Schweiz in Mittelosteuropa. Die exportorientierte, aber arbeitsintensive und kapitalarme Kleinindustrie des Sudetenlandes hat den Zusammenbruch ihrer Auslandsmärkte während der Weltwirtschaftskrise zu Beginn der dreißiger Jahre des vergangenen Jahrhunderts nicht verkraftet. Von den 846 000 Arbeitslosen der Tschechoslowakei im Jahr 1936 waren allein 525 000 Deutsche. Deren politische Radikalisierung konnte insofern kaum verwundern. Die »Sudetendeutsche Partei« Konrad Henleins, die sich von politischer Autonomie und einer Anlehnung der deutsch besiedelten Randgebiete des Landes an das nationalsozialistische Deutsche Reich Hilfe versprach, erzielte bei den Parlamentswahlen 1935 auf Anhieb achtundsechzig Prozent der sudetendeutschen Stimmen.

Henlein forderte im April 1938 mit Unterstützung Adolf Hitlers die vollständige Selbstverwaltung des Sudetenlandes, die ihm von der Prager Regierung mit Blick auf ähnliche Autonomiebestrebungen in den slowakischen und ungarischen Landesteilen allerdings nicht zugestanden wurde. Auf der Münchener Konferenz am 29. September 1938 beschlossen die Staats- und Regierungschefs des Deutschen Reiches, Italiens, Großbritanniens und Frankreichs in völkerrechtswidriger Abwesenheit tschechoslowakischer Vertreter die staatsrechtliche Abtretung der mehrheitlich von Deutschen bewohnten Grenzregionen Böhmens, Mährens und Schlesiens an Deutschland.

Am 1. Oktober 1938 marschierten deutsche Truppen in das Sudetenland ein und besetzten am 15. März 1939 nach der Unabhängigkeitserklärung der Slowakei die Rumpf-Tschechei. Etwa eine halbe Million tschechische Beamte, Angestellte und Kaufleute flohen mit ihren Angehörigen bereits im Winter 1938/39 aus Furcht vor den deutschen Machthabern in das noch unbesetzte Landesinnere. Ihnen schlossen sich Zehntausende deutscher Sozialdemokraten, Kommunisten und Juden an, die das nationalsozialistische Regime zu fürchten hatten.[1]

Es war gewiss nicht der einzelne Sudetendeutsche, der den Untergang des tschechoslowakischen Staates aktiv betrieben oder verschuldet hätte. Es gab unter ihnen loyale Anhänger der Prager Regierung und nicht wenige Hitler-Gegner. In ihrer Mehrheit allerdings haben sie sich für die raumgreifenden und in ihrer Konsequenz menschenverachtenden Trugbilder des nationalsozialistischen Nachbarlandes instrumentalisieren lassen – genauso wie die deutsche Minderheit in Polen vor und nach dem deutschen Überfall auf ihr Land am 1. September 1939. Insofern konnte es nicht erstaunen, dass Hass und Rache auf sie zurückschlugen, als sich mit dem Ende des Zweiten Weltkrieges die Machtverhältnisse erneut veränderten. Zumal Hitlers Kriegsziele nicht auf die Besetzung dieser beiden Länder beschränkt blieben.

Es sollte in diesem Zusammenhang an die Ansprache Hitlers vor der deutschen Militärführung auf dem Obersalzberg am 22. August 1939 erinnert werden. Ohne Widerspruch befürchten zu müssen, hetzte er die Generäle der Wehrmacht auf: »Ich habe den Befehl gegeben [...], dass das Kriegsziel nicht im Erreichen bestimmter Linien, sondern in der physischen Vernichtung des Gegners besteht. So habe ich, einstweilen nur im Osten, meine Totenkopfverbände bereitgestellt mit dem Befehl, unbarmherzig und mitleidslos Mann, Weib und Kind polnischer Abstammung und Sprache in den Tod zu schicken. [...] Polen wird entvölkert und mit Deutschen besiedelt. [...] Dann dämmert die deutsche Erdherrschaft herauf. [...] Denken wir als Herren und sehen wir in diesen Völkern bestenfalls lackierte Halbaffen, die die Knute spüren wollen. [...] Und nun: ran an den Feind! In Warschau feiern wir Wiedersehen!«[2]

Ende 1941 legte das Reichssicherheitshauptamt einen »Generalplan Ost« zur Germanisierung der eroberten Länder bis zum Ural vor. Der »rassepolitische Dezernent« des »Reichsministeriums für die besetzten Ostgebiete«, Erhard Wetzel, nahm dazu im April 1942 Stellung: »Wenn man für die Umsiedlung [von zwanzig Millionen Polen] eine Zeitdauer von dreißig Jahren, wie auch im Plan vorgesehen, vorsieht, wird sich die Zahl der Umsiedler auf etwa 700 000 bis 800 000 belaufen, d.h., es würden für die Transportierung dieser Massen [hinter den Ural] jährlich 700 bis 800 Eisenbahnen, für Transporte von Materialien, evtl. Vieh, noch mehrere weitere hundert Züge in Betracht kommen. Das würde an sich bedeuten, dass etwa 100 bis 120 Eisenbahnzüge nur für die Polentransporte jährlich zur Verfügung stehen müssten. Technisch dürfte dies in einigermaßen ruhigen Zeiten aber durchführbar sein.«[3]

Die nicht in den Osten deportierten Polen sollten von den Deutschen nach Auffassung des »Reichsführers-SS«, Heinrich Himmler, als Arbeitssklaven ausgebeutet werden: »Die Bevölkerung des Generalgouvernements setzt sich dann zwangsläufig nach einer konsequenten Durchführung dieser Maßnahmen im Laufe der nächsten zehn Jahre aus einer verbleibenden minderwertigen Bevölkerung [...] zusammen. Diese Bevölkerung wird als führerloses Arbeitsvolk zur Verfügung stehen und Deutschland jährlich Wanderarbeiter und Arbeiter für besondere Arbeitsvorkommen (Straßen, Steinbrüche, Bauten) stellen; sie wird [...] bei eigener Kulturlosigkeit unter der strengen, konsequenten und gerechten Leitung des deutschen Volkes berufen sein, an dessen ewigen Kulturtaten und Bauwerken mitzuarbeiten, und diese, was die Menge der groben Arbeit anlangt, vielleicht erst ermöglichen.«[4]

Tatsächlich verhinderte der Kriegsverlauf die vollkommene Umsetzung dieser beispiellos menschenfeindlichen Pläne. Immerhin wurden aus den besetzten Ländern an die zehn Millionen Zwangsarbeiter für die deutsche Rüstungsindustrie zusammengetrieben. Etwa 120 000 tschechische und slowakische Juden wurden in den Vernichtungslagern ermordet. Bereits bei den ersten planlosen Vertreibungsaktionen aus den ehemals deutschen Gebieten im September 1939 verloren 135 000 Polen das Leben, 800 000 weitere wurden bis Anfang 1941 ins »Generalgouvernement« abgeschoben. Insgesamt fielen sechs Millionen Polen, also jeder fünfte Einwohner dieses Landes, der deutschen Schreckensherrschaft zum Opfer.

Nicht verwunderlich, dass in diesen Ländern und bei den alliierten Siegermächten des Zweiten Weltkrieges sehr früh die Entscheidung über die Vertreibung der Deutschen aus den besetzten Territorien fiel. Während ihrer ersten Kriegskonferenz Ende November 1943 in Teheran verständigten sich Roosevelt, Churchill und Stalin darauf, dass die sowjetisch-polnische Nachkriegsgrenze längs der Curzon-Linie verlaufen sollte, die bereits nach dem Ersten Weltkrieg beide Länder trennte, bevor sie Polen 1921 in der Folge des polnisch-sowjetischen Krieges weit nach Osten verschob. Die entsprechende Kompensation Polens im Westen wurde noch nicht ausgehandelt.

Bei ihrem Treffen in Jalta im Februar 1945 bestätigten die drei Regierungschefs die Curzon-Linie als polnische Ostgrenze und fassten als Westgrenze die Oder-Neiße-Linie ins Auge. Damit wurden Polen im Osten eine Fläche von 180 000 Quadratkilometern zu Gunsten der Sowjetunion genommen und im Westen 103 000 Quadratkilometer zu Lasten Deutschlands zugesprochen. Während der Potsdamer Konferenz im Juli 1945 einigten sich die Siegermächte sowohl über diese vorläufigen Grenzziehungen bis zum Abschluss eines Friedensvertrages wie über die Massenausweisung der Deutschen aus dem sowjetischen Vorfeld in Polen, der Tschechoslowakei und Ungarn. Im Artikel XIII des Potsdamer Protokolls legten sie fest: »Die drei Regierungen haben die Frage unter allen Gesichtspunkten beraten und erkennen an, dass die Überführung der deutschen Bevölkerung oder Bestandteile derselben, die in Polen, der Tschechoslowakei und Ungarn zurückgeblieben sind, nach Deutschland durchgeführt werden muss. Sie stimmen darin überein, dass jede derartige Überführung, die stattfinden wird, in ordnungsgemäßer und humaner Weise erfolgen soll.«[5]

Diese »Überführung« fand freilich weder auf ordnungsgemäße noch auf humane Weise statt. Sie war eine gewaltsame Austreibung, so wie die Unterdrückung der tschechischen und polnischen Menschen in den Jahren davor gewaltsam gewesen war. Sie war, jenseits von unbestreitbarer kollektiver deutscher Schuld und Verantwortung für viele Verbrechen während des Zweiten Weltkrieges, für jeden Betroffenen aber auch in jedem einzelnen Falle eine individuelle Tragödie, bei der er stellvertretend für etwas in Haftung genommen wurde, was ihm persönlich möglicherweise nur mittelbar zuzurechnen war. Er musste mit dem Verlust von Heimat, Besitz, Gesundheit und nicht selten mit dem Leben bezahlen, was er als handelnde Person meist nicht verursacht hatte: etwa die Verfolgung und Ermordung der unterworfenen Polen und Tschechen zuvor.

Die Bilanz dieser Vertreibung ist brutal.[6] Knapp achtzehn Millionen Deutsche lebten gegen Ende des Krieges in den deutschen Ostgebieten (innerhalb der Grenzen von 1937) sowie in der besetzten Tschechoslowakei, im eroberten Polen, im annektierten Memelland, in der Sowjetunion und in Südosteuropa. Annähernd zwei Millionen von ihnen flohen vor dem Eintreffen der sowjetischen Armee. Etwa 700 000 Deutsche wurden zur Zwangsarbeit in die Sowjetunion verschleppt, von denen bis

1950 nur 300 000 zurückkehrten; 260 000 überlebten diese Fron nicht. Weitere 310 000 Deutsche, die bis Anfang 1941 auf der Grundlage deutsch-sowjetischer Vereinbarungen als Umsiedler aus der Sowjetunion – das heißt aus dem Baltikum, aus Wolynien (Ukraine), aus Ostgalizien und aus Bessarabien – in das Deutsche Reich gekommen waren, wurden ebenfalls nach Sibirien verbannt; dabei kamen 110 000 Menschen ums Leben.

Zwölf Millionen Vertriebene trafen bis in die fünfziger Jahre in der Bundesrepublik (7 900 000) und in der DDR (4 065 000) ein, während zweieinhalb Millionen freiwillig oder zwangsweise in den Vertreibungsgebieten zurückblieben. Die Angaben über die Zahl jener Menschen, die während ihrer Flucht und Vertreibung zu Tode kamen, weichen voneinander ab. In einer auf Anregung des Bundesinnenministeriums 1969 zusammengestellten *Dokumentation von Vertreibungsverbrechen* gab das Bundesarchiv die nachweisliche Zahl der Todesopfer mit 610 000 an; weitere 2,2 Millionen Schicksale seien ungeklärt. Doch »die Gleichsetzung dieser Zahlenangaben mit der Gesamtheit der Todesopfer« verbiete sich, meinte das Bundesarchiv, ohne weitere Aufschlüsse über das Verbleiben dieser Menschen zu geben. Gerhard Reichling geht in seinen statistischen Untersuchungen von 1,44 Millionen »Vertreibungsverlusten« aus, zu denen noch 370 000 ums Leben gekommene Menschen hinzuzuzählen sind, die in die Sowjetunion verschleppt worden waren. Die Zahl deutscher Opfer bei Flucht und Vertreibung dürfte mithin knapp unter zwei Millionen liegen und jene von überlebenden Flüchtlingen und Vertriebenen um die vierzehn Millionen ausmachen.

Die Integration dieser vielen Menschen in die Gesellschaften der Bundesrepublik wie der DDR, wo sie 1950 einen Anteil an der Gesamtbevölkerung von 16,5 Prozent (BRD) und 24 Prozent (DDR) ausmachten, gehört fraglos zu den großen politischen Leistungen beider Länder. Doch dürfen über diesem im Ganzen erfolgreichen Unternehmen die seelischen Wunden nicht vergessen werden, die Flucht und Vertreibung unauslöschlich geschlagen haben. Diese emotionalen Verletzungen mögen in den ersten

Jahren der Ansiedlung, als es um das nackte Überleben und die Sicherung minimaler Ansprüche ging, nicht im Vordergrund gestanden haben. Als dann aber die Integration der Millionen auf dem Wege der Anpassung an die Bedürfnisse der Bevölkerungsmehrheit der Einheimischen vollzogen war, ließen sich die psychischen Kosten der erzwungenen Umsiedelung nicht länger verstecken. Sie traten insbesondere in Form seelischer Erkrankungen zutage. Depressionen und Selbstmorde finden sich in diesem Bevölkerungsteil bis heute weit überproportional.

Ausgrenzungserfahrungen, Missachtung, soziale Abwertung, beruflicher Abstieg, materielle Not, familiäre Trennungen auf der einen Seite, Böswilligkeit und Neid wegen vermeintlicher Begünstigungen auf der anderen bedeuteten für viele Flüchtlinge und Vertriebene zusätzliche Belastungen. Jahre- und jahrzehntelang wurde solches Leid verdrängt, um den erhofften und durch mancherlei Verzicht erarbeiteten Integrationserfolg nicht zu gefährden. Im Alter bricht nun vieles davon wieder auf – und Kinder oder Enkel aus Flüchtlings- und Vertriebenenfamilien erfahren nicht selten zum ersten Mal, wie bitter ihren Eltern und Großeltern das Einleben in der neuen Heimat wurde. Und wie schwer es ihnen von ihrer Umwelt gemacht worden ist.

Die erheblichen Kriegslasten sind also durchaus nicht von allen Deutschen in gleichem Ausmaß getragen worden, auch wenn jedenfalls im Westen der Versuch unternommen wurde, durch Lastenausgleichszahlungen in Höhe von über 145 Milliarden Mark (im Gegenwert von 73 Milliarden Euro) materielle Verluste wenn schon nicht auszugleichen, dann doch wenigstens zu begrenzen.

Heute, rund sechzig Jahre nach Flucht und Vertreibung, geht es den wenigen Betroffenen, die noch am Leben sind, in der Regel nicht um Vorwürfe oder Aufrechnung. Sie wollen lediglich, dass ihr Erleben nicht vergessen, sondern endlich wahrgenommen werde. Deshalb haben sich Zeitzeugen in großer Zahl gemeldet, als im November 2003 der *Deutsche Ostdienst,* das Informationsblatt des Bundesverbandes der Vertriebenen (BdV), und etliche Heimatblätter einen Aufruf des Autors veröffentlichten, über derartige Erfahrungen zu berichten. Diese Erlebnisberichte ergänzen Angaben, die von Flüchtlingen und Vertriebenen meist unmittelbar nach ihrer Ankunft in den Ansiedelungsgebieten gemacht wurden und die als umfangreiche »Ostdokumentation« in den Beständen des Bundesarchivs in Berlin sowie des Lastenausgleichsarchivs in Bayreuth verwahrt werden und der Forschung offen stehen.

Für dieses Buch über eine an sich schon erschreckende und noch dazu erschreckend lange andauernde Fremdheit von Flüchtlingen und Vertriebenen im eigenen Land wurden bedrängende Zeitzeugnisse nach der Unmittelbarkeit ihrer Schilderung, nach den Herkunftsgebieten, nach der sozialen Schichtzugehörigkeit, nach den verschiedenen Vertreibungswegen, nach den unterschiedlichen politisch-weltanschaulichen Einstellungen der Betroffenen und nach der Aufnahme in den westlichen Besatzungsgebieten beziehungsweise in der sowjetischen Zone ausgewählt, um ein zutreffendes und hinlänglich vollständiges Bild dieses Leiderlebens nachzeichnen zu können. Sie werden in ihren zeitgeschichtlichen Zusammenhang gestellt und eingeordnet. Sie können als Oralhistory wissenschaftliche Darstellungen gewiss nicht ersetzen. Aber sie verschaffen solchen notwendigen und längst überfälligen historischen, soziologischen und psychologischen Untersuchungen eine Grundlage, ohne die jede nüchternsachliche Erörterung lebensfremd und in ihrer eigentlichen Dimension unverständlich bliebe.

Damit ist dieses Buch den Opfern des Zweiten Weltkrieges gewidmet, zu denen sicherlich auch die deutschen Flüchtlinge und Vertriebenen zählen: ein Tatbestand, der im wissenschaftlichen Diskurs, in der politischen Debatte und in der Publizistik bis heute nicht ausreichend gewürdigt worden ist.

Flucht und Vertreibung östlich von Oder und Neisse

Wann begann das Kriegsende? Bereits im Winter 1941, als die deutschen Angreifer vor Moskau zur Umkehr gezwungen wurden? Oder zwei Jahre später, als die 6. Armee unter Generalfeldmarschall Friedrich Paulus im Kessel von Stalingrad kapitulieren musste? Oder erst im Juni 1944, als die Rote Armee zu ihrer Sommeroffensive antrat und von diesem Zeitpunkt an nicht mehr wirklich aufgehalten werden konnte? Gleichviel: Anfang Juli 1944 wurden südöstlich von Minsk achtundzwanzig deutsche Divisionen zerschlagen, etwa 350 000 Soldaten sind dabei gefallen oder in Gefangenschaft geraten. Die deutsche Abwehrfront war durchstoßen. Mitte Oktober drangen russische Truppen in Ostpreußen ein. Adolf Hitler verließ im November sein Hauptquartier »Wolfsschanze« bei Rastenburg und suchte Zuflucht im »Führerbunker« in Berlin, im Garten der Reichskanzlei, wo er sich am Nachmittag des 30. April 1945 durch Selbstmord der Verantwortung für seine Verbrechen entzog.

Im September 1944 rief Propagandaminister Joseph Goebbels alle Jugendlichen und Männer im Alter zwischen sechzehn und sechzig Jahren, die bisher nicht zur Wehrmacht eingezogen worden waren, für den »Volkssturm« auf. Diese letzte Reserve militärisch kaum ausgebildeter und höchst unzulänglich bewaffneter Soldaten sollte Entlastung bringen, führte aber tatsächlich dazu, dass Familien und Ortschaften ihrer wenigen noch in der Heimat verbliebenen Männer beraubt wurden. Frauen, alte Menschen und Kinder blieben dann später während der Flucht nicht selten auf sich allein gestellt. Der militärische Wert dieser zusammengewürfelten Einheiten war ebenso gering wie der Nutzen des »Ostwalls«, der im Sommer und Herbst 1944 unter dem Kommando von Parteifunktionären durch Kriegsgefangene, Zwangsarbeiter und Angehörige der deutschen Zivilbevölkerung eilends errichtet wurde. Denn als die Bunker und Panzergräben im Winter und

Frühjahr 1945 sowjetische Angriffe aufhalten sollten, fehlte es an Soldaten und Waffen, um diese Stellungen zu besetzen.

Von Flucht oder Evakuierung durfte freilich im Herbst 1944 unter Strafandrohung einer Verurteilung wegen »Defätismus« und »Wehrkraftzersetzung« öffentlich nicht gesprochen werden. Entsprechende Vorausplanungen des Oberpräsidiums in Königsberg, der zivilen Regierungsinstanz der Provinz, untersagte der Nazi-Gauleiter und »Verteidigungskommissar« Erich Koch, während die Behörden in Westpreußen, dem Warthegau, in Pommern und Schlesien derartige Räumungspläne zumindest intern ausarbeiten ließen. Dennoch verhinderten Parteibefehle am Ende fast überall eine rechtzeitige Information der Bevölkerung über den tatsächlichen Ernst der Lage und machten so wirksame Vorbereitungen auf die Flucht von Millionen Menschen nahezu unmöglich.

Anfang Oktober 1944 stießen russische Truppen bei Memel zur Ostsee durch und schlossen damit die deutsche Heeresgruppe Nord im Baltikum ein. Gleichzeitig begann an der östlichen Grenze Ostpreußens ein Angriff, der in Richtung Königsberg zielte. Zwischen Ebenrode und der Rominter Heide gelang der Durchbruch. Bei Nemmersdorf südlich von Gumbinnen erreichten sowjetische Panzerspitzen das Flüßchen Angerapp. Zwei Tage nach dem Beginn der Angriffe wurde am 5. Oktober für das Memelland der Räumungsbefehl gegeben. Als General Friedrich Hoßbach, der Befehlshaber der 4. Armee in Ostpreußen, die Evakuierung der Bevölkerung aus den östlichen Landkreisen forderte, wurde diese Maßnahme dagegen noch strikt abgelehnt. Erst als russische Einheiten schon dreißig Kilometer tief auf ostpreußisches Gebiet vorgedrungen waren, erfolgte – viel zu spät – die Erlaubnis zur Räumung frontnaher Ortschaften. Die Folge: Bei Großwaltersdorf an der Rominte und in Nemmersdorf überraschten Vorauskommandos der Roten Armee die Einheimischen in ihren Gemeinden und richteten unter ihnen ein Blutbad an.

Nachdem bei einem deutschen Gegenangriff auf Nemmersdorf

die Umstände und das Ausmaß des Massakers dort aufgedeckt worden waren und dieses Verbrechen in deutschen Zeitungen zwecks Stärkung der Verteidigungsbereitschaft ausführlich geschildert worden war, machten sich die Bewohner des Regierungsbezirks Gumbinnen aus eigenem Antrieb auf die Flucht. Aus den Kreisen Heydekrug, Heinrichswalde, Tilsit-Ragnit, Schloßberg, Ebenrode, Goldap, Treuburg und Lyck drängten sich die Menschen auf Fuhrwerken oder in Marschkolonnen Richtung Westen. Etwa 600 000 Ostpreußen, ein Viertel der Bevölkerung, verließen bereits im Oktober 1944 ihre Heimat und wurden, soweit es sich bei ihnen um Landwirte handelte, in den westlichen Landkreisen der Provinz untergebracht. Schließlich rechnete kaum einer von den Militärs, als der russische Angriff längs der Linie Elchwerder am Kurischen Haff – Kreuzingen – Insterburg – Angerburg – Lyck zum Stehen kam, mit der endgültigen Niederlage in kurzer Zeit, so dass lediglich Frauen mit Kindern, Alte und Kranke mit der Bahn nach Pommern, Sachsen und Thüringen gebracht wurden. Dennoch setzte trotz aller Drohungen des Gauleiters auch in den noch feindfreien Bezirken Allenstein, Marienwerder und Königsberg eine stille Abwanderung ein, die dazu führte, dass sich am Jahresende 1944 von ursprünglich 2,34 Millionen nur noch 1,75 Millionen Menschen in Ostpreußen aufhielten.

Nach Abschluss der sowjetischen Sommeroffensive, die bis zur Weichsel vorstieß, blieben die Fronten in Polen und Ostpreußen bis in den Januar 1945 hinein im Wesentlichen unverändert. Aus diesem Grunde zog das Oberkommando der Wehrmacht zur Verstärkung der deutschen Truppen in Ungarn und zur Vorbereitung der letzten deutschen Angriffsoperation im Westen, der Ardennen-Offensive im Dezember 1944, kampfstarke Verbände aus dem Osten ab, die nicht mehr zu ersetzen waren, als Mitte Januar an der gesamten Front zwischen Memel und der oberen Weichsel der sowjetische Großangriff begann. Am 12. Januar brach die 1. Ukrainische Front (Marschall Iwan Konjew) aus dem Baranow-Brückenkopf in Richtung Schlesien vor, einen Tag später folgte die 1. Weißrussische Front (Marschall Georgi Schukow) aus den Brückenköpfen Magnuszew und Pulawy über Lodz und Kalisch auf die mittlere Oder hin. Am gleichen Tag nahm die 3. Weißrussische Front (General Iwan Tschernjakowski) ihren Vormarsch in Richtung Königsberg wieder auf, während die 2. Weißrussische Front (Marschall Konstantin Rokossowski) aus dem Narew-Brückenkopf Pultusk über Soldau in Richtung Elbing antrat, um Ostpreußen vom Reichsgebiet zu trennen.

Die weit überlegenen sowjetischen Kräfte trieben die deutschen Truppen vor sich her. Am 20. Januar 1945 überschritt die Rote Armee in Schlesien die Reichsgrenze und erreichte die Oder bei Brieg und Steinau wenige Tage danach. Posen schlossen die russischen Truppen am 25. Januar ein und stießen zum Monatsende bis an die mittlere Oder bei Küstrin vor. Damit war Ostbrandenburg von der Roten Armee eingenommen, während Pommern im Norden von den Kampfhandlungen noch unberührt blieb. In Ostpreußen dagegen waren die russischen Angriffe so erfolgreich, dass die deutschen Einheiten Ende Januar in einem Halbkreis auf die Linie Tolkemit am Frischen Haff – Wormditt – Heilsberg – Bartenstein – Preußisch Eylau – Brandenburg am Frischen Haff zurückgeworfen waren. Königsberg war eingeschlossen, und im Samland befand sich nur noch das Gebiet zwischen Pillau im Süden und Neukuhren im Norden in deutscher Hand.

Damit gab es für die ostpreußische Bevölkerung keinen Fluchtweg mehr über Land in Richtung Westen. Alle Bahnlinien und Straßenverbindungen waren unterbrochen. Die Flüchtlingstrecks drängten sich in zwei Kesseln zum Frischen Haff und zur Ostsee zusammen. Ein Fortkommen war allein noch über das zugefrorene Frische Haff zur Frischen Nehrung und dann weiter westwärts auf dem Landweg in Richtung Danzig möglich, oder mit dem Schiff vom eisfreien Seehafen Pillau aus. Bis zum 25. März 1945 hielten deutsche Truppen auf der Halbinsel bei Balga am Frischen Haff stand. Königsberg kapitulierte am 9. April und Pillau sechzehn Tage später. Auf der Frischen Nehrung kämpften letzte Einheiten bis zum Waffenstillstand am 9. Mai.

In Pommern und Westpreußen verteidigte sich die Wehrmacht im Februar 1945 entlang einer Linie, die etwa fünfzig Kilometer nördlich der Flüsse Warthe und Netze von Westen nach Osten verlief. Danzig sowie die Küstenregionen Westpreußens und Pommerns blieben daher als Rückzugsgebiete und Durchzugsstraßen für Flüchtlinge und Soldaten offen. Erst Anfang März drang die Rote Armee von Süden her bei Köslin zur Ostsee durch, unterbrach damit den Flüchtlingsstrom und zwang die Trecks zur Umkehr in Richtung Danzig und Gdingen-Gotenhafen. Von diesen Orten und von der Halbinsel Hela waren bis kurz vor der Kapitulation im Mai trotz erheblicher Gefährdung durch U-Boote, Artillerie und Flugzeuge annähernd zwei Millionen Menschen mit Schiffen nach Mecklenburg, Schleswig-Holstein und Dänemark transportiert worden. Kolberg fiel als letzte Stadt in Pommern am 18. März, Danzig und Gdingen wurden neun Tage später geräumt. Zwei deutsche Brückenköpfe hielten sich auf Hela und bei Schiewenhorst an der Weichselmündung bis zum Kriegsende.

In Schlesien hatte die Rote Armee bis Ende Januar 1945 alle östlich der Oder gelegenen Landesteile besetzt. Während sich in Oberschlesien die Wehrmacht zäh verteidigen konnte und so den Durchbruch sowjetischer Streitkräfte durch die Mährische Pforte bei Mährisch-Ostrau bis in den April hinein verhinderte, mussten sich die deutschen Truppen in Niederschlesien im Februar vor den russischen Angriffen nach Westen bis zur Lausitzer Neiße zurückziehen. Breslau wurde eingeschlossen, kämpfte allerdings bis zum 6. Mai. Gleichfalls in deutscher Hand blieb das böhmisch-schlesische Grenzgebirge. Für die Flüchtlinge hieß das, dass sie – wollten sie den Russen nicht in die Hände fallen – entweder bis Mitte März die Lausitzer Neiße überschritten haben mussten oder sich über den Gebirgskamm in das Sudetenland zu retten hatten.

Da die Rote Armee erst am 16. April 1945 von der Oder und der Neiße her zum »Endkampf« um Berlin antrat, blieben bis zu diesem Datum einzelne Fluchtwege in den Westen und in den

Süden noch passierbar. Etwa die Hälfte aller Flüchtlinge aus Ostpreußen, Westpreußen, dem Warthegau, aus Pommern, Ostbrandenburg und Schlesien – rund fünf Millionen Menschen – konnten sich in dieser Zeit in Sicherheit bringen. Dass sich nicht noch mehr auf den Weg gemacht hatten, lag neben den Unbilden der winterlichen Witterung und den Gefährdungen durch die Kämpfe des Kriegsendes daran, dass die Ostdeutschen damals noch nicht davon ausgehen konnten, ihre Heimat dauerhaft verlassen zu müssen. Da ihnen die Pläne der Alliierten über eine endgültige Verschiebung der Westgrenze Polens und die Angliederung des nördlichen Ostpreußens an die Sowjetunion unbekannt blieben, zogen viele die womöglich nur vorübergehende feindliche Besetzung dem lebensgefährlichen Wagnis der Flucht vor.

Aber selbst wenn ihnen bekannt geworden wäre, dass die Anti-Hitler-Koalition am 12. Februar 1945 in Jalta auf der Krim den Beschluss gefasst hatte, die künftige polnische Ostgrenze solle entlang der Curzon-Linie – also der polnisch-russischen Grenze unmittelbar nach dem Ersten Weltkrieg – verlaufen, wobei Polen »einen beträchtlichen Gebietszuwachs im Norden und Westen« beanspruchen könne, über dessen Umfang »die Ansicht der neuen Polnischen Provisorischen Regierung der Nationalen Einheit zu gegebener Zeit einzuholen« sei, selbst dann wären viele in ihren Häusern und Wohnungen geblieben, statt sich in dem ungewöhnlich kalten Winter mit unzureichenden Transportmitteln, fehlender Verpflegung und ohne medizinische Versorgung dem Risiko der Flucht auszusetzen. Einzelne freilich, und in der Summe waren das nicht wenige, sahen keinen Ausweg und zogen den Selbstmord den befürchteten Schrecken einer feindlichen Besetzung vor.

Denn dass russische Soldaten, seit sie im Herbst 1944 deutschen Boden betreten hatten, Ortschaften ausplünderten und niederbrannten, Nationalsozialisten, Polizisten und sonstige Amtsträger ohne Federlesens hinrichteten, Frauen wahllos vergewaltigten, Hunderttausende zur Zwangsarbeit in die Sowjetunion verschleppten und sich in ihrem Verhalten gegenüber Kriegsgefangenen und Verwundeten um die Schutzbestimmungen der Genfer Konvention nicht weiter scherten, war kein bloßes Gerücht, das ihnen vorauseilte oder das gestreut wurde, um den Kampfwillen der Wehrmacht zu steigern, sondern es war eine unbestreitbare Tatsache.

Seit Beginn der Offensive waren die Soldaten der Roten Armee darauf eingestimmt worden, Rache zu nehmen. Die Tonlage hatte der jüdisch-sowjetische Schriftsteller Ilja Ehrenburg bereits 1942 in seinem – hinsichtlich seiner Authentizität lange Zeit umstrittenen – Flugblatt »Töte!« vorgegeben: »Wir wissen alles. Wir erinnern uns an alles. Wir haben begriffen: Die Deutschen sind keine Menschen. Von jetzt ab ist das Wort ›Deutscher‹ für uns der allerschlimmste Fluch. Von jetzt ab bringt das Wort ›Deutscher‹ ein Gewehr zur Entladung. Wir werden nicht sprechen. Wir werden uns nicht aufregen. Wir werden töten. Wenn Du nicht im Laufe eines Tages wenigstens einen Deutschen getötet hast, so ist es für Dich ein verlorener Tag gewesen. Wenn Du glaubst, dass statt Deiner der Deutsche von Deinem Nachbarn getötet werden wird, dann hast Du die Gefahr nicht erkannt. Wenn Du den Deutschen nicht tötest, so tötet der Deutsche Dich. Er wird die Deinigen festnehmen und sie in seinem verfluchten Deutschland foltern. Wenn Du den Deutschen nicht mit einer Kugel töten kannst, so töte ihn mit dem Seitengewehr. Wenn in Deinem Abschnitt Ruhe herrscht und kein Kampf stattfindet, so töte den Deutschen vor dem Kampf. Wenn Du den Deutschen am Leben lässt, wird der Deutsche den russischen Mann aufhängen und die russische Frau schänden. Wenn Du einen Deutschen getötet hast, so töte einen zweiten – für uns gibt es nichts Lustigeres als deutsche Leichen. Zähle nicht die Tage. Zähle nicht die Kilometer. Zähle nur eines: die von Dir getöteten Deutschen! Töte den Deutschen! Dieses bittet Dich Deine greise Mutter. Töte den Deutschen! Dieses bitten Dich Deine Kinder. Töte den Deutschen! So ruft die Heimaterde. Versäume nichts! Zögere nicht! Töte!«[7]

Solche Aufrufe verfehlten ihre Wirkung nicht. Doch wäre es zu den vielfach beschriebenen Gewaltexzessen vermutlich nicht gekommen, wenn sich deutsche Soldaten während des Krieges in der Sowjetunion – abgesehen von Massenvergewaltigungen – nicht auf durchaus vergleichbar fürchterliche Weise verhalten hätten. Die vom Hamburger Institut für Sozialforschung vor einigen Jahren zusammengestellte Ausstellung »Verbrechen der Wehrmacht« brachte dafür reiche Belege. Die Liste der von Wehrmacht und SS begangenen Menschenrechtsverletzungen, Kriegsverbrechen und Massenmorde liest sich nicht weniger abschreckend als jene, die sowjetische Verbrechen gegen das Kriegsende hin aufzählt.

Das Bundesarchiv kam in seiner 1974 vorgelegten *Dokumentation von Vertreibungsverbrechen* zu dem Ergebnis, dass Flucht und Vertreibung zwischen 2,8 und drei Millionen Menschen das Leben kosteten, wobei die Zahl der Opfer von Gewalttaten auf 610 000 geschätzt wurde. Die Untersuchung hält fest: »Es wurden nicht [...] von den Erschießungen durch einrückende sowjetische Truppen zunächst vor allem Personen getroffen, die exponierte Parteistellen innehatten oder bestimmten nationalsozialistischen Organisationen angehörten [...], befanden sich doch unter den in den Gemeinden Zurückgebliebenen nur noch selten Personen, die exponierte Stellungen bekleidet hatten. In der Mehrzahl waren es Menschen:

– die nicht mehr hatten fliehen können, da die Räumung ihrer Gemeinden zu spät oder überhaupt nicht angeordnet war, oder

– Bewohner von Stadtgemeinden, für deren Räumung nur begrenzte Transportmöglichkeiten mit der Eisenbahn bestanden, oder

– Personen, die nicht fliehen wollten, wie vielfach Frauen, deren Männer bei der Wehrmacht waren und die sich mit ihren Kindern nicht von zu Hause entfernen wollten, oder

– körperlich Behinderte und alte Menschen, die die Strapazen der Flucht fürchteten;

– in Landgemeinden blieben aber auch Bauern zurück, die sich von dem ererbten Hof nicht trennen wollten.«

Doch selbst jene, die den Einmarsch sowjetischer Truppen und die in diesem Zusammenhang verübten Verbrechen überstanden hatten, waren nicht in Sicherheit. Sie wurden durch Hunger und fehlende medizinische Versorgung zu Hunderttausenden Opfer von Mangelerkrankungen und Seuchen – oder von Misshandlungen und Mord, die nach dem Abzug der russischen Einheiten östlich von Oder und Neiße durch rachedurstige Polen und in Böhmen und Mähren durch nicht weniger aufgehetzte Tschechen begangen wurden.

Deutsche, die vor dem Zweiten Weltkrieg auf polnischem Gebiet gelebt hatten, wurden danach von der polnischen Sicherheitspolizei als »Verräter der Nation« betrachtet und zur Zwangsarbeit kommandiert. In 1255 Lagern und 227 Gefängnissen wurden Deutsche unter Bedingungen festgehalten, die einer vorsätzlichen Tötung gleichkamen. In einzelnen Lagern wie Lamsdorf in Schlesien oder Mitrowitz bei Bromberg überlebten drei Viertel der Gefangenen ihre Haftzeit nicht. In den Lagern Preußisch Eylau und Potulitz bei Bromberg, Gronowo bei Lissa und Sikawa bei Lodz starb jeder Zweite. In Königsberg wurde die Hälfte der im Sommer 1945 registrierten 70 000 deutschen Einwohner innerhalb von zwei Jahren durch Seuchen und Hunger dahingerafft. In den pommerschen Städten Treptow und Stolp kam im Sommer und Herbst 1945 ein Drittel der Bevölkerung ums Leben.

Das Bundesarchiv erklärt in seiner Dokumentation: »Die Gewaltakte bestanden vorwiegend in Misshandlungen brutalster, teils sadistischer Art mit Peitschen, Gummiknüppeln oder Gewehrkolben, teils bis zur Todesfolge, ferner in willkürlichen Erschießungen und Erschlagungen wie auch Vergewaltigungen von Frauen. Dem Berichtsmaterial nach ist kaum ein einziger Verhafteter und Internierter Misshandlungen entgangen. [...] Unter anderem wird berichtet, dass alte, nicht mehr arbeitsfähige Menschen, die sich unter den Internierten befanden, nicht allein durch Aushungern, sondern auch durch Erschießungen beseitigt wurden.« Und was für den sowjetischen oder polnischen Machtbereich galt, war entsprechend zu übertragen auf den tschechischen und den jugoslawischen, während es in Ungarn zu deutlich weniger Ausschreitungen gegenüber der volksdeutschen Minderheit kam.

Die Motive der Täter, mit denen ihre Regierungen kalkulierten und operierten, waren ganz sicher Vergeltung für persönlich erlittenes Unrecht durch Deutsche während der Kriegszeit, aber daneben eben auch Bereicherungsabsichten und ganz gewöhnliche kriminelle Antriebe. Als »Goldgräber« wurden darum von den eigenen Landsleuten in der Tschechoslowakei Menschen bezeichnet, die nach dem Kriegsende in die vormals überwiegend von Deutschen besiedelten Gebiete eindrangen, die Menschen dort ausplünderten und sich ihr Vermögen aneigneten. In Polen nannte man sie sehr zutreffend »Raubritter« und in Jugoslawien unter Anspielung auf Josip Broz Tito, den Führer der kommunistischen Widerstandsbewegung, entlarvend »Titos Bande«.

Auf einer ganz anderen Ebene bewegten sich die strategischen Planungen der Machthaber. Seit sich die prokommunistische Polnische Provisorische Regierung und die bürgerliche Exilregierung der Tschechoslowakei mit Stalin auf eine Westverschiebung Polens, auf die Wiederherstellung der Tschechoslowakei in ihren Grenzen von 1938 und, damit verbunden, auf die Vertreibung der Deutschen und Sudetendeutschen geeinigt hatten, war ihnen daran gelegen, vollendete Tatsachen zu schaffen, bevor ihre Kriegsverbündeten womöglich Einwände gegen diese in der Geschichte bisher einmalige Abschiebung von Millionen Menschen vortragen konnten. Daher lag es sowohl in Stalins Interesse wie in dem der Polen, so viele Menschen wie irgend möglich zur Flucht aus den ins Auge gefassten Besatzungsterritorien zu bewegen. Waren diese Landstriche menschenleer, ließ sich ein staatsrechtlicher, jedenfalls aber ein faktischer Anschluss sehr viel einfacher begründen und durchsetzen. Mithin war die von Stalin zum Jahresanfang 1945 angeordnete Freigabe der eroberten Gebiete zur Plünderung einerseits ein Mittel, den Einsatzwillen seiner Soldaten zu steigern, andererseits aber ein ganz nüchtern eingesetztes Instrument, um eine gewaltige Fluchtbewegung auszulösen.

Nachdem Roosevelt und Churchill im Februar 1945 auf der Krim zu Stalins Überraschung gegen die Auslieferung Mittelosteuropas an sowjetische Hegemonialinteressen keinen nennenswerten Widerstand geleistet hatten, zog das sowjetische Oberkommando die Zügel sofort wieder an. In einer Serie von Befehlen wurden ab März Plünderungen unter Strafe gestellt, Vergewaltigungen verboten und die Vorgesetzten zur strengsten Einhaltung militärischer Disziplin aufgefordert. Zur Verwunderung der Deutschen gingen russische Offiziere jetzt vielerorts sowohl gegen Übergriffe eigener Soldaten wie polnischer oder tschechischer Organe entschlossen vor.

Nach der Kapitulation der Wehrmacht am 9. Mai 1945 stellte sich die Lage folgendermaßen dar: Britische und amerikanische Truppen standen im Westen Mecklenburgs bis zur Linie Wismar – Schwerin – Wittenberge, dann längs der Elbe bis Roßlau und weiter auf der Westseite der Mulde bis einschließlich Leipzig auf dem von den Sowjets beanspruchten und ihnen im Februar 1945 auch zugestandenen Zonenterritorium; in der Tschechoslowakei hatte die US-Armee die westböhmischen Kreise von Asch bis Pilsen eingenommen. Umgekehrt hatte Berlin sich am 2. Mai der Roten Armee übergeben. Sollten also die in Jalta abgesprochenen Grenzen der jeweiligen Machtbereiche umgesetzt werden, mussten alle drei Siegermächte eroberte Gebiete preisgeben.

Die Briten und Amerikaner zogen sich Anfang Juli 1945 auf die vereinbarten Demarkationslinien zwischen West und Ost (Lübeck – Helmstedt – Eisenach – Hof – Kammlinie des Böhmerwaldes) zurück, die Sowjets räumten für Briten und Amerikaner zwei Sektoren im Westteil Berlins, und alle drei verständigten sich während der Potsdamer Konferenz im Juli und August darüber, dass jedes Land Ansprüche gegenüber dem besiegten Deutschland im Wesentlichen aus der eigenen Besatzungszone zu befriedigen habe. Dies war insbesondere ein sowjetisches

Zugeständnis, denn Stalin hatte zuvor die Kriegsschäden der Sowjetunion auf 130 Milliarden US-Dollar beziffert und deshalb neben finanzieller Wiedergutmachung auch Lieferungen aus laufender Produktion und Demontagen von Industrieausrüstungen aus den Westzonen gefordert. Entschädigung für sein Nachgeben versprach sich Stalin umgekehrt aus der damit verbundenen faktischen Anerkennung der jeweiligen territorialen Besitzstände. Denn Churchill wie Roosevelt war klar, dass die im Kriegsverlauf entstandene machtpolitische Aufteilung Europas auf absehbare Zeit nur durch einen weiteren Krieg hätte verändert werden können, der weder im Eigeninteresse noch in den militärischen Möglichkeiten eines dieser Länder lag.

Damit wurde jeder Seite zugesprochen, was sie ohnehin bereits in Händen hielt. Auf Kosten der Deutschen, die bis dahin noch jenseits von Oder und Neiße, in der Tschechoslowakei und in Ungarn ausgehalten hatten, wurde auf der Potsdamer Konferenz im Juli/August 1945 darüber hinaus folgendes Abkommen über deren Ausweisung getroffen: »Die drei Regierungen haben die Frage unter allen Gesichtspunkten beraten und erkennen an, dass die Überführung der deutschen Bevölkerung oder Bestandteile derselben, die in Polen, der Tschechoslowakei und Ungarn zurückgeblieben sind, nach Deutschland durchgeführt werden muss. Sie stimmen darin überein, dass jede derartige Überführung, die stattfinden wird, in ordnungsgemäßer und humaner Weise erfolgen soll.«

In demselben Artikel XIII des Potsdamer Protokolls verständigten sich die Kriegsalliierten darüber, dass der gemeinsame Kontrollrat als höchste Regierungsinstanz in Deutschland die »gerechte Verteilung dieser Deutschen auf die einzelnen Besatzungszonen« zu prüfen habe, ferner über den Umfang bereits erfolgter Umsiedlungen berichten und eine Schätzung über Zeitplan und Ausmaß weiterer Transporte vorlegen solle. Die polnische und tschechische Regierung sowie der Alliierte Kontrollrat in Ungarn wurden gleichzeitig »ersucht, inzwischen weitere Ausweisungen der deutschen Bevölkerung einzustellen, bis die betroffenen Regierungen die Berichte ihrer Vertreter an den Kontrollausschuss geprüft haben«.

Zuvor allerdings hatten östlich von Oder und Neiße bedeutende Rückwanderungsbewegungen eingesetzt. In Ost- und Westpreußen, im Warthegau, in Pommern und Ostbrandenburg kehrten Flüchtlinge bereits im Januar 1945 wieder um, nachdem sie von sowjetischen Truppen überrollt oder eingeschlossen worden waren. Der Weg nach Westen war ihnen verwehrt, Unterkünfte und Verpflegung fehlten, so dass die Heimkehr trotz aller Beschwernisse verlockender schien, als in der Eiseskälte der Wintermonate unbehaust zu bleiben. Nach der Kapitulation strömten auch aus Mitteldeutschland sowie aus Böhmen und Mähren Flüchtlinge gen Osten. In beiden Gebieten hatte sich gezeigt, dass die Aufnahmemöglichkeiten äußerst begrenzt waren. Wer dann seine Flucht nicht in die britische oder amerikanische Zone fortsetzen konnte oder wollte, entschloss sich häufig für den Rückweg, zumal bis zur Potsdamer Konferenz im Juli über die weitere Zukunft dieser Provinzen noch Unklarheit herrschte.

Nicht immer indes machten sich die Menschen aus eigenem Entschluss auf den Heimweg. Sowjetische Ortskommandanten, die mangels ausreichenden Nachschubs für die eigenen Truppen die in ihren Gemeinden eingetroffenen Flüchtlinge nicht versorgen konnten, verwiesen diese oft aus den Ortschaften und zwangen sie so zu wochenlangen Irrfahrten und Hungermärschen von einem Dorf zum anderen. Nach Beginn der Waffenruhe hielten russische Dienststellen in ihrer Zone zwischen Elbe und Oder die Zurückweisung der Flüchtlingsmassen für das einfachste Mittel, sich dieses Problems zu entledigen. Das widersprach freilich den polnischen Anstrengungen, die »wiedergewonnenen Westgebiete« von Deutschen freizumachen. Infolgedessen sperrten Ende Mai 1945 polnische Kommandos die Oder- und Neißebrücken für die Rückkehrer vorübergehend und ab Juli endgültig, so dass sich auf beiden Seiten der Flüsse Menschenmassen stauten, die entweder in den Osten zurückkehren wollten oder aber von dort abgeschoben wurden.

Bis diese Sperrmaßnahmen griffen, hatten etwa 400 000 Flüchtlinge die sowjetische Zone wieder verlassen und waren in ihrer heimischen, wenngleich weithin zerstörten und ausgeplünderten Umgebung eingetroffen, die Hälfte davon in Schlesien. Aus dem Sudetenland kehrten bis Ende Juni weitere 800 000 Schlesier in ihre Herkunftsorte zurück. Insgesamt bedeutete dies, dass von knapp zwölf Millionen Einwohnern in den Gebieten östlich von Oder und Neiße rund siebeneinhalb Millionen bis in den Mai 1945 hinein vor der Roten Armee flohen, danach aber eineinviertel Millionen Heimkehrer sich wieder auf den Weg in die alte Heimat machten. Von der Entvölkerung besonders betroffen war zweifellos Ostpreußen, dessen Bewohnerzahl von 2,65 Millionen auf 800 000 abgesunken war, während die anderen Gebiete noch immer die Hälfte ihrer Einwohner zählten, Schlesien allein zweieinhalb von knapp unter fünf Millionen Ende 1944.

Aus diesem Menschenreservoir bediente sich die Sowjetunion, die mit Zustimmung ihrer westlichen Verbündeten ab Februar 1945 Arbeitskräfte als Teil der ihr zugestandenen Reparationsleistungen nach Osten deportierte. Ihren Höhepunkt erreichten diese Verschleppungen, die bis Ende April dauerten, im März. Aus Schlesien wurden in dieser Zeit 62 000 Menschen abtransportiert, aus dem westlichen Polen, aus Ostbrandenburg und der westlichen Hälfte Ostpommerns 57 000, aus dem westlichen Teil Ostpreußens, aus Danzig-Westpreußen und der östlichen Hälfte Ostpommerns 55 000 und aus dem übrigen Ostpreußen weitere 44 000.

In Verladestationen wurden Güterzüge zusammengestellt, in deren Waggons jeweils an die 2000 Männer und Frauen auf den Weg geschickt wurden. Der Transport zu den Arbeitslagern vom Eismeer bis in den Kaukasus dauerte zwischen drei und sechs Wochen. Die Verpflegung war ungenügend, so dass schon allein während der Fahrt im Allgemeinen zehn Prozent der Deportierten starben. Die tägliche Arbeitszeit in den Lagern betrug zwölf und mehr Stunden. Die Verschleppten wurden in der Landwirtschaft und bei Waldarbeiten eingesetzt, im Straßen-, Schienen- und Kanalbau, aber auch in den Bergwerken und in den Industriegebieten hinter dem Ural, am Don und Donez. Die Ernährung war derart schlecht, dass in einzelnen Lagern bis in den Herbst 1945 die Hälfte der Belegschaft starb. Wegen der krankheitsbedingten Arbeitsunfähigkeit vieler Deportierter kam es in diesen Monaten zu den ersten Rücktransporten nach Deutschland, die sich in Abständen bis 1949 wiederholten. Beinahe jeder zweite der insgesamt 700 000 Verschleppten verlor sein Leben.

Am 21. November 1945 beschloss der Alliierte Kontrollrat, die in Ostpreußen, den polnisch besetzten Gebieten, in der Tschechoslowakei und Ungarn verbliebenen Deutschen aus diesen Herkunftsländern auszuweisen und nach Deutschland zu holen. Von den geschätzt 6,65 Millionen Menschen sollten 2,75 Millionen in der sowjetischen, weitere 2,25 Millionen in der amerikanischen, ferner 1,5 Millionen in der britischen und 150 000 Vertriebene in der französischen Zone aufgenommen werden. Gemeinsam mit den bereits in den vier Besatzungszonen eingetroffenen Flüchtlingen rechneten die Alliierten mit knapp fünfzehn Millionen Menschen, die als Neubürger versorgt werden müssten und integriert werden sollten. Aufgrund der Kriegsverluste unter der Bevölkerung in West- und Mitteldeutschland hielten sie diesen Zustrom für erträglich, ja im Interesse des Wiederaufbaus sogar für geboten.

Tatsächlich verteilten sich Flüchtlinge und Vertriebene aber nicht gleichmäßig, sondern sammelten sich wegen der besseren Ernährungsmöglichkeiten in den vor allem landwirtschaftlich genutzten Gebieten. So stieg die Bevölkerung Schleswig-Holsteins um 73,1 Prozent, die Niedersachsens um 51,9 Prozent und die Bayerns um 32,7 Prozent. In den drei Westzonen insgesamt betrug der Anteil der Vertriebenen und Flüchtlinge an der Gesamtbevölkerung bei der Volkszählung im September 1950 mit acht Millionen Menschen 16,5 Prozent. In der DDR lebten zum gleichen Zeitpunkt mehr als vier Millionen »Umsiedler«, wie die Vertriebenen dort aus politischer Rücksichtnahme auf die

Sowjetunion, Polen, die Tschechoslowakei und Ungarn offiziell bezeichnet wurden, und erhöhten etwa in Mecklenburg die Bevölkerungsdichte um fünfzig Prozent.

Sammelstellen und Transportmodalitäten wurden von den Alliierten im Spätherbst 1945 festgelegt, ebenso die Menge des zur Mitnahme bestimmten Gepäcks, Proviants und Geldes. Der Abschub sollte, wie bereits zitiert, laut Potsdamer Protokoll »in ordnungsgemäßer und humaner Weise« erfolgen. Die Wirklichkeit sah anders aus. Die in ihrer Heimat zurückgebliebenen Menschen lebten, aus ihren Wohnungen vertrieben und ihres Eigentums beraubt, in vollkommener Rechtlosigkeit, der Willkür und Gewalt ihrer neuen Machthaber hilflos ausgeliefert, dem Hunger und seuchenartig auftretenden Erkrankungen wie Ruhr, Typhus und Tuberkulose preisgegeben.

Am 24. Mai 1945 hatte die polnische Regierung die von ihr besetzten deutschen Gebiete durch das Dekret »Über die Verwaltung der wiedergewonnenen Gebiete« der polnischen Staatsgewalt unterstellt. Nachdem auch die Westmächte in Potsdam diese Landnahme gebilligt hatten, setzte die rücksichtslose Polonisierung dieser Regionen ein: Die Amtssprache wurde selbstverständlich Polnisch, die deutschen Schulen wurden aufgelöst, deutschsprachige Beschriftungen von Ortsschildern, Gebäuden, ja selbst von Grabsteinen entfernt. Gottesdienste in deutscher Sprache wurden verboten. Die Einführung des Zloty als neues Zahlungsmittel vernichtete wegen des schlechten Umtauschkurses zur Reichsmark, soweit Beträge transferiert wurden, das noch vorhandene Geldvermögen der Deutschen vollständig. Ein allgemeiner Arbeitszwang wurde für alle Deutschen eingeführt. Sie wurden in Oberschlesien als Fachkräfte in den Bergwerken und Stahlhütten an ihren alten Arbeitsplätzen festgehalten oder bei Aufräumungsarbeiten, im Wiederaufbau und in der Landwirtschaft eingesetzt. Die Verpflegung war dabei nicht ausreichend, die Bezahlung – wenn es überhaupt eine gab – gering.

Auf der Grundlage eines Dekrets »Über aufgegebene und verlassene Vermögen« vom März 1945 beschlagnahmte die polnische Regierung das Eigentum sämtlicher Flüchtlinge und zusätzlich der in ihrer Heimat Verbliebenen, weil deutsche Staatsangehörige dort grundsätzlich keinen Besitz an Grund und Boden oder Immobilien beanspruchen dürften. Wurden die auf solche Weise freigemachten Häuser und Wohnungen nicht sofort von Polen neu belegt, konnten Deutsche gegen Mietzahlung vorübergehend in diesen Räumen bleiben. Die Übernahme durch Polen erfolgte in den Städten bis zum Jahresende 1945 willkürlich und auf wenig geregelte Weise. Auf dem Land dagegen wurden polnische Bauern- und Landarbeiterfamilien aus Zentralpolen und aus den der Sowjetunion überlassenen Gebieten ostwärts des Bugs planmäßiger angesiedelt, freilich nicht zum Vorteil der dort noch lebenden Deutschen. Sie mussten ihre Höfe und ganze Dörfer häufig innerhalb von Stunden verlassen.

Rund 1,4 Millionen ihrerseits vertriebene Ostpolen konnten die von ihren deutschen Bewohnern geräumten Landstriche östlich von Oder und Neiße allerdings nur dünn besiedeln. Deshalb und aufgrund einer für die nächste Zeit ohnedies geplanten Sozialisierung wurden die größeren Industriebetriebe und landwirtschaftlichen Güter nicht aufgeteilt, sondern zu polnischem Staatseigentum erklärt und später genossenschaftlich oder zentral bewirtschaftet.

Das im November 1945 eingerichtete »Ministerium für die wiedergewonnenen Gebiete« warb nachdrücklich für die Umsiedlung in diese früher deutschen Provinzen, weil die bis zu diesem Zeitpunkt dort wohnenden 1,7 Millionen Polen nicht annähernd ausreichten, die 103 000 Quadratkilometer zu bevölkern. Zum Jahresanfang 1947 zählten die polnischen Behörden eine Bevölkerung von 4 584 000 Menschen – dreieinhalb Millionen weniger, als die deutsche Einwohnerzahl vor dem Kriegsausbruch betragen hatte. Weil die polnische Bevölkerung auch in den folgenden Jahren nur noch langsam zunahm, entschloss sich Warschau, die zunächst wegen ihrer deutschen Staatsangehörigkeit kaum weniger drangsalierten Masuren, Ermländer, Kaschuben und Ostoberschlesier als »Autochthone«

– als polnische Ureinwohner gewissermaßen – zu klassifizieren und damit von den Verfolgungsmaßnahmen auszuklammern.

Die Ausweisung der Deutschen erfolgte in mehreren Etappen. Nach der Zwangsräumung in einem zwischen 100 und 200 Kilometer breiten Streifen unmittelbar östlich von Oder und Neiße ab Anfang Mai 1945 folgte im Juni die Vertreibung der Bewohner von Danzig. Zunächst forderten Plakate zur Ausreise auf. Wer dem Folge leistete, erhielt einen Ausreiseschein, der besagte, dass die Wohnsitzverlegung freiwillig und ohne Ersatzansprüche gegen den polnischen Staat erfolge, und konnte im Gegenzug für diese Verzichtserklärung seine Heimat unter Bewachung per Bahntransport über die Oder hinter sich lassen. Jene, die zögerten, mussten wenig später ihre Wohnungen innerhalb kürzester Frist räumen und wurden lediglich mit Handgepäck in Güterwaggons über Stettin abgeschoben. Vor der Abreise oder während der Fahrt sprangen nicht selten Polen und Russen auf die Züge auf und plünderten die Menschen bis aufs Hemd aus.

Mitte Juli 1945 beendeten die Sowjets diese »wilde« Vertreibung der Deutschen aus Ostbrandenburg sowie den westlichen Landkreisen Pommerns und Niederschlesiens. Ihre eigene Besatzungszone war überfüllt, und auch die Westmächte baten in Potsdam um einen Aufschub der Transporte bis in den Herbst. Obwohl der Ausweisungsplan des Kontrollrats erst im Oktober 1945 beschlossen und einen Monat später veröffentlicht wurde, nahmen örtliche polnische Behörden bereits ab August die Ausweisungen wieder auf. Häufig wurden die Menschen zunächst in Sammellagern erfasst, wo sie – ohne medizinische Versorgung und nur mit Hungerrationen – wochen- und monatelang auf ihre Ausreise warten mussten.

Die im Herbst 1945 angesetzte Räumung Ostpommerns, Westpreußens, des südlichen Ostpreußens und Oberschlesiens wurde in den Wintermonaten unterbrochen und begann im Frühjahr 1946 erneut. Aufgrund der Absprachen mit den Westmächten durften die Vertriebenen nicht mehr als 500 Reichsmark und an Gepäck nur so viel mitnehmen, wie »sie in den Händen tragen können«. Immerhin konnten sie nach einem britisch-polnischen Abkommen ab Ende 1946 durch die sowjetische Zone direkt in die britische weiterreisen. Diese »Operation Schwalbe« brachte insgesamt 1,37 Millionen Deutsche in den Westen.

Viele der anderen, die zunächst in die sowjetische Zone transportiert worden waren, versuchten, von dort ohne Erlaubnis in die Westzonen zu entkommen. Mehreren Hunderttausend gelang bis zum Jahresende 1946 die Flucht über die noch nicht durchgängig schwer bewachte Grenze. Zu diesem Zeitpunkt waren die meisten der in ihrer Heimat verbliebenen oder in diese zurückgekehrten Deutschen bereits aus dem Osten vertrieben. Im folgenden Jahr weigerten sich die Briten wegen Versorgungsengpässen in ihrer Zone, weitere Flüchtlinge aufzunehmen. Dennoch wurde im Sommer und Herbst 1947 noch einmal eine halbe Million Menschen aus Polen ausgewiesen, bevor Ende des Jahres die systematische Vertreibung von dort eingestellt wurde.

Im russisch besetzten Teil Ostpreußens hatten dagegen bis in den Sommer 1947 hinein noch keinerlei Ausweisungen stattgefunden. Die Sowjets brauchten die im Land verbliebenen Deutschen als Arbeitssklaven für Aufräumungsarbeiten, in der Landwirtschaft und als Hilfskräfte beim Umbau des Landes in einen militärischen Aufmarschraum für die Rote Armee im Norden Polens, außerdem als Stützpunkt für ihre Marine mit einem eisfreien Zugang zur Ostsee. Erst als Russen in größerer Zahl, durchaus nicht freiwillig, nach Ostpreußen umgesiedelt worden waren, konnten die Deutschen zwischen 1947 und 1949 ausgewiesen werden – es waren nach Flucht und Massensterben kaum mehr als einhunderttausend Menschen.

Veranschlagt man die Einwohnerzahl in den Reichsgebieten östlich von Oder und Neiße vor dem Kriegsausbruch (inkl. Bevölkerungszuwachs während der Kriegszeit) den amtlichen Angaben entsprechend mit 10 087 000 Menschen und zieht davon sowohl die 7 085 000 Vertriebenen ab, die bis in den Sommer 1950 im Bundesgebiet und in der DDR Aufnahme fanden, wie die 835 000 Menschen, die – vor allem in Oberschlesien – in ihren Herkunftsgebieten blieben, ergibt sich eine Differenz von 2 167 000 Menschen: Diese sind Krieg und Vertreibung zum Opfer gefallen. Die Zahl der gefallenen und in Gefangenschaft gestorbenen ostdeutschen Soldaten wird in offiziellen Statistiken mit einer halben Million angegeben, so dass angesichts minimaler Verluste durch Bombenangriffe in den Kriegsjahren während Flucht und Vertreibung etwa 1,6 Millionen Menschen aus den Provinzen östlich von Oder und Neiße umgekommen sind, was 15,8 Prozent ihrer Bevölkerung entspricht.

Noch deutlich höher waren die Verluste für die Bewohner Danzigs und der Deutschen im polnischen Staatsgebiet in den Grenzen vor dem Kriegsausbruch. In Danzig wohnten 1941 gut 400 000 Menschen; 1950 wurden in der Bundesrepublik und in der DDR rund 300 000 ehemalige Danziger gezählt, so dass ein Viertel der Einwohner durch Kriegseinwirkungen, Flucht und Vertreibung ums Leben kam. Die deutsche Bevölkerung in Polen in den Vorkriegsgrenzen machte eine knappe Million Menschen aus; davon wurden zwei Drittel 1950 im Bundesgebiet beziehungsweise in der DDR registriert, so dass bei geschätzt 75 000 »Autochthonen«, die in Polen zurückblieben, die Zahl der Toten 217 000 erreicht, also 22,5 Prozent der Bevölkerung. Damit erhöht sich die Zahl der östlich von Oder und Neiße insgesamt umgekommenen Deutschen auf rund zwei Millionen, was heißt, dass durch Flucht und Vertreibung etwa jeder Sechste das Leben verloren hat.

Flucht und Vertreibung aus dem Sudetenland

Der Krieg kam erst Wochen vor seinem Ende in das Gebiet, das hier der Einfachheit halber als Sudetenland bezeichnet wird, obwohl dies kein historisch gewachsener oder geographisch eng umgrenzter, sondern sehr viel eher ein politischer Begriff ist: Er wurde von den nationalsozialistischen Machthabern eingeführt und bezeichnete den überwiegend von Deutschen bewohnten westlichen und nördlichen Teil der Tschechoslowakei, der dem Deutschen Reich 1938 durch die Münchener Konferenz unter Bruch des Völkerrechts zugeschlagen worden war. Hinzuzurechnen sind der damals gleichfalls an Deutschland abgetretene schmale Streifen auf der Ostseite des Böhmerwaldes sowie verschiedene deutsche Sprachinseln im Inneren Böhmens und Mährens und der Slowakei, die in diesem Zusammenhang nicht jeweils einzeln aufgeführt werden, sondern eben als Sudetenland zusammengefasst zu verstehen sind.

In diesem »Sudetengau« lebten zu Jahresanfang 1945 knapp über drei Millionen Deutsche. Hinzu kamen rund eine halbe Million zum Kriegsdienst eingezogene Männer, etwa 120 000 Menschen, die im Winter vor der heranrückenden Roten Armee aus der Slowakei evakuiert worden waren, sowie annähernd 1,6 Millionen Reichsdeutsche, die vor allem aus Schlesien über das Gebirge oder durch die Mährische Pforte bei Mährisch-Ostrau vor den Kämpfen geflohen waren.

Die Truppen der 1. Ukrainischen Front unter Marschall Iwan Konjew hatten zwar bis in den Februar 1945 hinein Niederschlesien nördlich der Linie Brieg – Schweidnitz und Oberschlesien bis zur Oder einnehmen können, doch das Gebiet westlich der Oder verteidigte die Wehrmacht erfolgreich bis Ende März. Erst im April gelang es den Sowjets durch einen gleichzeitigen Angriff der 4. Ukrainischen Front (General Iwan Petrow) aus den Westbeskiden heraus, die unter dem Befehl von Generalfeldmarschall

Ferdinand Schörner stehende Heeresgruppe Mitte auf die frühere polnisch-tschechische Grenze zwischen Jägerndorf, Troppau und Mährisch-Ostrau zurückzudrängen. Am 24. April besetzten die Russen von Süden angreifend Brünn und standen Anfang Mai, aus Richtung Nordosten, vor Olmütz. Damit war das im März 1939 von den Deutschen zwangsweise eingerichtete »Protektorat Böhmen und Mähren« westlich der Böhmisch-Mährischen Höhe zwar noch »feindfrei«, doch der Druck erhöhte sich von allen Seiten, zumal die 3. amerikanische Armee unter General George Patton bis zum 4. Mai gegen lediglich geringen Widerstand von Nordwesten her in das Egerland und die Böhmerwaldkreise vorgedrungen war. Auf sowjetischen Einspruch hin mussten die Amerikaner allerdings an der Linie Karlsbad – Pilsen – Budweis ihren Vormarsch einstellen.

Bis zu diesem Zeitpunkt waren einschließlich der Slowakeideutschen etwa 300 000 Menschen vor allem aus Nord- und Ostmähren von einer ersten Evakuierungswelle erfasst worden, die wegen der wärmeren Witterung und der langsamen Absetzbewegung der Wehrmacht allerdings sehr viel planvoller und weniger kräftezehrend verlief als die Flucht aus Ostdeutschland in den Winterwochen bei extremer Kälte. Doch dann überstürzten sich auch in Böhmen und im Sudetenland die Ereignisse. Ab dem 2. Mai 1945 erhielten die deutschen Einheiten in Ostböhmen den Befehl, sich nach Westen zurückzuziehen. Aus dem Norden stießen aus Sachsen eindringende Kontingente der 1. Ukrainischen Front in Richtung Prag vor. Und im Landesinneren bewaffneten sich tschechische Partisanengruppen sowohl unter kommunistischem wie unter nationaltschechischem Kommando und griffen insbesondere Flüchtlingskolonnen an.

In Prag brach der Aufstand gegen die deutsche Besatzung am 5. Mai 1945 los. Hinter dieser Aktion, die ungezählte Tote auf beiden Seiten fordern sollte, standen nationaltschechische Kreise, aber auch die Führung der kommunistischen Untergrundbewegung. Wollten die einen die Stadt befreien, um ein Zeichen des bürgerlichen Widerstandes zu setzen, hofften die anderen auf die

Unterstützung der nur wenige Kilometer entfernten Roten Armee. Wer die Hauptstadt in der Hand hätte, glaubten beide, könnte danach Bedingungen stellen – sowohl den deutschen Verlierern wie den sowjetischen Siegern. In der Stadt lebten zu diesem Zeitpunkt noch etwa 200 000 deutsche Zivilisten. In den achtzehn Heereslazaretten lagen rund 50 000 Verwundete. Die Wehrmacht und die SS verfügten in Prag lediglich über schwache Kräfte.

In den Morgenstunden zogen bewaffnete Tschechen in das Stadtzentrum, hissten die eigenen Nationalfarben, nahmen einzelne deutsche Soldaten gefangen und eröffneten die Jagd auf jeden, den sie der Zusammenarbeit mit den deutschen Besatzern verdächtigten. Die deutsche Wachmannschaft des Rundfunksenders Prag II wurde überwältigt. Das Radio und die daran angeschlossenen Lautsprecheranlagen in der Stadt riefen zum Widerstand auf: »Smrt nemeckym occupantum!« (Tod den deutschen Okkupanten!) – »Povstani! Povstani!« (Aufstand! Aufstand!)

Innerhalb weniger Stunden hatten die Aufständischen unter dem Kommando des tschechischen Generals Karel Kutlvasr, dem sich die 1939 eingerichtete Protektoratspolizei und die ebenfalls von den Deutschen genehmigten militärischen Verbände der tschechischen Heimwehr unterstellten, die Stadt befreit. Deutsche Soldaten verteidigten lediglich noch das Regierungsviertel auf dem Hradschin, einige Straßenzüge in dem nördlich davon gelegenen Stadtteil Dejvice und die Kasernen am Stadtrand. Dann alarmierte General Rudolf Toussaint, der Wehrmachtsbevollmächtigte beim deutschen Staatsminister für Böhmen und Mähren, Karl Hermann Frank, die auf dem Truppenübungsplatz Beneschau und bei Böhmisch-Brod stationierten Einheiten von Wehrmacht und Waffen-SS. Sie stießen mit Panzern und Luftwaffenunterstützung auf Prag vor und brachten die Aufständischen durch Artillerie- und Flammenwerfereinsatz in ernste Bedrängnis. Die Nahkämpfe wurden zum Blutbad. Wer in die Hand des anderen fiel, wurde erbarmungslos umgebracht. Die Zahl der Opfer ging in die Zehntausende. Unterstützung erhielten die Tschechen weder von den Amerikanern, die über

Pilsen hinaus nicht vorrücken durften, noch von den Sowjets, die schon wie im Falle des Warschauer Aufstandes im Sommer 1944 nicht eingriffen, um den nationalen, nichtkommunistischen Widerstand der Tschechen den Deutschen auszuliefern und auf diese Weise verbluten zu lassen.

Doch dann griffen überraschend am 7. Mai 1945 unter dem Befehl des ukrainischen Generals Bunischenko 18 000 Mann der Ende 1944 nach langem Zögern Hitlers aus Kriegsgefangenen aufgestellten nationalrussischen Wlassow-Armee, die außerhalb Prags lagen, auf Seiten der Aufständischen in die Kämpfe ein. Da die militärische Lage nun keinen anderen Ausweg mehr ließ, kapitulierte General Toussaint am Nachmittag des 8. Mai. Den deutschen Truppen von Wehrmacht und SS wurde freier Abzug eingeräumt. Deutsche Frauen und Kinder konnten sich, soweit sie nicht mit den Soldaten Prag verlassen würden, so die Zusicherung der tschechischen Seite, unter den Schutz des Internationalen Roten Kreuzes (IRK) stellen. Die schweren Waffen sollten vom deutschen Militär am Prager Stadtrand abgeliefert, die übrigen Waffen vor Erreichen der amerikanischen Demarkationslinie abgegeben werden. Da aber bereits am folgenden Tag Einheiten der Roten Armee die Verbindungsstraßen westlich von Prag unterbrachen, konnte sich nur ein kleiner Teil der deutschen Zivilbevölkerung mit den Truppen in Sicherheit bringen.

Die Übrigen wurden mit Billigung des IRK in »Schutzhaft« genommen – angeblich, um sie vor den wegen der eigenen Opfer aufgebrachten Tschechen leichter abschirmen zu können. Tatsächlich wurden die in Kinos, Schulen und Kasernen zusammengetriebenen Deutschen restlos ausgeplündert, körperlich schwer misshandelt und, soweit sie als SS-Angehörige identifiziert wurden, zu Tode geprügelt. Wer nicht als Zwangsarbeiter bei den Aufräumungsarbeiten oder in der Landwirtschaft eingesetzt wurde, kam in das erst wenige Tage zuvor von den Deutschen geräumte Konzentrationslager Theresienstadt. Die Bewacher wechselten, das Schicksal der Eingewiesenen blieb sich gleich: Sie starben an Verletzungen, an Krankheiten, an Hunger.

Die Überlebenden wurden in Internierungslagern wie dem Prager Stadion Slavia und dem Lager Hagibor bei knappsten Rationen und ohne medizinische Versorgung länger als ein Jahr gefangen gehalten, bevor sie im Oktober 1946 nach Deutschland abgeschoben wurden. Die Zeitung *Svobodne Slovo* berichtete am 2. Oktober: »In diesem Monat werden am 9. und 10. aus Prag zwei Aussiedlungstransporte mit Deutschen abgefertigt werden. Gleichzeitig ist auch eine Revision aller Personen deutscher Nationalität in Groß-Prag im Gange. [...] Der Rat des Nationalausschusses behandelte gestern 2500 der für die Aussiedlung in Frage kommenden Fälle. Es bleiben noch 12 000 Gesuche von gemischten Ehen und der noch nicht ganz geklärten Fälle übrig, die man aber noch ordentlich wird untersuchen müssen.«

Deutsche Flüchtlinge, die während des Vormarsches der Roten Armee überrollt wurden, hatten unter deren Gewalttaten ungleich weniger zu leiden als ihre Schicksalsgenossen nördlich des böhmisch-schlesischen Gebirges Wochen und Monate davor. Inzwischen wurde das mittlerweile ausgesprochene Plünderungs- und Vergewaltigungsverbot des sowjetischen Oberkommandos von den nachgeordneten Truppenteilen weitgehend beachtet, jedenfalls kam es nicht länger zu planvoll vorbereiteten Massenexzessen, sondern lediglich – und immer noch schlimm genug für die davon Betroffenen – zu einzelnen Übergriffen.

Gefürchteter als die Russen waren sehr bald die Tschechen, deren Gewalttaten von keiner Seite Einhalt geboten wurde. Allein in der nordtschechischen Kreisstadt Brüx, die 20 000 Einwohner zählte, haben sich nach den Angaben eines deutschen Arztes, der im Auftrag der tschechischen Polizei die Leichenbeschau durchzuführen hatte, im Mai 1945 immerhin 150 Deutsche und in den nächsten Monaten weitere 500 Menschen umgebracht, um den tschechischen Vergeltungsaktionen zu entgehen. Weitere Zentren des tschechischen Aufstandes waren die Städte Tetschen, Aussig, Kladno, Jungbunzlau, Kolin und Königgrätz, wo sich »Revolutionsgarden« über die deutschen Einwohner, Flüchtlinge und aufgelöste Wehrmachtsverbände blutig hermachten.

Nach Abzug der Roten Armee, der bereits in den ersten Wochen nach dem Kriegsende begann, übernahmen tschechische Dienststellen die uneingeschränkte Regierungsgewalt. Gleiches galt für die von den Amerikanern besetzte Grenzregion im Westen. Hatten sie bis zu ihrem Rückzug auf bayerisches Gebiet im Dezember 1945 noch einzelne Gewaltakte verhindern können, überließen sie danach den Tschechen das Feld. Immerhin verhinderten sie bis dahin die »wilden« Austreibungen der Deutschen, die im nördlichen Sudetenland bereits Anfang Mai begonnen hatten und bis in den Herbst hinein anhielten. In ihrer zeitweiligen Besatzungszone genehmigten die Amerikaner vorerst allein den Abtransport der in Lagern zusammengefassten Reichsdeutschen über die Grenze nach Bayern.

Im Frühjahr 1945 hatte sich im slowakischen Kaschau eine Koalitionsregierung aus Kommunisten und Gefolgsleuten der bürgerlichen Exil-Regierung in London unter dem Vorsitz des bisherigen Botschafters in Moskau, Zdenek Fierlinger, gebildet. Die entscheidenden Ressorts für die innere Neuordnung des Landes erhielten die Kommunisten (Innenministerium: Vaclav Nosek; Unterrichtsministerium und Ministerium für Volksaufklärung: Zdenek Nejedly; Landwirtschaftsministerium: Julius Duris; Informationsministerium: Vaclav Kopecky; Ministerium für soziale Fürsorge: Josef Soltesz), das Amt des Staatspräsidenten wurde Eduard Benes überlassen, der seinem Land bereits seit 1918 als Außenminister und seit 1935 als Staatspräsident gedient hatte. Im Oktober 1938 war Benes nach dem deutschen Truppeneinmarsch in das Sudetenland in die Vereinigten Staaten emigriert und führte danach die in London eingerichtete Exil-Regierung.

Schon kurz nach dem deutschen Angriff auf die Sowjetunion schloss er mit dieser im Juli 1941 ein Hilfsabkommen ab. Im Juni 1942 besuchte er Moskau, das die 1938 ohne sowjetische Beteiligung in München gezogenen Grenzen der Tschechoslowakei für nicht rechtskräftig erklärte. Ein Freundschafts- und Beistandspakt mit der Sowjetunion im Dezember 1943 sowie ein Abkommen über die Besetzung des Landes durch die Rote Armee im Mai 1944 unterstrichen, dass die Tschechoslowakei künftig im sowjetischen Einflussbereich liegen würde.

Zu der ins Auge gefassten Ausweisung der Sudetendeutschen bis auf einen verbleibenden Rest von allenfalls rund 800 000 Menschen erteilte der amerikanische Präsident Roosevelt seine Zustimmung gegenüber Benes im Mai 1943 und gegenüber Stalin drei Wochen später, während die Briten im Januar 1944 feststellten, diese Frage müsse zunächst in Verhandlungen zwischen den drei Großmächten geklärt werden.

In ihrem »Kaschauer Programm« beschäftigte sich die neue tschechoslowakische Regierung auch mit dem Schicksal der Deutschen im Lande. Denjenigen, die als »Antinazisten und Antifaschisten« bereits vor dem Münchener Abkommen für die Erhaltung der Republik gekämpft hatten oder danach wegen ihres Widerstandes gegen das NS-Regime verfolgt worden waren, sollte ihre tschechoslowakische Staatsbürgerschaft bestätigt werden. Sie hatten nicht mit Verfolgungsmaßnahmen zu rechnen. Den übrigen tschechoslowakischen Bürgern deutscher Nationalität, die sich nicht durch ihren Kampf gegen die deutsche Besatzung ausgezeichnet hatten, sollte die tschechoslowakische Staatsbürgerschaft entzogen und nur noch auf Antrag zuerkannt werden. Diejenigen Deutschen, die wegen eines Verbrechens gegen die Republik mit einer Verurteilung zu rechnen hatten, sollten aus dem Land verwiesen werden, sofern gegen sie nicht die Todesstrafe verhängt würde. Mit dieser Regelung war der Kreis der Deutschen, die ihre Heimat würden verlassen müssen, zwar grob umrissen, aber durchaus noch nicht präzise bestimmt.

Im Mai 1945 trat die Regierung Fierlinger in Prag an. Auf Orts-, Kreis- und Landesebene übernahmen die »Nationalausschüsse« (Narodni Vybor) die Verwaltung, während die tatsächliche Macht bei den von keiner staatlichen Stelle kontrollierten »Revolutionsgarden« lag – einer von Kommunisten ins Leben gerufenen und befehligten Parteimiliz, die häufig bewusst ortsfremd eingesetzt wurde, um ohne Rücksicht auf persönliche oder nachbarschaftliche Beziehungen den neuen Kurs auch mit Hilfe von Terrormaßnahmen durchsetzen zu können. An erster Stelle stand dabei die Entrechtung, Ausplünderung und Vertreibung der Deutschen. Ein Gesetz vom 8. Mai 1946 über die Rechtmäßigkeit aller Handlungen, die im Zusammenhang mit der »Wiedererrichtung der Freiheit von Tschechen und Slowaken« vorgenommen wurden, sanktionierte nachträglich nicht nur sämtliche Unrechtstatbestände, sondern stellte auch die Täter straffrei.

Die Deutschen waren bereits durch Dekret vom 4. Dezember 1944 als »staatlich unzuverlässige Bevölkerung« von jeder künftigen Mitarbeit in Behörden, Justiz und Polizei ausgeschlossen worden. Mit Dekret vom 19. Juni 1945 wurde die rechtliche Grundlage »für die Bestrafung der nazistischen Verbrecher, Verräter und ihrer Helfershelfer« gelegt. »Außerordentliche Volksgerichte«, die aus einem Berufs- und vier Laienrichtern gleichberechtigt zusammengesetzt waren, urteilten politische wie kriminelle Tatvorwürfe ab, die sich in der »Zeit der erhöhten Bedrohung der Republik« zwischen dem 21. Mai 1938 und dem 31. Dezember 1946 zugetragen hatten, also in einer Zeit, in der es eine unabhängige tschechoslowakische Justiz nicht gab, nach den Vorstellungen des Gesetzgebers aber einen fortbestehenden eigenen Staat mit allen Hoheits- und Strafansprüchen.

Wer insbesondere während der deutschen Besatzung die »nazistische Bewegung propagiert oder unterstützt« hatte, wer Funktionen innerhalb der NSDAP übernommen hatte oder vorher Mitglied der »Sudetendeutschen Partei« Konrad Henleins geworden war, wer sich der SS angeschlossen hatte oder im weitesten Sinne Hoch- beziehungsweise Landesverrat begangen hatte, indem er die deutschen Besatzer in welcher Weise auch immer unterstützt hatte, musste mit Freiheitsstrafen zwischen fünf und zwanzig Jahren oder mit der Todesstrafe rechnen. Damit waren neben tschechoslowakischen Kollaborateuren praktisch alle Sudetendeutschen der Strafverfolgung ausgesetzt. Denn selbst die aus Berlin amtlich verfügte Übertragung der deutschen Staatsbürgerschaft an die Sudetendeutschen im Jahr 1938 konnte dem Einzelnen als »Anschlag gegen die Republik« zur Last gelegt und mit schwerem Kerker bestraft werden, weil er dadurch zumindest mittelbar »die Interessen der Tschechoslowakischen Republik« geschädigt habe.

Gegen die Urteile dieser Gerichte auf der Grundlage derart unbestimmter Rechtsnormen konnten keine Rechtsmittel eingelegt werden. Die den Beschuldigten zugewiesenen Pflichtverteidiger hüteten sich in aller Regel, der Anklage grundsätzlich zu widersprechen, um sich nicht selbst der Strafverfolgung auszusetzen. Die Angeklagten erhielten keine Einsicht in die Ermittlungsakten. Viele Verhandlungen dauerten nur wenige Minuten. Die anschließende Strafverbüßung erfolgte meist in Zwangsarbeitssonderabteilungen, die zur Trümmerräumung, zu Aufbauarbeiten, in Bergwerke oder in die Land- und Forstwirtschaft kommandiert wurden. Die Behandlung war häufig brutal, die Ernährung schlecht, medizinische Versorgung gab es kaum, so dass viele der Verurteilten ihre Haftzeit nicht überlebt haben. Ein erheblicher Teil der Gefangenen, die kürzere Freiheitsstrafen zu verbüßen hatten, wurde ab Sommer 1947 den regulären Ausweisungstransporten angeschlossen.

Bis zum Ende der Prozesse vor den Volksgerichten im Mai 1947 verhandelten diese nach tschechischer Zählung in 38 316 Fällen. Die vierundzwanzig Gerichtshöfe verurteilten 475 Deutsche zum Tod und weitere 443 zu lebenslanger Haft. 19 888 Verurteilte erhielten nach den damaligen Angaben des Justizministers Prokop Drtina vor dem tschechoslowakischen Parlament Freiheitsstrafen von insgesamt 206 334 Jahren; 745 von ihnen wurde die Strafe erlassen, 9132 Angeklagte wurden freigesprochen.

Die alltägliche Diskriminierung der Deutschen bestand in der Verpflichtung, weiße oder gelbe Armbinden zu tragen oder weiße Stoffflecken mit einem aufgezeichneten N (Nemec = Deutscher). Öffentliche Verkehrsmittel durften von ihnen nicht benutzt, Amtsstellen nur mit Sondergenehmigung betreten werden. Der Bewegungsumkreis war auf sieben Kilometer begrenzt. Sperrstunden und besondere Einkaufszeiten beschränkten die Möglichkeiten der

Selbstversorgung. Die Lebensmittelzuteilungen entsprachen den Rationen, die Juden während der Kriegszeit erhalten hatten. Darüber hinaus mussten Deutsche ihre Häuser und Wohnungen räumen und in Internierungslager umziehen, wenn Behörden Entsprechendes verfügten.

Ein Dekret vom 21. Juni 1945 ordnete die sofortige Einziehung des landwirtschaftlichen Besitzes von Deutschen an, der ohne Entschädigung an »staatlich und national zuverlässige Angehörige der tschechischen, der slowakischen oder einer anderen slawischen Nation« weitergegeben werden konnte. Ein zusätzliches Dekret vom 19. September 1945 unterwarf alle deutschen Männer vom vierzehnten bis zum sechzigsten Lebensjahr und die Frauen vom fünfzehnten bis zum fünfzigsten Lebensjahr einer allgemeinen Arbeitspflicht »zur Beseitigung und Wiedergutmachung der durch den Krieg und die Luftangriffe verursachten Schäden wie auch zur Wiederherstellung des durch den Krieg zerrütteten Wirtschaftslebens«. Zwar wurde den so zur Zwangsarbeit Verpflichteten ein Anspruch auf Bezahlung prinzipiell zugestanden, doch die Höhe dieses Entgeltes »setzte der Bezirksnationalausschuss nach den örtlichen Verhältnissen fest«, was nicht selten zur Folge hatte, dass den Menschen abgesehen von einer geringfügigen Brotzulage nichts weiter sonst zugeteilt wurde. Schließlich bestimmte das Finanzministerium am 29. Oktober 1945 die »Sicherstellung« des deutschen Geldvermögens bei den Banken. Danach durften Deutsche maximal 5000 Kronen (ca. 500 Reichsmark) besitzen und monatlich noch höchstens 500 Kronen für sich und weitere 250 Kronen für Sorgeberechtigte eintauschen. Von dieser Summe – fünfzig Reichsmark im Monat – waren nicht einmal die regulären Lebensmittelzuteilungen zu bezahlen.

Die vollständige und entschädigungslose Enteignung aller Deutschen regelten verschiedene Dekrete, erlassen zwischen dem 19. Mai und dem 25. Oktober 1945. Lediglich jene, die sich »entweder aktiv am Kampf für die Befreiung beteiligt oder unter dem nazistischen Terror gelitten haben«, blieben von der Beschlagnahme ihres Vermögens ausgenommen. Zunächst ging das konfiszierte deutsche Eigentum in Staatsbesitz über, wurde dann aber nach einem Gesetz vom 14. Februar 1947 den jeweiligen Verwaltern (Narodni Spravce = Nationalverwalter) oder sonstigen Anspruchsberechtigten übergeben, wenn es sich dabei um einzelne Grundstücke, Einfamilienhäuser oder kleinere gewerbliche Unternehmungen und Bauernhöfe handelte.

Diese tschechischen Verwalter waren freilich keine Treuhänder im eigentlichen Sinne, vielmehr ging es ihnen in vielen Fällen in erster Linie um persönliche Bereicherung. Das heißt, sie vertrieben Deutsche von ihrem Grundeigentum, ließen sich dessen weitere Nutzung übertragen und schlachteten es dann nach Gutdünken aus. Hatten sie auf diese Weise das eine Objekt ausgebeutet, besorgten sie sich das nächste. Sofern ihnen dabei die deutschen Besitzer im Wege standen, wurden diese vertrieben. Im Verlauf solcher »wilden« Austreibungen mussten bis zur Potsdamer Konferenz im Juli 1945 zwischen 700 000 und 800 000 Sudetendeutsche vor allem aus den grenznahen Regionen ihre Heimat verlassen. Die Grundlage für den geordneteren »Abschub« (Odsun) danach legte das Dekret des Präsidenten Eduard Benes »Über die einheitliche Durchführung der Innenkolonisation« im selben Monat.

Damit wurde deutlich, dass die Ausweisung der Sudetendeutschen zum wesentlichen Ziel tschechoslowakischer Politik geworden war. Eine Neuauflage des Vielvölkerstaates, wie er sich nach dem Ersten Weltkrieg gebildet hatte, sollte es nicht mehr geben. Neben den Deutschen mussten auch die im Süden beheimateten Ungarn das Land verlassen. Insofern waren auch die »wilden« Vertreibungen, wenn schon nicht offiziell erwünscht, dann aber doch ein gebilligter Teil des großen Plans, in der Tschechoslowakei eine homogene Gemeinschaft aus allenfalls zwei slawischen Ethnien zu schaffen. Waren zunächst Alte, Kranke, Frauen und Kinder von diesen Abschiebungen betroffen, weil sie dem Land selbst nicht nützlich sein konnten, folgten später Berufsgruppen, die entweder für die Weiterexistenz der deutschen Minderheit von besonderer Bedeutung waren (Bäcker, Metzger, Kaufleute, Ingenieure, Ärzte) oder von denen die Tschechen Widerstand gegen die eigene Räumungspolitik befürchteten (Lehrer und Juristen).

Diese erste Austreibungswelle dauerte den ganzen Sommer 1945 hindurch an. Innerhalb von Stunden, zuweilen von Minuten, hatten die Menschen ihr Zuhause lediglich mit geringem Handgepäck zu verlassen. In Fußmärschen bewegten sich die Kolonnen auf die Grenze nach Polen und der sowjetischen Zone zu, da die Amerikaner aus Sorge vor einer Überschwemmung ihres eigenen Besatzungsgebietes niemanden passieren ließen.

Auf ihrem Weg wurden die Ausgewiesenen, die sich selbst versorgen mussten, weil sie nirgends Essen oder Trinken erhielten, von Revolutionsgardisten begleitet und drangsaliert. War bei ihnen nach mehrfacher Filzung des Gepäcks nichts mehr zu holen, mussten sie hinter der Grenze sehen, wie sie sich allein weiterhelfen konnten. Verweigerten dort allerdings sowjetische Einheiten oder polnische Wachen den Übergang, dann irrten die verängstigten Menschen oft tagelang umher, bis sie entweder in einem unbeobachteten Augenblick doch den Durchbruch schafften oder von den Tschechen in Behelfslager eingewiesen wurden.

Zuweilen wurden dort dann Eisenbahntransporte in die sowjetische Zone zusammengestellt: In meist offene Waggons mussten sich dreißig bis sechzig Personen mit ihrem Gepäck hineindrängen. Sie waren nicht selten wochenlang von einem Ort zum anderen unterwegs, bis sie eine Endstation erreicht hatten. Wer nicht abtransportiert wurde, musste sich in den Lagern für eine nicht absehbare Zeit einrichten – in größter Enge, ohne ausreichende Nahrungsmittel, bei schlimmsten hygienischen Verhältnissen. Der Ruhr, Tuberkulose und dem Typhus fielen die Älteren und die Kleinsten als Erste zum Opfer.

Nach der Potsdamer Konferenz im Juli/August 1945 wurden in der Tschechoslowakei Sammellager eingerichtet (fünfundsiebzig in Böhmen, neunundzwanzig in Mähren, drei in der Slowakei), in denen je 1200 Personen auf ihren Abtransport zu warten hatten. Nach ihrem Abschub sollten die Plätze jeweils wieder aufs Neue belegt werden. Zweieinhalb Millionen Deutsche, teilte die tschechoslowakische Regierung dem Alliierten Kontrollrat am 16. August 1945 mit, habe sie zur Aussiedlung noch vorgesehen. 1 750 000 Sudetendeutsche, entschied der Kontrollrat im November, sollten in der amerikanischen und 750 000 in der sowjetischen Zone aufgenommen werden. Zwar wurde bereits bis zum Jahresende die Überführung von zehn Prozent der zur Vertreibung Bestimmten angekündigt, doch setzten die Ausweisungen wegen des Winterwetters und fehlender Transportkapazitäten erst Ende Januar 1946 tatsächlich ein.

Zuvor hatten Vertreter der amerikanischen Militärregierung am 8. und 9. Januar 1946 tschechischen Beauftragten ihre Bedingungen für die Modalitäten der Ausweisung genannt. Übernommen werden sollten nur Personen, deren Identität eindeutig feststand und dokumentiert war. Alle »Auswandernden« sollten mit Unterwäsche, Kleidern, Anzügen, Wäsche und Schuhen »hinreichend« ausgestattet sein. Die Amerikaner forderten die Freigabe von fünfzig Kilogramm Gepäck pro Person, während die Tschechen zunächst nur dreißig Kilogramm zulassen wollten. Die Tschechen gestanden die Mitnahme eines »maximalen Geldbetrages von 1000 Reichsmark pro Person« zu, dagegen keine Wertgegenstände, Schmuck, Pelze oder Museumsstücke. Jede Familie sollte so viel Nahrungsmittel mitnehmen dürfen, wie sie für ihre Lebensmittelmarken erwerben konnte. Während der Fahrt würden die Menschen auf den Bahnhöfen mit warmen Mahlzeiten versorgt werden. Beide Seiten kamen überein, dass die ersten Transporte gesunden Sudetendeutschen vorbehalten bleiben sollten, schwangere Frauen waren sechs Wochen vor oder nach der Geburt von ihnen zurückzustellen. Die Tschechen erklärten, dass sie in einem Zug aus vierzig Waggons durchschnittlich 1200 Personen abtransportieren würden, die amerikanische Forderung nach beheizbaren Wagen sei nur eingeschränkt zu erfüllen. Als Aufnahmebahnhöfe nannten die Amerikaner Furth im Wald sowie Hof und schlugen vor, die Tschechen sollten von den Sowjets zusätzliche Durchfahrtsgenehmigungen durch deren Besatzungsgebiet nach Bebra erbitten. Die Amerikaner ihrerseits versprachen, dass »Bahnmaterial und Begleitpersonal pünktlich zurückgelangen«, also nicht von ihnen festgehalten würden.

Der erste Transport aus der Tschechoslowakei erreichte, aus Budweis kommend, Furth im Wald am 25. Januar 1946. Da sich die Tschechen aber an die vereinbarten Bedingungen, insbesondere was die ausreichende Versorgung mit Lebensmitteln, die Ausstattung mit Kleidern und Geld sowie die Aussiedlung ausschließlich vollständiger Familien anging, nicht gehalten hatten, machten die Amerikaner im Mai 1946 die Übernahme weiterer Transporte von der Einhaltung dieser Vereinbarungen abhängig. Ausgewiesene durften künftig nur noch 500 Reichsmark mitnehmen, dafür aber zusätzliches Gepäck, im Einzelfall bis zu 70 Kilogramm pro Person. Als in den Sommermonaten die Transporte in die sowjetische Zone zusammengestellt wurden, drängten sich weitere Menschen in jene Sammellager, von denen die Züge nach Bayern abgingen, um dem sowjetischen Machtbereich möglichst zu entfliehen. Im November 1946 weigerten sich die Amerikaner, weitere Transporte aufzunehmen. Danach trafen bis in den April 1951 nur noch einzelne Übersiedler mit Sondergenehmigung und Sudetendeutsche im Wege der Familienzusammenführung in den Westzonen ein.

Bemerkenswert allerdings ist, dass die Tschechoslowakei auch die deutschen Antifaschisten, denen zunächst Schonung vor allen Verfolgungsmaßnahmen versprochen worden war, am Ende nicht mehr wollte. Als Erstes schob sie mit Zustimmung der Sowjets etwa 30 000 Kommunisten im Herbst 1945 in deren Zone ab – solidarisch, wie die offizielle Verabschiedung lautete, um den Aufbau einer sozialistischen Gesellschaft im Nachbarland aktiv zu unterstützen. An den Sozialdemokraten, die nicht weniger tapfer Widerstand gegen das NS-Regime geleistet hatten, waren die Russen indes nicht interessiert. Von ihnen wurden 82 600 ab Mai 1946 in die US-Zone gebracht. Im Vergleich zu den Vertriebenen konnten sie zwei Erleichterungen für sich in Anspruch nehmen: Sie mussten bis zu ihrer Ausreise nicht in Sammellagern ausharren und durften neben nahezu unbegrenztem Gepäck auch einzelne Möbelstücke mit in den Westen bringen.

Um die Gesamtzahl der Menschen zu ermitteln, die nach dem Kriegsende die Tschechoslowakei verlassen mussten, sind die Teilaktionen der Aussiedlung zu addieren. In der Phase der »wilden« Vertreibung wurden rund 750 000 Sudetendeutsche in die sowjetische Besatzungszone in Mitteldeutschland und Österreich abgeschoben. Im Rahmen der in Potsdam beschlossenen Umsiedlung kamen 1 239 000 Personen in die amerikanische und 750 000 in die sowjetische Zone. Vom Frühjahr 1947 bis Ende 1949 gelangten im Wege der Familienzusammenführung weitere 35 000 Menschen in den Westen und etwa 10 000 in die soeben gegründete DDR. Die Bundesrepublik nahm zwischen März 1950 und April 1951 in einer zusätzlichen Aktion zur Familienzusammenführung noch einmal 16 832 Sudetendeutsche auf. Hinzugerechnet werden müssen die etwa 100 000 Deutsche, die im April und Anfang Mai 1945 vor Beendigung der Kampfhandlungen aus der Tschechoslowakei geflohen waren, sowie die rund 200 000 Kriegsgefangenen, die nach ihrer Entlassung nicht mehr in ihre Heimat zurückkehren konnten. In der Tschechoslowakei blieb eine viertel Million Menschen zurück, die sich in der Volkszählung 1939 als Deutsche definiert hatten, von den Tschechen und Slowaken aber überwiegend wegen ihrer Volkstumszugehörigkeit als Slawen anerkannt wurden.

Stellt man also dem tatsächlichen Stand der deutschen Bevölkerung in Böhmen, Mähren und der Slowakei bei Kriegsende 1945, der vom Statistischen Bundesamt mit 3 391 000 Personen angegeben wird, die Zahl der in West- und Mitteldeutschland eingetroffenen Sudetendeutschen sowie die in ihrer Heimat Verbliebenen gegenüber, ergibt sich eine Differenz von etwas mehr als 140 000 ungeklärten Schicksalen. Damit ist die Zahl der Toten annäherungsweise umschrieben, die Flucht und Vertreibung aus dem Sudetenland gekostet haben.

Aufnahme und Integration in der neuen Heimat

Der Dorfpolizist von Bahro berichtete am 21. August 1947 dem Landrat von Guben in Brandenburg über den Streit einer Vertriebenenfamilie mit dem einheimischen Hauseigentümer: »Gegen 21 Uhr kam Sch. in das Zimmer der Familie B. und drehte die Deckenbeleuchtung aus. Der Hausflur wurde ebenfalls ausgeschaltet. Nach Verlassen des Zimmers hatte B. die Birne wieder festgedreht. Daraufhin kam Frau Sch. ins Zimmer und drehte erneut die Birne lose mit der Bemerkung: für Euch dreckige Bande bezahlen wir kein Lichtgeld, Ihr könnt bloß zum Landrat laufen, Recht bekommt Ihr ja doch nicht. Seit der letzten Aussprache im Gasthaus in Bahro im Beisein des Herrn Landrat wird die Familie B. dauernd von Sch. drangsaliert. Das Betreten des Hofes, [die] Benutzung des Klosetts, das Wasserholen ist der Familie untersagt.«[8]

Die ebenso unfreundliche Einstellung eines erheblichen Teiles der alteingesessenen Bevölkerung von Gardelegen in Sachsen-Anhalt gegenüber den Flüchtlingen beschreibt ein undatierter Bericht der Stadtverwaltung: »Man hört da oft Gespräche zwischen Flüchtlingen und Ureinwohnern wie: ›Warum seid ihr überhaupt hierher gekommen?‹ ›Die Flüchtlinge fressen uns alles weg.‹ […] ›Die mögen doch nach Schlesien gehen und dort ihre Bezugsscheine holen und nicht uns, die wir schon alles verloren haben, auch noch die wenigen Bezugsscheine wegschnappen.‹ Und nun kommt der Gipfel der Frechheit. Eine Frau, welche in anderen Umständen war, wollte auf Grund ihres weit fortgeschrittenen Zustandes [beim Amtsverkehr im Rathaus] vorgelassen werden, wurde aber nicht von den Leuten vorgelassen. Sie machte die Leute auf ihren Zustand aufmerksam, hatte dabei aber nicht mit folgenden Worten einer dicken, wohlgenährten Frau gerechnet, die sagte: ›Was schaffen Sie sich denn ein Kind an, ein Hund würde Ihnen auch gut stehen!‹«[9]

Einzelfälle? Nein, solche Auseinandersetzungen zwischen Einheimischen und den ungebeten hinzugekommenen Fremden waren nach dem Ende des Zweiten Weltkrieges in allen Besatzungszonen eher die Regel als die Ausnahme. Zu eng aufeinander gedrängt lebten die Menschen in dem weithin zerstörten Land, zu dürftig waren die Möglichkeiten ihrer Versorgung mit allem, was sie zum Leben brauchten, zu groß waren die Sorgen auch der Ansässigen um die eigene Zukunft. Ein Appell der Landesverwaltung Mecklenburg-Vorpommern im August 1945 an die Bevölkerung, den Heimatlosen Wohnraum, Kleidung, Möbel und andere Gebrauchsgegenstände zu überlassen, stieß daher nur auf geringes Verständnis: »Es ist die Pflicht des gesamten Volkes, denen, die durch Krieg und seine Folgen ihre Heimat, ihre Wohnungen und ihre Habe verloren haben, wieder zu einem – wenn auch bescheidenen – Heim zu verhelfen. Es ist auch weiter Pflicht des gesamten Volkes, neue zusätzliche Unterkünfte zu schaffen für die vielen Kranken, Hilfsbedürftigen und Waisen.«[10]

Deshalb, so die Aufforderung der Schweriner Behörde, müssten jene, »die trotz des Krieges und seiner Folgen im Besitz ihrer Wohnungen und ihrer Habe sind«, davon »vorläufig etwas abgeben«. Sollte dies nicht in erforderlichem Maße freiwillig geleistet werden, seien die Gemeindeverwaltungen berechtigt, die »Abgabe von Wohnraum und Gebrauchsgegenständen erforderlichenfalls zu erzwingen«. Dabei, dämpfte die Landesregierung aufkommenden Unmut unter den Mecklenburgern, werde nicht »dem einen alles genommen und dem anderen alles gegeben«. Das Ziel dieser Umverteilung sei vielmehr: »Die Zurverfügungstellung bescheiden eingerichteter Wohnräume soll die Regel sein. Nur wo leere Räume, um sie bewohnbar zu machen, möbliert werden müssen oder für die Einrichtung von Krankenhäusern und Heimen Einrichtungsgegenstände benötigt werden, sollen einzelne Einrichtungs- und Gebrauchsgegenstände beschlagnahmt werden.«[11]

Enteignet werden sollten nach Auffassung der von den Sowjets eingesetzten Landesverwaltung in erster Linie ehemalige

NSDAP-Mitglieder, doch auch in diesen Fällen müsse »den Betroffenen das belassen [werden], was zur Führung eines bescheidenen Haushaltes unentbehrlich ist«.[12] Schließlich waren die neuen Machthaber auf die Unterstützung möglichst breiter Teile der Bevölkerung – und dazu gehörten eben auch die rund zehn Millionen früheren Parteigenossen – angewiesen. Weder in den drei Westzonen noch im sowjetischen Besatzungsgebiet konnten sie sich allein auf die Anordnungen der Militärregierungen zurückziehen. Denn deren Möglichkeiten, Millionen zusätzlicher Bewohner nicht nur aufzunehmen, sondern auch angemessen zu versorgen, waren durchaus begrenzt. Sie kümmerten sich naheliegenderweise zunächst nicht um die damit zusammenhängenden Details, stattdessen aber um die machtpolitische Absicherung des eigenen Besatzungsregimes.

Bezeichnend für die Lage jedenfalls in der sowjetischen Besatzungszone insgesamt sind insofern die Beschwerden verschiedener Bürgermeister bei der Umsiedlerabteilung des Bürgermeisteramtes in Malchow am Müritzsee über das Verhalten der russischen Truppen: »Göhren, 18. November 1945: Die Einrichtung eines Einweisungslagers ist für die Gemeinde Göhren jetzt selbst bei größter Mühe und Aufopferung nicht möglich, da selbst die ortsansässigen Einwohner auf dem Boden und in den Scheunen schlafen. Dies ist bedingt durch die zurzeit sehr starke russische Einquartierung. [...] Laschendorf, 18. November 1945: Ein Einweisungslager ist in der Gemeinde Laschendorf nicht möglich, da zurzeit das Gutshaus sowie sämtliche Scheunen, Ställe usw. mit Russen belegt [...] [sind]. Sparow, 24. November 1945: Für die Unterbringung der neu ankommenden Flüchtlinge steht uns zurzeit ein Teil des Schafstalles zur Verfügung. In diesem Stall lässt sich keine Heiz- und Kochgelegenheit einbauen. Damit die Flüchtlinge etwas Wärmeschutz erhalten, benötigen wir zur Herrichtung des Stalles wenigstens 100 Bund Stroh. Es sind je 270 Quadratmeter Grund- und Dachbodenfläche zu beschütten. Das benötigte Stroh ist in Sparow vorhanden, nur verfügt darüber die Rote Armee.«[13]

Und die gab davon nichts heraus. In anderen Ortschaften dagegen, in denen die Russen nicht in gleicher Weise präsent waren, nutzten Einheimische die Not der Vertriebenen, um Geschäfte zu eigenem Vorteil zu machen. So informierte die Landesverwaltung Mecklenburg-Vorpommern im Dezember 1945 nachgeordnete Dienststellen darüber, dass »diesen durch das Schicksal schwer getroffenen Menschen zum Teil geradezu phantastische Mietpreise abverlangt worden seien«.[14] Alle Oberbürgermeister und Landräte würden deshalb darauf hingewiesen, dass »sie für den Schutz der ohnehin in schwerer Not befindlichen Umsiedler vor Wucher und Spekulation verantwortlich sind, dass sie wachsam und vorbeugend solche Dinge für die Zukunft verhindern müssen und dass für eine erbarmungslose Bestrafung der Schuldigen Sorge getragen wird«.

Schließlich dürften die mit Rücksicht auf die Sowjets nicht als Vertriebene, sondern verharmlosend als Umsiedler bezeichneten Neubürger »nicht als lästiger Zuzug« behandelt werden, sondern »als deutsche Brüder in Not, denen mit allen Mitteln zu helfen ist und die mit ihren Kenntnissen und Fähigkeiten sehr wohl in der Lage sind, am wirtschaftlichen Aufbau und der Errichtung neuer bodenständiger Industrie mitzuarbeiten«. Daher sei es angesichts des hereinbrechenden Winters auch »dringend notwendig, alle Lager, soweit das noch nicht geschehen ist, so herzurichten, dass sie eine trockene und warme Unterkunfts- und Übernachtungsmöglichkeit bieten«. Freilich stünden dafür Hilfen des Landes nicht zur Verfügung: »Die Kreise müssen sofort versuchen, diese Arbeiten aus eigenen Mitteln durchzuführen.«

Aus einem Rechenschaftsbericht der in der sowjetischen Besatzungszone im September 1945 gegründeten Zentralverwaltung für deutsche Umsiedler (ZVU) über die ersten Monate ihres Bestehens geht hervor, dass zum Jahresende 625 Lager mit 483 349 Personen belegt waren.[15] Diese Lager waren mangels anderer Räumlichkeiten häufig in ehemaligen Kriegsgefangenen- oder Zwangsarbeiterunterkünften eingerichtet worden. Die sanitäre Ausstattung dieser Behelfsbaracken war so unzureichend, dass sich Infektionserkrankungen seuchenartig ausbreiteten. Grundsätzlich sollten die Vertriebenen daher nicht länger als zu einem zweiwöchigen Quarantäne-Aufenthalt in den zwölf Hauptlagern an der östlichen Grenze der sowjetischen Besatzungszone bleiben und danach an die Aufnahmekreise und -gemeinden weiterverwiesen werden. Weil sich aber nach den Feststellungen der ZVU die überwiegende Zahl der Transporte aus Frauen, Kindern und alten Menschen zusammensetzte, die sehr häufig schwer krank, ausgehungert und ihrer letzten Habe beraubt in den Aufnahmelagern eintrafen, mussten sie nicht selten trotz der schlechten Ausstattung und Versorgung dort längere Zeit verbringen.

Nach dem Ende der bis zum Abschluss des Potsdamer Abkommens im August 1945 andauernden »wilden« Vertreibungen sollten, so eine Vereinbarung im Alliierten Kontrollrat der Siegermächte aus dem November 1945, weitere 6,65 Millionen Deutsche aus Polen und der Tschechoslowakei in den vier Besatzungszonen aufgenommen werden, und zwar 2,75 Millionen in der sowjetischen, 2,25 Millionen in der amerikanischen, 1,5 Millionen in der britischen und 150 000 in der französischen Zone. Eine Statistik der Zentralverwaltung für deutsche Umsiedler zählte allein in der sowjetischen Zone im Januar 1946 bereits 3 249 627 Vertriebene zusätzlich zur ansässigen Bevölkerung von 13,67 Millionen Menschen, was einem Anteil von 23,6 Prozent entsprach. Bis in den April 1949 hinein erhöhte sich dieser Bevölkerungsanteil mit 4 312 289 Vertriebenen (sechsundsiebzig Prozent aus Polen, sechzehn Prozent aus der Tschechoslowakei, der Rest aus dem sowjetischen Teil Ostpreußens, aus Ungarn und Jugoslawien) sogar auf 24,2 Prozent, lag allerdings in Mecklenburg-Vorpommern mit 43,3 Prozent erheblich darüber und in Sachsen wegen der größeren Bevölkerungsdichte mit 17,2 Prozent deutlich niedriger.

Bis zum Jahresende 1949 verließen 400 000 Vertriebene die neu gegründete DDR in Richtung Westen. Soweit es sich dabei um ältere Menschen handelte oder um nicht erwerbsfähige Frauen mit Kleinkindern, deren Unterhalt die Sozialkassen belastete, ließen sie die Grenzkontrollen auf östlicher Seite an der noch nicht hermetisch abgeschlossenen Demarkationslinie meist passieren.

Mit einem derartigen Ansturm von Flüchtlingen und Vertriebenen auf die sowjetische Besatzungszone hatte nicht einmal der Moskauer Exilvorstand der Kommunistischen Partei Deutschlands (KPD) gerechnet. Dort war man zwar von einer Abtretung Ostpreußens an die Sowjetunion und von einer Westverschiebung Polens in Richtung Masuren, Westpreußen und Oberschlesien ausgegangen, doch Pommern, Ostbrandenburg und Niederschlesien würden, so glaubte man, dem russischen Besatzungsgebiet zugeschlagen bleiben, um es hinlänglich lebensfähig zu erhalten. So beschwerte sich der Parteivorsitzende Wilhelm Pieck noch am 11. Juli 1945 beim Chef der Sowjetischen Militäradministration (SMAD), Marschall Georgi Schukow, über die »Austreibung« der Deutschen aus den Ostprovinzen und dem Sudetenland, entgegen »unserer früheren Parole ›Bleibt dort!‹«.[16] Schukow dagegen ordnete acht Tage später an, sämtliche – und das waren Hunderttausende – Vertriebenen aus den Gebieten nördlich der Warthe nach Mecklenburg, die aus den Gebieten südlich der Warthe und östlich der Oder nach Brandenburg und Sachsen-Anhalt sowie die Vertriebenen aus der Tschechoslowakei nach Sachsen und Thüringen weiterzuleiten.

Erst Mitte 1946, nachdem bereits weit über drei Millionen Flüchtlinge und Vertriebene ins Land gekommen waren, stellte sich die inzwischen gegründete Sozialistische Einheitspartei Deutschlands (SED) dem Problem. Denn es lag auf der Hand, dass der Zustrom einer solchen Masse entwurzelter, ausgeplünderter und orientierungsloser Menschen vom ohnehin überlasteten wirtschaftlich-sozialen System der russischen Besatzungszone nicht würde aufgefangen werden können. Der Zusammenbruch der eigenen Herrschaftsbasis stand damit zu erwarten, zumal zu befürchten war, dass sich unter den Flüchtlingen und Vertriebenen auch nationalsozialistische Aktivisten in größerer Zahl unerkannt würden verbergen können.

Paul Merker, im SED-Zentralsekretariat für Agrar-, Arbeitsmarkt- und Sozialpolitik verantwortlich, hatte sich künftig um die Vertriebenen zu kümmern. Ebenso richteten die Landes- und Bezirksleitungen der Partei entsprechende Abteilungen für Umsiedlerfragen ein. Diese Referate hatten aber nicht nur eine Überwachungsfunktion, sondern sollten außerdem die Vertriebenen davon überzeugen, in den Kommunisten ihre entschiedensten Fürsprecher zu sehen. Schließlich ging der Parteivorstand davon aus, bei geeigneter Hilfestellung unter diesen aus der Bahn geworfenen Menschen leichter Anhänger finden zu können als etwa in der konservativen Landbevölkerung Mecklenburgs oder im katholischen Eichsfeld.

Andererseits lag es auf der Hand, dass dazu die Bindung der Vertriebenen an ihre alte Heimat gelöst werden musste. Im Juni 1946 berichtete der sächsische SED-Vorsitzende Otto Buchwitz der Parteiführung, dass die Vertriebenen von der SED eine unmissverständliche Stellungnahme zur künftigen Ostgrenze verlangen würden: »Sie werden von ihrem Heimatgefühl geleitet, und ihre ständige Frage ist: Habt ihr uns vergessen? Ihr redet fortgesetzt vom Ruhr- oder Saargebiet, aber über Schlesien hört man kein Wort. Habt ihr für uns nichts übrig?«[17]

Der Beschluss des Zentralsekretariats über »SED und Ostgrenze« vom 12. August 1946, dem zufolge »die Potsdamer Beschlüsse der drei Siegermächte nach der von ihnen gemeinsam beschlossenen Übertragung der Verwaltung deutscher Gebiete bis zur Friedensregelung an Polen keine Gebietsabtretung vorsehen«, war noch bemerkenswert unentschlossen und sollte wohl vor allem die Unterstützung der Vertriebenen für die SED bei den anstehenden Wahlen sichern.[18]

Dem gleichen Ziel diente der SMAD-Befehl 304, der 1946 für bedürftige Vertriebene eine einmalige Soforthilfe in Höhe von 300 Mark pro Haushalt und 100 Mark pro Kind anwies. Erst danach bekannte sich der SED-Vorstand im September 1946 auf Moskauer und Warschauer Drängen dazu, dass der Lauf von Oder und Lausitzer Neiße die endgültige Westgrenze Polens darstelle. Dennoch stimmten in den bäuerlichen Mecklenburger Landkreisen, die vor allem mit Vertriebenen belegt worden waren, bei den örtlichen Wahlen mehr als fünfundsiebzig Prozent der Wähler für die SED, während die Einheitspartei in den Städten nicht über neunundvierzig Prozent hinauskam.

Im November 1946 einigte sich die Zentralverwaltung für Arbeit und Sozialfürsorge (ZVAS) mit der ZVU auf eine Anweisung zur »Wiedereingliederung der Umsiedler und Heimkehrer in den Produktionsprozess«. Danach sollten die für die jeweiligen Aufnahmelager örtlich zuständigen Arbeitsämter die eingetroffenen Vertriebenen innerhalb von achtundvierzig Stunden nach ihren Berufen erfassen und dieses Ergebnis an die Landesarbeitsämter weitermelden. Diese sollten dann über den passenden Aufnahmeort für die einzelnen Vertriebenen entscheiden.

Da dieser bürokratische Prozess offenbar recht umständlich war, warben immer mehr Großbetriebe, die unter Facharbeitermangel litten, Arbeitskräfte direkt in den Aufnahmelagern an und verbesserten damit die zunächst hoffnungslose Situation vieler Vertriebener. Allerdings galten nur 41,6 Prozent der Vertriebenen aufgrund der Entbehrungen und Verfolgungsmaßnahmen vor ihrer Ausweisung als arbeitsfähig: 43,8 Prozent von ihnen kamen bis Ende 1946 in der Land- und Forstwirtschaft unter, 19,4 Prozent in Industrie und Gewerbe, 4,2 Prozent in Bau- und Baunebenberufen, 2,5 Prozent im Bergbau und in der Metallindustrie, als Selbständige fanden 1,4 Prozent eine Existenz.

Ein halbes Jahr später beschrieb Paul Merkers Schrift *Die nächsten Schritte zur Lösung des Umsiedlerproblems* den weiteren Kurs. Den Vertriebenen wurde jeder Sonderstatus bestritten, dafür aber die rechtliche wie tatsächliche Gleichstellung mit den Ansässigen versprochen. Die gleichberechtigte Versorgung mit Wohnraum, Verbrauchsgütern und Arbeitsstellen sollte Integration durch vollständige Anpassung gewährleisten. Dadurch, so erwarteten die SED-Kader, wären die Bande an die Herkunftsgebiete gelöst, jede Hoffnung auf Heimkehr erledigt, die Schuld am Erlittenen dem NS-Regime zugewiesen und die Bereitschaft zur

Mitarbeit am gesellschaftlichen Neuaufbau eines sozialistischen Deutschlands gewonnen. Doch dies war frommer Selbstbetrug: Tatsächlich fehlten, um nur dies als Beispiel zu nehmen, in der sowjetischen Besatzungszone 1947 über eine Million Wohnungen; die Menschen lebten jeweils auf einer Fläche von 8,1 Quadratmetern, wobei sich die Vertriebenen im Schnitt auf die Hälfte davon beschränken mussten.

Dennoch war eine gleichmäßige Verteilung der knappen Ressourcen auf Einheimische und Vertriebene nicht möglich. Ein derartiges Umverteilungsprogramm hätte die breite Beschlagnahmung von Häusern, Wohnungen und Möbeln vorausgesetzt und die bereits kritische Stimmung in der Bevölkerung gegenüber Partei und Regierung weiter aufgeheizt. So lehnte denn auch die sächsische Landesregierung im Sommer 1947 einen echten Lastenausgleich zwischen Alt- und Neubürgern ab: »Die Landesregierung [...] steht auf dem Standpunkt, dass eine zwangsweise Erfassung [von Wohnraum, Möbeln, Hausrat etc.] nicht möglich ist. Wir können uns eine Verschärfung der Stimmung unter der Bevölkerung nicht leisten.«[19]

Einfacher war demgegenüber die Berücksichtigung von Vertriebenen bei der Verteilung des ab Herbst 1945 unter der Losung »Junkerland in Bauernhand« beschlagnahmten Großgrundbesitzes. Denn da wurde nur jenen etwas genommen, auf deren Unterstützung die SED in ihrem gesellschaftlichen Umwandlungsprozess ohnehin keine Rücksicht nehmen wollte. Von dem Bodenreformland erhielten Vertriebene 34,9 Prozent des Bodens und 43,3 Prozent der eingerichteten Neubauernstellen mit bis zu zehn Hektar Land – bei einem Bevölkerungsanteil von 24,2 Prozent.

Diese Regelung entsprach insoweit der Nachfrage, als viele Vertriebene aus Ost- und Westpreußen, Pommern und Ostbrandenburg Landwirte waren, während mitteldeutsche Landarbeiter ihre berufliche Zukunft eher in Industrieberufen und in den Städten suchten. Doch die meisten dieser Neubauern konnten wegen des Mangels an Wirtschafts- und Wohngebäuden, an Vieh, Maschinen und Kapital auf längere Sicht nicht erfolgreich wirtschaften. So entfielen statistisch Ende 1947 auf je zehn dieser Betriebe in Brandenburg lediglich vier Schweine, vier Milchkühe, drei Pferde und zwei Hühner; von jeweils 1000 Neubauern verfügten nur 262 über Wohngebäude, 150 über Großviehstallung, 131 über Schweineställe und 118 über Scheunen.[20] Ganze fünfzehn Prozent der 94 443 »Umsiedler-Neubauern« galten 1948 als ökonomisch gefestigt.[21]

Wer sich nicht halten konnte oder wem es sonst nicht gelang, in den meist ländlichen Aufnahmeorten beruflich Fuß zu fassen, ging entweder über die Grenze in den Westen oder suchte in den Industrieregionen der sowjetischen Besatzungszone nach besseren Verdienstmöglichkeiten. So wies bereits 1948 die Belegschaft einzelner Großbetriebe einen weit überdurchschnittlichen Anteil an Vertriebenen auf. An der Spitze lagen das Chemie-Kombinat Leuna mit 11 800 Vertriebenen (siebenundvierzig Prozent der Belegschaft) und der Uran-Bergbau der in sowjetischer Regie geführten Wismut AG, wo bis zu achtzig Prozent Vertriebene unter Tage arbeiteten und ihre Gesundheit durch radioaktive Strahlung gefährdeten.[22]

Im Juli 1948 sah der SED-Vorsitzende Walter Ulbricht den Augenblick gekommen, die eigenständige ZVU aufzulösen und als »Hauptabteilung Umsiedler und Heimkehrer« in die Innenverwaltung einzugliedern. Das »Umsiedlerproblem« sollte »seine Lösung unter den allgemeinen bevölkerungspolitischen und wirtschaftlichen Gesichtspunkten« finden.[23] Politische Aufklärung durch Parteien, Presse und Rundfunk hatte dafür zu sorgen, dass ideologisch jede »umsiedlerfeindliche« wie »reaktionäre Tendenz (Rückkehr-Propaganda)« ausgeschlossen blieb.

Im November 1948 verständigte sich das SED-Zentralsekretariat in seinem Beschluss zur »Weiterführung des Assimilationsprozesses der Umsiedler« darauf, dass Umsiedlerbehörden »den Verschmelzungsprozess durch die Herausstellung besonderer Umsiedlerinteressen behindern« würden und daher aufzulösen beziehungsweise in die Abteilungen Bevölkerungspolitik der staatlichen Verwaltung einzugliedern seien: »Es muss jedoch von vornherein der Gefahr begegnet werden, dass diese Abteilungen ihre Aufgaben in der Fortsetzung einer besonderen Umsiedlerpolitik sehen«, da die Vertriebenen inzwischen »gleichberechtigte Staatsträger und keine von der Gesamtbevölkerung isoliert lebende Gruppe« mehr seien.[24]

Bis Ende März 1949 hatten die Umsiedlerbehörden ihre Arbeit einzustellen. »Keine Diskussionen mehr über das ›Umsiedlerproblem‹, sondern nur noch Diskussion über unsere Arbeits- und Sozialpolitik«, hieß es in einem Dokumentenentwurf des zentralen Parteiapparats im Februar jenes Jahres, »der Begriff ›Umsiedler‹ muss schnellstens verschwinden.«[25] Schließlich sei »die Einbürgerung der Umsiedler in der sowjetischen Besatzungszone durchgeführt«. Diese Erfolgsmeldung entsprach freilich allenfalls in engem rechtlichem Sinne den Tatsachen. Denn auch vier Jahre nach dem Kriegsende lebten viele Vertriebene unverändert in bescheidendsten und sehr viel schlechteren Verhältnissen als die Einheimischen.

So meldete die – wohlgemerkt sozialistische – Landesregierung Brandenburg, »diesen Menschen die Gleichberechtigung zu verschaffen« sei »zum großen Teil ein Verwaltungsakt« geblieben, »denn die tausendfachen Ereignisse, Erlebnisse und Beschwerden, auch die unterschiedliche, ungerechte und verständnislose Behandlung der Umsiedler beweisen uns täglich das Gegenteil, angefangen bei der Schikane am gemeinsamen Kochherd oder [bei der] Benutzung der Toiletten bis hinauf zur Eingliederung in das Berufsleben«.[26]

Den Vertriebenen fehlte es an Wohnraum, an Möbeln, an Kleidung und meist auch an qualifizierter Beschäftigung in ihren alten Berufen. Diese desolaten Verhältnisse ließen sich nicht totschweigen, zumal inzwischen in Westdeutschland die Debatte um einen Lastenausgleich zwischen Vertriebenen und Einheimischen die Schlagzeilen bestimmte. So beschloss die Volkskammer der DDR am 8. September 1950 ein »Gesetz über die weitere Verbesserung der Lage der ehemaligen Umsiedler« und versprach darin Kredite für Neubauern und Handwerker sowie laufende

Unterstützung für arbeitsunfähige und bedürftige Vertriebene. Die Versorgung mit Wohnraum sollte verbessert werden, Jugendlichen wurden für ihre Berufsausbildung und für das Studium Stipendien zugesagt.

Doch auch diese Ankündigungen verbesserten die Lage der Vertriebenen nicht. Eine Veränderung gab es nur insofern, als sich in den kommenden Jahren der vordem privilegierte Lebensstandard der Altbürger dem der Neubürger nach unten anglich. Der Abstand zur Entwicklung in der Bundesrepublik nahm in beiden Gruppen ständig zu. Die Gründung landsmannschaftlicher Organisationen blieb verboten. Die Oder-Neiße-Grenze wurde zur »Friedensgrenze« erklärt. »Umsiedler« und ihre besonderen Interessen und Probleme wurden in den DDR-Medien seit Mitte der fünfziger Jahre totgeschwiegen. Wer nicht flüchtete, passte sich an.

Anpassung war allerdings auch in den drei Westzonen das Mittel der Wahl, wollten Flüchtlinge und Vertriebene ihre Eingliederung in der neuen Umgebung beschleunigen. Die Siegermächte hielten sich aus einer Steuerung des Integrationsprozesses weitgehend heraus. Nachdem sie im Sommer 1945 in Potsdam ihren Widerstand gegen die Massenausweisungen aufgegeben und im November der Aufnahme von weiteren 3,9 Millionen Menschen zugestimmt hatten, beschränkten sie sich anschließend darauf, den Flüchtlingsstrom in die dünner besiedelten, vom Krieg weniger zerstörten und stärker landwirtschaftlich geprägten Gebiete zu lenken. So nahm Bayern bis in das Jahr 1950 hinein 1,92 Millionen Vertriebene auf, gefolgt von Niedersachsen (1,85 Millionen) und Schleswig-Holstein (857 000). Die Einwohnerzahl in diesen drei Hauptaufnahmeländern stieg gegenüber der Vorkriegszeit um bis zu zweiundsechzig Prozent (Schleswig-Holstein). Insgesamt fanden in der Bundesrepublik über 7,6 Millionen Menschen aus dem Osten eine neue Heimat.

Während die amerikanische Militärregierung in ihrer Zone bereits im Oktober 1945 die Bildung deutscher Landesregierungen zuließ, warteten die Briten damit bis 1946. Infolgedessen verzögerte sich auch der Aufbau deutscher Verwaltungsstellen, die sich um die besonderen Anliegen von Flüchtlingen und Vertriebenen kümmern konnten. Die Franzosen weigerten sich sogar bis 1949, das Ansiedlungsverbot für Flüchtlinge in ihrem Besatzungsgebiet aufzuheben. Daher konnte erst im August 1947 von den Ländern der britischen und der amerikanischen Zone eine Arbeitsgemeinschaft der deutschen Flüchtlingsverwaltungen (ADFV) in Stuttgart zur Koordinierung ihrer Ansiedlungspolitik eingerichtet werden. Diese Dienststelle wurde auf Beschluss der westdeutschen Ministerpräsidenten im Februar 1949 in das »Amt für Fragen der Heimatvertriebenen« bei der Verwaltung des bizonalen Vereinigten Wirtschaftsrates aufgenommen und im August 1950, nach Gründung der Bundesrepublik, in das Bonner Bundesministerium für Vertriebene, Flüchtlinge und Kriegsgeschädigte überführt.

Die erste sozialliberale Bundesregierung unter Willy Brandt (SPD) und Walter Scheel (FDP) löste dieses Ministerium bei ihrem Amtsantritt im Oktober 1969 auf, übertrug seine Aufgaben einer Abteilung im Innenministerium und stellte ihre künftige Ostpolitik unter das Motto »friedliche Koexistenz statt Konfrontation«. In seiner Regierungserklärung kündigte Willy Brandt an: »Aufgabe der praktischen Politik in den jetzt vor uns liegenden Jahren ist es, die Einheit der Nation dadurch zu wahren, dass das Verhältnis zwischen den Teilen Deutschlands aus der gegenwärtigen Verkrampfung gelöst wird. [...] Zwanzig Jahre nach Gründung der Bundesrepublik Deutschland und der DDR müssen wir ein weiteres Auseinanderleben der deutschen Nation verhindern, also versuchen, über ein geregeltes Nebeneinander zu einem Miteinander zu kommen.«[27]

Doch zunächst galt es, den Flüchtlingen und Vertriebenen sowie den rund zehn Millionen Evakuierten, die die Städte wegen der Bombenangriffe verlassen hatten und auf dem Land Sicherheit suchten, wenigstens notdürftige Unterkunft zu verschaffen.[28] Während des Krieges waren in Westdeutschland von den über zwölf Millionen Wohnungen aus der Friedenszeit mehr als 2,7 Millionen zerstört oder so schwer beschädigt worden, dass sie nicht mehr bewohnbar waren. Weitere drei Millionen Wohnungen waren nur noch beschränkt nutzbar. Insgesamt fehlten nach dem Kriegsende mindestens sechs Millionen Wohnungen – davon die meisten in den Städten, die wie Würzburg, Pforzheim, Wesel und Düren bis zu achtzig Prozent in Trümmern lagen.

Aber auch die Dörfer boten nur begrenzte Aufnahmemöglichkeiten, so dass die Menschen froh sein mussten, wenn sie in Barackenlagern untergebracht werden konnten. Doch anders als in der sowjetischen Besatzungszone boomte im Westen nach der Währungsreform im Juni 1948 der Wohnungsbau sofort. Bereits 1949 wurden im Bundesgebiet 215 000 Wohnungen fertig gestellt. Eine Reihe von Gesetzen räumte Vertriebenen und Bombengeschädigten eine Vorrangstellung bei der Zuweisung neuen Wohnraumes ein. Bis 1988 wurden im Rahmen dieser Sonderprogramme mit einem Aufwand von mehr als 200 Milliarden Mark über neunzehn Millionen Wohnungen errichtet. Neben diesem Wiederaufbau und der Einrichtung von Flüchtlingssiedlungen allerorten entstanden auf ehemaligem Militärgelände einzelne neue Städte wie Espelkamp (Nordrhein-Westfalen) und Neugablonz (Bayern), in denen sich ausschließlich Vertriebene niederließen, die sich in der Gemeinschaft mit Nachbarn, die ein gleiches Schicksal getroffen hatte, offenbar wohler fühlten als verstreut in einer wenig entgegenkommenden Diaspora.

Sehr bald trat jedoch zutage, dass die Einweisung von Vertriebenen in ländliche Gebiete zwar deren Versorgung mit Lebensmitteln erleichtert hatte, nicht jedoch die mit Arbeitsplätzen. Also setzte ab Ende der vierziger Jahre ein Umsiedlungsprogramm ein, das über eine Million Menschen aus Schleswig-Holstein, Niedersachsen und Bayern in die Industriegebiete von Baden-Württemberg, Nordrhein-Westfalen und Rheinland-Pfalz brachte. Auf diese Weise verlor das nördlichste Bundesland immerhin 42,3 Prozent der aufgenommenen Flüchtlinge, Niedersachsen ein knappes Drittel und Bayern ein gutes Viertel. Dennoch lebte Ende 1949 noch die Hälfte der Vertriebenen in Landgemeinden mit weniger als 2000 Einwohnern, und selbst im Mai 1955 waren immerhin noch 400 000 Menschen auf Unterkünfte in rund 3000 Lagern angewiesen.

Mit dem wirtschaftlichen Aufschwung in den fünfziger Jahren ging dann eine freiwillige Binnenwanderung einher, die Vertriebene vom Land in die Städte und in die Industrieregionen zog. So verlegten zwischen 1949 und 1960 mehr als 3,4 Millionen Flüchtlinge ihren Wohnsitz von einem Bundesland in ein anderes. Innerhalb der einzelnen Länder wurden weitere 6,7 Millionen solcher Umzüge registriert. Der Vertreibung aus der alten Heimat folgte nicht selten ein unstetes Leben in der neuen, das von der Suche nach Arbeitsplätzen und wirtschaftlicher Sicherheit bestimmt war. 1950 hatten nicht mehr als zweiundzwanzig Prozent der Vertriebenenhaushalte eine Wohnung für sich allein, achtundsiebzig Prozent standen in einem Untermietsverhältnis oder befanden sich in Sammelunterkünften. 1968 verfügten schon sechsundneunzig Prozent der Haushalte über eine Wohnung, darunter achtundzwanzig Prozent über eine Eigentumswohnung oder ein eigenes Haus.[29] Es ging also auf der sozialen Stufenleiter unter Entbehrungen und mit großem Fleiß nach oben.

Nicht allen Berufsgruppen allerdings gelang die Eingliederung gleichermaßen.[30] Rund 400 000 Landwirte kamen als Vertriebene nach Westdeutschland. Etliche von ihnen wurden auf früheren Staatsgütern, auf nicht länger genutzten Truppenübungsplätzen, auf Ödland oder durch Eindeichung gewonnenem Neuland angesiedelt. Doch nicht mehr als 225 028 landwirtschaftliche Betriebe konnten zwischen 1949 und 1987 mit Hilfe des Flüchtlingssiedlungsgesetzes aus dem Jahr 1949 und des Bundesvertriebenengesetzes von 1953 eingerichtet werden. Durch den Einsatz von dreizehn Milliarden D-Mark Fördergeldern schafften gerade 5228 Bauern den Aufbau von Höfen mit einer Größe von dreißig und mehr Hektar, während sich 137 050 Landwirte mit Nebenerwerbssiedlungen begnügen mussten, deren Fläche unter einem halben Hektar lag. Von den etwa 15 000 Fischerfamilien, die nach 1945 aus dem Memelland, aus Ost- und Westpreußen sowie aus Pommern vor allem nach Schleswig-Holstein kamen, fanden zwar viele in den sechsundzwanzig an Ost- und Nordseeküste gebauten »Fischersiedlungen« eine neue Heimat, aber nicht mehr als ein Zehntel konnte sich im alten Beruf eine tragfähige Existenz aufbauen.[31]

In den späteren Vertreibungsgebieten waren vor dem Kriegsausbruch 15,4 Prozent der Beschäftigten als Selbständige, 19,6 Prozent als mithelfende Familienangehörige, 4,5 Prozent als Beamte, 10,3 Prozent als Angestellte und 50,2 Prozent als Arbeiter erwerbstätig gewesen.[32] 1950 hatte sich im Bundesgebiet der Anteil der Beamten (3,7 Prozent) und Angestellten (14,3 Prozent) nicht wesentlich verändert, wohl aber jener der Arbeiter (75,0 Prozent) und der Selbständigen (5,2 Prozent) samt deren mithelfenden Angehörigen (1,8 Prozent). Die Quote der Ersteren stieg erheblich an, die der Letzteren sank drastisch ab.

Noch deutlicher als diese Zahlen geben Befragungen von Vertriebenen über deren Berufswechsel Aufschluss: Von 1939 bis 1950 änderte sich für jeden zweiten Flüchtling seine berufliche Stellung, bei den Selbständigen waren siebenundachtzig Prozent betroffen, bei den mithelfenden Familienmitgliedern in der Landwirtschaft dreiundneunzig Prozent. Während die Arbeiter im Westen am einfachsten eine vergleichbare Stelle fanden, mussten Selbständige und Beamte sehr häufig einen beruflichen Abstieg hinnehmen: Einundsechzig Prozent der Landwirte und einundvierzig Prozent der Selbständigen außerhalb der Landwirtschaft sowie dreißig Prozent der Beamten wurden Arbeiter.

Der Unterschied zwischen Vertriebenen und Einheimischen zeigt sich besonders augenfällig in einer Gegenüberstellung ihrer Berufe aus dem Jahr 1961: 9,1 Prozent der Vertriebenen waren Selbständige bzw. mithelfende Familienangehörige, bei den Nichtvertriebenen waren dies 24,5 Prozent; die Verteilung bei Beamten (5,7 Prozent zu 4,5 Prozent) und Angestellten (24,6 Prozent zu 24,4 Prozent) entsprach sich weitgehend, während es bei den Arbeitern (60,6 Prozent zu 46,5 Prozent) wieder erhebliche Abweichungen gab.

Akademiker – darunter insbesondere Ärzte und Zahnärzte, Geistliche, Lehrer, Juristen sowie Architekten und Ingenieure – hatten deutlich geringere Eingliederungsprobleme als Nichtakademiker. Dies galt vor allem dann, wenn sie keine NSDAP-Mitglieder gewesen waren und auf die im Zuge der Entnazifizierung frei gewordenen Stellen nachrücken konnten. In diesem Fall fand jeder Arbeitssuchende nach kurzer Wartezeit eine neue Position.[33]

Sehr viel ungünstiger war die Situation für die Wissenschaftler der ostdeutschen Universitäten beziehungsweise Technischen Hochschulen aus Königsberg, Danzig, Posen, Breslau, Prag und Brünn. Ihnen stand als Neugründung im Westen zunächst lediglich die Universität Mainz offen. Dabei konnten Mediziner, Naturwissenschaftler und Ingenieure schneller als Geisteswissenschaftler mit einer Berufung rechnen. Von letzteren gelang es nur den Bekanntesten, einen Lehrstuhl in der Bundesrepublik zu besetzen: So ging der Breslauer Historiker Hermann Aubin nach Hamburg, der Breslauer Geograph Herbert Schlenger nach Kiel, der Prager Historiker Theodor Mayer nach München und der Breslauer Volkswirt Hans-Jürgen Seraphim nach Münster.[34]

Nicht allein dieses Brachliegen herausragender Qualifikationen bedrückte die von beruflichem Abstieg Betroffenen. Kaum weniger schmerzhaft war die soziale Ausgrenzung der Flüchtlinge und Vertriebenen. Häufig gelang es erst deren Kindern, in den örtlichen Vereinen – und da vor allem in den Sportklubs – Anerkennung zu finden. Ein besonders beweiskräftiger Indikator für die gesellschaftliche Integration von Außenseitern ist im Übrigen das Heiratsverhalten. Lag die Zahl der Eheschließungen zwischen Vertriebenen und Einheimischen in der Bundesrepublik im Jahr 1950 bei 432 000 (4,2 Prozent), so stieg sie zwanzig Jahre später auf 2 091 000 (14,8 Prozent) an.[35] Es wurde also zunehmend bedeutungslos, ob der Ehepartner aus der eigenen Schicksalsgemeinschaft stammte: Hatten schon in den Jahren 1946 bis

1950 Vertriebene nur in der knappen Hälfte aller Fälle Vertriebene geheiratet, so sank dieser Anteil bis 1970 auf ein Drittel, das heißt, zwei Drittel aller Vertriebenen schlossen ihre Ehe mit Westdeutschen.[36]

Es war wohl der Zeitfaktor, der zunehmend Gewöhnung an die Fremden mit sich brachte, und ganz sicher der wirtschaftliche Aufschwung, der in den fünfziger Jahren und danach das Verhältnis zwischen den Einheimischen und den Vertriebenen entspannte. Aus den Konkurrenten um knappen Wohnraum, Nahrungsmittel und Arbeitsplätze wurden Berufskollegen und Nachbarn. Das Misstrauen schwand auf beiden Seiten. Einen wesentlichen Beitrag zu dieser Entwicklung leistete 1952 das Gesetz über den Lastenausgleich, das dem Zweck diente, den vom Krieg Geschädigten, Flüchtlingen und Vertriebenen nicht nur symbolische Hilfe durch die besser gestellten Einheimischen zukommen zu lassen. Dabei ging es nach der Präambel dieses Gesetzes ausdrücklich nicht darum, mit der Annahme von Leistungen einen »Verzicht auf die Geltendmachung von Ansprüchen auf Rückgabe des von den Vertriebenen zurückgelassenen Vermögen« zu verbinden. Umgekehrt lag diesem Gesetz aber auch nicht die Absicht zugrunde, die Vertriebenen für ihre Einbußen in vollem Umfang oder gar zum Zeitwert zu entschädigen, weil dies die Möglichkeiten der Bundesrepublik bei weitem überschritten hätte.

Es ging vielmehr um Ausbildungsstipendien, Unterhaltsbeihilfen, Entschädigungsrenten, Arbeitsplatzdarlehen für Arbeitgeber, Wohnungsbaukredite, Sparerentschädigung, Hausratsentschädigung in engen Grenzen und um die so genannte »Hauptentschädigung«, die auf der Grundlage des steuerlichen Einheitswertes von 1935 degressiv festgelegt wurde: Schäden bis zu einem Umfang von 4800 Reichsmark wurden zu 100 Prozent ausgeglichen, Schäden in Millionenhöhe nur noch mit acht Prozent. Vertriebene, die bis zur Vereinigung im Oktober 1990 in der DDR wohnten und in der Vergangenheit keinen Lastenausgleich erfahren hatten, erhielten eine pauschale Zuwendung in Höhe von jeweils 4000 DM. Nicht entschädigungsfähig waren grundsätzlich Verluste an Bargeld, Edelmetallen, Schmuck und sonstigen Luxusgegenständen, an Edelsteinen, Perlen und Kunstwerken.[37]

Bis zum Jahresende 2001 beliefen sich die Zahlungen des Lastenausgleichs auf insgesamt 145,3 Milliarden DM (Gegenwert in Euro: 72,65 Milliarden). Auf festgestellte Vermögensschäden im Wert von 63 Milliarden Reichsmark entfiel bei knapp zwölf Millionen Anträgen eine »Hauptentschädigung« von 29,4 Milliarden DM. Weitere Zahlungen wurden für Renten (59,8 Milliarden DM), Darlehen (19,5 Milliarden DM), Hausratsentschädigung (10,5 Milliarden DM) und Altsparerentschädigung (5,1 Milliarden DM) aufgebracht. Diese Gelder speisten sich aus einer Vermögensabgabe, die das am Währungsstichtag (21. Juni 1948) vorhandene Vermögen der Westdeutschen oberhalb bestimmter Freibeträge mit einer Abgabeschuld von fünfzig Prozent belastete, die bis in den März 1979 hinein zu verzinsen und zu tilgen war. Hinzu kamen eine Hypotheken- und eine Kreditabgabe, die entsprechende Gewinne aus der Währungsreform abschöpften, und Zuschüsse aus den öffentlichen Haushalten in Höhe von rund einundsechzig Milliarden Mark.

Nicht zu entschädigen waren die immateriellen Verluste durch Flucht und Vertreibung, war die beständige Unruhe in den auseinander gerissenen Familien, die Sorge um zurückgelassene Angehörige, die für die Flucht zu alt oder zu krank gewesen waren, und die Angst um jene Kinder, die durch die Kriegsereignisse von ihren Eltern getrennt worden waren. Fast zwei Millionen vermisste Soldaten meldete die Wehrmacht bei Kriegsende. Elf Millionen Kriegsgefangene waren hinter Stacheldraht eingesperrt – lange Zeit, ohne jegliche Nachricht in die Heimat geben zu können. Eine halbe Million Zivilisten verschwand in den Kriegs- und Nachkriegswirren spurlos. Mindestens 298 571 Kinder wurden nach einer Zählung des Roten Kreuzes aus ihren Familien gerissen, wissenschaftliche Studien sprechen sogar von bis zu einer halben Million während Flucht und Vertreibung verloren gegangener Kinder. Etwa eine Million Vermisstenschicksale hat das

Rote Kreuz bis heute aufgeklärt, noch immer führt es in jedem Jahr einige Hundert Verschollene mit ihren Angehörigen zusammen.[38]

Mehr als dreißig Millionen Deutsche hatte der Zweite Weltkrieg aus ihrer Umgebung gerissen. Viele Familien fanden durch eigene Nachforschungen wieder zueinander. Vierzehn Millionen Suchwünsche, dazu eine Million Fotos vermisster Angehöriger, wurden den Suchdiensteinrichtungen des Roten Kreuzes auf Kreis-, Landes- oder Bundesebene übergeben. Die »Zentrale Namenskartei« des Roten Kreuzes, die seit 1946 in der ehemaligen Münchener Infanteriekaserne untergebracht ist, umfasst inzwischen rund dreiundfünfzig Millionen Karteikarten, auf denen etwa zweiundzwanzig Millionen Kriegsschicksale verzeichnet sind.

Über achtzig Prozent dieser Fälle konnten bisher aufgeklärt werden; weitere Informationen verspricht man sich für die Zukunft etwa aus der Zusammenarbeit mit dem russischen Roten Kreuz und aus den jahrzehntelang gesperrten Militärarchiven der früheren Sowjetunion. Allein die jetzt zugängliche »Totenkartei« der sowjetischen Kriegsgefangenenlager weist die Namen von über 300 000 dort gestorbenen Deutschen aus. Insgesamt hat der Suchdienst des Roten Kreuzes mittlerweile 750 000 Datensätze über kriegsgefangene oder zivilinternierte Deutsche aus Moskau erhalten, die mit den noch immer ungeklärten 1,2 Millionen Suchanfragen abgeglichen werden. Durch die verstrichene Zeit indes ist die Aufklärungsquote inzwischen beträchtlich gesunken – nur jeder Fünfte kann noch mit einer positiven Antwort rechnen.

Anfang 1946 schlossen sich die Suchdienste des Deutschen Roten Kreuzes (DRK), das von den alliierten Siegermächten im Mai 1945 wegen seiner Zusammenarbeit mit den nationalsozialistischen Machthabern verboten worden war und seine Arbeit offiziell erst fünf Jahre später, nach der Gründung der Bundesrepublik, wieder aufnehmen durfte, mit den Suchdiensten der evangelischen und der katholischen Kirche zu einer Arbeitsgemeinschaft zusammen. Diese startete eine planmäßige Befragung von Flüchtlingen und Vertriebenen und entwickelte auf dieser Grundlage die so genannten »Heimatortskarteien«, die auf mehr als neunzehn Millionen Karteikarten erfassen, wer unter welchen Umständen bei Kriegsende in den Vertreibungsgebieten gelebt hat. Über dreißig Millionen Anfragen und Auskünfte halfen nicht nur bei der Familienzusammenführung, sondern verschafften auch notwendige Informationen in Entnazifizierungs- und Lastenausgleichsverfahren.

Ein Netzwerk gegenseitiger Unterstützung wollten die Hilfsstellen der Sudetendeutschen, Schlesier und Jugoslawiendeutschen bilden, die im Sommer 1945 auf Initiative von Flüchtlingen und Vertriebenen in der amerikanischen Besatzungszone eingerichtet wurden. Allerdings stießen sie sehr schnell auf den Widerstand der Militärregierung und wurden im Frühjahr 1946 verboten, weil Amerikaner, Briten und Russen übereinstimmend verhindern wollten, dass sich Vertriebene in eigenen Organisationen zusammenfanden, die Sonderinteressen fördern und damit die beabsichtigte schnelle Integration in die Aufnahmegesellschaft hätten bremsen können.

Erst im April 1949 fiel dieses Koalitionsverbot endgültig, und es konnte der »Zentralverband der vertriebenen Deutschen« (ZvD) als Zusammenschluss der auf Länderebene bereits gegründeten Landsmannschaften eingerichtet werden. Den Vorsitz übernahm zunächst der frühere Oberpräsident Oberschlesiens, Hans Lukaschek, und nach dessen Ernennung zum Vertriebenenminister im ersten Kabinett Konrad Adenauers (CDU) der Ostpreuße Linus Kather.

Ab Anfang der fünfziger Jahre nannte sich der ZvD nicht länger Zentralverband, sondern »Bund der vertriebenen Deutschen« (BvD). Daneben entstanden im August 1949 als Dachverband von neun heimatpolitischen Verbänden die »Vereinigten Ostdeutschen Landsmannschaften« (VOL). Beide Gruppierungen beschlossen durch ihr »Göttinger Abkommen« im November 1949 eine weitgehende Zusammenarbeit und einigten sich zum ersten »Tag der Heimat« am 5. August 1950 auf eine gemeinsame »Charta der deutschen Heimatvertriebenen« – ein beeindruckendes Dokument der Versöhnung und des Gewaltverzichts fünf Jahre nach Flucht und Vertreibung:

»1. Wir Heimatvertriebenen verzichten auf Rache und Vergeltung. Dieser Entschluss ist uns ernst und heilig im Gedenken an das unendliche Leid, welches im Besonderen das letzte Jahrzehnt über die Menschheit gebracht hat.

2. Wir werden jedes Beginnen mit allen Kräften unterstützen, das auf die Schaffung eines geeinten Europas gerichtet ist, in dem die Völker ohne Furcht und Zwang leben können.

3. Wir werden durch harte, unermüdliche Arbeit teilnehmen am Wiederaufbau Deutschlands und Europas. Wir haben unsere Heimat verloren. Heimatlose sind Fremdlinge auf dieser Erde. Gott hat die Menschen in ihre Heimat hineingestellt. Den Menschen mit Zwang von seiner Heimat zu trennen bedeutet, ihn im Geiste zu töten. Wir haben dieses Schicksal erlitten und erlebt. Daher fühlen wir uns berufen zu verlangen, dass das Recht auf die Heimat als eines der von Gott geschenkten Grundrechte der Menschheit anerkannt und verwirklicht wird. Solange dieses Recht für uns nicht verwirklicht ist, wollen wir aber nicht zur Untätigkeit verurteilt beiseite stehen, sondern in neuen, geläuterten Formen verständnisvollen und brüderlichen Zusammenlebens mit allen Gliedern unseres Volkes schaffen und wirken.«[39]

Zwar enthielt diese Erklärung keinen ausdrücklichen Verzicht auf die Rückkehr in die alte Heimat, aber sie gab doch zu erkennen, dass die Vertriebenen ihren Lebensmittelpunkt in Westdeutschland sahen. Im Oktober 1957 gründeten sie als Dachverband ihrer zahlreichen Vereinigungen den noch heute bestehenden »Bund der Vertriebenen – Vereinigte Landsmannschaften und Landesverbände« (BdV). Bis zur endgültigen Konstituierung ein Jahr später führten ihn als gleichberechtigte Vorsitzende Linus Kather und der Deutschbalte Georg Baron von Manteuffel-Szoege. Erster Präsident des BdV wurde im Dezember 1958 der aus Pommern stammende Hans Krüger.

Ein überzeugender Hinweis darauf, wie bald Flüchtlinge und Vertriebene bereit waren, Sonderinteressen zurückzustellen, ist der Misserfolg politischer Parteien, die sich ausdrücklich als deren Lobby verstanden. Der 1950 gegründete »Block der Heimatvertriebenen und Entrechteten« (BHE) trat erstmals zur zweiten Bundestagswahl im September 1953 an. Er erreichte bei einem Anteil der Vertriebenen von 16,5 Prozent an der Gesamtbevölkerung der Bundesrepublik nur 5,9 Prozent der Stimmen und siebenundzwanzig der 487 Mandate. Konrad Adenauer nahm den BHE in die Regierungskoalition auf, ernannte den Ostpreußen Theodor Oberländer zum Vertriebenenminister und übertrug dem Parteivorsitzenden Waldemar Kraft aus Posen das Amt eines einflusslosen »Bundesministers für besondere Aufgaben«. Gemeinsam mit dem Oberschlesier Hans-Christoph Seebohm (Deutsche Partei, ab 1960 CDU) als Verkehrsminister und dem Pommer Hans Joachim von Merkatz (Deutsche Partei, ab 1960 CDU) als »Bundesminister für Angelegenheiten des Bundesrates« saßen immerhin vier Vertriebene im Kabinett.

Doch bereits bei der dritten Bundestagswahl 1957 scheiterte der BHE an der Fünfprozenthürde. Die BHE-Minister Kraft und Oberländer hatten ihre Partei nach internen Streitigkeiten bereits im Sommer 1955 verlassen und kehrten als CDU-Abgeordnete ins Parlament zurück. Als letzter Vertriebenenminister saß der Schlesier Heinrich Windelen (CDU) ab Februar 1969 ein halbes Jahr am Kabinettstisch der »Großen Koalition« aus CDU/CSU und SPD. Dann verlor er nach den Neuwahlen sein Amt.

Prominenteste Vertreter der Vertriebenen im Bundestag blieben, wenngleich sie nie ausdrücklich als Vertriebenenpolitiker auftraten, der Oberschlesier Erich Mende (FDP-Vorsitzender seit 1960, Übertritt zur CDU 1970) und der Ostpreuße Rainer Barzel (zeitweilig CDU-Partei- und Fraktionsvorsitzender, Kanzlerkandidat beim Misstrauensvotum gegen Willy Brandt im April 1972 und bei der vorgezogenen Wahl zum siebten Bundestag im November desselben Jahres).

Legt man ihren Bevölkerungsanteil zugrunde, dann waren die

Flüchtlinge und Vertriebenen in den Parlamenten immer unterrepräsentiert. Sie stellten keinen Bundespräsidenten, keinen Bundeskanzler und keinen Bundestagspräsidenten. Sie verlangten auch keines dieser Ämter, sondern gliederten sich – nach Jahren des Verzichts und der Anpassung – in das politische Leben der Bundesrepublik ebenso ein wie in deren Alltag.

Abwegige Forderungen wie das heftig umstrittene Motto zum »Deutschlandtag« in Hannover 1985 – »Schlesien bleibt unser!« – waren da nicht mehr als eine historische Episode. Der Wunsch des BdV dagegen, durch die Einrichtung eines »Vertreibungszentrums« nicht nur des Schicksals der mehr als zwölf Millionen deutschen Vertriebenen zu gedenken, sondern etwa auch der vier Millionen Polen, die sich nach der Westverschiebung ihres Landes 1945 eine neue Heimat suchen mussten, und der Millionen Menschen seither, die infolge von Bürgerkriegen, Regionalkonflikten und »ethnischen Säuberungen« ihre Heimat verloren haben, geht über das Anliegen der altersbedingt zusammengeschmolzenen ursprünglichen Vertriebenengeneration ganz sicher weit hinaus. Denn dieses Zentrum soll nicht das Leid deutscher Vertriebener für einzigartig erklären und in alle Ewigkeit wachhalten, sondern, so ist die Planung, zumindest als europäische Dokumentations-, Begegnungs- und Forschungsstätte an das natürliche und weltweit gültige Recht jedes Menschen auf Heimat erinnern. Damit zeigt der BdV heute eine politische Reife, die ihm von seinen Gegnern jahrzehntelang und nicht immer zu Unrecht bestritten wurde.

TEIL II
Erlebnisberichte

»Es war ein ziemlich wildes Leben«

Ursula Trautmann, Landwirtin,
aus Markthausen/Ostpreußen

Am 28. Dezember 1928 wurde ich als Ursula Wullenkordt im ostpreußischen Tranßau geboren. Der Ort lag im Landkreis Samland. Meine Mutter kam 1901 zur Welt, mein Vater 1896. Er stammte aus Westfalen, war Landwirt und hatte auf das Gut meiner Mutter, den »Ackerhof« bei Markthausen [heute: Wysokoje], eingeheiratet. Wir bewirtschafteten sehr gute Böden mit einer Fläche von 204 Hektar und bauten vor allem Getreide an. Den eigentlichen Ruf des Hofes machte allerdings die herausragende Herdbuchzucht meiner Mutter aus. Wir zogen Rinder und Milchvieh der Hochleistungsklasse, die in ihrem Ertrag schon damals einzigartig waren. Auf dem Hof lebten wir mit unseren landwirtschaftlichen Arbeitern und den Großeltern zusammen, tatsächlich wie eine Großfamilie, die heute kaum mehr vorstellbar ist.

Von unserem Gut ist heute nichts mehr zu erkennen. Die Gebäude sind abgetragen. Die Allee vom Dorf zum Hof gibt es aber noch. Und auch den Hügel unseres kleinen Familienfriedhofes. Und natürlich die Felder, die sich wie damals in leichten Wellen zur Straße und zu den Wäldern hin absenken, aus denen sich in harten Wintern die Elche auf der Suche nach Futter hinauswagten. Ich blieb das einzige Kind meiner Eltern und besuchte bis in den Sommer 1944 ein Internat in Insterburg. Nach dem »Einjährigen« [der mittleren Reife] kehrte ich auf den Hof zurück, um meine Ausbildung als Landwirtin zu beginnen. Mein Vater, der kein Nationalsozialist gewesen ist, war zu dieser Zeit jedoch schon lange nicht mehr daheim. Er war wohl wegen seiner politischen Gegnerschaft bereits bei Kriegsausbruch einberufen worden. Also konnte meine Lehre im eigentlichen Sinne nicht anlaufen, sondern ich half meiner Mutter auf dem Hof in diesen Monaten bis zur Flucht, so gut ich konnte.

Am 19. Januar 1945 bekamen wir vom Bürgermeister in Markthausen den Befehl, unser Gut zu räumen, die Russen stünden nur noch wenige Kilometer entfernt. Gott sei Dank hatten wir die Wagen bereits vorher mit dem Notwendigsten gepackt und zogen unter dem Kommando meiner Mutter, die eine sehr selbstbewusste Frau war, bespannt mit sechzehn Pferden, abends um acht Uhr bei bitterer Kälte durch tiefen Schnee vom Hof. Auf der Straße schoben sich die Trecks mit den Bewohnern der umliegenden Güter und Ortschaften dicht an dicht zusammen, weil es keinen vorbereiteten Fluchtplan gab. Um sechs Uhr war der Fluchtbefehl herausgegeben worden, zwei Stunden später stießen die Kolonnen an der Straße aufeinander. Dazwischen Militär und im Hintergrund die sich bedrohlich nähernden Geräusche der Front. Es ist ein Wunder, dass keine Panik ausbrach, sondern sich die Menschen diszipliniert auf den Weg nach Westen in Richtung Königsberg machten.

Zurück blieben bei uns die tragenden Stuten, die Kühe und Kälber, die wir nicht mitnehmen konnten, weil sie während der Flucht nicht zu versorgen gewesen wären. Die Schweine waren geschlachtet worden. Die Pferde wurden gefüttert und getränkt und die Boxentüren geöffnet, damit sie sich im Stall bewegen konnten. Für die Kühe wurden die Klappen zum Dachboden aufgemacht, damit Futter nachrutschen konnte. Aber natürlich war uns klar, was den Tieren bevorstand. Wurden sie nicht regelmäßig gemolken, würden sich in kürzester Zeit die Euter entzünden und die Kühe qualvoll zugrunde gehen. Andererseits konnten wir wegen der eisigen Kälte nicht einfach die Stalltüren öffnen und das Vieh hinaustreiben. Außerdem ging meine Mutter davon aus, dass wir – wie ja schon im Ersten Weltkrieg – nicht wirklich würden fliehen müssen, sondern lediglich vorübergehend, für einige Tage, unseren Hof zu räumen hätten und nach dem erfolgreichen Abschluss der angekündigten militärischen Operationen auf ihn zurückkehren würden.

Es scheint heute unbegreiflich, aber wir glaubten damals tatsächlich noch nicht an die unausweichliche Niederlage. Wir wollten auch selbst nicht wahrhaben, was doch mit dem zeitlichen Abstand von heute jedermann unschwer erkennen kann: Im Winter 1944/45 war der Krieg längst verloren, da hätte auch keine der ständig neu angekündigten »Wunderwaffen« mehr geholfen. Meine Mutter war sich absolut sicher, dass wir binnen kurzem wieder nach Hause zurückkehren würden. Der überzeugendste Beweis dafür: Als uns bei Pillau ein Pferd nach einer Kolik starb, kaufte die Mutter ein neues Pferd, weil wir das für die Gespanne zu Hause zur Frühjahrsbestellung doch unbedingt brauchen würden.

Von Markthausen zog unser Treck über Labiau zum Onkel und zur Tante auf den »Marienhof« am Kurischen Haff. Der Hof hatte etwa 300 Hektar Ackerfläche und war mir nach dem Tod meines Vetters übertragen worden. Dort haben wir noch einmal Brot gebacken. Die Pferde konnten sich erholen. Und dann ging es am 22. Januar in aller Frühe weiter Richtung Samlandküste, weil Königsberg inzwischen zur Festung erklärt und für die Flüchtlinge gesperrt worden war. Nach mehreren Übernachtungen erreichten wir den Bernsteinort Palmnicken. Meine Mutter wollte nicht mehr weiter. Sie meinte, wir könnten dort abwarten, bis die Wehrmacht die Russen zurückgeschlagen und Ostpreußen wieder befreit haben würde. Ich dagegen erkannte allmählich, wie sich die Lage entwickelte, und erklärte meiner Mutter, ich würde dann eben notfalls allein und zu Fuß weiter in Richtung Pillau ziehen, von wo die Marine Flüchtlinge in großer Zahl nach Westen ausschiffte. Außerdem war es mir unheimlich geworden, als ich feststellen musste, dass die SS bei Lorgenau KZ-Häftlinge oder Kriegsgefangene erschossen hatte, die vorher dort in der Munitionsfabrik zur Zwangsarbeit eingesetzt worden waren. Das heißt, als ich die armen Menschen in ihrem Blut liegen sah, wurde mir klar, was auf uns warten würde, wenn wir den Russen in die Hände fielen. Und das war abzusehen, denn unser eigenes Militär zog sich vor den sowjetischen Angriffen Tag für Tag weiter in Richtung Westen auf die Samlandhalbinsel zurück.

Ab Palmnicken waren die Russen so nah aufgerückt, dass unsere Soldaten, sobald unser Treck vorübergezogen war, unmittelbar hinter uns die Chausseebäume fällten und aus ihnen Barrikaden und Panzerhindernisse bauten, um die Rote Armee aufzuhalten. Aber das gelang natürlich immer nur für ganz kurze Zeit, dann hatten die weit überlegenen Angreifer jeden Widerstand zerschlagen. Erst als deutsche Panzer auftauchten, konnten die uns für eine gewisse Zeit Luft verschaffen und am 19. Februar auch die Verbindung zwischen Königsberg und Pillau wieder freikämpfen, so dass noch einmal etliche Zehntausend Flüchtlinge aus der Stadt und deren Umgebung an die Bernstein-Küste fliehen konnten. Wir erreichten Pillau bereits eine Woche vorher, am Hochzeitstag meiner Eltern.

Wir machten mit unserem Treck außerhalb der Stadt in einem Wald Quartier. Meine Aufgabe war es dann, auf der Halbinsel bis nach Mehdenau von Gutshof zu Gutshof zu reiten, um Futter für unsere Pferde aufzutreiben. In Mehdenau erlebte ich das Schlimmste, was das Leben für mich bereithalten sollte. Dort besaß eine Bekannte meiner Mutter, eine Frau Hofer, ein Gut. Bevor ich das Gut erreichte, hielt mich die Feldgendarmerie an einer Straßensperre an und verweigerte mir zunächst den Durchlass, weil die Russen höchstens noch einen Kilometer entfernt wären. Dann bekam ich die Genehmigung, bis zum Hof vorzureiten, weil der gerade eben von deutschen Truppen wieder freigekämpft worden war.

Dort nahmen mich unsere Soldaten in Empfang und führten mich in die Scheune, wo kurz zuvor ein russischer Soldat nach seiner Gefangennahme und nach einem Verhör durch Deutsche erschossen worden war. Auf meinen Protest, weshalb unsere eigenen Leute keine Gefangenen mehr machten, führten sie mich in das Verwalterhaus des Gutshofes. Und was ich dort sah, war unbeschreiblich schrecklich. Der Verwalter hatte als Soldat im Krieg beide Beine verloren und saß im Rollstuhl. Er war jetzt tot. Aber er war nicht nur tot, sondern er war regelrecht zerfleischt. Die Russen haben ihn, nachdem sie das Gut erobert hatten, auf eine Weise zugerichtet, die unmenschlich war. Seine Frau hing gekreuzigt an der Tür. Das anderthalbjährige Kind lag mit zerschmettertem Schädel am Fuße des Türpfostens wie ein Stück Abfall. Das ist keine Propaganda. Genau so war es. Das nehme ich auf meinen Eid.

Frau Hofer und ihr behindertes Kind hatten den Hof vorher verlassen. Das Verwalterehepaar war zurückgeblieben, weil für den Mann die Flucht im Rollstuhl unmöglich gewesen wäre. Die Ermordung dieser Familie aus Rache für die Ermordung des russischen Soldaten war etwas so Fürchterliches, dass ich es für mein Leben nicht vergessen kann. Der Verwalter hatte mit der Erschießung des Russen bestimmt nichts zu tun gehabt. Er war dafür nicht verantwortlich. Das hatten Wehrmachtssoldaten angerichtet. Aber die Rache traf ihn und seine Familie. Und nicht nur sie. Als ich auf der Suche nach Getreide und Mehl die Mühle des Gutshofes betrat, lagen die Müllersleute dort auf dem Boden und waren auf gleiche Weise niedergemacht worden. Es war entsetzlich für mich, und dies bleibt es bis heute, diese Menschen so zugerichtet zu sehen. Wir hatten ja, bevor wir selbst unseren Hof verlassen mussten, bereits die schauerlichen Geschichten von Nemmersdorf und aus anderen Gemeinden gehört, die vor Weihnachten 1944 von der Roten Armee besetzt worden waren. Aber das, was ich in Mehdenau mit eigenen Augen sah, war zumindest für mich viel, viel schlimmer als alles, was ich erzählt bekam. Es bleibt mir unvergesslich.

Leichen waren uns nicht fremd, auch mir mit meinen sechzehn Jahren nicht. Wir mussten während der Flucht in Pillau am Strand die Leichen sammeln, die von den Schiffen angespült wurden, nachdem diese auf der Ostsee von feindlichen U-Booten versenkt worden waren. Ich erinnere mich an eine tote junge Frau mit langen schwarzen Haaren, die wie eine Madonna auf einer Eisscholle lag, mit ihrem ebenfalls toten Kind im Arm. Sterbenskranke, hoffnungslos Verwundete in großer Zahl – alles das gehörte damals für uns zum Alltag. Zusammengeschossene Trecks, Opfer von Bombenangriffen, das war uns nicht neu. Aber diese unschuldigen Menschen in Mehdenau, niedergemetzelt, in ihrem frischen Blut liegend, dieses Bild verlässt mich nie mehr.

Doch erstaunlich ist, wie ich auf diese schlimmen Eindrücke im Augenblick damals reagiert habe. Ich habe sie wohl zur Kenntnis genommen, abgespeichert, aber nicht mit Angst oder lähmendem Entsetzen darauf geantwortet, sondern seltsam unbeeindruckt das weiter getan, was mir aufgetragen wurde oder was ich für meine Pflicht hielt. Ich habe auf der Flucht die Angst verloren. Es gab zu viel, was ich unternehmen musste, wofür ich verantwortlich war. Da blieb keine Kraft für mich selbst, für Mitleid oder für Trauer.

Für meine Mutter kam in Pillau der Abtransport mit den Schiffen nicht in Frage. Dann hätte sie ja die Pferde zurücklassen müssen. Das gab es für sie einfach nicht. Das hätte sie umgebracht. Also sind wir mit unserem Treck von Pillau wieder über die Halbinsel zurückgezogen bis zu dem Gut Gotnicken. Das nahm meine Mutter unter ihre Verwaltung, und mich schickte sie als Schwesternhelferin in ein Lazarett, weil sie das für sinnvoller hielt, als wenn ich für das Ausschippen von Panzergräben eingeteilt worden wäre. Das war im März 1945. Und am 1. April musste ich als Sechzehnjährige meinen ersten Schwerverwundeten versorgen, einen Soldaten, der mit einem Beckenschuss eingeliefert worden war. Dabei ist mir schlecht geworden. Ich wurde vor die Tür geschickt, und da habe ich mir gesagt: »Urselchen, reiß dich zusammen«, bin wieder hineingegangen und habe mit meiner Arbeit weitergemacht. Es sind viele Soldaten in meinen Armen gestorben.

Am 20. April war Hitlers Geburtstag, da griff der Russe wieder richtig an. Nun gab es kein Halten mehr. Alle drängten nach Pillau hinein, und auch für meine Mutter waren die Pferde jetzt nicht mehr wichtig. Mit dem Kutschwagen fuhren wir, und mit einem weiteren Wagen fuhren unsere Leute. Wir kamen soeben noch in die Stadt hinein. Dann griffen die Russen Pillau mit ihren Flugzeugen an, warfen Phosphorbomben ab, dass der Asphalt brannte, und schossen mit Bordwaffen auf die Menschen in den

Straßen. Bei diesem Angriff verlor ich meine Mutter aus den Augen.

Ich irrte in der Stadt umher, suchte sie, konnte aber keine Spur von ihr finden. Im Stillen sagte ich mir: »Solange ich nicht weiß, was aus meiner Mutter geworden ist, bleibe ich in Pillau.« Aber unsere Soldaten kündigten an, dass sie die Stadt nicht würden halten können und sich selbst zurückziehen müssten. Deshalb setzte ich mit dem letzten Fährprahm am 25. April nach Neutief auf die Frische Nehrung über. Wie ich später erfuhr, hatte meine Mutter den Angriff überlebt und mit unseren Leuten in der Nacht zuvor die Überfahrt gewagt, nachdem sie von irgendjemand gehört hatte, ich wäre bereits drüben. Tatsächlich schlief ich in Pillau in einer Wohnung seit langem wieder einmal ungestört und traf am nächsten Morgen an der verabredeten Stelle im Hafen niemanden an. Erst nach zwei Jahren fand ich meine Mutter wieder.

Auf der Nehrung zog ich zunächst zu Fuß in Richtung Westen. Dann hielt ein Sanka [Sanitätswagen], dessen Fahrer mich in meiner Schwesterntracht erkannt hatte, und ich konnte zwischen Verwundeten und Toten bis Stutthof an der Elbinger Weichsel mitfahren. Dort wurde mir bei Dunkelheit ein Haus angewiesen, in dem ich übernachten konnte. Ich lief in diese Richtung und stieß beim Laufen mit dem Kopf gegen ein Hindernis. Es fühlte sich an wie ein Sack, der an einer Leine aufgehängt war. Am nächsten Morgen, als ich wieder an dieser Stelle vorüberkam, sah ich, dass ein Mann in Uniform an einem Baum hing, der vor seiner Brust ein Schild trug, auf dem geschrieben stand: »Ich wurde wegen Fahnenflucht und Plünderns erschossen.« Es war der reine Wahnsinn, jetzt wurden sogar die eigenen Leute umgebracht, dabei hatte doch alles keinen Zweck mehr.

In Stutthof traf ich auf eine Einheit, die auf unserem Hof Quartier gemacht hatte. Die Soldaten hatten meine Mutter in guter Erinnerung behalten. Ich berichtete von den Umständen unserer Flucht, und sie nahmen mich unter ihren Schutz. Mit ihrer Hilfe bekam ich in den letzten Apriltagen einen Platz auf der Fähre zur

Halbinsel Hela nördlich von Danzig. Und auf Hela, wo Flüchtlinge zu Tausenden auf einen letzten Schiffstransport nach Westen warteten, stieß ich erneut auf Soldaten, die ich von unserem »Ackerhof« her kannte. Denen hatte meine Mutter zwei Puppen und einen Teddy von mir mitgegeben, an denen auch sie selbst besonders hing, um diese Spielsachen nach Möglichkeit retten zu können.

Und dann kamen zwei Dinge zusammen, die auch mich retten sollten. Diese Einheit, die ich kannte, sammelte von den deutschen Soldaten, die auf Hela eintrafen, die Waffen ein, um damit die letzten Verteidiger auszurüsten. Umgekehrt brauchte das Marinekommando Waffen, um die Beladung der letzten Schiffe vor den herandrängenden Menschenmassen absichern zu können. Und so tauschten diese Soldaten mich gegen ihre Waffen ein, das heißt, sie übergaben der Marine die gewünschten Gewehre gegen die Zusage, mich mit an Bord zu nehmen. So wurde ich auf der Seeseite Helas von einem kleinen Boot zu einem größeren Schiff gebracht, das, dicht beladen mit Menschen, in einiger Entfernung vor Anker lag. Über eine Strickleiter musste ich nach oben klettern, während das kleine Boot unten auf den Wellen tanzte. Mir wurde schwindelig und schwach, aber es war die letzte Möglichkeit, in Sicherheit zu kommen, und das gibt Kraft.

Das Schiff legte am 7. Mai abends ab, und wir erreichten die dänische Insel Bornholm am nächsten Morgen. Wir wurden ausgeschifft und, obwohl der Krieg an diesem Tag mit der deutschen Kapitulation zu Ende ging, in ein stacheldrahtbewehrtes Lager eingewiesen, zu dem aber immerhin ein geräumtes Hotel gehörte. Die Unterkunft und die Verpflegung waren für die Verhältnisse der damaligen Zeit in Ordnung; was uns hingegen schmerzte, war die Unsicherheit über unser weiteres Schicksal, wie lange wir interniert bleiben würden und wohin man uns anschließend schicken wollte.

Die Dänen, die über unser Eintreffen auf ihrer friedlichen Insel empört waren, weil sie sich davon nur Probleme erwarteten, bewarfen uns mit Eiern und faulem Gemüse. Zunächst aber erlebten wir unseren letzten Luftangriff. Russische Flugzeuge bombardierten den Hauptort Rönne am letzten Kriegstag. Die Dänen gaben uns die Schuld an den Zerstörungen und sagten: »Die Russen greifen unsere Stadt doch nur wegen der deutschen Flüchtlinge an.« Diese Haltung der Dänen ist zwar im Nachhinein verständlich, machte uns allerdings die Zeit auf Bornholm doch sehr schwer.

Nach einer Woche brachten uns entwaffnete deutsche Marinesoldaten auf Fischkuttern nach Schleswig-Holstein. Ursprünglich sollten wir Kiel anlaufen, doch dort erschossen ehemalige Hitlerjungen, die das Kriegsende nicht hinnehmen wollten, einen englischen Offizier, so dass der Hafen für alle Transporte gesperrt wurde. Wir wurden deshalb nach Eckernförde weitergeleitet. Von dort kam ich nach Güby an der Schlei. Uns wurde bei einer Witwe Harms der Heuboden in der Scheune als Quartier angewiesen. Zwischen Eulen und Ratten und Ungeziefer, ohne Wasserstelle und Toilette, mussten wir uns im Stroh einen Platz suchen. Die Einwohner des Dorfes schimpften über die Einquartierungen auf ihre Höfe. Da fielen böse Sätze. Ein ganz besonders schlimmer ist mir wortwörtlich in Erinnerung geblieben: »Es sind viel zu wenige Schiffe mit Flüchtlingen untergegangen.« Hilfsbereitschaft oder Mitgefühl? Das gab es nicht. Jeder war sich selbst der Nächste.

Die Einheimischen waren wirklich gemein zu uns, und das hat uns sehr getroffen. Wir hatten doch alles verloren: die Heimat, unser Hab und Gut. Viele Familien waren auseinander gerissen. Keiner wusste vom anderen. Was besaßen wir denn noch? Oft genug allein das, was wir auf dem Leibe trugen. Und dann wurde uns vorgehalten, wir seien nichts als eine Last. Wer half uns denn? Die Einheimischen waren das nicht, sondern die Engländer waren es, die sich um unser Überleben kümmerten.

Wir mussten uns bereits am Morgen nach unserer Einweisung nach Güby bei der englischen Kommandantur melden. Diese saß auf einem beschlagnahmten Hof. Wir mussten unsere Personalien und Berufe angeben. Damit konnte ich noch nicht dienen.

Also machten mich die Engländer, weil ich aus der Schulzeit ein wenig Englisch sprach, zur Dolmetscherin. Ich saß nun auf der Kommandantur und übersetzte, wenn Bauern irgendwelche Genehmigungen brauchten oder Wünsche beziehungsweise Beschwerden vortrugen. Die Engländer sorgten für meine Verpflegung, die so üppig ausfiel, dass ich alle unsere Leute auf dem Heuboden mit ernähren konnte. Alles, was die Engländer nicht für die eigenen Mahlzeiten brauchten, durfte ich mitnehmen und unter uns verteilen. Und das war dringend notwendig, denn von den Bauern bekamen wir nichts, nicht einmal das, worauf wir durch unsere Lebensmittelkarten Anspruch hatten.

Kurz vor Pfingsten gab es im Dorf eine Wohnungskontrolle durch die Engländer. Offensichtlich waren Beschwerden über das Verhalten der Einheimischen bei ihnen aufgelaufen. Ein englischer Offizier kam auf den Hof der Witwe Harms und wollte wissen, wo ich untergebracht war. Es war mir peinlich, ihm das zu zeigen. Als er beharrlich nachfragte, ging ich voraus zum Heuboden und bat ihn, mir zu folgen. Wir stiegen die Leiter hinauf, und oben saßen meine Mitbewohner wie die Hühner auf der Stange. Der Offizier schaute sich um, ging hin und her und sagte dann auf Deutsch: »Unmenschlich!«

Ich hatte nicht gewusst, dass dieser Offizier Deutsch sprach, und er hat es auch danach in meiner Gegenwart nie wieder getan. Jedenfalls musste die Bevölkerung des Dorfes antreten und den Flüchtlingen Zimmer zur Verfügung stellen, sonst, so drohten die Engländer, würden Häuser und Höfe für diesen Zweck beschlagnahmt werden. Auf diese Weise wurde auch unser Heuboden geräumt, und ich bekam mit acht anderen bei einem Schmied ein Zimmer zugewiesen, in dem wir uns einzurichten hatten.

Ein Bruder meiner Mutter wohnte in Neumünster. Aber Verbindung mit ihm konnte ich erst aufnehmen, als nach einigen Wochen die Post wieder funktionierte. Und dann, Mitte Juli, stand mein Vater vor der Tür. Zwar auf zwei Krücken, denn er hatte einen Oberschenkeldurchschuss erlitten, aber sonst unversehrt. Was war das für ein Glück, wenigstens ihn wiederzusehen.

Er war als Verwundeter in ein Lazarett in Aumühle bei Hamburg gekommen, hatte ebenfalls Kontakt mit seinem Schwager in Neumünster aufgenommen und erfuhr so von meinem Aufenthalt. Von meiner Mutter hatten wir allerdings zu diesem Zeitpunkt noch keine Nachricht.

Für meinen Vater war die Vorstellung vollkommen unmöglich, dass ich weiterhin allein in Güby bliebe. Seine sechzehnjährige Tochter! Allein beim Engländer! Das war für ihn undenkbar. Jeder andere wäre wohl froh gewesen, dass wenigstens ein Familienmitglied ordentlich versorgt war. Aber für meinen Vater galt das nicht. Ich musste sofort nach Neumünster zum Onkel ziehen. Meine Mutter war so schlau gewesen, nicht nur Geld in unsere Fluchtkleidung einzunähen, sondern außerdem rechtzeitig eine größere Summe an ihren Bruder zu überweisen, damit wir für den Fall der Fälle abgesichert waren. Wertvoller als Geld waren damals allerdings Zigaretten, von denen mir meine Engländer einen ganzen Leinenbeutel voll mitgaben, was für etliche Zeit ausreichte. Für Zigaretten konnte man alles haben, für Geld allein eigentlich nichts.

Ende Oktober 1945 ging die Reise dann von Neumünster mit dem Vater weiter nach Westfalen zu meinem Großvater, der in der Senne bei Bielefeld lebte. Der war damals schon weit über achtzig Jahre alt, hatte seinen Hof altershalber verkauft und lebte nun allein, nachdem seine Haushälterin vor Schreck tot umgefallen war, als nach dem Kriegsende ein farbiger Soldat an der Haustür geschellt und sie geöffnet hatte. Deren Aufgaben hatte jetzt ich zu übernehmen. Das klappte allerdings nicht zur vollen Zufriedenheit meines Großvaters, denn ich hatte von Haushaltsführung keine Ahnung. Ich war zur Schule gegangen, aber kochen, putzen, waschen, bügeln – das hatte ich nicht gelernt, das hatte bei uns zu Hause auf dem Hof die Wirtschafterin gemacht. Ich konnte nicht einmal melken oder ein Huhn schlachten.

Das erste Lebenszeichen meiner Mutter kam im Herbst 1946, und zwar über eine gemeinsame Bekannte, die eigentlich in Bielefeld lebte, aber mit ihr zusammen in Dänemark in einem Internierungslager saß. Dieser gelang es, einen Brief nach draußen zu schmuggeln, und so erfuhren wir, dass meine Mutter noch am Leben war. Erst als wir nachweisen konnten, dass unsere Mutter bei uns wohnen würde und auch zu ernähren war, erhielten wir für sie eine Zuzugsgenehmigung, so dass sie im März 1947 zu uns nach Bielefeld kommen durfte.

Damit stellte sich dann für uns auch die Frage nach meinem weiteren Werdegang. In Neumünster hatte ich Kasernen geschrubbt, um an eine Lebensmittelkarte zu kommen. In Bielefeld wurde ich zum Missvergnügen meines Großvaters als Hauswirtschafterin geführt. Aber so konnte es ja nicht weitergehen. Ich brauchte eine Berufsausbildung und wollte eigentlich gern Krankenschwester werden, trotz der schlimmen Erlebnisse, die ich als Schwesternhelferin in den letzten Kriegswochen gemacht hatte. Doch meine Mutter gab zu bedenken, ob nicht eine landwirtschaftliche Ausbildung sinnvoller wäre, schließlich warteten in Ostpreußen zwei große Höfe auf mich, wenn wir zurückkehren würden. Und damit rechnete meine Mutter noch immer ganz fest.

Inzwischen war die Stelle des Verwalters der landwirtschaftlichen Betriebe der Stadt Bielefeld frei geworden, die von der Stadtverwaltung als Baulandreserve und als Tauschflächen für die Stadtentwicklung in der Vergangenheit angekauft worden waren. Durch Vermittlung guter Freunde und mit Hilfe des Geldes, das meine Mutter vorsorglich in den Westen überwiesen hatte, und des Schmuckes, den sie in ihr Korsett eingenäht hatte, konnte mein Vater die erforderliche Kaution aufbringen und diese Stelle antreten. Wir wohnten bis 1955 auf einem dieser Höfe in Asmissen, und ich kam an meine landwirtschaftliche Lehrstelle.

Mein Vater war ein sehr gut aussehender Mann, ein leidenschaftlicher Jäger und ein hervorragender Landwirt, aber er lebte in einer Vorstellungswelt, die mit den modernen Zeiten wenig zu tun hatte. Er hat die bescheideneren Verhältnisse, in denen er sich nach dem Krieg einrichten musste, viel schlechter ertragen als meine Mutter. Sie war eine lebenskluge, patente Frau. Mein

Vater konnte ihr in dieser Hinsicht nicht das Wasser reichen. Er war versponnener, lebensfremder und, was mich anging, immer in Sorge: die einzige Tochter, man stelle sich vor …

Am 1. Oktober 1955 übernahmen dann mein Vater und ich als gemeinsame Pachtung einen Hof in Hardissen bei Lage/Detmold. Das war ein fürchterlich heruntergekommener Hof mit 44 Hektar, Ackerbau und Viehzucht. Meine Mutter hat darüber nie geklagt, während mein Vater damit nicht wirklich zurechtkam. Er konnte zwar wieder landwirtschaftlich arbeiten, was für ihn wichtig war. Aber er war nun kein Grundbesitzer mehr, sondern ein kleiner oder mittlerer Bauer auf einer Pachtung. Das war ein Lebenszuschnitt, der ihm fremd war und der ihn täglich daran erinnerte, was er verloren hatte. Meine resolute und sehr vernünftige Mutter hatte die Kraft, die veränderte Situation anzunehmen, mein Vater hatte diese Kraft nicht.

Achtzehn Jahre, bis 1973, sind wir auf diesem Hof geblieben. Dazwischen die Heirat mit meinem Mann 1967, der auch aus Ostpreußen stammt, und die Geburt der Kinder: Jens, der Ältere, kam 1968 zur Welt und Jan 1971. Mein Mann ist von seiner Ausbildung Agraringenieur, hat mir in meinen landwirtschaftlichen Betrieben immer geholfen, eigentlich aber bis zu seiner Pensionierung Mitte der neunziger Jahre als Zivilangestellter für die amerikanische Armee gearbeitet.

Pachtungen blieben unser Schicksal. Denn Eigentum konnten wir nicht erwerben. Dafür war mein Vater zu alt, als es in den vierziger und fünfziger Jahren in Westdeutschland um die Verteilung von Siedlerstellen an vertriebene Landwirte ging – und ich war als Mädchen beziehungsweise als unverheiratete junge Frau in diesen Förderungsplänen nicht als Anspruchsberechtigte vorgesehen. Wir mussten also einen abgewirtschafteten Hof nach dem anderen in die Höhe bringen, dann wurde der Vertrag nicht mehr verlängert oder die Pacht stieg, so dass deren Verlängerung unwirtschaftlich wurde, und wir hatten uns nach einem neuen Betrieb umzusehen. So ging es 1973 von Hardissen nach Roth bei Herborn, dann nach Ransbach-Baumbach, danach auf die

Rheininsel Königsklinger Aue gegenüber von Eltville, nach Birkenfeld an der saarländischen Grenze, schließlich nach Neunkirchen bei St. Wendel und am Ende nach Reidenhausen in der Pfalz.

Es war ein unstetes Leben, dennoch war es schön, zumal sich bald zeigte, dass unser Jens die Liebe zur Landwirtschaft teilte und in diesem Beruf auch seine Zukunft sah. Als Kind sagte er mir: »Mutter, wenn wir in die Stadt ziehen, dann werde ich wohl sterben, da hättest du mich besser nicht zur Welt gebracht.« Bei Neunkirchen im Saarland waren es drei Höfe in einem Dreieck von dreißig Kilometern, die ich wegen der Milchkontingente parallel bewirtschaftete. Zum Melken mussten die Höfe bei jedem Wetter nacheinander angefahren werden, auch bei Frost und Schnee. Freilich haben wir großartige Erfolge gehabt und sehr leistungsfähige Milchkühe gezüchtet. Jan ging als Berufssoldat zum Militär, Jens machte seine landwirtschaftliche Ausbildung. Als wir 1992 nach der Wende in Osteuropa zum ersten Mal nach Ostpreußen fahren konnten, fragte ich Jens, was ich ihm als Reiseandenken mitbringen sollte. »Den Hof«, sagte er, »bring mir unseren Hof zurück.« Jens hat sich sofort in unsere alte Heimat verliebt. Die Weite der Landschaft, die Böden, das Klima, dort erkannte er seine Chance.

Das Wiedersehen mit dem Land meiner Kindheit hat mich tief erschüttert. Von den Gebäuden unseres Hofes bei Markthausen [heute: Wysokoje] steht, wie gesagt, keines mehr. Aber unseren Friedhofshügel gibt es noch und die Felder und die Alleen. Für uns alle war klar, wenn es eine Möglichkeit gibt, zurückzukehren, dann nehmen wir sie wahr. Und diese Möglichkeit kam schneller, als wir uns das vorgestellt hatten. Die Kolchosen waren heruntergewirtschaftet und lösten sich auf. Die Felder wurden nicht mehr bestellt und versteppten. Die Milchwirtschaften konnten ihre Produkte nicht mehr vermarkten und ihre Tiere nicht mehr füttern. Sie wurden abgeschlachtet. Schon ein Jahr nach unserem ersten Besuch verpachtete uns Walerij Frolow, der Landrat von Slawsk [dem früheren Heinrichswalde], die Flächen des elterlichen »Ackerhofes« auf siebzig Jahre, weil die Eigentumsübertragung bis heute rechtlich noch nicht möglich ist. Es schien alles auf uns zu warten. Aber dann wurde Jens im August 1994 in Neunkirchen auf einem Strohhaufen von einem Blitz getroffen und war sofort tot. Für uns brach alles zusammen.

Was uns wieder ins Leben zurückführte, war der Wunsch, das Vermächtnis des Sohnes zu erfüllen. Im Frühjahr 1995 ließ ich mich in Kaliningrad [dem alten Königsberg] von dem bekannten Moskauer Augenarzt Fjodorow operieren und fuhr anschließend nach Maiken [Maiskoje], zu dem dortigen Gutsverwalter Nikolaij Bujankin. Den wollte ich fragen, ob ich nicht zusätzlich zu den Flächen des »Ackerhofes« die 300 Hektar des »Marienhofes« pachten könnte, die Onkel Fritz und Tante Emilie gehört hatten, und die Gebäude des benachbarten »Annenhofes« der befreundeten Familie Hofmann, der heute gleichfalls von Maiskoje aus verwaltet wird.

Bujankin stimmte zu, wir arbeiteten die Verträge aus und bereiteten unseren Treck zurück in die alte Heimat vor. Mit siebenundneunzig Rindern machten wir uns im September 1996 auf den Weg. Wir stellten die Kühe in einem Stall aus der Vorkriegszeit ein, wir installierten eine Milchverarbeitungsanlage, wir mieteten ein Haus auf dem Gutsgelände Maiken, und wir begannen, den »Annenhof« wieder auf Vordermann zu bringen. Allerdings mussten wir feststellen, dass sich Ostpreußen in den vergangenen Jahrzehnten doch beträchtlich verändert hatte, dass es nur noch von der Landschaft her mit dem zu vergleichen war, was wir aus unserer Kindheit kannten. Die Menschen sind ganz andere geworden. Sie haben eine andere Mentalität, und ihnen ist, vielleicht auch durch die lange Zeit der Zentralwirtschaft, das an Initiative verloren gegangen, was sie früher möglicherweise einmal hatten.

Wir haben sehr gemischte Erfahrungen gesammelt. Wir haben zuverlässige und äußerst hilfsbereite, freundliche Menschen kennen gelernt, aber eben auch unzuverlässige und kriminelle, die sich auf unsere Kosten bereichert haben. Die Milchanlage wurde zerstört, gute Tiere wurden heimlich gegen schlechte ausgetauscht oder sogar gestohlen. Dann brach in den Stallungen des »Annenhofes« plötzlich Feuer aus. Es war wohl Brandstiftung. Denn die Erklärung der Feuerwehr, ein Kurzschluss sei die Brandursache gewesen, kann nicht zutreffen, weil wir die Stromleitungen erst noch installieren wollten. Hätten unsere Tiere im Stall gestanden, wären sie alle umgekommen.

Und dann bekam ich im Herbst 2002 meinen ersten Herzinfarkt. Die Leute waren draußen, und ich bereitete das Mittagessen vor. Da wurde mir schlecht, und ich musste mich hinsetzen. Ich erreichte meinen Mann weder über das Handy noch sonst irgendwie. Ich musste spucken und dachte mir: »Urselchen, was ist denn los? Das ist der Magen nicht, das kann nur das Herz sein.« Und das war es wohl. Es ging mit mir zu Ende.

Aber anderthalb Stunden später kam mein Mann und verständigte die Sanitätsstation. Diese Menschen waren ausgesprochen lieb zu mir. Der Arzt aus Labiau kam sofort und gab mir dreimal am Tag eine Spritze. Die Nachbarn brachten Milch und Gurken. Dann warnte mich eines Tages der Arzt: »Wir können nichts mehr spritzen, sonst ist Ihre Leber kaputt. Die einzige Hilfe sind jetzt noch Massagen.« Und da kam die russische Nachbarin, die zweiundneunzigjährige Mutter Maria, und brachte mich mit ihren Massagen wieder auf die Beine. Massagen gegen Herzinfarkt: Es ist unglaublich, aber es hat gewirkt.

Die Viehwirtschaft haben wir nach diesen Erlebnissen aufgegeben, auch vom »Annenhof« und aus Maiskoje zogen wir uns zurück. Für die kommenden Jahre konzentrieren wir uns auf den Ackerbau bei Markthausen [Wysokoje]. Der Raiffeisen-Verband eröffnet eine Niederlassung in Königsberg, darüber können wir Dünger und Saatgut beziehen und unsere Ernte verkaufen. Ein deutsches Konsulat ist ebenfalls eingerichtet worden, so dass viele Formalitäten jetzt einfacher zu erledigen sind. Außerdem hat sich die politische Lage in Ostpreußen insgesamt entspannt. Ausländer und Deutsche werden mit viel weniger Misstrauen gesehen als noch vor wenigen Jahren. Die Menschen haben erkannt, dass sie sich nur gemeinsam mit Europa eine gute Zukunft sichern können.

Mit einem jüngeren deutschen Landwirt, der auch aus einer ostpreußischen Familie stammt, werden wir in den nächsten Jahren die Felder des »Ackerhofes« bewirtschaften. Unsere erste Ernte werden wir dort in Kürze einfahren. Also, wenn man es pathetisch sieht, nach sechzig Jahren wieder daheim. Das ist doch nicht wenig, wenn man das am Ende eines unruhigen, eines ziemlich wilden Lebens erreichen kann. Oder?

Quelle: Gespräch mit dem Autor im April 2004.

»Das Geschirr suchten wir auf Schrottplätzen«

Ursula Orlovius, Lehrerin,
aus Warmhof/Westpreußen

Die Familie Fibelkorn ist in den Kirchspielen Mewe, Rauden, Falkenau und Liebenau, alle im Umkreis von Warmhof [Ciepte] an der Weichsel, schon im sechzehnten Jahrhundert genannt. Die Vorfahren sollen ursprünglich aus Pommern stammen. Unser Gut hatte 2000 Morgen überwiegend schweren Boden. Es bestand aus drei Höfen, deren Felder aneinander grenzten.

Am 11. Juni 1925 wurde ich in Danzig-Langfuhr geboren. Ich wäre aus späterer Sicht lieber in Warmhof zur Welt gekommen, wo ich mit meinem älteren Bruder Hansjürgen und mit meinen beiden Vettern Gert und Rudi aufwuchs. Aber man kann es sich ja nicht aussuchen. Meine Mutter war sehr kinderlieb und hing mit besonderer Zuneigung an uns und beschäftigte sich viel mit uns Kindern. Sie konnte gut singen und tanzen und spielte uns Lieder auf dem Klavier vor: Volkslieder, Operetten und Balladen. Wenn mir etwas besonders gefiel, musste ich jedes Mal weinen, aber nur heimlich.

Ich war unter uns vieren nicht nur die Jüngste, sondern auch die Kleinste. Um mit den drei Jungen mitspielen zu dürfen, musste ich mich immer »bewähren«, zum Beispiel ausprobieren, ob es nicht zu hoch war, vom Heuboden zu springen. Ich entsinne mich, dass ich einmal vom Heuboden rutschte und von einer hochstehenden Heuforke am Oberschenkel aufgespießt wurde. Ich wurde mit dem Bein über eine Schüssel mit Seifenlauge gesetzt, und mit einem kleinen Klistier wurde die tiefe Wunde ausgespritzt. Das hatte allerdings den Nachteil, dass solche Verletzungen trotz sorgfältiger Behandlung noch lange eiterten. Ich zählte meine Narben, und als ich zehn beisammen hatte, war ich stolz.

Meine Eltern und wir Kinder lebten damals im Grodeckschen Hof und Onkel Max, Tante Liesbeth mit Rudi und Gert im Ziehmschen Hof. Die Großeltern, Curt und Sophie Fibelkorn, wohnten im Hauptgut Warmhof. Großvater Curt war kaiserlicher Hofrat gewesen und starb 1930, Großmutter Sophie wurde im Elsass geboren. Den Grodeckschen Hof hatte mein Vater, als er aus dem Ersten Weltkrieg als Leutnant heimgekommen war, von einem Lotteriegewinn gekauft. Zu ihm gehörte ein kleines Haus, holzverkleidet, so ähnlich wie die Häuser im Harz, mit Veranda und einem sehr gepflegten kleinen Park samt Teich und einem Erbbegräbnis. Natürlich gab es keine Wasserleitung. Das war in damaliger Zeit in Polen noch nicht allgemein üblich. [Nach dem Ersten Weltkrieg wurde Danzig zur freien Stadt unter Kontrolle des Völkerbundes und Westpreußen an Polen abgetreten.] Wir hatten im Flur oder in der Küche eine Pumpe. Dazu Ofenheizung durch große Kachelöfen. Aber Strom hatten wir, und das war auch noch nicht selbstverständlich. Die Gebäude standen im Viereck, und der Hof schloss mit einem Hoftor ab. Scheune und Ställe waren mit Reet gedeckt.

Weil wir Polnisch lernen sollten, wurden die drei Töchter unseres Chauffeurs zum Spielen geholt. Wir spielten mit den drei Mädels herrlich im Park und unter der Veranda. Aber anstatt unsererseits Polnisch zu lernen, lernten die Mädchen alle Deutsch und können es bis heute noch. Wir nannten sie Aika, Martula und Franziska. Mit Aika korrespondiere ich. Sie schreibt auf Polnisch, was ich lesen kann, und sie liest meine deutschen Briefe.

Ihr Vater, der Schwoch, war ein Genie. In meinen Augen konnte er alles. Er reparierte kaputte Maschinen, war Chauffeur, Gärtner und hütete uns Kinder, wenn meine Eltern mal ausgingen, weil auf die beiden Hausmädchen kein Verlass war. Sie gingen dann nämlich einfach selber heimlich aus. Daraufhin saß Schwoch abends im Wohnzimmer mit einem Fläschchen Kognak und Zigaretten und fühlte sich ganz wohl. Nun klappte es immer mit dem Aufpassen.

Um nicht auf eine polnische Schule gehen zu müssen, erhielten wir während der ersten Jahre Hausunterricht. Es war in vielen deutschen Familien so. Die deutschen Lehrerinnen waren in Polen nach ihrer Ausbildung meist ohne Anstellung und schlugen sich mit Hausunterricht durch. Ab dem zweiten Schuljahr hatten wir neben den anderen Fächern auch Polnisch.

Am Ende jeden Schuljahres wurden wir in unserer Kreisstadt Dirschau [Tczew] in einer polnischen Schule geprüft, selbstverständlich in polnischer Sprache, mündlich, schriftlich und im Rechnen. Die dreißig Kilometer lange Fahrt zur Prüfung nach Dirschau war für uns Kinder immer ein besonderes Erlebnis. Unser offener Lastwagen wurde mit grünen Zweigen geschmückt, und wir saßen mit unseren Eltern und dem Hauslehrer auf eigens aufgestellten Bänken.

Wir spielten immer draußen, entweder im Park, in den Ställen oder auf dem Feld. Nicht immer zur Freude unseres Inspektors [Gutsverwalters] ritten wir auf den Pferden der Gespannführer. Bei uns bestand ein Gespann aus vier Pferden, einem Sattelpferd, dem Nebenpferd und zwei Vorderpferden. Wir hatten zwölf Gespanne, davon vier Kutsch- und Reitpferde, dazu zwei Milchpferde und die Fohlen. Wir vier Kinder konnten stundenlang auf den Pferden reiten, meist ausgerüstet mit Frühstücksbrot, das wir in einer kleinen Tasche umgehängt hatten.

Das Lenken eines Gespanns konnte ich schon mit etwa zehn Jahren. Mit der linken Hand hielt man die Zügel vom Sattelpferd und die lange Leine von den Vorderpferden. Mit der rechten Hand konnte man das Nebenpferd dirigieren, das am Sattel angebunden war, und mit der Peitsche knallen, was mir besonderen Spaß machte. Dann ging es im Trab aufs Feld, was wir eigentlich nur im Schritt durften. Da der ganze Zug, die vier Pferde und der Leiterwagen, sehr lang war, lernte ich die schmale Überfahrt von der Straße aufs Feld zur richtigen Zeit zu treffen, ohne mit dem Hinderrad im Graben zu landen.

Es machte uns immer besondere Freude, wenn am Wochenende fünfzig bis sechzig Pferde aus dem Stall im Galopp über den Hof auf die Weide laufen durften. Am Sonntagabend holten wir uns Zaumzeug, fingen uns ein Pferd auf der Koppel ein und ritten mit allen Pferden in den Stall. Ein Erlebnis war auch in jedem Frühjahr der Viehaustrieb auf die Weiden zum Außendeich. Eine große Kuhherde, die im Winter im Stall war, wurde zunächst zum Austoben auf den Hof gelassen. Dann ging's im Eiltempo Richtung Weichsel, wo die Kühe bis zum Herbst blieben. Wir Kinder, völlig außer Atem, hinterher.

Meine Großmutter besaß die polnische Staatsangehörigkeit. [Sie hatte nach 1918 für Polen optiert, während ihr Sohn, der weder für Polen noch für Deutschland optieren wollte, weil er in diesem Fall seinen Besitz eingebüßt hätte, als staatenlos galt. Die Enkeltochter hatte aufgrund ihrer Geburt die Danziger Staatsbürgerschaft.] Deshalb durfte sie uns Kinder bis zu vierzehn Jahren im kleinen Grenzverkehr nach Marienwerder [Ostpreußen] mitnehmen. Zunächst fuhren wir mit Kutscher Bollin nach Mewe an die Weichsel. Dort setzten wir mit der Fähre über, die noch heute durch die Strömung angetrieben wird. Vor der Grenze war mir etwas mulmig, weil Großmama eigentlich immer schmuggelte. Weil die Pension meiner Großmutter nicht in Polen ausgezahlt wurde, musste sie in Marienwerder ausgegeben werden. Zunächst kehrten wir in einem Gasthaus ein, danach ging's ins Café Utasch, wo wir Schokolade mit Schlagsahne tranken, und dann wurden wir eingekleidet. Da wir noch recht klein waren, halfen uns die Verkäuferinnen, unter unsere Kleidung mehrere Schichten neuer Sachen unterzuziehen. So fuhren wir glücklich, aber dick und verschwitzt, die dreißig Kilometer nach Hause.

Dazu noch eine kleine Grenzgeschichte. Von den häufigen Fahrten unserer Großmutter nach Danzig [sie besaß dort zwei große Mietshäuser] brachte sie uns immer kleine Geschenke mit. Eines Tages gab sie ihre Tasche einem Herrn, der auf einer Leiter stand, weil sie fürchtete, damit nicht durch den Zoll zu kommen.

Sie bat ihn: »Halten Sie bitte die Tasche. Darin ist kleine Schmuggelware für meine Enkel.« Als sie durch die Sperre war, gab sie der Mann lachend zurück und sagte: »Ich bin hier nämlich der Oberste!«

1936 sollten wir alle nach Graudenz [Grudziadz] in Pension, um auf das deutsche Gymnasium, die Goethe-Schule, gehen zu können. Mein Vetter Gert und ich waren elf Jahre alt, sein Bruder Rudi zwölf und Hansjürgen dreizehn. Doch plötzlich bekam Rudi eine Hirnhautentzündung und starb. Unser Spielkamerad war tot. Als wir 1975 zum ersten Mal wieder nach Polen fuhren, fanden wir auf dem zertrümmerten Erbbegräbnis seine Grabinschrift und den Stein von meinem Großvater.

Nach den Sommerferien 1936 war die Zeit mit dem Hausunterricht für uns also vorbei. In der Pension Schöneberg in Graudenz waren wir neun Schüler unterschiedlichen Alters. Dort lernte ich Rudolph, meinen jetzigen Mann, und seinen Bruder kennen. Als ich die beiden Jungen zum ersten Mal sah, rangen sie miteinander und warfen sich auf die Betten. Damit begann eine Freundschaft zwischen den Kindern beider Familien, bis wir 1974 heirateten und nun im Alter schön zusammenleben können.

Das Schulgebäude war für mich beeindruckend: die vielen Flure, die Fach- und Klassenräume, die Aula und die große Turnhalle, der Sportplatz. Im Keller befanden sich das Schwimmbecken und der Ruderraum, auch das Heim vom Wanderbund, der Fahrschülerraum und der Platz für die Räder. 1932 wurde die Goethe-Schule als privates koedukatives Gymnasium mit deutscher Unterrichtssprache eröffnet. Die weiteren Sprachen waren Polnisch, Französisch, Latein und wahlweise Englisch. Das Schul- und Lehrprogramm enthielt deutliche Elemente der Reformpädagogik. Als ich in die Volleyball- und in die Handballmannschaft geholt wurde, war ich glücklich. Ich war auch Schulmeisterin im Ballwerfen mit einundsechzig Metern. Abwechslung brachten die verschiedenen Fächer mit den vielen Lehrern. Aber ganz wichtig waren die guten Freundinnen während der Schulzeit. Da sie eine deutsche Schule in Polen war, spielte die Goethe-Schule für uns Schüler und die Lehrer eine andere Rolle als die Schulen im Reich. Die Schule wurde für mich als Deutsche in Polen ein zweites Zuhause.

Im Mai 1939 verstärkte sich die politische Stimmung gegen Deutschland zunehmend. Während einer Zugfahrt am »Tag des Meeres« riefen einige Bergleute aus der Tatra, die nach Danzig fuhren, laut: »Wir brauchen keine Panzer gegen Deutschland. Wir werden Hitler mit unseren Bajonetten vor Berlin erstechen!« Wir hatten natürlich große Angst, dass sie uns als Deutsche erkennen könnten. Im Mai wurde auch Onkel Hellmuth, der Bruder meiner Mutter, als angeblicher Spion in Mewe verhaftet. Er war Geschäftsführer des Deutschen Landbundes Weichselgau. Hellmuth Obuch wurde bis an die russische Grenze nach Brest-Litowsk gebracht, wo er in Einzelhaft saß. Im Polenfeldzug 1939 wurde er dann von deutschen Soldaten befreit, aber er starb 1948 an den Folgen der Gefangenschaft.

Als der Krieg am 1. September 1939 begann, lagen bei uns polnische Soldaten. Man konnte von Ostpreußen über die Weichsel zu uns herübersehen. Um eine große Heeresmacht vorzutäuschen, marschierten die Soldaten, etwa dreißig Mann, immer im Kreis herum und wirbelten absichtlich viel Staub auf. Plötzlich, am 2. September, zogen sie sich zurück. Nun wurde es uns unheimlich, denn durchs Radio wurde verbreitet, dass der »Sonderbefehl« noch nicht durchgeführt werden sollte. Hansjürgen und ich wussten nicht, was das bedeuten würde, empfanden aber, dass es etwas Schlimmes sein müsse, was uns bevorstand. Wie wir nachher erfuhren, besagte der Befehl, der jeden Augenblick ausgeführt werden konnte, dass alle Deutschen, auch wir Kinder, auf den Marktplatz von Mewe gebracht und erschossen oder nach Osten abtransportiert werden sollten. Unsere Namenslisten fand man später auf dem Magistrat.

Wir sollten, so hörten wir, vom Westen her, also aus dem Reich, durch deutsche Truppen befreit werden. Eine Befreiung vom Westen her wäre aber für uns zu spät gewesen. Um das

Schreckliche zu verhindern, erkundeten etwa drei bis vier Männer, darunter auch mein Vater, ob die Umgebung von Militär frei wäre. Als sie das festgestellt hatten, ruderten sie über die Weichsel nach Ostpreußen und überredeten den dortigen Hauptmann Wilhelmi, mit seiner Kompanie überzusetzen und Mewe einzunehmen. Durch diesen Handstreich wurden wir ein bis zwei Tage früher befreit, bevor die deutschen Truppen aus dem Westen zu uns kamen. Wir waren glücklich, weil wir wieder zu Deutschland gehörten, und dachten, der Krieg wäre nun vorbei. Wir wussten ja nicht, was alles Schreckliches noch kommen sollte.

Zur Wahrung der Ordnung wurde der »Selbstschutz« eingerichtet, zu dem die volksdeutschen Männer gehörten. Sie bekamen schwarz gefärbte polnische Uniformen mit einer Armbinde. Man fand Waffenverstecke von [polnischen] Partisanen, die ausgehoben wurden. Es fanden Erschießungen und auch Deportationen der Polen statt.

Schule und Bahnverbindungen lagen still. Etwa im Oktober fuhren wir mit Fahrrädern nach Graudenz in die Pension. Nach und nach trudelten die Schüler von überall her ein, und der Unterricht begann. Unser Musiklehrer war nicht mehr da. Dass er Jude war, hatte uns vorher nie interessiert. Es sollen auch drei jüdische Mitschüler erschossen worden sein. Andererseits war manch eine von meinen Klassenkameradinnen in Trauer. Der Vater von Elisabeth und Marie-Luise Höltzel war auf dem Verschleppungsmarsch nach Lowitsch, wovor wir bewahrt wurden, von den Polen erschossen worden. Er wollte jemandem helfen, der nicht mehr gehen konnte. Das große Gutshaus, das ihnen gehörte, wurde abgebrannt. Auch die Väter von Marie-Luise von Gordon und Ilse Conrad waren erschossen worden. Dann der Vater von Ulrike Strübing, meiner guten Freundin. Unser Nachbarjunge aus Mewe, Arno Papendick, war von den Polen erschlagen worden. Mein späterer Schwiegervater Rudolf von Maercker wurde verschleppt, blieb aber am Leben.

Vom Krieg merkten wir im Osten noch wenig. Es wurden allerdings ständig Siegesmeldungen unserer Wehrmacht in der

Wochenschau und im Radio bekannt gegeben. Wir hatten den Eindruck, dass die wirtschaftliche Lage allgemein besser wurde, auch für unsere Arbeiter. Sie bekamen mehr Lohn und mehr Rechte als zu Polenzeiten. Bollin, unser Kutscher, wurde nun Sprecher der Arbeiter und kam manchmal mit seinen Forderungen ins Büro. So etwas hatte es zu polnischer Zeit nicht gegeben. Bollin erzählte mir auch, dass sie jetzt Butter essen würden. Vorher kannten sie so etwas gar nicht.

Hansjürgen kam im Frühjahr 1942 als Notabiturient mit achtzehn Jahren von der Schule zum Arbeitsdienst und nach einem Vierteljahr zur Wehrmacht. Viele Mitschüler verließen damals freiwillig die Schule und wurden Soldat. An der Front wurde es immer kritischer. Im November 1942 musste Hansjürgen in den Kessel von Stalingrad. Im Januar 1943 bekamen wir die letzte Nachricht von ihm. Dann war alles still um ihn. Er war in Russland vermisst.

Auch in unserer Schule wurde von der Partei nach dem Fall von Stalingrad eine Heldenfeier angesetzt. Dabei hieß es: »Wanderer, kommst du nach Sparta, so berichte, du habest uns hier liegen gesehen, wie das Gesetz es befahl.« Plötzlich wurde ich im vollen Saal aufgerufen, und man überreichte mir mit siebzehn Jahren das Parteiabzeichen der NSDAP als Anwärter. Ich war wohl die einzige Betroffene, die einen Angehörigen in Stalingrad vermisste, und man wollte mich auszeichnen. So kam ich ohne mein Zutun und ohne dass man mich gefragt hatte, aus Propagandazwecken in die Partei. Zunächst war ich ergriffen und beeindruckt. Später auf der Flucht warf ich das Abzeichen weg.

Im März 1943 kam ich nach meinem Abitur von Graudenz nach Hause und wurde Landwirtschaftslehrling. Mein Vater war seit 1941 Standortoffizier in Marienburg. Deshalb wurde ich vom Arbeitsdienst und anschließend vom Kriegsdienst freigestellt, damit einer aus der Familie im Betrieb war. Mein Vater war zunächst der damaligen Politik gegenüber positiv eingestellt. Als er sah, wohin der Krieg führte, hat er umgedacht. Im Zusammenhang mit dem Attentat auf Hitler wurden auch in Marienburg heimliche Unterredungen geführt. Mein Vater war an dem Attentat nicht direkt beteiligt, wurde aber mit Wirkung vom 20. Juli 1944 aus der Wehrmacht entlassen und kam nach Hause.

Unsere Truppen mussten sich weiter und weiter zurückziehen. Im Osten von Ostpreußen, in Nemmersdorf, waren die Russen [im Oktober 1944] vorübergehend eingedrungen und hatten die Bevölkerung, Frauen, Kinder und Greise, bestialisch ermordet. Es hieß allgemein, ehe man den Russen in die Hände fiel, sollte man sich lieber umbringen. Wir hörten in Warmhof von weitem Donnergrollen. Flüchtlinge kamen im Januar 1945 zu uns zu Fuß über die zugefrorene Weichsel. Trotzdem durfte man von Flucht nicht sprechen und nicht packen. »Wer packt, wird erschossen!«, hieß es. Wir sollten noch an den Endsieg glauben. Als die Russen schon Mewe beschossen (1,7 Kilometer südlich von uns), rief mein Vater den Ortsgruppenleiter in der Niederung an und fragte ihn, ob wir nicht endlich aufbrechen müssten. Da stellte sich heraus, dass schon alle weg waren. Man hatte uns vergessen!

Jetzt war höchste Eile geboten. Schnell wurden alle Kastenwagen gerüstet und gepackt. Jede Familie bekam einen Wagen mit vier Pferden, einem halben Schwein, Hafer, einem Sack Erbsen und geschrotete Gerste als Grütze. Abends um 21 Uhr fuhren wir am 25. Januar 1945 aus Warmhof los, fort vom warmen Kachelofen, mit neunzehn Wagen, das ganze Dorf mit allen unseren Gutsarbeitern und den Ukrainerburschen. Die [ukrainischen] Mädchen sollten zum Füttern und Melken zurückbleiben. Warum es nicht anders gemacht wurde? Ich weiß es nicht. Ich werde ihr Jammern nicht vergessen. Die Straße nach Mewe lag schon unter Beschuss. Es waren etwa fünfundzwanzig Grad Frost und ein Meter hoch Schnee.

Meine Großmutter Sophie, meine Mutter Ilse und ich saßen im Verdeckwagen, bespannt mit zwei Kutschpferden, gelenkt vom Kutscher Bollin. Dazu hatten Omama und wir je einen Kastenwagen mit Federbetten, Kleidung und Lebensmitteln. Meine Mutter ließ noch schnell die Puten schlachten und auf den Wagen werfen. Mein Vater blieb mit den Soldaten zurück und half ihnen, weil er ortskundig war, die Angriffe auf Mewe und Warmhof abzuwehren. Erst sehr viel später, im März, gelang den Russen der Einbruch von Süden her.

Unsere Treckroute führte über Pelplin, Stargard, Berent nach Stendsitz, wo wir [wegen einer Erkrankung der Pferde] sechs Tage Pause machen mussten, weiter nach Karthaus durch die Kaschubische Schweiz, dann über die ehemalige Grenze von Westpreußen nach Pommern, Stolp, Schlawe, Köslin, Naugard, Gollnow. Bei Stettin, Alt-Damm, über die Oder nach Schmölln, über Dömitz/Elbe schließlich nach Jembke, Landkreis Gifhorn in Niedersachsen.

Die Straßen, die Gutshöfe und Ställe waren mit Trecks überfüllt. Immer noch hörten wir das Schießen der russischen Geschütze, und wir wussten nicht, wann sie uns erreichen würden. Da kamen unser Vogt Bernhard Orzechowski und unser Maschinist zu unserer Großmutter und sagten: »Wir kündigen den Dienst. Hier haben wir nichts. Zu Hause ist alles da, die Kühe, die Schweine, das Getreide und unsere Wohnungen. Und die Russen holen uns doch gleich ein. Wir drehen um!«

Ich war sehr erschüttert und musste weinen. Wir überredeten Litwin, unseren ukrainischen Stellmacher, dem die Russen schon früher die Eltern erschlagen hatten, mit uns mit dem Kastenwagen weiterzufahren. Den Verdeckwagen fuhr unser lediger Nachtwächter. Wie wir uns unterwegs durchschlugen? Geschlafen haben wir besonders anfangs im Wagen, in einem Stall beim Vieh, in einer Scheune, oder man bat die noch nicht Geflüchteten um ein Nachtlager. Wenn die Trecks an einem verlassenen Bauernhof vorbeikamen, rannte man hinein und versuchte an den Herd vorzudringen, um etwas zu kochen. Kartoffeln fand man im Keller, Brennholz wurde von den Zäunen abgerissen, Fleisch hatten wir. Jeder holte sich Heu für die Pferde. Die Pferde waren das Wichtigste. Sie durften nicht schlappmachen, damit man weiterkam und nicht den Russen in die Hände fiel.

Viele Pferde lagen tot am Straßenrand. Einige waren krank geworden, meist hatten sie sich aber auf eisglatter Straße ein Bein gebrochen und wurden erschossen. So musste ein Teil des Gepäcks abgeworfen werden, um mit einem Pferd weniger weiterfahren zu können. Wenn man schneeverwehte Wolldecken an der Straße sah, wusste man, dass darunter ein erfrorener Mensch lag.

Manche Flüchtlinge konnten sich von ihren Toten nicht gleich trennen. Einmal, als wir in einer Schule auf Stroh schliefen, legte eine Familie ihren toten Opa neben mich. Weil Frost war, ging das auch. Sie wollten ihn nicht einfach im Schnee liegen lassen. Außerdem hatten sie Angst, dass er aus Versehen geklaut werden könnte, wenn er hinten im Wagen in einem Sack mitgenommen wurde. Es war nämlich üblich, die geschlachteten Schweine so hinten aufzuhängen. Einmal abends am 7. März 1945 kamen wir an die Oderbrücke bei Alt-Damm in der Nähe von Stettin. Inzwischen war mein Vater wieder zu uns gestoßen. Unser kleiner Treck bestand nur noch aus drei Wagen. Vorneweg der Kastenwagen mit vier Pferden und Litwin, dann der schwarze, geschlossene Verdeckwagen mit meinen Eltern und Omama, gelenkt vom Nachtwächter mit zwei Pferden, und als dritte ich mit dem Hengst vor dem Einspänner. Kaum waren wir auf der Brücke, da sahen wir die feindlichen »Christbäume« am Himmel, gebündelte Lichter, die alles taghell erleuchteten. Und dann ging ein Fliegerangriff los! Maschinengewehrfeuer von Bord der Flugzeuge und Bomben. Wasserfontänen spritzten hoch. Mein Hengst ging nur noch auf zwei Beinen. Da kam mein Vater angerannt und nahm mir mein Pferd ab, und ein französischer Kriegsgefangener zog mich in Deckung unter einen Wagen. Pferde rissen sich los, sprangen aufs Brückengeländer und blieben darin hängen. Wagen verkeilten sich ineinander. Ein wahres Chaos. Aber zum Glück wurde die Brücke nicht getroffen. Wir erreichten unverletzt das andere Ufer.

Doch der Treck aus Ostpreußen hinter uns war verschwunden. Er war nicht mehr herübergekommen. Der Fluchtweg war abgeschnitten. Auf einmal war alles still; kein Schießen, keine Bomben, Stille. Waren wir die Letzten, die noch über die Brücke gekommen und den Russen entkommen waren? Im Sommer 2000 saß ich während einer Busfahrt Alfelder Hausfrauen neben einer Frau aus Langenholzen. Sie ist eine frühere Bauernfrau aus dem Osten. Und wir kamen, wie es bei uns älteren Flüchtlingen vorkommt, auf die Flucht 1945 zu sprechen. Sie erreichte damals samt ihren fünf Kindern mit Pferd und Wagen auch ebendiese Brücke von Alt-Damm bei Stettin. »Halt!«, hieß es plötzlich auf Russisch, »alles zurück!« So fiel sie mit ihrer Familie den Russen in die Hände. Das war in der Nacht vom 7. auf den 8. März.

Nach alledem waren wir nun gerettet. [Die Großmutter Sophie Fibelkorn starb allerdings am 8. März 1945 an Entkräftung.] Unsere Weiterfahrt empfand ich in meinem Alter von jetzt ab als eine Abenteuerreise. Es wurde nun auch wärmer. Wenn wir Rast machten, grasten die Pferde mittags im Straßengraben. Der Winter war vorbei. Ein völlig freies und für mich unbeschwertes Leben! Ich genoss es, denn ich fürchtete, dass ich später irgendwo als Hausmädchen arbeiten müsste, was mir nicht lag. Wir fuhren so lange, bis wir in einem Dorf ein bescheidenes Quartier zugewiesen bekamen und natürlich die salzlose und fettlose Steckrübensuppe zugeteilt erhielten, über die wir uns mittlerweile schon freuten.

Am 27. März 1945, nach über zweimonatiger Fahrt, hielten wir zufällig in Jembke in Niedersachsen vor dem Haus des Bauern Schulze. Als die Bauersleute uns sahen, liefen sie gleich zum Bürgermeister und sagten zu ihm: »Die nehmen wir.« Nur drei erwachsene Personen! So hatten wir nach der langen Zeit Glück. Wir blieben, und Schulzes gaben uns das gute Zimmer mit den Aussteuermöbeln ihrer Tochter Hannelore, mit der ich mich bald anfreundete.

Unsere beiden Kutscher kamen als Ausländer in ein Lager, in dem sie bevorzugt behandelt wurden und von dem aus sie später nach Polen zurückkehren oder nach Kanada auswandern konnten. Nun war unsere Flucht zu Ende. Wir waren gerettet. Ich erlernte jegliche Art der Landarbeit und ging immer mit Hannelore, der sechzehnjährigen Tochter, aufs Feld. Durch Hannelore wurde ich in die Dorfgemeinschaft aufgenommen. So verlebte ich trotz der Ungewissheit ein schönes Jahr in Jembke. Wir waren seinerzeit mit sieben Pferden angekommen. Die Pferde waren bei verschiedenen Bauern untergebracht. Eines hatten wir bald verkaufen müssen. Zwei unserer besten Pferde wurden uns noch von der Wehrmacht requiriert. Später wurde unser Gebiet von den Engländern besetzt: englische Zone.

Ein knappes Jahr darauf, am 23. Februar 1946, schrieb mein Vater in einem Brief: »Es ist mir gelungen, einen Hof auf einem ehemaligen Truppenübungsplatz zu bekommen, der uns zunächst pachtweise zur Verfügung gestellt wird. Der Anfang wird ungeheuer schwer werden, da wir außer unseren Pferden und unserem Mut nichts haben. Aber wir haben den besten Mut, uns durchzubeißen. Wir wollen alle tüchtig ackern und hoffen, dass unser Wagnis gelingt. Wenn nichts dazwischenkommt, wollen wir Anfang März nach unserer neuen Heimat trecken. Wir haben Verbindung mit meinem Neffen Gert, der sich als entlassener Soldat hier in der englischen Zone eingefunden hat und der uns bei unserem Aufbau helfen will. So schön es ist, ihn bei uns zu haben, so wird er uns immer an unseren Jungen erinnern, von dem wir nichts erfahren können. Meine Schwägerin, Gerts Mutter, soll völlig mittellos noch in Danzig gesehen worden sein.« Wie wir später feststellen mussten, war sie verschollen.

Wir treckten weiter, diesmal nach Ettenbostel [auf dem Truppenübungsplatz zwischen Bergen und Fallingbostel in der Lüneburger Heide], zu unserer künftigen Siedlung. Im März 1946 ging es los, wieder mit Pferd und Wagen, wie wir es nun schon gewohnt waren, nur diesmal mit einem kleineren Treck. Meine Eltern vorneweg im Einspänner und ich mit dem Kastenwagen vierspännig vom Sattel aus hinterher. Wir müssen wegen unserer Mitarbeit im Dorf recht beliebt gewesen sein. Denn als wir wegzogen, gaben uns nicht nur der Pastor, sondern auch viele Dorfbewohner das Geleit bis zum Ortsausgang.

Wir hatten uns mit Onkel Obuch, dem Bruder meiner Mutter, um eine landwirtschaftliche Siedlung auf dem ehemaligen Truppenübungsplatz Bergen-Belsen bei Osterholz beworben und sie erhalten. Unter Hitler waren die damals dort ansässigen Landwirte in den Osten umgesiedelt und der Truppenübungsplatz eingerichtet worden. Nun, nach dem verlorenen Krieg, als es »Nie wieder Krieg« hieß, wurden hier etwa achtzig Ostlandwirte, d. h. die Vertriebenen, wieder angesiedelt, weil man meinte, dass der Truppenübungsplatz nie wieder gebraucht werden würde. Wir Siedler sollten die uns zugeteilten Höfe im Rentengutsverfahren erwerben können. Dass wir acht Jahre später wieder ausgesiedelt wurden, weil die Bundeswehr geschaffen werden sollte, wussten wir damals noch nicht.

In Ettenbostel bei Osterholz gab es sieben alte Niedersachsenhöfe mit Fachwerk, einer großen Diele fürs Vieh und Erntewagen. Als wir endlich in unseren Hof einziehen konnten, wurden wir von Tschechen und Polen überfallen, die [als befreite Zwangsarbeiter] in den Kasernen von Fallingbostel untergebracht waren. Mit vorgehaltenem Revolver wurde ich aus dem Bett geholt und in die Küche getrieben. In der Küche wurde mein Vater zusammengeschlagen, besonders aber mein Vetter Gert, weil er seine silberne Uhr, das einzige Andenken an seinen verstorbenen Vater, nicht herausgeben wollte. Meiner Mutter drohten sie, den Finger abzuschneiden, wenn sie den Ring nicht abbekommen würde. Zum Glück gelang es ihr endlich. Die Räuber nahmen alles mit, was wir mit dem Kastenwagen noch gerettet hatten. Lediglich ein kleiner Koffer mit Silber war geplatzt und lag im Garten. Nun besaßen wir nur noch, was wir auf dem Leibe hatten und zwei kleine Vorderpferde.

Wir holten uns aus dem zwölf Kilometer entfernten Walsrode getragene, zerrissene Ostarbeiterkleidung und waren eingekleidet. Für mich war das alles sehr abenteuerlich. Ich habe nicht besonders darunter gelitten. Ich war froh, dass ich alle Handgriffe der Landarbeit in Jembke gelernt hatte. So konnte ich tüchtig mitarbeiten. Alle Maschinen, natürlich gebraucht, bekamen wir auf Kredit: einen Pflug, eine kleine Drillmaschine [für die Saat], eine Egge. Geld hatte mein Vater kaum mehr. Als wir flüchteten, waren die Banken in Mewe bereits geschlossen. Während des einen Jahres in Jembke brauchten wir kaum etwas. Unterstützung gab es nicht.

Wir pachteten zwei Kühe von einem Vertriebenen aus dem Osterholzer Moor, der seine Herde schon 1944 aus Ostpreußen vor dem Angriff der Russen hierher bringen konnte. Saatkartoffeln wurden uns zugeteilt. Aber weil wir nichts zu essen hatten, aßen wir die Kartoffeln und legten die Schalen in die Erde. Das ging auch, wenngleich die Ernte schlechter war. Es gab ja noch einige Lebensmittel auf Bezugsscheine, aber natürlich für Geld.

Die Männer gingen gleich, nachdem wir in Ettenbostel angekommen waren, ins Osterholzer Moor zum Torfstechen. Wir versuchten auch unsere Ackerfläche zu vergrößern, indem wir auf einem Brachland zehn Jahre alte Birken mit den Pferden herausrissen und das Land umpflügten. So konnten wir im Laufe der Jahre unseren Hof von fünfzig Morgen auf einhundert vergrößern. Dabei lebten wir ganz bescheiden in jeglicher Hinsicht. Mein Vater hatte zum Beispiel nur ein Paar Schuhe mit dicker Holzsohle, über die ein Leinwandstoff genagelt war. Mit denen trieb er kilometerweit die Kühe auf die Weide. Gert hatte sich aus alten Gummischläuchen Sohlen zurechtgeschnitten und mit Bändern am Fuß befestigt. Damit arbeitete er auf dem Acker. Ich hatte Glück und bekam ein Paar Halbschuhe auf Kleiderkarte, derb und mit kleinen Hufeisen und Nägeln beschlagen. Sie hütete ich wie meinen Augapfel und ging damit, wenn es mal vorkam, zum Tanzen.

Einen Herd besaßen wir nicht. Den fanden wir auf einem Schrotthaufen. Auch das Geschirr und sonst noch Brauchbares suchten wir auf Schrottplätzen. Später organisierten wir den Hauptanteil an Möbeln aus den Kasernen von Fallingbostel, wo die Engländer eines Tages alles rauswarfen oder verbrennen wollten. Das Plumpsklo war draußen am Ende des Hofes. Ein Bretterhäuschen mit Sitz und Loch. Darunter der Eimer. Wenn er voll war, leerten wir ihn auf dem Misthaufen. Wir mussten nur aufpassen, dass er nicht zu voll war, wegen des Entleerens. Das kleine Geschäft verrichtete man in der Diele zwischen den Kühen. Sonst hätten wir in der Nacht womöglich auf dem Hof über Wagendeichseln stolpern können. Weil wir weder Streichhölzer noch ein Feuerzeug hatten, ging ich jeden Morgen zum Nachbarn Haverkamp, einem pensionierten Bergmann, der nachts seine Kohlenglut im Herd bewachte, und holte mir Feuer mit der Laterne.

Mein Vater hatte auf dem Hof immer Geldsorgen. Die Einnahmen waren sehr gering und alles kostete. Bis zur Währungsreform 1948 konnte ich kleine Geschäfte auf dem Schwarzmarkt machen. Wenn mein Vater ganz verzweifelt war, nahm ich ein Pfund Butter, fuhr nach Walsrode und verkaufte es einer bekannten Familie für 400 Reichsmark. Zigaretten, die man auf Karte für billiges Geld bekam (Zuteilung: zehn Zigaretten pro Woche), konnte man für zehn Reichsmark pro Stück auf dem Schwarzmarkt verkaufen. Manche Studenten lebten davon, wenn auch mehr schlecht als recht.

Ende Juni 1948 kam die Währungsreform. Jeder Bürger konnte vierzig Reichsmark gegen das neue Geld, die D-Mark, eintauschen. Wenn er keine Reichsmark besaß, bekam er die vierzig Mark [im Gegenwert von zwanzig Euro] umsonst. Aber vierzig Mark pro Kopf waren sehr wenig, wenn man die Ausgaben für den Betrieb bedenkt. Es war ja auch nur eine einmalige Zahlung. In den Geschäften gab es von dem Tage an erstaunlicherweise alles. Bald gab es wieder reiche Leute. Das Wirtschaftswunder begann, nur nicht bei uns. Nach der Kartoffelernte ging's auf den Markt. Ich fuhr mit dem Kastenwagen und den kleinen Pferden zwölf Kilometer nach Walsrode und versuchte, auch pfundweise, die Kartoffeln loszuwerden. Wir brauchten das Geld dringend, und ich wollte auf keinen Fall mit dem vollen Wagen wieder nach Hause kommen. Einmal schnitt eine Frau mit ihrem Messer eine Kartoffel durch und fand darin eine kleine braune Stelle. Empört wandte sie sich zu den anderen Frauen und sagte: »Meine Gans frisst solche Kartoffeln nicht.« Sofort gingen alle weg. Nun stand ich mit meinen Kartoffeln da. Zwölf Kilometer hin mit dem Pferdewagen und zwölf Kilometer zurück, den Wagen aufgeladen – und alles umsonst.

Ein Ferkel wollte uns niemand verkaufen, weil wir ja Eindringlinge waren. Nach langem Bemühen bekamen wir doch eines, aber es dauerte lange, bis es schlachtreif war. Ebenso schwer war es mit Hühnern. Kurzerhand machte ich mich per Anhalter auf den Weg nach Jembke, eine umständliche Fahrt, meist hinten auf offenen Lastern. Von den netten Schulzes, die uns 1945 aufgenommen hatten, bekam ich zwei Junghennen, welche Freude. Nun konnten wir auf Eier hoffen.

Hans-Reinhard von Maercker und ich heirateten im Frühjahr 1950 in Ettenbostel. Als mein Onkel Hellmuth Obuch [1948] gestorben war, suchte meine Tante zum Auflösen ihres Hofes einen jungen Landwirt aus der Heimat. Rudolf von Maercker aus Rohlau/Westpreußen vermittelte ihr seinen Sohn, der unter ärmlichsten Verhältnissen bei einem Bauern in der Eifel arbeitete. Er schlief in einer Kammer, in der das Fenster mit Brettern zugenagelt war, weil die Scheibe fehlte. Beim Melken, das er sowieso nicht konnte, musste er oft vor Schmerzen weinen, weil er in den Armen noch Splitter vom Krieg hatte.

Nun kam er nach Ettenbostel, und wir lernten uns kennen. Er war Landwirt, wenn auch mit wenig Erfahrungen. Wir hatten gemeinsame Erinnerungen an die Heimat und Bekannte durch die Goethe-Schule. Maerckers waren in Westpreußen eine sehr angesehene Familie. Nachdem mein Mann den Nachbarbetrieb aufgelöst hatte, war er, als wir heirateten, zunächst arbeitslos. Dann wurde er Drainagearbeiter und mühte sich beim Ausheben von Gräben zum Entwässern von Ackerflächen. Wir wohnten weiter auf dem Hof, und ich arbeitete dort. Mir machte die Landarbeit, die ich in Jembke 1944/45 gründlich gelernt hatte, Freude. Mein Mann bemühte sich um einen eigenen Hof oder eine Verwalterstelle, aber weil er schon Ende 1939 Soldat geworden und erst spät aus der Gefangenschaft zurückgekommen war, hatte er keine richtige Ausbildung.

Beide Männer, mein Vater und Hans-Reinhard, waren keine

Bauern, eher Gutsbesitzer. Das Zusammenleben auf einem kleinen Hof gestaltete sich schwierig, weil die beiden Männer unterschiedliche landwirtschaftliche Auffassungen hatten. So hatten wir immer Sorgen. Aber auch von außen kamen immer neue Probleme auf uns zu. Wir mussten 1954 den Truppenübungsplatz räumen, wurden umgesiedelt. Englische Panzer zerstörten unsere nach achtjähriger Arbeit gut bestellten Äcker. »Korn gesät und Panzer geerntet«, hieß eine Schlagzeile in der *Hannoverschen Allgemeinen Zeitung*.

Im März zogen wir um. Eine Entschädigung gab es nicht. Die Kredite, die wir in Ettenbostel erhalten hatten, wurden gegen die von uns erbaute Scheune verrechnet. Wir bekamen [südlich von Hildesheim] einen Siedlungshof auf der ehemaligen Domäne von Backe, 129 Morgen groß, zugewiesen. Zwei kleine Pferde und einige alte, für diesen Boden viel zu leichte Ackergeräte waren unsere ganze Habe, außerdem ein paar einfache Möbel. Ein Lastwagen brachte unsere Habseligkeiten in die nun neue Heimat. Ich saß mit den beiden kleinen Kindern (drei und anderthalb Jahre) vorn beim Fahrer. Nun wirtschaftete Hans-Reinhard wieder mit meinem Vater zusammen, es gab wie vorher in Ettenbostel Spannungen, und ich stand immer dazwischen. Den Hof hatten meine Eltern uns noch nicht übergeben, das taten sie erst 1957. Sie bekamen noch keine Rente.

Unser Anfang und die Jahre in Hornsen waren noch schwieriger als in der Heide. Für diesen schwer zu bearbeitenden Boden brauchten wir ganz andere Maschinen. In der Heide arbeiteten wir mit zwei kleinen Pferden und leichtem Ackergerät; es konnte täglich regnen, weil der Acker so sandig war. Hier war alles anders. Unser Kartoffelroder riss förmlich auseinander. Ein Trecker musste her, selbstverständlich auf Kredit. Unser Wirtschaftsberater war ein Theoretiker. Er stellte einen Plan auf, nach dem wir intensiv wirtschaften sollten. Wir sollten vierzig Morgen Zuckerrüben anbauen, natürlich hacken, verziehen und roden in Handarbeit. Dann bauten wir Rübensamen an. Die Stecklinge mussten mit der Hand gesetzt werden. Dazu hatten wir noch zehn

Morgen Pflückerbsen. Sie wurden von einer Schar Flüchtlingsfrauen gegen Lohn gepflückt. Wenn es in der Zeit regnete, so dass man nicht pflücken konnte, wurden die Erbsen hart und minderwertig. Dann brachten sie kaum noch den Lohn für die Pflücker.

Und es regnete in unseren Hornser Jahren immer. Das Getreide, das wir damals noch in Garben gebunden und in Hocken aufgestellt hatten, mussten wir auseinander breiten, und wir mussten sogar die Garben zum Trocknen aufschneiden. Einen Mähdrescher bekamen wir erst geborgt, wenn die einheimischen Bauern mit ihrer Ernte fertig waren, und dann kostete er vierzig Mark pro Morgen. Für uns sehr viel Geld.

Das intensive Wirtschaften war nicht durchführbar. Wir schufteten, und es kam nichts dabei heraus. Uns fraßen die Löhne auf. Hans-Reinhard stellte viele Flüchtlinge ein, und mein Vater musste sehen, woher er das Geld bekam. Es war ja kein Gutsbetrieb wie früher in Polen. Unser Nachbar und Freund Scharfenorth, ein ostpreußischer Bauer, hatte den Wirtschaftsberater, der uns Siedler beraten sollte, einfach vom Hof gejagt und wirtschaftete, wie er es für richtig hielt, und hatte Erfolg damit.

Inzwischen hatten uns meine Eltern nach langem Zögern 1957 den Hof übergeben. Sie hatten das Rentenalter erreicht. Für die Kredite traten sie uns von ihrem Lastenausgleich, den sie ja nicht [ausgezahlt] erhielten, nominell 30 000 Mark ab, und Maerckers unterstützten uns mit 12 000 Mark als Sicherheit. Wenn wir das Geld nicht zurückzahlen könnten, würde ihre Rente später [entsprechend] gekürzt werden. Wir hatten einen Gehilfen, einen einarmigen Treckerfahrer. Eines Tages fuhr er mit zwei Anhängern voller Rüben nach Östrum zur Zuckerfabrik. Auf der Heimfahrt sollte er Rübenschnitzel mitbringen. Ich weiß noch, dass mein Vater ihn mahnte, nicht über die Berge von Woltershausen nach Hornsen zu fahren, sondern die ebene Strecke über Netze/Graste zu nehmen. Er fuhr aber über die Berge zurück. Auf dem Rennub passierte es dann. Bergab drückte die schwere Last zu sehr auf den Trecker. Der Einarmige verlor die Gewalt über das Fahrzeug, sprang ab und ließ alles laufen. Zum Glück war ihm beim

Absprung nichts passiert, aber der Trecker und die Anhänger waren hin. Das war der Anfang vom Ende.

Wirtschaftlich ging es mit unserem Betrieb immer weiter bergab. Mein Mann war eben kein Bauer. Er stammte ja von einem großen Gut mit 10 000 Morgen. So mussten wir schließlich den Hof abgeben, wobei freilich neben den wirtschaftlichen auch private Gründe eine Rolle spielten. Wir entschlossen uns zur Scheidung. Hans-Reinhard musste ausziehen. Er bemühte sich um verschiedene Vertreterposten und wollte, wie er sagte, die Kinder mit gelegentlichen Päckchen unterhalten. Der Hof wurde an Seehavers übergeben. Sämtliche Kredite und Verpflichtungen wurden durch den Verkauf von Vieh, Maschinen und Getreide abgelöst. Jeder von uns bekam noch 2000 Mark. Meine Eltern, die Kinder und ich blieben auf dem Hof wohnen. Ich hatte mit den [inzwischen drei] Kindern ein Zimmer und eine kleine Küche. Es war kaum Platz, die Betten aufzustellen. Dafür betrug die Miete nur 11,25 Mark monatlich. Wir hatten keine Einnahmen, keinen Hof mehr, aber eben auch keine Aufregungen, und deshalb wurde es gemütlicher.

Ungeachtet der aufkommenden Gemütlichkeit mussten wir dennoch von irgendetwas leben. Deshalb arbeitete ich bei unserem Nachfolger im Stall, fütterte die Kühe und mistete aus. Das dauerte etwa zwei Stunden. Dafür konnte ich mir Winterkartoffeln aus der Miete [einer abgedeckten Grube für Feldfrüchte] sammeln. Das war die wichtigste Grundnahrung. Wir wohnten gut bei unserer jungen Nachfolgerfamilie, die auch aus dem Osten kam. Aber wenn der Mann seinen Verwandten aus der Heimat seinen neuen Hof zeigen wollte, gingen natürlich alle durch den Stall, wo ich oft gerade arbeitete. Dann sagte er: »Und das ist Frau von Maercker, die Verwandte von Familie von Wilkens.« Sie wussten ja, dass die Wilkens als frühere Nachbarn auch ein großes Gut mit einem großen Gutshaus (Schinkel-Bau) hatten. Es machte mir nichts aus, dass sie mich bei der Stallarbeit sahen. Es war ja zurzeit mein Beruf. Doch ich nahm mir fest vor: Wir werden wieder hochkommen!

[Ursula von Maercker entschied sich 1960 mit fünfunddreißig Jahren für ein Volksschullehrer-Studium an der Pädagogischen Hochschule in Alfeld. Sie erhielt ein Stipendium von monatlich 165 DM während des Semesters und zusätzlich sechzig DM Kindergeld für das dritte Kind. Der älteste Sohn bekam als Gymnasiast aus Lastenausgleichsmitteln eine Zahlung von fünfundzwanzig DM im Monat. Im Februar 1963 bestand Ursula von Maercker ihr Examen. Während des Studiums betreuten die Großeltern die beiden älteren Kinder, während Verwandte im Emsland die jüngste Tochter zu sich nahmen.]

Das Wichtigste war, als das Studium geschafft war, dass wir die Kinder wieder alle beisammen hatten. Wir waren inzwischen von Hornsen nach Woltershausen, zwei Kilometer weiter, umgezogen, wo wir mit meinen Eltern in einer Notwohnung lebten. Hier war es äußerst bescheiden mit Plumpsklo im Stall und einer Wasserleitung, die im Winter oft einfror. Es war auch sehr eng. Wir hatten nur ein Schlafzimmer und eine kleine Küche für die drei Kinder und mich, wo ich auch meine zweite Examensarbeit schrieb. Die Kinder immer drum herum. Meine Eltern wohnten unten und hatten auch zwei Räume.

1964 bekamen wir als vertriebene Ostlandwirte einen Kredit von 60 000 Mark für ein Nebenerwerbshaus mit Stall, den wir in dreißig Jahren günstig abzahlen konnten. Den Rest mussten wir zusätzlich aufbringen. Deshalb mussten wir immer sehr sparen. Wir hatten einen Stall, der für ein Schwein gedacht war. Das hielten wir aber nicht. Wenn eine Kommission prüfte, ob wir Siedler auch tatsächlich Nebenerwerbslandwirtschaft betrieben, borgte man sich für den Kontrollbesuch schnell ein Schwein von einem Nachbarn. Außerdem mussten wir noch sechs Morgen gepachtetes Land nachweisen. Wir hätten es allerdings [wegen des Alters der Eltern und des eigenen Berufs] nun nicht mehr bewirtschaften können. Deshalb existierte der Pachtvertrag nur auf dem Papier. Das Land wurde sofort wieder zurückverpachtet. Mit den Nebenerwerbssiedlungen wollte man den vertriebenen Landwirten etwas Eigenes in die Hand geben und sie ansässig machen.

Ostern 1965 konnten wir die Konfirmation von Hans-Jürgen schon im neuen Haus feiern. Wir waren über den Wohnkomfort sehr glücklich, nachdem wir so lange nur notdürftig untergebracht waren. Meine Eltern bekamen die untere Wohnung mit drei Zimmern, Küche und Bad. Wir wohnten oben. Jedes Kind bekam ein Zimmer, dazu hatten wir ein Wohnzimmer, eine helle gemütliche Küche und endlich eine ganz normale Toilette mit Bad und nicht mehr ein Plumpsklo im Stall. Eine Waschmaschine hatte ich noch nicht, auch keinen Fernseher und kein Telefon. Diese Anschaffungen schienen mir ein zu großer Luxus zu sein.

Das alles hatte mein Vater trotz seiner schweren Krankheit noch für uns geschafft. Zwei Tage vor seinem Tod saßen wir beide lange zusammen und führten intensive Gespräche. Mein Vater freute sich so sehr, dass er uns noch ein Haus hatte bauen können, und außerdem war er glücklich, dass ich jetzt eine Existenz als Lehrerin hatte und wir damit versorgt waren. Fünfzehn Jahre später, am 18. Dezember 1980, starb meine Mutter im Alter von achtzig Jahren. Am 8. Juli 1999 starb, ebenfalls achtzigjährig, mein geschiedener Mann Hans-Reinhard von Maercker.

Welch ein Glück, dass ich nur vier Kilometer von unserem Wohnort entfernt eine Lehrerstelle fand. Es war die Mittelpunktschule in Lamspringe. Sie hatte etwa 400 Schüler mit den Klassen eins bis neun. Zuerst erhielt ich eine dritte Klasse. Dort ist das Unterrichten am einfachsten. Danach wurde ich auch in höheren Klassen eingesetzt, später aber hauptsächlich in den Klassen eins und zwei. Nach zwölf Jahren wurde ich in die neu erbaute Lamspringer Grundschule versetzt. Es war die schönste Schule Niedersachsens. Als die Schulleiterstelle frei wurde, legte man mir nahe, mich dafür zu bewerben. Das freute mich natürlich, es hätte jedoch zusätzliche Belastungen bedeutet. Und da ich von der Arbeit mit den Kleinen in letzter Zeit sehr unter Kopfschmerzen litt, bat ich schließlich aus gesundheitlichen Gründen mit sechzig Jahren um vorzeitige Pensionierung. Nun hatten Rudolph [Orlovius, ein alter Schulfreund aus Graudenz, den Ursula von Maercker im Sommer 1974 heiratete] und ich mehr Zeit füreinander.

Wenn ich heute durch den Ort gehe, treffe ich viele meiner Schüler, die mich freundlich ansprechen: gestandene Männer und Frauen. Ich liebte sie, und sie alle waren irgendwie meine Kinder. Ja, es war eine gute Zeit.

Wir haben die Heimat Westpreußen nicht vergessen. Mit dem Herzen hänge ich noch immer daran, wenn auch die Gefühle mit den Jahrzehnten mehr und mehr verblassen. Ich denke an Warmhof, an die Weichsel, die ich heute noch liebe, an die weiten Felder, den guten schwarzen Boden, an die Menschen, die schon lange tot sind, eben an die Heimat.

Lange durften wir nicht dorthin, etwa dreißig Jahre nicht. Nach der langen Zeit des Reiseverbots war mir dort alles so fern, so weit, als wenn es unerreichbar wäre oder in einer anderen Welt läge. Das erste Wiedersehen 1975 war für mich ergreifend. Beim heimlichen Versuch meines Sohnes Hans-Jürgen, das Haupthaus mit polnischem Adler zu fotografieren, drohte man uns. Fremde Arbeiter saßen vor dem Haus. Wir wagten es nicht, umherzugehen.

Danach wurde es in Polen von Mal zu Mal freier. Wir waren oftmals dort. Der Pächter führte uns später über die Felder und zeigte uns die Gebäude. Von jeder Reise brachte ich mir unsere Erde mit, die ich sorgsam aufbewahre. Nun wollte ich auch der ganzen Familie, den Kindern, Enkeln und Verwandten, unsere Heimat zeigen. Natürlich fuhren wir auch nach Lobenstein (Orlovius) und nach Rohlau (von Maercker). Ich war glücklich, die Familie um mich zu haben. Die Kinder wunderten sich, dass wir nicht mit Bitterkeit an Warmhof, Lobenstein und Rohlau zurückdachten. Sie sagten, es wäre verständlich, wenn man bedenkt, was allein mir gehören könnte: 2000 Morgen mit gutem Boden, die Weiden und Spargelfelder auf dem Außendeich, die Parowen [so heißen die Abhänge zur Falkenauer Niederung], die vielen Gebäude – ein ganzes, wenn auch kleines Dorf. Aber das tun wir wegen unseres privaten Besitzes nicht. Wir nehmen es nach dem schrecklichen Krieg so hin, wie es ist. Das Land, auf dem meine Vorfahren seit dem sechzehnten Jahrhundert gelebt haben, ist unwiederbringlich verloren. Dennoch bleibt es unsere erste Heimat. Ich erhielt, als meine Mutter 1980 verstorben war, vom Lastenausgleich für ganz Warmhof 30 000 Mark.

Nun sind wir schon lange in Niedersachsen angekommen. Welche Veränderungen hat es in meinem Leben und auch in dem vieler Flüchtlinge gegeben! Wir haben hier Fuß gefasst. Wir konnten für uns und unsere Kinder Existenzen aufbauen und haben es zu solidem Wohlstand gebracht. Wir sind keine hilfsbedürftigen Flüchtlinge mehr. Dafür können wir dankbar sein. Mit den Jahren bin ich hier mehr und mehr integriert und habe viele Bekannte und Freunde. Wo Freunde sind, da ist auch Heimat. So ist unser und auch mein Weg von Westpreußen nach Niedersachsen doch noch ein guter Weg geworden.

Was unserem Land, aber auch uns Älteren, den Kindern und Enkeln bevorsteht, wissen wir nicht. Deshalb gefällt mir folgender Spruch so gut:

»Siehe, ich habe dir geboten,
dass du getrost und freudig seist.
Lass dir nicht grauen
und entsetze dich nicht,
denn der Herr, dein Gott,
ist mit dir, in allem,
was du tun wirst.«
(Josua 1, Vers 9)

Darauf vertrauen zu können, wünschte ich meiner ganzen Familie, denn die Familie bedeutet mir alles.

Quelle: Ursula Orlovius: *Von Westpreußen nach Niedersachsen. Erinnerungen,* Privatdruck 2003.

»Mitleid war von niemand zu erwarten, eher Gespött«

Luise Goldt, Postbotin,
aus Krone an der Brahe

Am 26. November 1923 wurde ich in Bergfeld, Kreis Bromberg in Westpreußen, geboren. Meine liebe Mutter war vierzig Jahre alt. Ich war ihr erstes und einziges Kind. Meine Großeltern, Ludwig und Henriette Nötzke, besaßen eine Landwirtschaft. Meine Mutter Mathilde war das vierte von dreizehn Kindern. 1900 ging Mutter in die Fremde. Sie arbeitete als Haushaltshilfe bei verschiedenen Familien. Über ihre Cousine Emma Goldt lernte sie nach dem Ersten Weltkrieg in dem Dorf Witteldowo bei Gogolin den Bauern und Zimmermann Eduard Goldt, ihren späteren Mann, kennen. Er war damals einundfünfzig Jahre alt und konnte in den Nachkriegswirren seine Landwirtschaft nicht halten. Er trat sie als »Leibgedinge«, also gegen die regelmäßige Zahlung von Naturalien, an eine polnische Familie ab und arbeitete zukünftig nur noch als Zimmermann. Er erhielt von den Polen eine kleine Summe Bargeld, da er das Wohnrecht nicht in Anspruch nahm, und Lebensmittel in Form von Getreide, Kartoffeln, Milch und Fleisch sowie Gänse, Hühner, ein Schwein, Wolle und Leinen, Holz und Kohle.

Nach dem Ersten Weltkrieg fiel Westpreußen an den neu gegründeten polnischen Staat. Die Deutschen, die dort seit Jahrhunderten lebten, waren plötzlich fremd und unerwünscht. In Polen durfte ein Mensch deutscher Nationalität nur noch Bauer, Handwerker, Arbeiter und niederer Soldat sein. Die Deutschen, die für Polen optierten, also in ihrer Heimat bleiben wollten, mussten höhere Abgaben leisten und durften keine hohen Posten bekleiden. Nach und nach wurden die deutschen Schulen geschlossen. Die Religionsfreiheit [der deutschen, überwiegend evangelischen Bevölkerung] wurde eingegrenzt, unsere kulturellen Bedürfnisse wurden in kleinem Rahmen zugelassen, aber immer wieder gestört.

Die Familie Wilhelm Goldt [d.h. die Familie ihres Onkels] entschied sich, für Deutschland zu optieren, also mit Handgepäck und den Kindern an der Hand auszuwandern. Meine Mutter erzählte mir das unter Tränen. Mutter war nun allein in der fremden, aufgewühlten Gegend. Sie schloss sich Eduard Goldt an, der sich wohl wegen des »Leibgedinges« entschieden hatte, in Polen zu bleiben. Und so kam ich auf die Welt, meine Mutter hat mich zu Hause ohne Hilfe geboren. Weihnachten 1923 wurde ich in der evangelischen Kirche zu Wilhelmsort getauft. Da meine Eltern noch nicht verheiratet waren, hieß ich nun Luise Margarete Charlotte Nötzke.

In dem Dorf Bötgenwalde [Bitkowice] bei Krone an der Brahe [Koronowo] wurde im Zuge der Polonisierung die deutsche Schule geschlossen, und mein Vater durfte dieses schöne Anwesen nebst dazugehörigem Hof und Garten pachten. In diesem Dorf wohnten etwa zwanzig deutsche Bauern, ein polnischer Bauer und in einem Landarbeiterhaus fünf bis zehn polnische Familien, die auf den deutschen Höfen gegen Lohn beschäftigt waren. In diesem Dorf optierte niemand für Deutschland, sie blieben alle, in gutem Glauben, auch in Polen leben zu können.

Meine Kindheit in Bötgenwalde erscheint mir rückblickend wie ein Märchen. Zwar lebte auf den deutschen Höfen kein Kleinkind in meinem Alter, aber ich hatte als Spielkameraden und Begleiter meinen großen Hund Greif, einen Mischling aus Dogge und Hirtenhund, kakaobraun, mit grünen Augen. Ich krallte mich in seinem Nackenfell fest, und Mutter vertraute dem guten Greif, dass er mit mir nach meinen Spaziergängen wieder auf dem Schulhof eintreffen würde.

In unser großes Schulhaus kamen des Öfteren Besucher. Mutter zum Beispiel hatte durch das Nähen, Stricken, Wollespinnen etliche Kundinnen, für die sie Arbeiten machte. Sie konnte auch schön häkeln und sticken. In einem der Klassenzimmer hatte sie direkt eine Werkstatt, heute würde man Atelier dazu sagen. Und auch mein Vater hatte seinen Umgang. Es waren gestandene Männer, zumeist ehemalige Kriegsteilnehmer. Alle schimpften über die Bolschewiken und nannten sich selbst Sozialdemokraten. Die gegensätzlichen politischen Auffassungen meiner Eltern verstand ich zu der Zeit noch nicht. Nur wenn meine Mutter sang – »Der Kaiser ist ein lieber Mann und wohnet in Berlin, wär' es nicht so weit von hier, so ging' ich heut' noch hin« –, dann brachte Vater ihr Tasche und Schirm und sagte: »Nur zu, reise deinem Kaiser hinterher!«

Die Jahre vergingen, und meine Schulzeit rückte näher. Mutter beschloss, nach Krone zu ziehen, ein Landstädtchen mit 5000 Einwohnern. So kauften meine Eltern 1928 dort ein Haus, das einst einer deutschen Lehrerin gehörte, die für Deutschland optiert hatte. Danach übernahm ein Pole das Haus. Da Deutsche keinen Grund und Boden erwerben durften, beantragte Mutter die polnische Staatsangehörigkeit, die ihr auch gewährt wurde. Nun hatten wir zwar ein eigenes kleines Haus – Nummer 25 in der Spittaler Straße –, aber es war längst nicht so schön und groß wie die Schule in Bötgenwalde.

An meinem ersten Schultag 1930 brachte mich meine Mutter zur Schule, allerdings nicht in die große rote, alles überragende polnische, sondern in eine kleinere, weiß verputzte deutsche Schule. In meiner Klasse waren wir sechsundsechzig Schüler des ersten und zweiten Schuljahres. Dort stellte sich uns der Lehrer, Herr Tramer, vor. Er war auch neu in Krone. Die bisherigen deutschen Lehrer waren entlassen worden. Die Schüler in den anderen Klassen hatten polnische Lehrer, die allerdings deutsch unterrichteten, denn diese Polen waren ja bis 1918 deutsche Staatsbürger gewesen und hatten während ihrer Ausbildung nur Deutsch gelernt.

Im selben Jahr 1930 starb die erste Frau meines Vaters, von der er lange getrennt gelebt hatte. Also bestellten meine Eltern das Aufgebot, und nun hieß ich nicht mehr Luise Nötzke, sondern Luise Goldt. Da wir polnische Nachbarn hatten, blieb es nicht aus, dass ich in kurzer Zeit Polnisch sprach, und es stellte sich heraus, dass dies zu meinem Vorteil war. 1933 wurde ich in die dritte Klasse versetzt, und unsere deutsche Schule wurde geschlossen. Die besser Betuchten in unserer Gegend schickten ihre Kinder nach Bromberg [Bydgoszcz] in die höhere Schule. Uns war das nicht möglich, da Vater als Zimmermann zwar gut verdiente, aber wenn die wochenlange Arbeit beendet war, hatten die Bauern oft kein Geld und gaben meinem Vater dann nur einen Wechsel.

Also ging ich jetzt in die rote große Schule, in der wir Deutsche auch einen Klassenraum bekamen. Unser Lehrer Tramer wurde allerdings versetzt, und wir bekamen einen neuen Klassenlehrer, Herrn Rutzki, katholisch von der Religion her, und der sollte auch die Religionsstunde für uns Evangelische zweimal in der Woche halten. Unsere Klasse bestand nun aus etwa zwanzig bis dreißig Schülern vom siebten bis vierzehnten Lebensjahr.

In unserer evangelischen Gemeinde herrschte ein reges Leben. Der Kindergottesdienst wurde von freundlichen jungen Gemeindemitgliedern gehalten und war für uns die einzige Möglichkeit einer Zusammenkunft in deutscher Sprache außerhalb der Schule oder der Familie. In der Schule waren wir eine starke Gemeinschaft. Wir spielten in den Pausen Kreisspiele oder Ball, aber blieben immer unter uns, bis wir immer mehr abgedrängt wurden und nur noch im Gang zu den Lehrerklos unbehelligt blieben. Draußen flogen Sand und mitunter auch Steine in unsere Gruppe, und die Schimpfworte waren »Schwaben«, »Hundebrut«, »Deutsche«, »Choleraschwaben« und, was neu war, »Hitlerdeutsche«. Sonntags, wenn wir zum Kindergottesdienst gingen, flog schon einmal ein Stein hinter uns her. Im Pfarrgarten konnten wir auch nicht mehr sitzen, nur noch in dem Gemeinderaum. Meine polnischen Spielkameraden in der Straße bekamen mitunter einen Rappel und beschimpften mich sowie meine deutschen Freundinnen Martha und Irma als »Hitlers, die barfuß nach Brandenburg zu Hindenburg laufen« sollten.

Nach dem Tod des Marschalls Pilsudski [polnischer Ministerpräsident zwischen 1926 und 1928 sowie 1930; faktisch blieb Pilsudski als Oberbefehlshaber der Armee bis zu seinem Tod der entscheidende Faktor der polnischen Politik] im Mai 1935 vollzog sich ein Wandel. Ich hielt mich nun meistens in unserem Garten und bei Mutter auf und spielte mit Martha und Irma in unserem Haus. Als das neue Schuljahr begann, wollte ich mich vor eventuellem Neid schützen. In meiner Büchertasche trug ich eine Schürze mit, die ich unterwegs an der Schleuse über mein hübsches Kleid zog. Meine Schuhe und Söckchen legte ich unter einem Stein ab, damit ich auch barfuß ging. Auch Holzpantoffeln legte ich unter dem Stein für Regenwetter bereit. Nun glaubte ich etwa geschützter zu sein und keinen Neid zu erregen.

Eine Tante aus Frankfurt am Main kam jedes Jahr in der Ferienzeit mit ihrem kleinen Sohn. Ihr Besuch 1935 sollte der letzte sein. Sie sagte zu meiner Mutter, sie würde nicht mehr kommen, weil sie hier zu viele Ängste ausstehen müsse. Es seien schon Steine hinter ihr hergeworfen worden, auch bespuckt habe man sie, und sie sehe nur Hass und Neid in den Gesichtern. Als sie meinen Eltern den Rat gab, nach Deutschland zu fliehen, wusste sie schon selbst, dass dies zu spät war. Meine alten Eltern wollten ein so gefährliches Wagnis nicht eingehen, denn inzwischen wurden die Grenzen bewacht und polnische Soldaten an den Grenzen zu Deutschland stationiert.

Viele wurden damals beim illegalen Grenzübertritt erschossen, und niemand wusste, wo sie geblieben waren. Bei Schneidemühl war es schon schwierig, nach Pommern durchzukommen, aber bei Neustadt [Weiherowo] in Richtung Danzig und in Schlesien soll es noch möglich gewesen sein. Mit Geld konnte sich niemand mehr die Flucht erkaufen, doch mit einer goldenen Uhr oder einigen goldenen Ringen gelang es noch davonzukommen. 1936 begann die Zeit, da ich mich nur noch selten zu meinen Spielkameraden auf die Straße wagte, weil nach kurzer Zeit immer wieder Steine und Knüppel geworfen wurden. Auch der Schulweg wurde gefährlich. Unsere Lehrer wussten im Grunde Bescheid, konnten allerdings nichts ändern. Auf unseren Bürgersteigen stand neuerdings: »Kauf nicht beim Deutschen!« An dieser Stelle möchte ich aber betonen, dass nicht alle Polen so garstig zu uns waren. Unsere Nachbarn waren wie immer freundlich, und Vater hatte weiterhin Arbeit, auch bei Polen. Zu meinen polnischen Freundinnen durfte ich weiterhin kommen, und sie kamen weiterhin zu uns.

1937 kam ich aus der Schule. Als ich mein Zeugnis sah, traute ich meinen Augen nicht. Ich hatte nur Einsen und Zweien. Ich dankte dem Herrn Direktor Suchowski. Er allein sah meine Not und die allgemeine Dummheit, konnte beidem aber kein Ende bereiten. Meine Eltern hatten noch einige Freunde, dazu zählte die russlanddeutsche Familie Pamin. Deren älteste Tochter, Eugenie, war Modistin und lehrte junge Mädchen das Nähen. Von Herbst bis Weihnachten ging ich jeden Tag dorthin, doch diese junge Frau heiratete bald und zog nach Bromberg. Ich wechselte zu Fräulein Dalüge. Sie lehrte Stick- und Weißnäharbeiten. Dort waren wir immer so vier bis fünf junge Mädchen zum Lernen.

Seit 1936 besuchte ich mit acht Mädchen und sieben Jungen den Konfirmandenunterricht. Als Geschenk an unsere Kirche hatten wir Konfirmanden bei Fräulein Dalüge einen Ziergobelin für die Kanzel bestellt. So kann ich mich rühmen, dieses dunkelgrün gehaltene, mit Gold und Silberlitze bestickte Kunstwerk zu einem großen Teil mitgestaltet zu haben. Der Tag der Konfirmation rückte [1937] immer näher, und wir besprachen unsere jeweilige Bekleidung. Pfarrer Weiß wünschte für uns weiße Kleider, da wir, wie er sagte, in einer traurigen Zeit lebten und nicht unbedingt auch noch Trauer tragen sollten. Am Festsonntag versammelten wir uns im Pfarrhaus, um gemeinsam, angeführt von unserem verehrten Pfarrer Weiß, den Weg zur Kirche zu gehen. Es war ein längerer Weg, da wir an der Post vorbei den Berg hinunter über den Marktplatz zum Kirchenportal gingen. Herr Pfarrer Weiß sagte uns: »Was auch geschehen mag, geht angemessenen Schrittes und ernsthaften Gedankens geradeaus!« Aber als wir den Berg hinuntergingen, flog plötzlich ein dicker Stein in unsere Gruppe. Wir beschleunigten unsere Schritte. Die Kinder

der Jugendgruppe wollten uns feierlich am Kirchenportal empfangen, waren jedoch ängstlich in das Kircheninnere geflohen.

Meine Eltern und auch alle anderen Deutschen versuchten ja, Polnisch zu sprechen, aber das war nicht einfach. Wenn Vater für seine Arbeit etwas einkaufen musste, dann ging ich mit, und wenn Kunden da waren, kaufte ich ein, um Polnisch zu sprechen. Als wir einmal unterwegs waren zum Eisengeschäft Schulz, kamen uns auf der Bromberger Straße zwei Studenten entgegen. Ich kannte die beiden nicht, aber sie wussten, dass wir Deutsche waren. Als wir auf dem breiten Bürgersteig auf gleicher Höhe waren, gab der eine meinem Vater einen Stoß, der andere trat mit dem Fuß nach meinem Vater, und beide riefen laut: »Hitlervieh, geh auf die Straße wie andere Viecher auch!« In jedem freien Land hätte sich ein so angegriffener Bürger gewehrt. Den beiden Dummköpfen wäre das sicher schlecht bekommen. Vater hingegen ging mitten auf der Fahrbahn weiter.

Im Sommer 1938 kam bei uns in Krone ein Brief aus Bromberg an, welcher mein Leben verändern sollte. Ich erhielt eine Einladung, mich bei Fräulein Schnee vorzustellen. Sie führte ein Büro der deutschen Minderheit in Polen. Mutter fuhr mit mir dorthin. Eine alte, freundliche Dame bat uns herein und gab uns eine Adresse, wo wir uns vorstellen sollten. Es handelte sich um einen Herrn Dr. Behrend in Bleichfelde, Direktor der Albrecht-Dürer-Schule.

Die Familie wohnte in einer schönen Villa: Herr Doktor, seine Frau Ruth Behrend-Klinkborg und deren drei Kinder Björn (15), Inge (11) und Karin (6). Besonders angenehm fiel mir Frau Klinkborg auf. Sie sagte, sie sei Schwedin. Ich sollte in ihrem Haus als Kinderfräulein eingestellt werden und vor allem als Deutsche mit Deutschen leben. Björn hatte ein eigenes Zimmer, in dem er viel Zeit verbrachte, da er ja schon im höheren Semester die Dürer-Schule besuchte. Über seinem Bett und Schreibtisch hingen die Bilder von Baldur von Schirach [dem NS-Jugendführer], Rudolf Hess [dem Stellvertreter Hitlers], dem »Führer« Adolf Hitler, Schiller und Goethe sowie Immanuel Kant, Herder, Humboldt, von der Marienburg [einem Schloss der deutschen Ordensritter] und vom Tannenberg-Ehrenmal [zur Erinnerung an die Abwehrschlacht gegen die Russen 1914 im Ersten Weltkrieg]. Es war sehr beeindruckend, dieses Zimmer zu betreten, und für mich tat sich eine neue, hoffnungsvolle Welt auf.

Ich hatte wenig Arbeit im Haus, da eine Haushälterin, eine Waschfrau und eine Hausschneiderin das Personal bildeten. Die Waschfrau kam alle zehn Tage für drei Tage und die Schneiderin jeden Monat für drei Tage. So ging ich viel mit der jüngsten Tochter spazieren. Es gab dort schöne Spielplätze und den botanischen Garten, nur zur Brahe, die durch Bromberg floss, war es recht weit.

Im Hintergrund gab es nur einen Gesprächsstoff: unsere gefährliche Lage als Deutsche. In der Straßenbahn sprach Frau Behrend mit ihren Kindern grundsätzlich Schwedisch, und wenn es nötig wurde, sprach ich Polnisch. In Bromberg wurden die Deutschen erniedrigt. In den Osterferien 1939 erlebte ich bei meinen Eltern die negativen Veränderungen sehr stark. Mein Vater baute zu jener Zeit einen Stall in Wtelno bei einem Polen. Sogar sonntags blieb Vater dort, weil die Straßen voller Soldaten waren, so dass jeder Deutsche möglichst zu Hause blieb. Einige jüngere deutsche Männer versuchten jetzt noch, über die grüne Grenze zu gehen, denn wenn sie zum polnischen Militär hätten gehen müssen, wären sie [aus Sicherheitsgründen] doch nur in einer Festung inhaftiert worden.

Als ich wieder in Bromberg war, bemerkte ich auch hier die stärkere Unruhe. Es wurde bekannt, dass einige Persönlichkeiten einfach verschwanden. Und immer waren es Deutsche! Dann kamen die großen Ferien, und schon einen Tag vorher reiste Frau Behrend mit den Kindern und dem Hausmädchen ab. Mich hätte sie auch mitgenommen, aber ich hatte keinen Ausweis. Herr Doktor Behrend »tauchte unter«, wie man damals sagte. Ich hatte den Schlüssel für die Villa und den Auftrag bekommen, möglichst dort zu bleiben. Meine Angst, besonders nachts, kann ich nicht beschreiben. Eines Mittags bekam ich eine Postkarte von Frau Behrend, so wusste ich, dass sie sicher in Danzig waren. Da sie aber einen Gruß an ihren Mann schrieb, erkannte ich, dass Herr Doktor Behrend nicht bei ihr war. Doch zur selben Zeit war bei der Schneiderin eine Karte von Herrn Doktor Behrend eingetroffen, abgestempelt in Graudenz [Grudziadz], so dass uns klar wurde, dass er lebte.

Als ich wieder in Krone in unserem Haus war, hielten wir unser Hoftor sowie alle Haustüren geschlossen. Aber ein Kroner Bürger, der Alkoholiker und immer arbeitslos war, kam mit zwei Soldaten an unser Hoftor und klopfte laut mit dem Gewehrkolben dagegen: »Hitlerschwein, mach sofort das Tor auf! Du hast deinen Brunnen vergiftet, damit alle Polen sterben sollen! Dafür werden wir dich totschlagen!« Meine Eltern, eine Bekannte, Frau Agnes, und ich standen auf dem Hof, und Frau Agnes, die Polin war, öffnete das Hoftor, und die drei Bewaffneten stürmten herein. Frau Agnes rief meiner Mutter zu, sie solle den Wassertopf aus Blech holen. Das tat Mutter, und Vater nahm den Topf, pumpte Wasser hinein und wollte es trinken. Damit wollte er zeigen, dass das Wasser gesund und trinkbar war. Als er den Topf zum Mund hob, schlug der eine Bewaffnete mit dem Gewehrkolben dagegen. Vaters Kiefer wurde verletzt und das Blut floss. Ich glaubte, Vater wäre tot. Er war auf die Knie gesunken und um ihn herum waren die Steine blutig. Daraufhin nahmen Frau Agnes und ich jeder einen Prügel und schimpften und schrien, so dass die drei Männer abzogen. So gut wir konnten, verarzteten wir meinen Vater. Ab diesem Tag saßen wir nur noch auf dem Heuboden über unserem Stall, zu dem wir die Leiter raufzogen. Nur spät, wenn es dunkel wurde, gingen Mutter und ich kurz ins Haus, um etwas zu essen zu holen und den Tieren Futter zu geben.

Auf unserem Marktplatz fanden politische Kundgebungen mit viel Unruhe und neuerlicher Wut gegen die Deutschen und gegen den Antichristen Hitler statt. Es waren Tage und Nächte voller Angst, und dann kam der 1. September. Wir wurden früh in unserem Stroh wach. Ein böser Ruf durchdrang die Morgenstunden:

»Woina«, das heißt »Krieg«. Schon am frühen Vormittag sahen wir die ersten Gespanne, ganze Familien mit Kleinkindern auf der Flucht, am Wagen angebunden eine Kuh oder auch zwei, manche hatten auch ein Schwein und einige Hühner auf dem Wagen. Alle weinten und klagten laut darüber, was die Deutschen für Gräuel verübten. Sie mussten ihre Kinder in Sicherheit bringen, denn die würden mit den Zungen an die Tische genagelt. Mein Vater sagte: »Bei der Hetze werden sie gleich unsere Häuser anzünden!«

Wir liefen nicht fort – wohin konnten wir noch laufen? Also gingen wir nur in Decken gehüllt nach Brahberg. Dort im Wald drängten wir uns im Unterholz zusammen und warteten. [Das polnische Militär sprengte die Brücken über die Brahe und zog sich zurück.] Plötzlich ergoss sich vom Fluss her über die noch vorhandene Kleinbahnbrücke eine graue Masse. Es waren die Zuchthäusler aus dem großen Zuchthaus. Nun kamen sie zu Hunderten. Ich blieb liegen und beobachtete das Geschehen. Die Gebete halfen, die graue Gefahr floss in die Ferne. Aber in Bromberg kam es durch diese wilde Horde Schwerverbrecher zum »Blutsonntag« am 3. September.

Nach einer kleinen Ewigkeit sah ich am Schlachthaus, am äußersten Ende von Krone, eine Gruppe von Soldaten in graugrünen Uniformen: deutsche Soldaten. Es hatte keinen Schuss um Krone und kein Blutbad gegeben. Wir standen nur und staunten und winkten. Fahrzeug an Fahrzeug, Panzer an Panzer rollte über die ganze Straßenbreite, dicht an dicht. So ging es den ganzen Sonntag und Montag. Auf Dienstagnacht zu wurde die Straße etwas leerer, und einige Flüchtlinge kamen zurück. Auch Frau Agnes kehrte zurück aus Bromberg. Was sie uns von dort berichtete, erschreckte uns sehr. Das Furchtbare, was bei uns hätte eintreten können, war in Bromberg geschehen. Als die Panik einsetzte, wurden Deutsche von Polen aus ihren Verstecken geholt und bestialisch umgebracht.

Wäre ich danach in Krone geblieben, wäre ich sicher auch »einkaufen« gegangen. Mein Kleiderschrank hätte sich gewiss auch auf wundersame Weise gefüllt. Von meinen Nachbarn,

Freundinnen und anderen Beobachtern weiß ich, dass ein großer unfreiwilliger Austausch der Güter stattfand. Die großen Geschäfte, die einst den Juden, dann den Polen und nun plötzlich wieder den Deutschen gehörten, wurden einfach in Besitz genommen. Was nicht von unseren Bekannten genommen wurde, fand bei den Deutschen, die aus dem »Altreich«, wie Deutschland nun hieß, kamen und einzogen, Verwendung. Diese Reichsdeutschen galten fortan als »erstklassige« Menschen. Wir waren als die »Volksdeutschen« zweit- und drittklassige, und die Polen bildeten die Unterklasse. In dieser Hierarchie entstand ein Hühnerhof mit einer neuen Hackordnung. Ein neuer Umgang miteinander wurde gelernt und ein neuer Gruß. In den Geschäften stand gleich an der Tür ein Schild mit den Worten: »›Heil Hitler!‹, so grüß beim Kommen und beim Gehen, nicht ›Guten Tag!‹ und nicht ›Auf Wiedersehen!‹. Der deutsche Mensch in deutschem Land grüßt stets mit Herz und Mund und Hand ›Heil Hitler!‹.«

Als ich erfuhr, es seien sechs deutsche Kradmelder abgefangen, grausam umgebracht und dafür zwölf polnische Zivilisten erschossen worden, gingen ernste Gedanken durch meinen Kopf. Ein Junge aus Bromberg, dessen ganze Familie beim »Blutsonntag« ermordet worden war, hatte die Erschießung vornehmen müssen. Unsere Kroner mussten die zwölf polnischen Geiseln aussuchen. Sie wählten die polnischen Geschäftsleute und Persönlichkeiten der so genannten Intelligenz und lieferten sie aus. Dafür schäme ich mich mein ganzes Leben lang.

Inzwischen war die SS in unser Land gekommen, und da wurde der krasse Unterschied deutlich zwischen Wehrmacht und SS. Die im Laufe der vergangenen Jahre fortgelaufenen jungen deutschen Männer kamen als Waffen-SS wieder. Sie wurden eingesetzt, an den Polen die Rache zu vollstrecken. Jeder bemühte sich nun, »Heil Hitler!« zu rufen, um besonders deutsch zu sein. Aber meine Eltern benutzten diesen Gruß selten. Diese Entwicklung der »neuen Zeit« passte meinem Vater überhaupt nicht, und meine fromme Mutter weinte sehr oft.

Vater dürfe nicht mehr als Zimmermann arbeiten, da er zu alt sei, hieß es. Er solle eine Landwirtschaft übernehmen, die den Polen abgenommen wurde. Vater lehnte ab. Als er auch seine ehemalige Wirtschaft und die seines Bruders in Witteldowo nicht haben wollte, fiel er, und wir mit ihm, in Ungnade. Vater hatte in Gegenwart des reichsdeutschen Bürgermeisters geäußert: »Was ich nicht bezahlen kann, will ich mir nicht aneignen.« Und indem er hinzufügte, er fürchte sich vor der Rache der Polen, falls es noch einmal anders käme, beleidigte er nicht nur den reichsdeutschen Bürgermeister, sondern zugleich die NSDAP!

Zur Strafe wurde mein Vater gezwungen, in unserem Zuchthaus in Krone als Hilfsaufseher zu arbeiten [wo er polnische Häftlinge mit Lebensmitteln versorgte]. Seelisch starb mein Vater in dieser Zeit, körperlich verfiel er mehr und mehr, und seinen Alltag bewältigte er nur noch mechanisch. Mutter lebte nur noch für mich und war enttäuscht vom Leben. So ging es vielen unserer Volksdeutschen, und alle hatten sich die Befreiung oder Heimkehr ins Reich anders vorgestellt. Keinem blieb verborgen, wie viel Unglück, Blut und Tränen über alle kamen.

[Luise Goldt trat nach ihrem »Landdienstjahr« auf verschiedenen Bauernhöfen und dem »Arbeitsdienst« in einem Rüstungsreparaturbetrieb 1943 in den Postdienst in Bromberg ein.] Am Sonntag, den 14. Januar 1945, fuhr ich das letzte Mal nach Krone. Meine Eltern gaben mir ihren Segen mit auf meinen Weg, und wir mussten uns einander aus den Herzen reißen. Die Straßen waren voll von Flüchtlingswagen, die dieses Mal in westlicher Richtung fuhren. Wieder lange Wagenkolonnen mit reifbedeckten Pferden, die Wagen viel zu überladen mit traurigen, frierenden Frauen und Kindern und vielen alten Menschen.

Meine Mutter konnte sich nicht endgültig von mir trennen und kam am 19. Januar 1945, als ich schlief, nach Bromberg. Sie brachte einen Kaninchenbraten und ein selbst gebackenes Brot mit. Das war ihre letzte Gabe. Mutter nahm nochmals Abschied von mir. Ich musste versprechen, zu flüchten und nicht über Krone zu gehen. In der Winterkälte und in ihrem hohen Alter durften sie bleiben [und sollten sich nicht den Flüchtlingstrecks anschließen]. Auf dem Bahnhof stauten sich Menschen und Gepäck. Es ging nichts mehr. Nicht einmal die Verwundeten aus unseren Bromberger Lazaretten fanden einen Platz in den überfüllten Zügen. Und dann kam die letzte Nacht in Bromberg. Jetzt wurden wir aufgefordert, zum Hauptpostamt zu kommen, dort stünden die Postomnibusse für uns bereit. Ich war nun zwanzig Stunden ohne Schlaf, packte einige Sachen zusammen und redete noch einmal auf meinen [Haus-]Wirt ein. Endlich begriff er die wahre Lage und ging mit mir zum Postamt. Dort standen wir frierend und müde, und es kam kein Bus. Es wurde schon dunkel, wir gingen zu unserer Wohnung zurück, holten meinen Schlitten für Herrn Rohde und Vaters Fahrrad für mich. So machten wir uns nun zu Fuß auf den Weg von Bromberg nach Schneidemühl. Die feindlichen Blicke aus den Bromberger Fenstern und Türen begleiteten unseren traurigen Auszug aus der Heimat.

In der ersten Nacht schafften wir [Luise Goldt und eine Arbeitskollegin] es bis vor Nakel. Die nächste Nacht schliefen wir in Fansburg auf dem Teppich eines alten Ehepaares. Am darauf folgenden Tag trafen wir unsere Bromberger Postbusse wieder. Sie lagen in den Gräben, da sie mit Paketen, Koffern und Möbeln so überladen waren, dass Achsenbruch oder Motorschaden ein Weiterfahren unmöglich machte. Wir schlossen uns den Flüchtlingskolonnen an und landeten in der nächsten Nacht in Moorhof bei Schneidemühl [Grenzstadt zwischen Westpreußen und Pommern, westlich von Bromberg gelegen]. Als wir vor Flatow [nordöstlich von Schneidemühl] waren, hörten wir deutlich Kanonengeräusche hinter uns. Und so setzten wir unseren Fluchtweg fort. Unterwegs gab es so viel Elend zu sehen, es würde Seiten füllen, würde ich es beschreiben. Nur über die glatten und bergigen Straßen vor Jastrow [westlich von Flatow] werde ich berichten. Dort waren unzählige, mit Menschen und Tieren voll geladene Wagen abgerutscht und einen Abhang hinuntergestürzt. Kinder und Tiere schrien laut vor Schmerzen und Todesnot. Noch lange hörten wir in der Dunkelheit die lauten Schreie. Wir blieben am Straßenrand stehen, um auszuruhen, stellten unsere Räder ab und kauerten uns dicht zusammen. Als wir aufstanden, bemerkten wir, es war eine Leiche, zu Eis gefroren, an die wir uns alle gekauert hatten. Aber wir empfanden kein Grauen, sondern es ging ein gewisser Friede von dieser Situation aus.

In der Nacht vom 2. auf den 3. Februar 1945 erreichten wir das Dorf Stepenitz bei Meyenburg in Mecklenburg. Dort wohnte ein Bruder meines Vaters, der Bauer und Viehhändler Wilhelm Goldt. Das Grundstück von Goldt sollte im Abbau [außerhalb des Ortes] liegen, und so fragten wir in dem letzten Hof nach dem Weg. Obwohl wir die Bauernfamilie weckten, zeigten sie uns sehr freundlich den Weg: hinter dem zweiten Wäldchen, auf der rechten Seite, der größere Hof, so drei Kilometer entfernt. Wir setzten Fuß vor Fuß, stapften durch zwei Wälder und hörten lautes Hundegebell. In aller Bescheidenheit klopften wir an. »Wer ist da?« – »Luise Goldt aus Krone an der Brahe mit einer Arbeitskameradin!«, sagte ich. Da wurden wir sofort reingelassen. Wir fielen uns buchstäblich in die Arme, denn wir hatten endlich ein Ziel erreicht.

Wir durften uns warm waschen und nach so langer Zeit in Ruhe essen und heißen Tee trinken. Dann sanken wir ins Bett, wie Blei so schwer waren unsere Glieder. Bis zum Mittag des nächsten Tages schliefen wir durch. Wir waren willkommen in diesem Haus. Auf dem Hof waren drei Polen als Fremdarbeiter eingesetzt, Felix, Nico und Jerzy. Sie hatten es bei Goldts gut getroffen. Nach dem Tod meines Cousins Erwin hatten die Polen sofort alle Sachen zum Anziehen bekommen, zum Schluss sogar auch die Sachen vom Hoferben Alfred. Der war an der Kurlandfront eingesetzt, und man hatte schon lange keine Nachricht mehr von ihm erhalten. Meine Tante und mein Onkel trauerten nicht nur um Erwin, sondern auch um meine Cousine Ella, die sich kurze Zeit vorher selbst getötet hatte. Es kam zu jener Zeit oft vor, dass junge Menschen in ihrem Leben keinen Sinn mehr sahen und aus dem Leben gingen. Ella war nämlich keine Hitleranhängerin, und das war ihr zum Verhängnis geworden.

Auf dem Hof meines Onkels erlebte ich zum ersten Mal eine ehrliche Ablehnung des Nationalsozialismus und des »Führers« Adolf Hitler. Zu der Zeit wussten wir alle, dass es KZs gab, aber dass dort jüdische Menschen zu Tausenden [die Gesamtzahl der Opfer liegt nach unterschiedlichen Berechnungen zwischen 4,2 und 5,7 Millionen Toten] umgebracht wurden, wussten nur wenige. Ich wusste das damals nicht und hätte so etwas auch für nicht durchführbar gehalten. Umso mehr schäme ich mich für die Grausamkeit, die wir Deutschen an den Tag gelegt haben. Wäre ich zu so etwas eingesetzt worden, hätte auch ich mein Leben selbst beendet, das weiß ich.

Der Schnee verging, es wurde wärmer, und das Frühjahr 1945 erwachte in aller Pracht. Mit der verbliebenen Kraft wurden die Felder bestellt, Haus und Hof in Ordnung gehalten. Wir hofften noch immer auf Nachricht von Alfred Goldt und von unseren Angehörigen aus der verlassenen Heimat. Oft schaute ich die Straße entlang und wünschte mir so sehr, meine Eltern kämen. Ich wusste ja nicht, dass meine liebe Mutter qualvoll zu Tode gekommen war und mein lieber Vater mit seinen dreiundsiebzig Jahren immer noch Tote ausgraben, umbetten und wiederum begraben musste, bis er schließlich totgeschlagen oder noch lebend verbrannt wurde. Das habe ich erst vor kurzem erfahren.

Wir waren auf dem Hofe Goldt zwanzig Personen. Es kamen jeden Tag Menschen auf der Flucht zu uns. Wir sorgten dafür, dass alle zu essen bekamen. Dann baten wir sie, weiterzuziehen, da wir unsere Stallböden und die Scheune voll belegt hatten. Meine Cousine Erna und ich wurden auf unseren Rädern losgeschickt, um uns nach Neuruppin durchzuschlagen. Wir sollten im Haus der Cousine Hanna nach dem Rechten sehen, eventuell dort bleiben.

Auf unserem Weg von Rheinsberg nach Neuruppin sahen wir in der Ferne etwas Graues auf uns zukommen, so dass wir abstiegen und warteten. Zunächst kam ein PKW mit vier SS-Soldaten, die uns aufforderten, umzukehren und die Straße freizumachen. Aus dem Chausseegraben, in den wir auswichen, erkannten wir nun die absolute Grausamkeit. Es waren männliche KZ-Häftlinge, die dort vorwärtsgetrieben wurden. Ich hatte ja oft zu polnischer und deutscher Zeit die Zuchthäusler in Krone gesehen. Aber die, die dort wankten, waren Gerippe in schlotternden, gestreiften Lumpen, die nur noch automatisch Schritt vor Schritt setzten. Mit blicklosen Augen gingen sie voran, und wer an den Graben trat, wurde geschlagen oder erschossen.

Wir wollten unseren Weg fortsetzen, aber dieser Elendszug wollte nicht enden. Dann gaben wir endlich auf und gingen zurück, immer auf gleichem Weg mit den Elendsgestalten. Und so kamen wir am späten Nachmittag wieder auf dem Hofe Goldt an. Dort war Endstation, nicht nur für uns, sondern für alle KZ-Häftlinge, die es bis hierher noch geschafft hatten. Onkel, Tante, Cousine Hilde, die drei Polen, Herta aus Hamburg und nun auch wir beide standen im Einsatz. Der Hof, alle Gebäude, der Garten, die Wiese waren voller entkräfteter Menschen, die wir mit Essen versorgen wollten. Die Polen hatten Schweine geschlachtet, Onkel und Tante kochten und brieten Fleisch, Cousine Hilde hatte alle Kessel voller Kartoffeln am Kochen, die Kühe wurden von der Wiese geholt und gemolken, und so ging es auf den anderen beiden Höfen und im Dorf Stepenitz auch zu. Von der Milch wurde eine Suppe gekocht, denn Vollmilch wäre in diesem Falle [für die ausgemergelten Menschen] tödlich gewesen.

Die SS-Männer hielten sich in unserem Haus auf und planten ihre Flucht vor den Russen. Der nächste Tag sollte für uns alle ein Alptraum werden. Die SS war nachts auf und davon. Sie ließen uns in einem Chaos und einem bestialischen Gestank zurück. Von den vielen KZ-Männern war keiner mehr da, nur die Lumpen und Federn von den Hühnern und die Köpfe von den Schweinen sowie Kot, Blut und Flöhe. Wir sammelten und wuschen, ordneten und reparierten. Ich brachte auch keine Sahne mehr zur Molkerei. Wir gaben nun unsere gute Milch den Schweinen, denn unser Vorrat an Kartoffeln war aufgebraucht.

Die drei Polen hatten es bei meinen Verwandten immer gut gehabt und versprachen uns nun, weiter für uns da zu sein, wenn die Russen kommen würden. Das lange Warten war für uns mit einer beängstigenden Unruhe verbunden. Eines Tages, lange nachdem der Panzerlärm und das Schießen leiser geworden waren, kamen sie. Quer über die Äcker näherte sich ein laut schreiendes Pferd, das einen Ackerwagen mit drei Gestalten hinter sich herzog. Onkel, Tante, Hilde, Erna, Evchen, Else, Frieda, Hanna, die vier Kinder und ich standen da. Unser junger Hund wollte sich bei uns verbergen. Sie schlugen ihn mit dem Kolben tot. Der Karabiner war auf uns gerichtet, und wir erwarteten den Todesschuss. Auf einmal sollten wir alle ins Haus. Die Russen hinter uns, zum Schießen bereit. Wir machten schnell etwas zu essen und zu trinken, aber nachdem wir Eier gebraten hatten, warfen die Russen die Pfanne an die Wand gegen das Bild von Erwin in Soldatenuniform. Die Polen riefen meinem Onkel zu, er solle Schnaps bringen. Und so wurde Ruhe hergestellt. Sie zogen weiter zum übernächsten Hof. Dort ging es dann sehr laut zu, und es wurde auch geschossen.

Das war die erste Begegnung mit den Siegern. Ehe die nächsten kamen, vergingen einige Tage. Ende Mai 1945 kamen drei Lastwagen voller Russen. Die Saat war bereits so hoch, dass wir uns darin verstecken konnten. Es kam zu den ersten Begegnungen mit uns Frauen. Ich möchte das nicht beschreiben, aber es kam oft zu diesen Ausschreitungen. Es war jedes Mal dasselbe: In uns wurde der verbliebene Rest von Deutschland gesehen, und der musste erniedrigt, zerschlagen und beschmutzt werden. Jede Frau, ob alt, ob jung, ob schwanger, ob krank, musste erniedrigt und gefügig gemacht werden.

Die drei Polen hatten unsere zwei Wagen voll beladen mit allem, was brauchbar war, je ein Pferd davor gespannt, und fuhren zurück nach Polen. Alle Schränke waren nun leer. Was wir vergraben oder auf den Bäumen versteckt hatten, war zum Teil noch erhalten. Alle vierzehn Tage backten wir Brot, sechzehn Laibe waren es jedes Mal. Das Mehl ging auch zur Neige, und es war absehbar, wir würden bald auf dem großen Hof Hunger leiden. Die Hühner und Schafe wurden [von den Russen] erschossen. Als Nächstes trieben sie unsere Kühe fort. Alle Höfe wurden ausgeplündert. Es blieb kaum lebendes und totes Inventar.

Die Russen kamen immer öfter. Wir waren vierzehn Frauen. Eine hielt ständig Wacht auf einem Baum, um die anderen zu warnen. Einmal kamen die Russen aber aus dem Wald, so dass die Warnung zu spät kam. So liefen wir alle auf den Hausboden, fünf von uns kletterten auf die Räucherkammer, nur Cousine Hilde war noch nicht ganz oben. Da waren sie auch schon da, die vielen Russen, liefen die Treppe hoch, packten Hilde und stießen sie an die Blechwand der Räucherkammer. Der Blechkasten gab nach, und wir alle stürzten in die Trümmer. Alle Frauen außer mir schafften es wegzulaufen. Mein Fuß war eingeklemmt und so blieb ich liegen. Ich streifte hastig den Schuh ab und stürmte auf die Treppe zu. Aber die [Russen] auf dem Boden hielten mich fest, und die auf der Treppe zogen an mir, bis ich die Treppe hinunterstürzte und mit dem Kopf unten aufschlug. Der vor mir stehende Russe trat mir mit voller Gewalt mit seinem Stiefel ins Gesicht. Ich war sofort besinnungslos. Nach etwa zwei Stunden wagten sich meine Verwandten ins Haus zurück. Da lag ich im Wohnzimmer in einer Blutlache. Ich war damals einundzwanzig Jahre alt, mein Gesicht war zerstört, die Nase eingedrückt, der Unterkiefer gebrochen.

Ich ging ins Dorf, um behandelt zu werden. Aber die ganze Dorfstraße war voller Kühe und betrunkener Russen. Ich wurde von Russen in das Wirtshaus getrieben, in dem einige elende Gestalten schliefen. Das waren die Treiber dieser Kühe, die nach Russland gebracht werden sollten. Ein Soldat zeigte auf die Schlafenden und forderte uns auf, deren Arbeit zu übernehmen. Ich bat den Sprecher, er solle mich gehen lassen, da ich krank sei. Er antwortete mir, er würde einen Dreck tun, wenn er einem Hitlernazi helfen sollte. Seinem Volk habe auch niemand geholfen.

Ich wurde nun unter Bewachung mitgetrieben. Es ging immer langsam die Straße entlang, bis wir hinter Meyenburg Rast machten. Die Kühe kamen aus dem Kreis Schwerin und hatten schon einen langen Weg hinter sich. Die Treiber waren Polen, Ukrainer und Litauer. Wir sprachen fast nicht miteinander, da jeder bemüht war, am Leben zu bleiben und sich möglichst bald abzusetzen. So gingen wir über Felder, durch Wälder, um die Dörfer herum, immer weiter, auf den Osten zu. Ich wurde schwächer, bekam Fieber, Husten und Schnupfen. Wir erhielten feuchtes Kommissbrot und Milch. Bald gaben die Kühe aber keine Milch mehr, da sie viel zu wenig Futter hatten. Ihre Hufe und Beine waren aufgebrochen und eiterten, und auch die wenige Milch war zu Eiter geworden. An unserem Weg blieben immer mehr Tiere liegen, und die Russen trieben neue hinzu.

Wir hatten längst Orientierung und Zeitgefühl verloren. Es wurde nasser und kälter und noch verwüsteter als bisher. Das war der Weg durch Pommern, und ich wollte durchhalten, um mich vielleicht nach Krone abzusetzen. Es war Mitte September, als ich in Stepenitz fortgetrieben wurde, und es wurde winterlich kalt, als wir hörten, die Ostsee wäre nur zehn Kilometer entfernt. Das war also nicht der Weg nach Krone, und unser Elendszug glich nun dem Zug der KZ-Häftlinge. Meine Widerstandskraft ließ stark nach.

Hin und wieder kamen Offiziere, auch weibliche, an unseren Weg. Auch wurden die Wachsoldaten ausgetauscht. So stieß eines Tages auch eine Tierärztin in Uniform zu uns. Sie sah sich meine Füße an. Ich spürte sofort: Hier ist ein Mensch erschienen! Diese Frau half mir auf ein Auto und fuhr mit mir los. In der Ferne sah ich einen langen Güterzug. Ich sollte nun absteigen und in einen leeren Viehwagen klettern. Die Frau fasste zu, hob mich auf die hohe Plattform, schob die Tür zu und ging. Ich hockte mich in eine Ecke auf das faulige Stroh und wartete nun darauf, zu verhungern und zu erfrieren. Aber nach einiger Zeit hörte ich das Auto nochmals, und die Tür wurde aufgeschoben. Wie erstaunt war ich, als ich sah, dass diese Frau einen Eimer Wasser, ein Kommissbrot, in Zeitung eingewickelte Sonnenblumenkerne, etwas Zucker und Salz auf das Stroh packte, mir zulächelte und ging. Die Tür wurde wieder geschlossen und der Haken von außen vorgelegt. Ich schob das restliche Stroh in meiner Ecke zusammen, verkroch mich darin und dachte: »Jetzt geht's nach Sibirien!« Dann schlief ich ein und hörte im Halbschlaf die Räder unter mir rollen.

[Nachdem Wasser und Verpflegung zur Neige gegangen waren, versuchte Luise Goldt bei Zugaufenthalten durch lautes Klopfen und Rufe auf sich aufmerksam zu machen.] Auf einmal hörte ich jemanden auf Deutsch rufen: »Ist da jemand?« Ich antwortete mit letzter Kraft: »Hallo! Hallo! Hilfe!« Und es geschah ein Wunder. Der Haken wurde gelöst und die Tür geöffnet. [Der Zug stand auf dem Bahnhof von Eberswalde nordöstlich von Berlin. Die deutschen Bahnarbeiter versorgten Luise Goldt mit Essen und Kleidung und einer von ihnen begleitete sie zu ihrer Cousine Erika Nötzke, von der Luise Goldt wusste, dass sie in Eberswalde wohnte.] Nachdem ich in einem weichen Bett geschlafen hatte, tauschten wir unsere traurigen Erlebnisse aus. Erika erzählte nun ausführlich von der Flucht meines Onkels, meiner Tante, meiner Großmutter und meiner achtundzwanzigjährigen Cousine Herta. Sie waren im Januar losgezogen mit ihrem Kastenwagen und zwei Pferden. Anfang Februar wurden sie bei Stettin, noch vor der Oder, von den Russen überrannt. Diese völlig betrunkenen Soldaten richteten ein riesiges Blutbad in dem großen Treck an. Auch Großmutter und Herta fielen dem Massaker zum Opfer. Die deutschen Flüchtlinge wurden dann gezwungen, alle Toten und alles Zerstörte auf einen großen Haufen zu schichten. Die Russen gossen Öl und Benzin darüber, und es brannte und schwelte lange.

Erika war schon länger in ärztlicher Behandlung. Ich versprach ihr, sofort in Stepenitz einen Arzt aufzusuchen. Sie schenkte mir Geld für die Bahnfahrt, und so machte ich mich auf den Weg. Auf dem Hof in Stepenitz, bei Tante Emma, Onkel Wilhelm und Cousine Hilde, war die Plünderung auch so weit fortgeschritten, dass es fast nichts mehr zu essen gab. Hilde ging nur noch in KZ-Kleidung, die ihr einen gewissen Schutz bot. Ich hatte keine Möglichkeit mehr zu helfen, ich brauchte selbst dringend Hilfe. Schwach und mutlos, mit Furunkulose und Tuberkulose wog ich nur noch fünfundvierzig Kilogramm.

Hilde schickte mich nun zu ihrer Schwester nach Neuruppin, wo ich Zuflucht fand und ärztliche Hilfe bekam. Ich brauchte dringend Tabletten und die erhielt man nur auf dem schwarzen Markt. Hilde besorgte mit viel Mühe fünf Kilo Schmalz, [dafür] brachte die Verwandte 500 Tabletten von Doktor Deicke. Alle zwei Stunden musste ich drei Tabletten mit viel Wasser einnehmen. Vierzehn Tage lag ich todkrank im Haus meiner Cousine.

Anfang 1946 musste ich die Prozedur mit den fünf Kilo Fett und 500 Tabletten noch einmal wiederholen. Geschwächt und nur teilweise genesen, machte ich mich dann auf den Weg nach Westdeutschland. Dieser Weg führte über die damalige Grenze [zwischen den Besatzungszonen]. Man vertraute sich einem Führer an, zahlte das wenige Geld, das man hatte, und wurde mit zwanzig bis dreißig Leuten des Nachts rübergeführt. Und wie das mit den Führern schon immer war, fiel man geradewegs den russischen Posten in die Arme, die einen nochmals ausplünderten. Nachdem wir das Haus der Russen gesäubert hatten, durften wir gehen. Nun wussten wir die Richtung und erreichten bald Helmstedt.

Ich stand nun in der Westzone, als junges Mädchen, dem man das Gesicht durch einen Stiefeltritt zertrümmert hatte. Die Narben bedeckten nicht nur Gesicht und Körper, auch die Seele hatte keinen Schutzschild mehr. Aber Mitleid war von niemand zu erwarten, eher Gespött.

Von Helmstedt ging es über Hannover und Münster nach Frankfurt/Main. Ich wusste, dort wohnte meine Tante Bertha mit Mann und Sohn Siegfried. Zwei Tage suchte ich in den Trümmern und bei den Ämtern. Es gab keine Möglichkeit, sie zu finden. So reiste ich per Anhalter weiter nach Hagen, um dort nach dem Bruder meiner Mutter zu suchen. Hier bekam ich auf einem Amt die Adresse meines Onkels Heinrich. Sehr liebevoll und herzlich wurde ich von ihnen aufgenommen, wie zuvor bei Goldts in Stepenitz.

Obwohl sie selbst durch die Bomben und den Krieg viel gelitten hatten, waren sie sofort bereit, mir zu helfen. Doch ich bekam keine Zuzugserlaubnis, da ich keine Arbeit nachweisen konnte. Ich hatte auch kein Recht auf eine solche, da erst die Rückkehrer und Bürger der jeweiligen Städte berücksichtigt wurden. Weil ich nicht gemeldet war, bekam ich auch keine Lebensmittelkarten. Ich zog daraufhin zu meinem Onkel Gustav und dessen Frau Ida, welche in der Nähe bei einer Bauernfamilie wohnten. Diese Wirtsleute waren freundliche Menschen, so dass ich mich dort angenommen fühlte. Sie waren nur kleine Bauern, bescheiden, arbeitsam, fromm, und sie lebten nur nach ihrer Pflicht und Schuldigkeit. Von der einen Kuh, die sie hatten, durften wir jeden Tag einen Liter Milch kaufen. Onkel Gustav arbeitete in einer Eisenfabrik. Nebenbei hatte er ein Gärtchen, Hühner und Kaninchen.

Mit diesem Onkel fuhr ich zum »Hamstern«. Wir fuhren in die Osnabrücker Gegend. Doch unsere Tauschware war nicht gefragt. So blieben wir über Nacht. Onkel Gustav wählte ein Gerstenfeld und ich ein Weizenfeld. Die ganze Nacht über zupften wir und hatten am frühen Morgen jeder einen halben Sack Getreide, Onkel Gustav für seine Hühner Körner, etwas Gerste, um Kaffee zu rösten, und ich Weizen. Den Weizen mahlten wir mit der Kaffeemühle, und ein Geschäft gab uns dafür Brot. Gewicht gegen Gewicht, was ja sehr reell war in der damaligen Zeit.

Aber so konnte es natürlich nicht weitergehen. Ich war ein erwachsener Mensch und musste doch eine feste Bleibe finden, schon wegen der Lebensmittelmarken und einer geregelten Arbeitsstelle, damit ich ordnungsgemäß angemeldet sein konnte. [Nach einem vergeblichen Versuch, eine Zuzugsgenehmigung für Dortmund zu erhalten, verschlug es Luise Goldt nach Münster. Dort stieß sie auf mehr Entgegenkommen bei den Behörden.] Zunächst wurde ich acht Wochen zum Trümmerräumen verpflichtet. In einer Schule bekam ich in einem großen Schlafsaal einen Strohsack zugewiesen. Mittags gab es warme Suppe in einem Kellergewölbe und abends Brote in einer Kirche. So wurde ich

Trümmerfrau und manchmal auch Lokführerin der kleinen Lok vor den Loren und Schutträumzügen. Endlich wurde ich mit einer Zuzugserlaubnis erfreut und konnte mich richtig anmelden, bekam also auch Lebensmittelkarten. Ich hatte ja noch den Marschbefehl vom Bromberger Postamt für die Flucht, und so wollte ich mich hier beim Postamt bewerben. Das war jedoch zwecklos, da man für die Bewerbung einen Wohnsitz und eine Familie nachweisen musste, und damit konnte ich nicht dienen.

Nach der Erntezeit konnte ich endlich bei der Bauernfamilie einziehen. Auch konnte ich mich nun in ärztliche Behandlung begeben, um vielleicht wieder gesund zu werden. Zunächst wurden mir die Atemwege von Knochensplittern befreit, die Mandeln herausgenommen und die Schatten auf der Lunge behandelt. Über diese Leiden musste ich schweigen und in aller Heimlichkeit eine weitere Behandlung anstreben, weil mich sonst die Bauern wohl aus ihrem Haus gewiesen hätten.

Auf dem Bauernhof war der Monatslohn so niedrig, dass ich dafür auf dem schwarzen Markt gerade etwa drei Eier oder ein Pfund Mehl hätte kaufen können. Aber ich hatte ja Unterkunft und Verpflegung frei. Diese Verpflegung war gut, und ich kam wieder zu Kräften. Meine Lebensmittelmarken bekam meine Bauernfamilie.

Bei dieser Familie lernte ich zum ersten Mal deutsche Katholiken kennen. Ich war Protestantin, saß zwar mit am Tisch, aber so unauffällig, dass, wenn der Herr Pfarrer zu Besuch kam, alle – Tante Änne, Tante Ria, Tante Toni – begrüßt wurden, nur ich nicht. Wenn gebetet wurde, faltete ich meine Hände, das Kreuzzeichen jedoch konnte ich nicht machen. Also wurde ich übersehen. In meiner Heimat, wo alle Polen katholisch waren, hatte ich eine solche Verachtung nicht bemerkt. Nie war ich unangenehm aufgefallen, wenn ich mit meinen polnischen Freundinnen in die Kroner katholische Kirche ging. Die hiesige Missachtung tat mir im Herzen weh.

Hatte man vor kurzer Zeit noch laut »Heil Hitler!« gerufen, so beteuerte nun jeder lautstark jedem, er wäre immer gegen Hitler gewesen und hätte nie diesen Gruß benutzt. In dieser Familie hatte es also keine Nazis gegeben! Als wir aber die Wohnräume neu anstrichen, zeigten sich hinter dem Marienbild Schatten eines anderen Bildes. So offensichtlich zu lügen und wie abgesprochen sich darin einig zu sein, hätte ich nie für möglich gehalten.

Im Sommer 1947 hatte meine Arbeit dort begonnen, und nun ging es dem Winter entgegen. Die Erwachsenen und ich gingen im Herbst zum Kohlenklauen. Das war ein gefährliches Unternehmen, da der Kohlenzug ja fuhr und nicht anhalten durfte. Doch die Lokführer hungerten wie wir und so fuhren sie langsamer für uns. Wir konnten aufspringen und waren jedes Mal so schwarz wie die Bergleute, aber so ein bis zwei Sack Kohle brachte das Unternehmen ein.

In den Wäldern lag kein Ästchen und kein Tannenzapfen, auch die Pilze und Beeren wurden alle gepflückt. Und wir kochten sogar noch Wintervorrat in Gläsern ein und trockneten die Pilze. Rege und überlegt gingen wir in den Hungerwinter 1947/48. Viele Menschen starben damals. Zahlreiche Mütter erhielten das Leben ihrer Kinder nur, wenn sie zum Äußersten [Luise Goldt meint Prostitution] bereit waren. So groß war die Liebe einer Mutter für ihre Kinder. Wir lebten ja von der Gnade und manchmal der Laune der Besatzungsmacht. Damals war mir schon klar, dass meine alten Eltern den Wettlauf ums Überleben so nie hätten schaffen können.

Immerhin war es nun möglich, dass ein Deutscher sich [bei seiner Suche nach Angehörigen] an das Internationale Rote Kreuz wenden durfte. Und so schrieb ich an meine Eltern über Schweden und die Schweiz. Ein Brief kam in Krone an, und die guten Bekannten meiner Eltern schrieben mir zurück. Sie schrieben, dass meine Mutter im Zuchthaus Krone an der Brahe im Februar 1945 gestorben sei, mein Vater aber im Lager Mitrowitz [Mitrovice], Kreis Znin, 1945 noch gelebt haben solle. Gleich schrieb ich an meinen Vater, erhielt allerdings nie eine Antwort. Durch das Rote Kreuz, an das ich mich sogleich wieder wandte, bekam ich die Nachricht, es gebe kein Lager Mitrowitz/Kreis Znin. Erst nach vierzig Jahren stellte es sich heraus: Dieses Lager lag im Kreis Bromberg, und daraus gab es kein Entrinnen oder Schreiben.

Nach der Währungsreform 1948 ging ich in die Hals-Nasen-Ohren-Klinik, um mein Gesicht richten zu lassen. Gott sei Dank geriet ich an einen tüchtigen jungen Arzt, der mir eine Gesichtsplastik implantierte. Es war eine komplizierte, schmerzhafte Operation, und die Nachbehandlungen dauerten viele Wochen. Diesem Arzt habe ich es zu verdanken, dass ich wieder ein menschliches Antlitz mit der Nase mitten im Gesicht habe.

Allmählich empfand ich wieder Freude am Leben, Hoffnung auf die Zukunft. Die holprigen Straßen meines Lebens glätteten sich. Ich bewarb mich um eine Lehrstelle zur Krankenschwester. Um diese Lehre machen zu können, hätte ich allerdings katholisch sein müssen. Paradoxerweise wurden wir hier als Polen verspottet. Wenn ich jedoch Polin gewesen wäre, wäre ich katholisch gewesen. Also gab es wieder diese Hierarchie, diese Einstufung: 1. Einheimische, 2. Katholiken, 3. Ausgebombte, 4. Evakuierte, 5. Vertriebene, 6. Flüchtlinge.

Ostern 1948 traf ich bei einer Zusammenkunft der [soeben gegründeten] Landsmannschaft Weichsel-Warthe Landsleute. In dieser Gruppe, in der wir viel über unsere Erfahrungen und Bestrebungen und unsere aktuelle Situation sprachen, fiel mir ein Mann besonders auf. Wir waren beide in der gleichen Lage, heimwehkrank, beide Protestanten, also heimatlos, ohne Angehörige, ohne Zuhause, aber im Herzen mit sehr viel Hoffnung und dem festen Glauben an die Zukunft. Es war nicht Liebe auf den ersten Blick, nein, es war ein scheues »Nach-einer-Hand-Tasten«, an der man gemeinsam gehen könnte. Wir glaubten an ein wenig Glück, einen neuen Anfang und gegenseitige Treue in Freud und Leid. Am 25. April 1950 war unser Hochzeitstag.

Heute sind wir so weit, Deutschland ist nicht mehr geteilt, und bald entsteht ein geeintes Europa. Mein Mann und ich aber haben unsere ehemaligen Nachbarn und polnischen Freunde besuchen dürfen, haben auch bei der heutigen jungen Generation

Freunde gefunden. Wir bemühen uns, zusammen mit polnischen Menschen dem Frieden zu dienen. Ich kann fast nicht mehr hören, und das Gehen fällt mir schwer. Mein lieber Mann leidet auch unter der Last des Alters.

Alle Leiden, alle Freuden sind uns begegnet. Wir haben tüchtig mitgearbeitet, dass Deutschland so schön wurde, wie es heute ist. Wir Vertriebenen und Flüchtlinge haben mit unserer Kraft geholfen, die Würde unserer neuen Heimat aufzubauen.

So oder so ist das Leben. Dies ist das Leben der kleinen Luise Goldt aus Krone an der Brahe. Amen!

Quelle: Luise Neugebauer: *Luise Goldt aus Krone an der Brahe. Lebenserinnerungen*, Privatdruck 2002.

»Kein Mensch war da, der sich um uns kümmerte«

Anna Kientopf, Bäuerin,
aus Machuswerder/Pommern

Anna Kientopf schildert zunächst den Einbruch der Russen und die Erlebnisse während der russischen Besatzungszeit bis zur Ausweisung.]

Der Juni [1945] neigte sich seinem Ende entgegen. Da kam die Parole auf: »Die Deutschen müssen heraus.« Wir wollten es nicht glauben. Die Nachricht wirkte lähmend auf uns, keiner hatte mehr Lust zur Arbeit. Das Pferd, welches ich vom Gut geliehen hatte, wurde fortgeholt, und schon beunruhigte uns eine neue Botschaft. Die Gemeinde Althaferwiese war abgerückt. Einen Handwagen durfte jeder nehmen und pro Kopf vierzig Pfund Gepäck. Netzbruch ist auch heute abgezogen. In einer halben Stunde musste jeder herunter sein von Haus und Hof. Das waren die beiden Ortschaften, wo meine Brüder wohnten. In den letzten Junitagen sind diese Orte hinausgetrieben worden. Wir gingen nun daran, einiges in Säcke zu verpacken. Man hatte uns gesagt, dass dies sicherer sei als Koffer. Herr Wagner baute von den Rädern eines alten Kutschwagens zwei kleine zweirädrige Wagen. Wenn die Sachen richtig gepackt wurden, so ging eine Menge hinauf.

Am Sonntag, dem 1. Juli 1945, nachmittags um fünf Uhr dreißig, erschienen der polnische Bürgermeister von der Gemeinde Gottschimmerbruch, zwei polnische Polizisten, der russische Polizist vom Gut und eine Menge Ukrainer-Jungen als Mitläufer. »In dreißig Minuten raus!« Meine damals sieben Jahre alte Tochter Rosemarie lag krank zu Bett mit neununddreißig Grad Temperatur, Brigitte hatte ich eben zu Bett gebracht, sie war zweieinhalb Jahre alt, das Zwillingsschwesterchen von Ulrich. Wolfgang, mein Ältester – fünfzehn Jahre damals –, war zur Oma gegangen und die beiden Schwestern mittags zu Frau Kronberg. Annelore, meine älteste Tochter – damals dreizehn Jahre alt –, musste umherrasen und alle zusammenholen. Ich aber ging daran, den Rest einzupacken und hinauszuschleppen.

Nun war auch der Handwagen noch nicht da. Herr Wagner baute noch daran. Ich bat darum, einen ganz leichten Ackerwagen – einen Einspänner – nehmen zu dürfen. Der Russe wollte es nicht gestatten, aber der Pole erlaubte es. Mit der Uhr in der Hand standen sie dabei. Wir hatten gewusst, dass dies kommen würde, und doch waren wir überrascht. Vieles ist vergessen worden. Auch meine Wertsachen sind auf dem Balken im Hausflur liegen geblieben. Die Abwesenden waren endlich auch eingetroffen. Zuletzt holte ich meine beiden Kinder, die im Bett lagen, heraus, nur in Mäntel eingehüllt. Einiges an Kleidung warf ich noch über die Säcke, dann waren die dreißig Minuten herum.

Wir zogen los mit unserem Wagen und die Polen sowie der Iwan ebenfalls. Wir wunderten uns, dass sie so schnell davonfuhren. Später erfuhren wir, dass diese noch gar nicht das Recht hatten, uns hinauszuwerfen, dass es ein Irrtum gewesen und Friedbergschbruch erst am Montag, dem 2. Juli 1945, gehen musste. Aber es war nun geschehen, und wir wussten nicht in dieser Stunde, wie es war. Der Wagen ging sehr schwer zu schieben, da sagte Wolfgang: »Ich hole das Pferd, vielleicht kommen wir bis nach Neumecklenburg mit, wo Wagner den Wagen gebaut hat.« So taten wir es, und Wolfgang fuhr querfeldein, um das Pferd nicht vorzeitig loszuwerden. Alle fuhren mit.

Ich blieb zurück und ging langsam hinterher. Oft habe ich mich umgesehen. Im Abendsonnenschein lag der Hof da; ein alter Hof. Dort war ich geboren worden. Meine Eltern hatten dort vor uns gelebt, geschafft und waren von dort hinausgefahren worden zu ihrer letzten Ruhestatt auf dem Friedhof in Friedbergschbruch. Jetzt kamen Fremde und jagten uns davon. Friedlich gingen Schafe und Kühe auf der Weide. Wer würde sie heute Abend melken und all die folgenden Tage? Und die Kinder, was sollten sie essen? Die Milch würde ihnen fehlen. Brot, etwas Speck und

Schmalz, auch Fleisch hatte ich mit. Aber wenn das alle war, was dann? In dieser Stunde ging mir eine kleine Ahnung auf von dem Elend, dem wir entgegengingen, aber in seinem ganzen Umfange habe ich es nicht erfasst. In mir war immer noch viel Zuversicht und Mut.

Hinter einem Roggenfeld, das der Reife entgegenging, hatte Wolfgang angehalten. Dort habe ich erst mal die Kinder angezogen, und wir selbst haben uns auch noch umgezogen. Dann ging es weiter. Hinter uns lag ein sicheres, warmes Heim, lagen reifende Getreidefelder, blühende Kartoffeläcker, weidende Kühe mit strotzendem Euter. Vor uns lag die endlose graue Straße, die Ungewissheit. Noch ahnten wir nicht, was an ihrem Rande unser harrte. Wenn wir nur nach Deutschland kämen, fort von den Polen und Russen zu deutschen Menschen, die mussten uns doch verstehen, mussten uns helfen, diesen letzten, schwersten Schlag zu ertragen.

Die erste Station war der Ort Neumecklenburg [bei] Herrn Wagner und Frau Lenz. Dort haben wir die erste Nacht verbracht. Neumecklenburg rechnete am Montag, dem 2. Juli 1945, mit der Austreibung. So kam es auch. Wir packten die Säcke von unserem Wagen auf den Handwagen, den Wagner gebaut hatte. Auch Frau Lenz und ihre Familie machten sich zur Fahrt fertig. Frau Bohne, deren Haus es war, wo wir diese Nacht verbrachten, hatte eine Tochter von etwa dreißig Jahren, die bettlägerig war, und eine andere von einigen dreißig Jahren, die im Wachstum zurückgeblieben und auch geistig auf der Stufe eines neun Jahre alten Kindes stand. Für diese Frau war es sehr schwer. Die Bettlägerige bekam ein Lager auf dem Wagen. Von der anderen hatte sie keine Hilfe, nur ein Sohn von siebzehn Jahren half ihr etwas. Die kleine Verwachsene ist ihr dann noch vor der Oder abhanden gekommen, später verloren wir sie aus den Augen.

Am Nachmittag war der ganze Ort Neumecklenburg bei der Kirche angetreten. Hier mussten alle stehen bleiben, bis die Polen und Russen alle Wagen kontrolliert hatten. Was die Polen gebrauchen konnten, behielten sie zurück. Die Säcke mussten aufgemacht werden, und bald türmten sich die Betten am Straßenrand. Neumecklenburg war eine ziemlich große Ortschaft; die Kolonne war daher ziemlich lang. Wir hielten ganz am Ende des Zuges. Pferd und Wagen war das Erste, was sie uns nahmen, aber damit hatten wir gerechnet. Oben auf dem Handwagen hatte ich ganz offen ein Bett liegen. Darauf saßen meine zweieinhalb Jahre alten Zwillinge Ulrich und Brigitte. Als die Kontrolle an meinen Wagen kam, frugen sie nach Betten. »Ja«, sagte ich, »dies hier für meine beiden Kinder.« Sonderbarerweise ließen sie es mir und sahen davon ab, die Säcke zu kontrollieren. Vielleicht hielten die beiden darauf sitzenden Kinder sie ab, vielleicht hatten sie auch schon genug.

Endlich konnte der Zug sich in Bewegung setzen. Ein Russe begleitete ihn auf dem Fahrrad bis zur Oder, einige Polen gaben das Geleit bis zur nächsten Ortschaft, aber nur, um gewiss zu sein, dass auch keiner der noch zu guter Letzt ausgeplünderten Deutschen zurückblieb. Es war ein trüber, regnerischer Tag, der 2. Juli 1945. Vorn an der Deichsel gingen Wolfgang und ich, Else und Hilde Mittag schoben hinten, Rosemarie, die noch krank war, hielt sich am Wagen fest, Annelore ging hinter dem Wagen der Frau Lenz, wo Wagner vorn an der Deichsel war, und meine beiden Kleinen saßen oben drauf und sahen ahnungslos in die Welt. Über Steinhöfel ging es nach Gurkow zu. An den Straßen standen die Menschen und sahen uns nach: »Morgen müssen wir fort.« Die erste Nacht verbrachten wir in einem Bauernhaus, das von seinen Besitzern soeben verlassen war.

Am anderen Tage ging es weiter auf schlechter, sandiger Straße, teilweise bergan. Die [Einwohner der] Ortschaften Steinhöfel und Gurkow mussten sich anschließen. Ein Stück hinter Gurkow mussten wir halten, etwa eine Stunde, denn Viehherden wurden an uns vorbeigetrieben. Unabsehbar lang war unsere Kolonne geworden: kleine und große Handwagen, dazwischen Schiebkarren, worauf Menschen ihre Habe, die sie mitnehmen durften, hatten.

Gegen elf Uhr ging es weiter. Zwischen Zechow und Zantoch

mussten wir liegen bleiben, von mittags dreizehn Uhr bis gegen siebzehn Uhr dreißig Abend. Links floss die Warthe an uns vorbei, rechts lag der Bahndamm, der durch eine dichte Dornenhecke vor unseren Blicken verborgen lag. Wir hatten in diesen Tagen von dem, was wir mitgenommen hatten, gelebt. Ich hatte vierzehn Brote mit und noch etwas Backschrot. Bis Fürstenwalde an der Spree hat dies gereicht, und zwar für dreizehn Personen.

Rosemarie ging mit dem Sohn eines Bekannten, um eine Kanne Wasser zu holen, da hieß es: »Weiter!« Jeder Wagen musste weiter. Halten durften wir nicht, sonst wären wir ein Hindernis für die, die hinter uns waren. Ich rannte zurück und rief und schrie. Der Junge kam zurück, aber Rosemarie war nicht zu sehen. Bis zum Gehöft, wo sie Wasser holen sollte, rannte ich zurück. Dann lief ich dem Zuge nach, und als ich unseren Wagen erreichte, war sie Gott sei Dank dabei. Sie war auf dem Bahndamm hinter der Dornenhecke entlanggelaufen. Diesen Vorfall erwähne ich nur, um damit zu sagen, wie leicht es war, dass Kinder von den Eltern getrennt wurden. Es sind doch so viele Kinder zurückgeblieben. Wer in diesem Gewirr ein Kind verlor, der hatte Glück, wenn er es wiederfand. In der Folge musste sie sich am Wagen halten.

Halb sechs war es, als wir weitermussten. In einem gesteigerten Tempo ging es bis Landsberg an der Warthe. Durch die Stadt musste unsere Kolonne ziehen. Ich weiß nicht, wie viel tausend Wagen es schon waren. An den Straßenrändern standen Russen und Polen. Manche hatten ernste Gesichter, andere höhnten und lachten über uns. Hinter Landsberg mussten wir bis dorthin, wo die Straße nach Küstrin weiterging. Um zehn Uhr dreißig endlich durften wir Halt machen. Es war bereits dunkel geworden. Wir waren todmüde, denn wir hatten mit dem Handwagen hinter uns heute zweiundzwanzig Kilometer zurückgelegt. Hier verbrachten wir die erste Nacht im Freien. Wir hatten Säcke von den Wagen genommen und diese an die Hauswand gelehnt. Dort setzten wir uns drauf.

Da will ich nun eine menschliche Handlung nicht unerwähnt lassen. Ein Polenmädchen kam und frug, wer kleine Kinder hätte.

Dann bedeutete sie uns, dass die Kinder bei ihr im Hause schlafen könnten. Da gingen Frau Lenz und Annelore mit meinen beiden Kleinen und den Kindern der Frau Lenz – sie hatte einen Buben von vier Jahren und ein Mädel von acht Jahren – mit. Das Polenmädchen wies sie in eine Wohnung, die am Tage zuvor von Deutschen verlassen war. Herr Wagner, Wolfgang und ich blieben auf den Säcken sitzen. Ein feiner Nieselregen ging herunter. Wir hüllten uns in Mäntel und Decken, aber richtig geschlafen hat keiner.

»Wir müssen sehen, dass wir uns was Warmes kochen können«, meinte Herr Wagner. Er suchte Steine und fügte sie zu einem an einer Seite offenen Viereck zusammen. Dann suchte er auch Holz; ein Beil sowie Kochtöpfe hatten wir mit. Er machte Feuer zwischen den Steinen, und Wasser fand sich auch. So kochten wir zum ersten Mal auf diese Art unseren Kaffee-Ersatz, den wir noch mitgenommen hatten. Andere machten es auch wie wir. In der Folge mussten wir uns auf diese primitive Art noch oft behelfen. Die Kinder kamen dann auch zum Vorschein, und wir aßen Brot und tranken Kaffee dazu. Nicht alle hatten noch so zu essen wie wir. Manche holten kalte Pellkartoffeln hervor, das war ihr Frühstück. Versorgt mit Essen oder Lebensmitteln wurden wir in den Tagen unseres Marsches nicht. Jeder musste zusehen, wie er es machte. Wir hatten Fleisch- und Wurstgläser mit, auch Wurst, Fett und Brot. Unser Franzose [der als Kriegsgefangener auf dem Hof eingesetzt war] hatte damals, als wir im Januar an Flucht dachten, immer gesagt, das Erste, wofür wir in solchem Falle sorgen sollten, wären Lebensmittel. Dies hatte ich mir gemerkt, und ich muss sagen, dass er Recht hatte.

Etwa um acht Uhr ging es weiter. Hinter Landsberg begann das Elend der Landstraße. Auf dem Bürgersteig lag die erste Tote, eine Frau mit blau angelaufenem Gesicht und aufgedunsenem Leib. Unser Marsch ging weiter. Die Sonne kam zwischen den Wolken hervor. Es wurde recht warm. Zum nächsten größeren Dorf – Dühringshof hinter Landsberg – war es eine Strecke von fünfzehn Kilometern. Dort machten wir Halt, nur ganz kurz. Hier habe ich meinen Hund, der mir von zu Hause gefolgt war, an einen Polen abgegeben. Das war eigentlich schlecht von mir, dass ich seine Treue so belohnte. Aber ich bekam Milch für meine kleinen Kinder dafür, und die hatten sie tagelang nicht mehr gehabt. Auch sagte ich mir, dass ich nicht immer für den Hund etwas zu fressen haben würde.

Brigitte war krank geworden. Ein böser Durchfall. Dass es der Anfang von Ruhr war, ahnte ich noch nicht.

Wir zogen weiter, und diese Nacht verbrachten wir auf einem Heuboden, der allerdings leer war. Zuvor hatten wir uns – wie auch viele andere unserer Schicksalsgenossen – auf zusammengelegten Steinen draußen auf dem Hof ein Essen gekocht. Kartoffeln fanden wir auf den Feldern.

Die meisten Menschen des Trecks haben nur von dem, was sie auf den Feldern fanden, gelebt oder das unreife Obst am Straßenrand gegessen. Brot hatten sehr wenige. Die Folge davon war, dass sie krank wurden. Kleine Kinder unter einem Jahr sind wohl fast restlos gestorben auf diesem Treck. Es fehlte die Milch. Dann der Wechsel der Witterung. Glühender Sonnenbrand wechselte mit kalten Regenschauern. Jeden Tag ging es ein Stück weiter, manchmal machten wir neun Kilometer, einen Tag nur drei, dann wieder zwanzig und mehr. Oft trieben große Viehherden an uns vorbei in Richtung Osten, andere wieder in Richtung Westen. Wir wurden nicht recht klug aus diesem Wirrwarr. Aber es war wohl so, dass der Russe das gute Vieh nach Osten abtrieb und das weniger gute zur Versorgung seiner Armee nach Westen.

Wir zogen auf staubiger Straße dahin. Rechts und links war Wald. Aus den Wäldern aber wehte der Pesthauch. Dort lagen Leichen von Tier und Mensch fast unbedeckt. Der Kopf oder die Füße sahen hervor. Ungeheure Schwärme von blauen Fliegen saßen auf diesen Leichen, und sie kamen und setzten sich an unsere Glieder, wo die kleinsten Wunden waren. Jede noch so kleine Schramme wurde böse und eiterte. Ich habe ein Vierteljahr zu tun gehabt, um kleine Wunden heil zu bekommen. Zwischendurch lagen kaputte Geschütze, Panzerfäuste, zerbrochene Wagen. Über alledem aber brannte unbarmherzig die glühende Junisonne.

Zu dem Hunger kam noch der Durst. Stundenweit war oft kein Dorf, somit auch kein Wasser. Kam man dann aber an ein Dorf oder ein von seinen Bewohnern verlassenes Gehöft, dann stürzte alles gierig über das Wasser her und trank die Keime der Krankheit in sich hinein. Soweit es möglich war, haben wir es vermieden, Wasser zu trinken. Wir kochten uns, wenn eine kurze Rast war, dünnen Kaffee, den nahmen wir dann in einer Milchkanne mit uns. Aber immer habe ich es auch nicht hindern können, dass die Kinder Wasser tranken. Annelore bekam dann auch den Durchfall.

Nie werde ich ein Bild vergessen. Allemal, wenn ich mich umsah, dann lachte mir das von Sonne und Wetter tief gebräunte Gesicht meines kleinen Ulrich entgegen. Sein kleines, von Krankheit und Unbehagen geplagtes Schwesterchen hatte sein Gesicht zerkratzt, und es war ganz voller Schrammen. Trotzdem aber lachte er mit seinen Grübchenwangen, und der warme Wind zerwühlte sein helles Haar über der braunen Stirn. Nie vorher und nie nachher ist Ulrich so braun geworden wie auf diesem Treck. Neben ihm aber saß Brigitte, blass, mit tiefliegenden Augen, und wurde immer magerer von Tag zu Tag. Wenn mein Blick dann auf einen [Grab-]Hügel am Straßenrand fiel, biss ich die Zähne zusammen. Vorwärts, nur vorwärts! Wir mussten, so schnell es möglich war nach Berlin, herunter von der Straße. Dort hatte ich Verwandte und Bekannte, die mir helfen würden, dort konnte ich mit dem Kind zum Arzt gehen. Es würde seine Ordnung bekommen und wieder gesund werden.

Wie aber erging es den vielen, die nichts mehr zu essen hatten, die leben mussten von den kargen Früchten der Felder am Weg? Typhus und Ruhr verbreiteten sich immer mehr. Manche starben unterwegs. Oft habe ich Menschen am Rande der Straße liegen sehen mit blauen Gesichtern, schwer nach Atem ringend, oder müde zusammengesunkene Gestalten, die wohl nie mehr hochgekommen sind. Mein Bruder Albert Klatt aus Netzbruch ist am 22. November 1945 in einem Dorf in der Uckermark gestorben, seine Frau, Luise Klatt, geb. Beutin, am 1. Dezember 1945. Beide starben am Typhus. So wie mein Bruder und seine Frau sind viele gestorben. Ich weiß heute nicht mehr all ihre Namen, aber es ist wohl ein Viertel jeden Ortes gewesen.

So zogen wir dahin. Eine endlose Kolonne des Elends, eines Elends, wie niemand zuvor es gekannt und geahnt hatte. In zerschossenen Häusern haben wir manchmal übernachtet oder in Scheunen oder im Freien. Die Häuser und Scheunen starrten vor Unrat; im Freien war es am besten. Die Namen der Orte kann ich heute nicht mehr alle nennen, aber zwei Orte sind in meiner Erinnerung haften geblieben: Balz und Tamsel. Das waren die beiden letzten Orte vor Küstrin. In Balz waren viele polnische Soldaten. Sie dirigierten unseren Treck in Nachtquartiere, in Scheunen und Ställe. Wir sollten in einer Scheune übernachten, aber Wagner sagte: »Nein, das tun wir nicht.« Und als sie weitergingen, bogen wir ab in eine Seitenstraße. Hinter einer Wegbiegung lag ein zerstörtes neues Haus, aber das kleine Stallgebäude war ganz geblieben. Dort war eine Waschküche drin und zwei Schweinebuchten, in denen Kartoffeln lagerten. In der Waschküche waren Konservenbüchsen mit Gemüse (Spinat, Karotten usw.). Auch Kaffee-Ersatz lag eine große Menge dort. Wir waren über diesen Fund sehr glücklich und erfuhren, dass Italiener dort gelegen hatten, die dies zurückließen.

Else und Hilde Mittag waren nicht ganz einverstanden mit dem Quartier. Besonders dass die russische Kommandantur gegenüberlag, gefiel ihnen nicht, und es dauerte nicht lange, da kamen auch einige Russen herüber und holten Wasser. Wir machten uns auf einiges gefasst, aber Wagner sprach mit ihnen in ihrer Sprache und gab sich als Tscheche aus und sagte, wir wären seine Schwestern. Da gaben sie uns noch Brot und Zucker und gingen wieder davon. In der Waschküche war auch ein richtiger Herd. Holz fanden wir, und so kochten wir einen großen Topf schönes, kräftiges Essen, in das wir noch ein Glas Fleisch taten. Es schmeckte tadellos, und wir machten uns ein Quartier für die Nacht fertig. Wir konnten auch ruhig schlafen.

Am anderen Morgen wärmten wir das Essen und kochten

noch einen Topf Kaffee dazu. Dann machten wir Brote fertig, damit wir den Kindern etwas geben konnten, wenn sie hungerten. Meine vierzehn Brote waren noch nicht alle, aber schon ziemlich hart geworden. Wir hatten noch immer Fett und Wurst, und daher hatten wir auch noch Kraft, diese großen Strapazen zu ertragen. Als wir gefrühstückt hatten, machten wir unsere Wagen fertig und zogen auf die Straße. Die Menschen waren sehr aufgeregt. Drei Menschen waren in dieser Nacht ermordet worden und mehrere verletzt. Eine von den Ermordeten war eine Mutter von drei Kindern, von denen die Älteste sechzehn Jahre alt war. Dies war geschehen in der Scheune, in der wir übernachten sollten. Polnische Soldaten waren in der Nacht in die Scheune gekommen. Mit Blendlaternen hatten sie das, was ihnen wertvoll erschien, aus der letzten Habe der Vertriebenen herausgesucht. Wer sein Hab und Gut verteidigen wollte, wurde erschossen. Zuletzt schossen sie wahllos nach jedem, der sich nur aufrichtete. Wir waren durch einen Zufall oder auch durch eine Fügung des Geschickes diesem Schicksal entgangen.

Tamsel lag von Balz etwa drei Kilometer entfernt. Es war das letzte größere Dorf vor der Oder, also vor Küstrin. Gegen elf Uhr vormittags kamen wir in Tamsel an. Hier sollte zu unserem Elend noch einmal das Grauen und Entsetzen hinzukommen. War es denn noch immer nicht genug? Hatten wir nicht schon genug ertragen müssen? Immer neues Leid, immer neue Last senkte sich auf uns herab. Ob wohl alle deutschen Menschen so viel leiden mussten, nur weil sie Deutsche waren? Wir mussten durch ein Spalier von polnischen Soldaten hindurch. Aus der Kolonne wurden Menschen herausgesondert. Diese mussten heraus aus der Reihe und sollten auf die Höfe, die an der Straße lagen, gehen, mit Wagen und allem, was sie hatten. Keiner wusste, was das zu bedeuten hatte, aber keiner ahnte Gutes. Die Menschen weigerten sich. Manchmal waren es auch einzelne Personen, besonders junge Mädchen, die zurückgehalten wurden. Die Mütter klammerten sich an die Mädchen und weinten. Die Soldaten wollten sie mit Gewalt mit sich zerren. Als das nicht ohne weiteres ging, begannen sie mit Gewehrkolben und Reitpeitschen auf die armen, gehetzten, geängstigten Menschen einzuschlagen. Die Schreie der Geschlagenen hallten weithin. Es war ein entsetzliches Bild, das ich wohl nie vergessen werde.

Auch zu uns kamen polnische Soldaten, die Reitpeitsche in der Hand. Mit erhitzten Gesichtern bedeuteten sie uns, aus der Kolonne heraus auf die Höfe zu fahren. Else und Hilde Mittag begannen zu weinen. Ich sagte: »Kommt nur, es nützt nichts, sie schlagen uns kaputt. Wir versuchen nachher zu entkommen.« Russen standen dabei mit höhnischen Gesichtern. In unserer Verzweiflung baten wir sie um Hilfe. Sie zuckten die Achseln und bedeuteten uns, dass die Polen die Herren seien. Da, als alles schon aussichtslos erschien, sah ich einen höheren [russischen] Offizier. Ich zeigte auf meine drei Kinder und fragte, was ich soll, ich hätte drei Kinder. Was ich noch alles in meiner Verzweiflung sagte, weiß ich heute nicht mehr, aber er sagte: »Dawai, Chaussee!« Wir griffen unseren Wagen und machten, dass wir fortkamen. Die Treckwagen stauten sich. Jetzt hielten drei, vier Reihen nebeneinander. Aus der anderen Richtung aber kamen die großen Lastautos, welche die Russen fuhren. Rücksichtslos bahnten sie sich den Weg hindurch.

Dann wurden wir wieder aufgehalten. Vor unseren Augen vollzog sich ein grauenhaftes, entsetzliches Schauspiel, das uns alle tief beeindruckte. Vier polnische Soldaten versuchten, ein junges Mädchen von ihren Eltern zu trennen. Verzweifelt klammerten die Eltern sich fest an dem Mädel. Die Polen schlugen mit Gewehrkolben auf die Eltern, besonders den Mann, ein. Dieser taumelte, da stießen sie ihn über die Straße, die Straßenböschung hinunter. Er fiel hin. Ein Pole riss seine Maschinenpistole von der Schulter. Eine Reihe Schüsse knatterte. Einen Moment war alles totenstill, dann gellten die Schreie der beiden Frauen auf. Sie eilten hin zu dem Sterbenden. Die vier Polen aber verschwanden im Walde. Als wir endlich weiterfahren konnten, schallte das verzweifelte Weinen der beiden Frauen, gemischt mit den Schreien der geschlagenen Menschen im Dorf Tamsel, hinter uns her.

Dieser Vorfall hat sich zugetragen etwas außerhalb Tamsel in Richtung Küstrin. Else und Hilde Mittag haben es mit angesehen und noch viele, viele andere außer uns, deren Namen ich nicht weiß.

In all diesem Wirrwarr waren wir von dem Wagen der Frau Lenz und Wagner getrennt worden. Und was das Schlimmste für mich war: Annelore war bei dem anderen Wagen. Wo aber waren sie? Waren auch sie in Tamsel festgehalten worden? Oder waren sie weitergefahren? Nach einer halben Stunde quälender Ungewissheit sahen wir endlich den Wagen am Wegrand halten. Einige Polen waren dabei, Wagner die Stiefel auszuziehen. Er aber ließ es sich nicht gefallen. Er hat ihnen klar gemacht, dass er Tscheche sei, und da ließen sie ihn zufrieden. Annelore hatte große Angst um uns gehabt und weinte. Ja, sie konnte noch weinen, wir aber fanden keine Tränen mehr.

So ging der Tod mit uns. Er wehte uns entgegen im Pesthauch der verwesenden Kadaver, in den verdreckten Brunnen und in Gestalt von raubenden und mordenden Banditen. Als wir wieder beisammen waren, gab es nur noch eins für uns: »Vorwärts!« Über die Oder um jeden Preis. Am Nachmittag dieses Tages – es kann wohl der 6. Juli 1945 gewesen sein –, so gegen sechzehn Uhr dreißig, lag Küstrin vor uns. Am Rande der Stadt waren einige kleine Häuser, die bewohnt schienen, aber an den Straßen standen nur Ruinen. Küstrin war eine vollständig zerstörte Stadt. Keine Menschenseele wohnte darin; zumindest in dem Teil, der östlich der Oder lag. Den anderen Teil von Küstrin habe ich nicht gesehen. Wir zogen in langer Kolonne durch die Straßen dieser Ruinenstadt, über der ein starker Geruch von Brand und Verwesung lag. Dieser Geruch ist mir heute noch in Erinnerung. Oft waren die Straßen versperrt durch Trümmermassen, oder Wasserlachen standen darin.

Endlich, gegen siebzehn Uhr dreißig, erreichten wir die Oderbrücke. Wir waren bereit, alles an Wertsachen zu opfern, was wir noch hatten, wenn wir nur über diese Oder kämen. Dort waren doch deutsche Menschen, die würden uns helfen, uns verstehen.

Nur fort von diesen Räubern und Mördern. Der Schrecken von Tamsel lag uns noch in den Gliedern. Polnische Soldaten standen dort, und jeder Wagen wurde noch einmal kontrolliert. Da, es sind vielleicht noch sechs bis acht Wagen vor uns gewesen, wurde die Schranke geschlossen. Schluss für heute! Was nun? Unsere Enttäuschung war grenzenlos. So kurz vor dem Ziel, und wir kamen nicht mehr durch. Wo sollten wir bleiben? In Küstrin war es nicht möglich. In den Ruinen konnte keiner schlafen oder die Nacht verweilen. Da hieß es: »Weiterfahren in Richtung Frankfurt/Oder.« Was sollte das bedeuten? Sollten die Schrecken von Tamsel sich wiederholen? Wollte man uns nach Sonnenburg ins KZ bringen? Wir waren ihnen ja wehr- und schutzlos ausgeliefert, Frauen, Kinder und Greise, daraus bestand unser Zug. Männer waren nur ganz wenige dabei.

Also weiter an den gesprengten Festungsanlagen vorbei auf die schmale Wallstraße. Nach der Hitze des Tages bezog sich der Himmel mit schweren Wolken. Fern grollte Donner. Wir fuhren dahin, Wagen hinter Wagen, kleine und größere, dazwischen Schiebkarren. Wie viel? Ich weiß es nicht. Der Zug war unabsehbar. Es waren wohl Tausende, Brigitte weinte, Rosemarie taumelte vor Müdigkeit, aber weiter, immer weiter. Noch war kein Haus, kein Dorf zu sehen. Immer höher zogen die Wolken herauf, immer näher grollte der Donner. Dicht an uns vorbei fuhren auf der schmalen Straße die Lastwagen der Russen. Als die ersten heftigen Windstöße daherfegten, ging ich zu den beiden Kleinen, die auf dem Wagen saßen, und deckte eine Decke und eine pelzgefütterte Joppe über sie. Sie legten sich hin, und ich hüllte sie ein, so gut es ging. Wir nahmen unsere Mäntel um, und da prasselte der Regen auch schon herunter. Heftige Donnerschläge krachten und Blitze zuckten. Wir konnten nicht weiter und hielten am Straßenrand. Wir suchten Schutz hinter dem Wagen. Die beiden Kleinen waren eingeschlafen. Wohl war die Joppe schwer vom Regen, aber das Fell innen hielt die Nässe ab. Sie blieben beide trocken und warm und schliefen die ganze Nacht. Wir aber hielten am Straßenrand und waren vollkommen durchnässt. Wir froren sehr. Meine arme Rosemarie tat mir am meisten Leid. Sie war doch erst sieben Jahre alt und krank von zu Hause fortgegangen. Was sollte nur daraus werden?

Unsere Gedanken irrten zurück, dorthin, wo irgendwo zwischen Wiese und Feld ein Haus stand, das trocken und warm war mit weichen Betten, das unsere Heimat gewesen. Vertrieben und gehetzt irrten wir auf fremden Straßen umher, ohne Ziel, ohne Hoffnung, allen Gefahren schutzlos ausgesetzt. Als der Morgen graute, zogen wir weiter. Der Wagen war schwerer geworden, weil alles durchnässt war. Aus dem heftigen Gewitterregen war ein Landregen geworden.

Einige Kilometer weiter lag ein Gehöft an der Straße. Wir beschlossen, hier Halt zu machen, die nassen Kleider zu trocknen und warmes Essen zu kochen. Es war ein einzelnes Bauerngehöft. Auf dem Hof stand Handwagen neben Handwagen. An verschiedenen Stellen brannten die primitiven Herdfeuer. Ich ging ins Haus. Es lag voller Menschen vom Boden bis zum Keller. Als auf einer Pritsche ein Platz leer wurde, belegte ich ihn mit meinen Kindern und zog ihnen die nassen Sachen vom Leibe. Wir waren alle todmüde. Die Kinder schliefen schnell auf den aus Decken zurechtgemachten Lagern ein. Wir blieben bis Mittag. Die Sonne kam dann noch hervor, und wir konnten die nassen Sachen trocknen.

Wir kochten ein warmes Essen, eine Schrotsuppe, in die wir ein Glas Fleisch taten. Es war warm und kräftig, und wir bekamen wieder Lebensmut. Von den anderen erfuhren wir, dass etwa drei Kilometer von hier Göritz liege, wo eine Oderbrücke sei, und dass wir dort hinüberkämen. Wir machten uns also auf den Weg und erreichten Göritz in den Nachmittagsstunden. Eine lange Reihe Treckwagen hielt vor uns. Wir reihten uns ein, und nach langen Stunden waren wir auf der Oderbrücke. Einige polnische Soldaten standen dort. Wir hatten Angst. Das grauenvolle Bild von Tamsel war noch zu lebendig in uns, aber die Polen hier waren ganz anständig. Die Kontrolle war oberflächlich; uns nahmen sie nichts fort.

Schon glaubten wir, das Schlimmste überstanden zu haben, da standen am anderen Ende der Oderbrücke russische Soldaten, die mit der grünen Mütze. Auch Mädchen in Uniform waren dabei. Noch einmal wurden wir kontrolliert, alle Säcke umgedreht und aufgebunden. Viele sind die wenigen Wertsachen, die sie noch besaßen, hier losgeworden. Mir nahmen sie meinen Trauring, den ich dummerweise auf dem Finger hatte. Dann mussten wir die Säcke zusammenraffen und wurden mit Schlägen angetrieben, die Oderbrücke so schnell wie möglich zu verlassen. Rücksichtslos trieb man uns die steile Böschung hinab, wo wir Mühe hatten, den Wagen zu halten.

Es war bei alldem Abend geworden. Wir waren todmüde. Das nächste größere Dorf war sieben Kilometer entfernt. Es hieß Reitwein. Einige einzelne Gehöfte lagen nicht allzu weit entfernt, aber sie waren überfüllt mit Vertriebenen, und es blieb uns keine Wahl, wir mussten auf der Wiese übernachten. So gut es ging, richteten wir uns ein Lager her. Wagner machte ein Feuer. Die beiden Wagen hatten wir zusammengefahren und für die Kinder – auch für die größeren – unter und zwischen denselben die Betten aus Säcken hingelegt, Decken und Mäntel zuunterst auf den Erdboden. Wagner erklärte, wachen zu wollen, und wir schliefen todmüde ein.

Schon früh um vier Uhr wurden wir wieder geweckt, um fünf sollten wir die Wiese geräumt haben. Wagner hatte das Feuer in Gang [gebracht]. Wir kochten Kaffee und aßen Brot dazu. Er erzählte uns, dass die Russen in der Nacht sehr geplündert hätten. Manch einer, der seine Uhr und Stiefel bisher gerettet hatte, war sie losgeworden. Als wir um fünf Uhr die Osterwiese räumten, blieben fünf alte Leute sitzen. Niemand wusste, zu wem sie gehörten. Sie konnten nicht laufen und saßen teilnahmslos und abgestumpft da. Eine alte Frau, die ich auch am Abend zuvor schon hatte sitzen sehen, saß noch genau so da. Von Zeit zu Zeit sagte sie: »Leute, gebt's mir doch ein bisschen Kaffee.« Man gab ihr Kaffee, aber mitnehmen konnte sie keiner, jeder war genug belastet.

Gegen zwei Uhr mittags langten wir in Reitwein an. Wir konnten nicht mehr weiter. Zwei Nächte ohne Schlaf, dann die ausgestandene Angst und der schlechte Weg, das alles wirkte nach. Noch einen Kampf hatten wir zu bestehen, und das war unser Empfang in den Gebieten, die deutsch waren. Wir sollten weiter um jeden Preis. Einige von der Gemeinde beauftragte Männer machten uns dies auf ziemlich rücksichtslose Art klar. Wir aber ließen uns nicht schrecken, wir konnten einfach nicht mehr. Wir nahmen die nassen Sachen aus den Säcken und legten sie in die Sonne zum Trocknen, vor allem auch die Decken und Betten, alles war durch die Nässe doppelt schwer. Wir aber haben in der warmen Sonne auf einer kleinen Wiese gelegen, die ganz stark nach Kamille roch. Meine arme kleine Brigitte und der kleine Ulrich waren auch froh, einmal vom Treckwagen herunterzukommen und die Beine bewegen zu können, d. h., bei Brigitte wollte das gar nicht recht gehen, sie war schon sehr entkräftet, aber Ulli rannte fröhlich umher. Die Kinder hatten ja keine Ahnung, was dieser Marsch für uns bedeutete, dass wir heimatlos geworden, ein wurzelloses Heer, das von allen Deutschen im Reich nicht gern gesehen wurde.

Am anderen Tage ging es weiter durch zerschossene Dörfer an Feldern vorbei, die der Krieg ganz vernichtet hatte. Überall sahen wir die Spuren des Krieges, aber Leichen lagen nicht mehr an den Wegen umher. Dafür sahen wir Gräber mit einem schlichten Holzkreuz und wussten, hier lagen deutsche Soldaten. Die Dörfer waren z.T. sehr zerstört, so Golzow und auch einige andere. Aber immer waren in den Dörfern einige Bewohner geblieben, auch wenn sie in halbzerstörten Häusern wohnen mussten. Auch Bäckereien waren hin und wieder in Betrieb. Einige von unseren Leuten sind hier im Oderbruch geblieben und haben sich angesiedelt. Verpflegung bekamen wir auch hier noch nicht, wir konnten nur unser Brotschrot gegen Brot eintauschen.

[Mit Wagner fuhr Anna Kientopf allein weiter nach Berlin, wo sie bei einem Bekannten namens Sommer um Unterstützung baten. Die Kinder warteten auf ihre Rückkehr in Fürstenwalde.]

Am anderen Morgen gingen wir nach Rummelsburg zurück. Ein Zug mit Schwarzmeerdeutschen stand abfahrbereit da. Von Sommer hatten wir einen Rucksack voller Brot bekommen. Die Schwarzmeerdeutschen erlaubten uns, in ihren Zug zu steigen, der in Richtung Frankfurt/Oder fahren würde. Wir saßen den ganzen Tag. Auf dem Bahnhof trieben sich russische Soldaten herum mit kahl geschorenem Schädel. Der Haaransatz begann gleich über der Nasenwurzel. Dies war der häufigste Typ. Wir saßen auch noch die folgende Nacht hindurch. »Wann fährt der Zug ab?« Die deutschen Beamten zuckten die Achseln: »Wenn die Russen eine Lokomotive freigeben.«

Der Dienstagmorgen kam trübe herauf. Am Sonntag waren wir nach Berlin gefahren und am Montag wieder zum Bahnhof gegangen. Dienstagfrüh, stand der Zug noch immer da. In Fürstenwalde aber lag Brigitte todkrank, und die Kinder hatten kein anderes Essen als die dünne Wassersuppe, die es von so einer Art Volksküche zweimal täglich gab. Mich quälte der Durst. Ich ging ein Stück zurück, wo es in einem kleinen Häuschen der Bahnbeamten Wasser gab. Schon war ich mit dem Wasser auf dem Rückweg, da, ich glaubte, dass meine Sinne mich täuschten, setzte sich der Zug in Bewegung. Ich begann zu laufen, aber immer weiter entfernten sich die Schlusslichter. Verzweifelt lief ich ein Stück hinterher. Was nun? Ich fragte: »Wann geht der nächste Zug in Richtung Frankfurt?« Keiner wusste Genaues: »Vielleicht morgen, vielleicht in drei, vier oder sechs Tagen. Das ist ganz verschieden.« Vier, fünf oder sechs Tage waren die Kinder in Fürstenwalde [alleine], lag Brigitte [dort] todkrank. Wann kam ich wieder nach Fürstenwalde? Vielleicht wenn man Brigitte eingescharrt hatte.

Also los. Die Kräfte noch einmal zusammengerafft und zu Fuß nach Fürstenwalde. In zwei Tagen musste ich da sein. Das Brot, meine Handtasche mit Geld waren im Zug bei Wagner geblieben. Nun, ich hatte gegessen und würde [eine Weile] aushalten. Bis Erkner ging alles sehr gut. Die Straßen waren belebt. Ortschaft lag an Ortschaft. Am Müggelsee ruhte ich ein wenig aus. Gegen Mittag war ich in Erkner. Bis Fürstenwalde vierundzwanzig Kilometer. Etwa zweiundzwanzig Kilometer hatte ich hinter mir. Ich hatte Hunger, aber weiter, ich musste heute noch Fürstenwalde erreichen. Dann kamen die endlosen, einsamen Chausseen. Manchmal begegnete ich Menschen, manchmal fuhren dic russischen Lastwagen an mir vorbei. Vierundzwanzig Kilometer sind doch eine verdammt lange Strecke, wenn man hungrig ist und allein. Einmal habe ich mich verlaufen und musste zurück, es waren etwa drei bis vier Kilometer Weg mehr.

Um halb neun Uhr abends war ich in Hangelsberg, nach Fürstenwalde [waren es] noch fünfzehn Kilometer. Ich taumelte vor Müdigkeit, aber weiter, immer weiter. Fast konnte ich nicht mehr. Da fuhr ein Lastauto an mir vorbei, hielt an, Italiener und deutsche Mädel waren hinten drin. »Wollen Sie nach Fürstenwalde?« – »Ja, ach ja, ich muss dorthin, meine Kinder sind da.« Sie halfen mir in den Wagen. Ich konnte nicht mehr stehen. Unter meinen Füßen waren große Blasen. Ich hatte Ledersandaletten an. So erreichte ich doch noch an diesem Tage Fürstenwalde. Aber ich konnte nicht mehr stehen, und auch am anderen Tage konnte ich kaum laufen.

Die Kinder lagen im Bett, denn wir hatten uns richtige Betten mit Hilfe der vorhandenen Bettstellen zurechtgemacht. Ich aß ein Stück Brot. Wagner war mit dem Zug gegen Mittag eingetroffen. Keiner hatte geglaubt, dass ich am gleichen Tage noch ankäme. Dann aber fiel ich neben Brigitte aufs Bett und schlief bis an den anderen Tag gegen Mittag. Mit dem Umweg, den ich gemacht hatte, war ich an diesem Tage etwa fünfundvierzig Kilometer unterwegs gewesen. Meine Füße waren wund und geschwollen. Tagelang konnte ich fast gar nicht laufen. Aber jetzt, wo ich wusste, dass ich in Berlin Aufnahme und Brot für uns fand, hielt mich nichts mehr. Zudem wurde das Kind immer schwächer.

Am folgenden Sonntag, der 29. Juli muss es gewesen sein, ging ich aufs Geradewohl mit allen meinen fünf Kindern zum Bahnhof, nur das Nötigste in Handtaschen, alles andere blieb in Fürstenwalde. Ein russischer Benzintankzug stand dort. Wir suchten uns Plätze auf den Puffern. Ich hielt Brigitte, Wolfgang hielt Ulli, Annelore und Rosemarie saßen nebeneinander, und wirklich, der Zug fuhr los in Richtung Berlin. Unser Platz war wohl wackelig und gefährlich, aber wir kamen nach Berlin. Um halb ein Uhr waren wir in Berlin-Köpenick. Weiter fuhr der Zug nicht. Von da ging die Straßenbahn, und bereits um ein Uhr waren wir in Lichtenberg in der Magdalenenstraße. Sommer wies uns ein Zimmer an. Ein elektrischer Herd war da, ein breites Schlafsofa, eine Feldbettstelle, alles, was wir brauchten. Auch Brot und Kaffee und Milch und Zucker gab er uns, und zum ersten Mal fühlten wir uns ein wenig geborgen.

Gleich am anderen Tage ging ich mit Brigitte zum Arzt. In der Alfredstraße leitete dieser eine Kinderklinik. Sie war überbelegt, aber er untersuchte Brigitte und verschrieb ihr Medizin. Sie hatte die Ruhr. Nun, sie wurde gesund, aber lange blieb sie sehr schwach und konnte fast nicht laufen. Auf Grund dessen, dass das Kind nicht transportfähig war, bekam ich die Aufenthaltsgenehmigung für Berlin und Lebensmittelkarten. Einmal mussten Wolfgang und ich noch nach Fürstenwalde zurück und die Sachen holen. Dann lag dies hinter uns.

Als Brigitte die Krankheit überstanden hatte, suchte ich meinen Bruder auf, der in Hohenschönhausen wohnte. Er hatte seine Wohnung räumen müssen, die Russen waren eingezogen. Er war mit seiner Familie in einem Notquartier, einem kleinen Stübchen, untergebracht. Auch meine anderen Verwandten kamen, meine Tanten und Cousinen. Eine Cousine bot mir an, bei ihr zu wohnen.

Später, als es in der Magdalenenstraße immer unruhiger wurde, habe ich von dem Angebot Gebrauch gemacht. Fast gegenüber von dem Haus, in dem ich wohnte, lag das Gefängnis der GPU, der sowjetischen Geheimpolizei. Jede Nacht war die Magdalenenstraße taghell erleuchtet. Ununterbrochen fuhren die Autos. Oft schrien die Menschen in Todesangst. Schüsse knallten. Die Russen machten jede Nacht Razzien. Sie holten die Menschen aus den Wohnungen. Hier im Gefängnis wurden sie verhört. Manche wurden entlassen, viele behielt man dort. Was mit ihnen geschah, weiß ich nicht. Die dicken Gefängnismauern ließen nichts an die Außenwelt dringen. Nur einmal sah ich einen Russen mit rohen Gesichtszügen aus der Tür kommen. Er rückte die Mütze in den Nacken und wischte den Schweiß von der Stirn. Sein Gesicht war erhitzt. In der Hand hielt er eine kurze Peitsche. Ich hatte den Eindruck, dass er mit dieser Peitsche gearbeitet hatte und für einen Augenblick Luft schöpfen wollte.

Hinzu kam, dass [unser] Haus Nr. 11 geräumt werden musste, russisches Militär rückte ein. So zog ich zu meiner Cousine. Dort blieb ich bis Mitte September. Dann musste ich Berlin verlassen und nach Mecklenburg. Eins aber hatte ich in Berlin noch erfahren: dass die Kartoffel ein ganz wertvoller Bestandteil der menschlichen Ernährung ist. Brot hatte ich dank Herrn Sommers Großzügigkeit ausreichend. Fett gab es auf Karten. Für die Kinder auf zehn Tage 200 Gramm, für Erwachsene siebzig Gramm. Kartoffeln dagegen gab es nicht oder ganz wenig. Meine Cousine fuhr nach Neustadt an der Dosse und holte aus dem Dorf Wusterhausen Kartoffeln. Wolfgang fuhr mit und kam nicht wieder. Er war bei einer Bäuerin geblieben, die allein stand.

Um zu sehen, wie es ihm ging, fuhr ich mit meiner Cousine mit, aber nur einmal. Wir fuhren zum Lehrter Bahnhof. Von dort gingen Züge in Richtung Mecklenburg ab. Wir hatten Mühe mitzukommen. Die Züge waren übervoll. Zuletzt standen, saßen und hingen die Menschen an den Zügen wie ein Schwarm Bienen an einem Ast. Selbst die Dächer waren dicht besetzt. So kamen wir hin. Von Neustadt bis Wusterhausen sind es vier Kilometer zu laufen. Meine Cousine hatte einen kleinen Rollwagen mitgenommen. Wolfgang hatte es einigermaßen gut bei Frau Mäck, er hatte ausreichend Essen.

Wir bekamen Kartoffeln und gingen zurück zum Bahnhof. Fast schien es unmöglich, in den Zug hineinzukommen. Alles war wieder voll, selbst die Dächer. Meine Cousine sagte: »Wir müssen mit!«, und sie nahm ihre Kartoffeln von dem kleinen Wagen. Jeder hatte etwa siebzig bis achtzig Pfund. Ich musste mit anfassen helfen, und sie warf den Sack durch das Fenster eines übervollen Abteils. Frauen schimpften, aber schon flog der zweite Sack hinterher. Dann half sie mir hoch, und ich flog ähnlich wie die Kartoffelsäcke durch das Fenster hinein, unbekümmert um das Schimpfen der anderen. Sie reichte mir das Wägelchen, und dann kam sie selbst auf die gleiche Weise herein.

In dem Abteil lag alles übereinander, Kartoffelsäcke, Menschen und sonstiges Gepäck. Der Zug kam von Mecklenburg, und es war damals ein Zeichen der Zeit, dass man Kartoffelnhamstern fuhr. Meine Cousine war ein resoluter Mensch, energisch und mit einer Portion echt Berliner Frechheit gesegnet. Sie setzte sich durch. Allmählich beruhigten sich dann die Menschen, und in der Nacht fuhr der Zug ab. Einige Male hielt er noch, aber gegen zehn Uhr am anderen Tag waren wir auf dem Lehrter Bahnhof und um elf in der Wohnung.

Manchmal dauerten diese Fahrten auch länger, man war bis zu zwei Tage und Nächte unterwegs. Es war keine Seltenheit, dass es bei solchen Fahrten drei bis vier Tote gab. Denn auf den Dächern der Wagen zu fahren war sehr riskant, ebenso auf den Trittbrettern und Puffern. Die Menschen schliefen vor Übermüdung ein und fielen herunter. Einmal habe ich [eine] solche Fahrt nach Kartoffeln mitgemacht, ein zweites Mal fehlte mir der Mut.

In Berlin durfte ich nur bis Mitte September bleiben. Dann bekam ich keine Karten mehr. Brigitte hatte wohl die Krankheit überstanden, aber sie war unbeschreiblich elend geworden. Auf dem kleinen Körper fast gar kein Fleisch, hohle Wangen, tiefliegende Augen, sie war so schwach, dass sie keine zwei Schritte laufen konnte, dann knickten die Beine zusammen. Mit diesem elenden Kind musste ich weiter. Wir wurden an den Kreis Ludwigslust in Mecklenburg verwiesen. Nach vielen Schwierigkeiten waren wir endlich so weit, dass wir abfahren konnten. Meine beiden Cousinen halfen mir zum Bahnhof. Ein Bahnpolizist sorgte dafür, dass wir alle zusammen einen Platz in einem Viehwagen bekamen. Unser Treckwagen war in der Magdalenenstraße geblieben. So ging denn die Reise nach Mecklenburg los.

Es war am frühen Morgen eines schönen Septembertages. Gegen Abend ziemlich spät landeten wir in Ludwigslust. Es war unendlich schwer für mich. Für alles musste ich alleine sorgen. Dass die Säcke aus dem Waggon kamen; das Kind konnte nicht laufen; auf die anderen beiden passte Annelore auf. Dann habe ich einen Sack nach dem anderen in die Bahnhofshalle geschleppt. Dort musste Rosemarie bleiben, damit er nicht gestohlen wurde. Ich vermisste Wolfgang, der ja in Wusterhausen geblieben war, sehr. Bis in die Bahnhofshalle kamen wir mit allem Gepäck. Dann war Halt, kein Mensch war da, der sich um uns kümmerte, kein Mensch, der uns sagte, wo wir hinsollten. Nur sehr viele Vertriebene, die gleich uns hier mit ihrem Gepäck lagen, manche tagelang schon. Zwischen all diesem Elend, dieser Trostlosigkeit aber gingen Russen umher, die Sieger, die bereit waren, denen, die alles verloren hatten, noch das Letzte zu nehmen. Es wurde dunkel, und es brannte kein Licht. Die ganze Nacht brannte kein Licht. So dunkel lag auch unsere Zukunft vor uns. Manch einer hat in dieser Nacht seinen Koffer eingebüßt. Auf Säcke waren die Iwans weniger scharf, aber in den Koffern vermuteten sie noch Wertsachen.

Das Einzige, was es in der Bahnhofswirtschaft gab, war dünner Kaffee, den wir aber teuer bezahlen mussten. Brot hatte ich noch etwas von Berlin her. Viel hatte ich unterwegs im Zuge verteilt, an Landser, die krank und elend aus russischer Gefangenschaft kamen. Diese Elendsgestalten hatte man auch sehr oft in den Straßen von Berlin getroffen. Zusammen mit den verelendeten Gestalten der Vertriebenen, die in Lagern leben mussten und keine Gelegenheit hatten, ihre Sachen und sich selbst zu waschen, bildeten sie damals das Straßenbild der Städte und Großstädte. In Berlin war ich dank Herrn Sommers Hilfe verschont geblieben, in Lagern zu leben. Hätte ich das gemusst – ich glaube, keines meiner Kinder hätte ich behalten. Niemand, der in geordneten Verhältnissen lebt, kann sich ein Bild machen von diesem namenlosen Elend. Auf dem Fußboden lag Stroh. In diesem Stroh lagen Menschen umher, Frauen, Kinder, Halbwüchsige, alte Männer.

Die einen gingen, die anderen kamen, länger als drei Tage durfte niemand bleiben im Lager. Er bekam nicht länger Verpflegung, dann hieß es: weiter.

Die Verpflegung war aber so gering, dass keiner davon leben konnte. Meist nur dünne Wassersuppen und 100 bis 150 Gramm Brot am Tag. Als ich einmal nach Lichtenberg in das Lager ging, wurde es gerade geräumt, da Typhus ausgebrochen war. Neben einer Toten, die draußen lag, saß eine Frau mit drei Kindern. Sie aßen ihre Wassersuppe. So abgestumpft wird der Mensch durch Hunger und Not. Nachher ging es dann weiter, und die Keime der Krankheit wurden mitgeschleppt, in andere Lager. Darum sind auch so viele unserer Menschen gestorben, damals, in dieser Zeit.

Bisher war ich verschont geblieben, in Lagern zu leben, jetzt aber musste ich es. Der folgende Tag war ein Sonnabend, da arbeiteten die Behörden nicht oder nur bis Mittag. Mein Brot wurde alle, das ich im guten Glauben, bald unterzukommen, noch verteilt hatte. Wir zogen aus der Bahnhofshalle in eine dicht am Bahnhof liegende Baracke. Dort lagen viele, meist Frauen mit Kindern. Von ihnen erfuhr ich, dass man auf den in Berlin erhaltenen Schein sich Suppe holen konnte. Fast eine halbe Stunde durch ganz Ludwigslust mussten wir gehen und bekamen für jeden einen Schöpflöffel Suppe, bestehend aus Kartoffeln und Gemüse. Sie war sogar mit etwas Fleisch und Knochen gekocht. Abends gab es das Gleiche wieder, aber kein Brot. Morgens gab es nichts. Mittags am Sonntag gab es Kartoffeln mit irgendetwas darüber, ich weiß heute noch nicht, was das war – aber allzu wenig, und abends eine Suppe. Aus den Augen der Kinder sah mich der Hunger an. »Haben wir kein Brot, Mama?« Ich hatte keins. Dann die Nacht in der Baracke. Die Züge liefen ein, rangierten, alles ohne elektrisches Licht. In der Bahnhofshalle lagen neue Vertriebene, und die Russen gingen dazwischen herum, spähend, wo sie etwas erwischen konnten im Dunkeln.

Das Schlimmste aber waren die Toiletten. Das Wort Toilette ist eigentlich nicht richtig. Latrinen waren es, solche, wo zehn bis zwölf Menschen nebeneinander sitzen konnten; das heißt, sitzen konnte eigentlich niemand mehr, sie waren unglaublich verschmutzt und daher Bazillen- und Krankheitsträger.

Am Montag ging ich mit den Kindern in der Frühe dorthin, wo wir verteilt wurden auf die Dörfer in der Umgebung. Wir mussten anstehen vom frühen Morgen ab, ohne Essen. Mittags ging Annelore und holte uns das Essen, einen Schöpflöffel voll für jeden. Das war nichts für ausgehungerte Menschen, die wir auch waren. Ich dachte an Berlin zurück, wo ich von Gustav Sommer ausreichend Brot bekommen hatte, mitunter auch Weißbrot. So etwas kannte man hier gar nicht, und ich dachte an zu Hause, wo wir zehn Morgen fast reifes Brotkorn stehen hatten und sechs Morgen Kartoffeln und vier Kühe im Stall, als wir gehen mussten, und so vieles andere noch. Am späten Nachmittag kamen wir an die Reihe. Zuerst wurden wir untersucht. Wir waren frei von Läusen und ansteckenden Krankheiten. Wir wurden in den Ort Vielank im Kreis Ludwigslust verwiesen, bekamen die Zuweisung und durften als Bevorzugte in die Gustawa-Baracke gehen. Die, die Läuse hatten, kamen in ein anderes Lager, in den Franzosengrund. »In der Gustawa-Baracke gibt es Brot und Marmelade.« Irgendwer hatte es gesagt. Es wirkte belebend. Wenn ein Kind weinte vor Hunger, dann trösteten es die Mütter: »Wein doch nicht, morgen kommen wir in die Gustawa-Baracke, da gibt es Brot und Marmelade.« Und das Kind wurde still.

Also, wir kamen im letzten Abendsonnenschein in die Gustawa-Baracke, und es gab wirklich Brot und Marmelade, auch noch eine warme Suppe. Wir stürzten alle darüber her, ausgehungert wie wir waren, und aßen alles auf.

Am anderen Morgen um halb neun Uhr ging unser Zug in Richtung Dömitz. Von dort sollten wir abgeholt werden von einem Fuhrwerk des Dorfes Vielank. Wir schleppten uns zum Bahnhof ohne Essen. Es war alles unsagbar schwer. Brigitte konnte nicht laufen, und Annelore war zu schwach, sie zu tragen. Aber wir schafften es. Die Hoffnung, in ein Bauerndorf zu kommen, belebte uns. Wir gaben unser Letztes her. Schon um elf Uhr waren wir in Dömitz. Es liegt unmittelbar an der Elbe und war eine kleine Festungsstadt. Aber niemand war da, der uns holte.

Wir fragten jeden nach einem Fuhrwerk des Dorfes Vielank. Es war keines da. In unseren Eingeweiden wühlte der Hunger. Nicht einmal Kaffee gab es zu kaufen, nur etwas Wasser tranken wir. So lagen wir draußen vor dem Bahnhof. Die Kinder weinten vor Hunger und Müdigkeit. Eine Stunde nach der anderen schlich dahin. Niemand kam. Wir waren wie ein welkes Blatt, vom Sturmwind verweht, das nicht wusste, wohin es getrieben wurde, vielleicht fiel es dorthin, wo es versank in unendlicher Tiefe und niemals mehr ans Licht des Tages kam. Trostlos war das Heute, wie würde das Morgen sein? Wer allein war, der schlug sich noch durch. Für den war es noch erträglich. Aber wenn dort vier Kinder sitzen, eines mager wie ein Skelett, und mit hungrigen Augen zusehen, wie die Bauern auf den Bahnhof kamen und ihre fetten Butterbrote aßen, darauf wartend, dass sie vielleicht eine Brotrinde fortwarfen, der bedurfte aller Kraft, um nicht den letzten Rest seelischer Stärke zu verlieren.

Endlich kam ein Wagen von Vielank, so gegen drei Uhr nachmittags. Er hatte in der Stadt noch einiges zu besorgen. Es war das Fuhrwerk des Fleischers im Ort. Mit uns fuhren noch drei [deutsche] Landser. Ihnen war es besser ergangen. Sie hatten in der »Roten Hilfe« in Dömitz Mittagessen bekommen. Die »Rote Hilfe« war ein Lokal, das den Russen gehörte. Da bekamen nur Landser etwas, Frauen mit Kindern bekamen nichts. Auch Brot und Wurst hatten sie noch im Beutel. Sie aßen unterwegs, und die Kinder sahen ihnen zu, aber niemand gab ihnen etwas ab. Einmal hielten sie unterwegs und pflückten sich Birnen. Als sie auch davon den Kindern nichts abgaben, sagte ich zu meiner Ältesten: »Jetzt wissen wir erst, wie dumm wir waren, Annelore.« Und ich dachte an das gute Weißbrot, das ich noch im Zuge von Berlin nach Mecklenburg an die Landser verteilt hatte. In jenen Stunden habe ich den Entschluss gefasst, von mir bekommt niemand mehr etwas, auch wenn es mir gut geht, ich will nur noch an die Kinder denken.

Erst hier in Westdeutschland bin ich diesem Vorsatz wieder untreu geworden, als ich sah, dass es doch noch gute Menschen gab. Und ich habe mir Mühe gegeben, diese drei Landser zu verstehen, die aus russischer Kriegsgefangenschaft kamen und sehr Schweres erlebt hatten. Es schien so, dass es dort, wo der Russe regiert, gar kein Verstehen für menschliche Not mehr gäbe.

Als wir endlich in Vielank anlangten, ging die Sonne unter – ja, in doppeltem Sinne ging die Sonne unter, denn dort habe ich die bitterste und trostloseste Zeit meines Lebens verlebt. Vor dem Bürgermeisteramt wurden wir abgeladen und saßen auf der Straße. Der Bürgermeister war nicht da. Niemand wusste, was mit uns geschehen sollte. Keiner kümmerte sich um uns. Da brach auch meine bisher festgehaltene seelische Kraft zusammen. Ich wusste nicht mehr, was ich den Kindern sagen sollte, wenn sie um Essen fragten. Ich habe fassungslos geweint und die Kinder mit mir.

Da kamen des Weges eine Frau und ein junger Mensch daher, Vertriebene wie wir, die nahmen uns mit in den Saal des Gemeindehauses. Dort lagen auf Stroh noch viele andere, die gleich uns an den Ort Vielank verwiesen worden waren. »Seit drei Tagen liegen wir hier. Essen? Ja, es soll heute noch etwas geben. Im Schweinedämpfer werden Kartoffeln gekocht. Dazu gibt es etwas Sauce.« Als es dann fast ganz dunkel schon war, dann gab es etwas Kartoffeln und Sauce, die aus Mehl und Wasser bestand, und etwas Fett war hineingetan. Wir konnten das erste Mal etwas essen an diesem Tage.

Dann kam ein Vertreter der Gemeinde. Die Familien sollten verteilt werden. Wir kamen zu dem Bauer Fritz Weber. Noch am gleichen Abend suchten wir unser Quartier auf. Es war ein großes Bauernhaus, in das wir kamen. Der Hof war 130 Morgen groß. Um zehn Uhr kam das elektrische Licht wieder. Die Bäuerin wies uns unser Zimmer an. Es waren nur die kahlen vier Wände. Keine Bettstelle, kein Stuhl, nichts. Das wirkte noch niederdrückender auf uns. Wir packten unsere Betten auf den Fußboden und deckten uns mit den Decken zu. So haben wir die erste Nacht geschlafen. Am anderen Morgen erlaubte uns der Bauer, die Säcke mit Stroh zu füllen, davon machten wir ein Lager für die nächsten Nächte und nahmen die Betten wieder zum Zudecken. Unser Frühstück bestand aus Bratkartoffeln und Ersatz-Kaffee. Die Kartoffeln waren aber ganz ohne Fett gebraten, denn wir hatten ja keines. Die Kartoffeln hatten wir am Abend zuvor mitnehmen dürfen. Mittags konnten wir uns ein Essen holen: Kohlrüben mit Kartoffeln zusammengekocht, pro Person ein Schöpflöffel voll. Abends gab es nur gekochte Kartoffeln, die wir mitnehmen mussten. So ging es Tag um Tag.

Mittags ein von der Gemeinde gekochtes Essen, abends Pellkartoffeln und Salz, morgens aufgewärmte Pellkartoffeln, aber kein Brot. Ich weiß nicht, ob es alle verstehen können, welchen Appetit, ja Heißhunger man auf Brot und Fett entwickeln kann, wenn man keines hat, wochenlang keines hat. Zwei Wochen sollten vergehen, ehe wir Lebensmittelmarken bekamen und uns Brot holen konnten und pro Kopf fünfzig Gramm Butter. Wir haben uns hingesetzt und uns einmal nach Wochen richtig satt gegessen an Brot mit Butter. Aber dann war die Butter alle, und Brot für drei Tage war auch alle. Es gab pro Tag 200 Gramm Brot und Fett für alle vier Wochen mal fünfzig bis einhundert Gramm pro Kopf. Das Brot war allemal am Fünfzehnten jeden Monats zu Ende, und wenn wir Fett bekamen, waren wir so ausgehungert darauf, dass es an einem Tage alle war. Kartoffeln bekamen wir auch zugeteilt, seit wir Karten bekamen, und konnten allein kochen. Aber die Kartoffeln reichten nicht aus, das Brot reichte nicht aus, weil alles Essen ohne Fett war, hatten wir immer Hunger.

Die Kinder und wir Erwachsenen mussten in jener Zeit jede Nacht fünf- bis sechsmal aufstehen, da die Nahrung zu wässrig war. Wir bekamen alle einen dicken Bauch und wurden alle immer magerer und kraftloser. Man denkt vielleicht, da wir bei einem Bauern wohnten, hätte es uns daher nicht schlecht gehen können. Aber Irrtum: Wir bekamen von unserem Bauer auch nicht eine Kartoffel oder eine Schnitte Brot. Zweimal habe ich die

Bäuerin gebeten, mir doch etwas Milch abzulassen für Brigitte. Sie tat es nicht. Im Hause wohnte noch eine Frau Erdmann, die ein etwa vier Monate altes Kind hatte. Diese Frau hat sie fast auf Knien angefleht um Milch, aber sie bekam keine. »Der Russe hat es verboten«, war ihre Rede. Nun, eines weiß ich: Wenn ich, wie diese Bäuerin, acht Milchkühe im Stall gehabt hätte, ich hätte zwei Kinder, die im Hause wohnten, nicht verelenden lassen.

Die Zuteilung an Milch war sehr gering, ein Viertelliter pro Kind, und dann gab es an drei Tagen mal Milch und an zehn Tagen dann wieder nicht. Brigitte konnte sich bei dieser Ernährung nach der schweren Krankheit nicht wieder erholen und blieb elend. Der kleine Erdmann hat schwere Rachitis bekommen. Er soll später gestorben sein.

Solange Frucht auf den Feldern war, gingen wir und stahlen Kartoffeln und Gemüse, damit wenigstens der Magen voll war, wenn auch nur von Wassersuppe. Nachher wurde es noch schlechter für uns. Holz konnten wir uns im Walde suchen, damit wir uns unser elendes Essen kochen konnten. Fleischmarken waren an den Karten auch dran, aber im Dorf gab es keins. Da gingen wir nach Lipten, das zum Kreise Hagenow gehörte. Dort gab es Freibank- und Pferdefleisch auf die Marken. Es waren neun Kilometer hin- und neun Kilometer zurückzulaufen. Wir gingen aber doch hin, um nach langem Anstehen etwas Fleisch zu bekommen, das man zu anderen Zeiten bestimmt nicht gegessen hätte.

Im November kam ein anderer Bürgermeister in den Ort. Er war zwölf Jahre im KZ gewesen. Wegen seiner politischen Gesinnung, sagte er. Er war langjähriger Kommunist. Um sich die Sympathie der Vertriebenen zu sichern, sorgte er dafür, dass es im Dorf einmal Fleisch und Wurst gab. Die war sehr anständig, aber nur einmal, dann gab es Fleisch von Notschlachtungen, also halb krepiertem Vieh, das eine Krankheit gehabt hatte. Um die allergrößte Not zu bannen, habe ich alles, was noch einigen Wert hatte, für Kartoffeln und Brotgetreide eingetauscht: Gardinen, Stores, Tüllbettdecken, ein Paar lange Stiefel, eine Joppe, dies alles habe ich für Kartoffeln und Brot im Laufe des Winters weggeben müssen.

Es war bezeichnend für die Gesinnung der Bevölkerung. Wohl waren sie verpflichtet, viel abzuliefern, aber wenn wir unsere letzten guten Sachen, die wir unter unsäglichen Mühen gerettet hatten, hingaben, dann hatten sie noch etwas übrig, für Geld nicht. Für die Joppe bekam ich zwei Zentner Kartoffeln und einen halben Zentner Roggenschrot. Für die sehr wertvolle Tülldecke, für zwei Betten, bekam ich einen Zentner Roggenschrot und zwei Zentner Kartoffeln. Hätte ich dies nicht getan, wären mir die Kinder wohl gestorben, zumindest die kleinen.

Diejenigen, die nichts mehr hatten zum Eintauschen, kochten morgens eine Suppe, bestehend aus Wasser und geriebenen Kartoffeln. Sechs bis acht Kartoffeln genügten für fünf bis sechs Personen. Mittags die gleiche Suppe mit Kohlrübenstücken darin und abends dieselbe Suppe wie des Morgens. Jedes Mal durfte man eine Schnitte Brot dazu essen, wenn man mit seiner Zuteilung auskommen wollte. Wie die meisten dabei herunterkamen, kann sich keiner vorstellen. Aber eine Erscheinung, die sich bei Frauen und Mädchen zeigte, will ich nicht vergessen zu erwähnen: Bei etwa achtzig von einhundert Frauen und Mädchen hörten die monatlichen Blutungen auf, ohne dass eine Schwangerschaft oder sonst etwas bestand. Und noch eins soll nicht vergessen werden: Die deutschen Ärzte haben hier in Mecklenburg wie auch in Berlin schon alles getan, um die Seuchen, die durch das Elend hervorgerufen waren, zu bekämpfen. Sie haben diejenigen, die nicht imstande waren, Honorar zu zahlen, kostenlos beraten. Viel helfen konnten sie nicht. Diesem Massenelend standen sie machtlos gegenüber. Vielleicht hätten die Bauern mehr tun können, aber sie wurden zur Ablieferung sehr herangezogen. Doch eines steht fest: Ihre Schweine und Hunde haben in jener Zeit besser zu fressen bekommen, als die Vertriebenen es hatten.

Für mich war es eine Wohltat, in den Wald gehen zu können zum Holzsammeln. Dort brauchte man sich dann nicht beherrschen. Und in den Wäldern um Vielank konnte man allem Jammer und aller Sehnsucht nach der verlorenen Heimat freien Lauf lassen. Meine armen Kinder und auch ich selbst wurden immer elender. Annelore, die Älteste, ist zweimal die Treppe hinuntergefallen, weil ihr vor Schwäche schlecht wurde.

Im November erfuhr ich, dass mein Mann in den Westzonen sei, und zwar in Bad Eilsen im Kreise Bückeburg. Es war eine Hoffnung, die uns belebte. Aber noch war es nicht möglich, mit den Kindern aufs Neue auf den Treck zu gehen, denn die Wintermonate waren kalt, und es lag viel Schnee. Zu dem Hunger kam die Kälte, kamen die Läuse und bei vielen auch noch Krankheit. Wir kochten zu drei Familien auf einem Herd, der unten im Flur stand. Unser Zimmer war nicht heizbar. Es war eisig kalt darin. Hätten wir nicht noch einige Federbetten gehabt, so wären uns die Glieder erfroren. Die Wärme, die eine gute Ernährung dem Körper gibt, fehlte.

Im Januar hieß es, dass von Ludwigslust ein Transport in die Westzonen ginge. Ich schrieb an Wolfgang, der noch in Wusterhausen bei Neustadt an der Dosse war. Er kam daraufhin sofort. Der Bürgermeister Scheidat, der KZler, bestätigte das Gerücht von dem Transport, und fünf Familien aus Vielank packten ihre letzten Habseligkeiten wieder in Säcke und machten sich trotz Kälte und Schnee auf den Weg nach dem fünfunddreißig Kilometer entfernten Ludwigslust. Dort angekommen, wusste keiner von was. Es ging kein Transport, und es war auch keiner gegangen. Zwei Tage lagen wir im Bahnhof im Wartesaal herum. Tag und Nacht zwischen Russen und anderen Menschen, die hofften, bei Bekannten und Verwandten Hilfe zu finden. Hier trat das Elend noch krasser zutage als auf den Dörfern. Dann blieb uns keine andere Wahl als zurück nach Vielank. Der Bürgermeister musste uns wieder aufnehmen. Wir bekamen unsere alten Quartiere wieder.

Kaum war ich wieder dort, musste Wolfgang nach Ludwigslust in ein Lager, das sich »freiwilliger Arbeitseinsatz der Jugend« nannte. Es waren dort Jungen im Alter von vierzehn bis achtzehn Jahren, etwa einhundert, aber freiwillig war keiner da. Ein so genannter »Edelkommunist« war der Leiter des Lagers [in dem die Jungen kommunistisch geschult wurden]. Die Jungen bekamen ihre Verpflegung dort, mussten aber überall umhergehen und bei den Bürgern, die sie anforderten, arbeiten. Das Geld dafür bekam die Lagerleitung. Sie mussten auch schwere und schmutzige Arbeit verrichten, ihre Kleidung, das heißt gefärbte Soldatenkittel, bekamen sie vom Lager. Wolfgang hatte damals nur eine Hose, einen Pullover und einen Mantel.

Mein Sinnen und Trachten stand nur noch danach, fortzukommen, denn dort wären mir die Kinder gestorben. Zum Tauschen hatte ich nichts mehr. Im Februar ist es wohl gewesen, als ich eines Morgens durch Geschrei geweckt wurde. Was war nun los in Vielank? Bald sahen wir es: Eine Kommission, bestehend aus einem Beamten des Landratsamts, dem Bürgermeister Scheidat, einem oder zwei Russen, auch einige Volkspolizisten waren dabei, ging in einige Häuser, und die Bauern mussten binnen zwei Stunden von ihren Höfen herunter. Auch der Nachbarhof, der Hagensche Hof, 135 Morgen groß, wurde geräumt. Die Besitzer sollen sich irgendwie politisch betätigt haben in der Nazi-Zeit. Jetzt mussten sie von Haus und Hof herunter binnen zwei Stunden und durften nur das Allernotwenigste mitnehmen. Jeder ein Bett, einen Tisch, einen Stuhl usw. Sieben Hofbesitzer wurden in Vielank an diesem Tag enteignet. Geschrei und Jammer waren groß. Sie wurden mindestens zwanzig Kilometer weit vom Dorf fortgefahren und mussten bei Verwandten und Bekannten Unterkunft suchen. Sie haben dadurch vielleicht eine kleine Ahnung davon bekommen, wie es uns zumute war, und doch war der Jammer klein gegen das Elend, das uns betroffen hatte. Auf die Höfe der enteigneten Bauern kamen dann meist jene, die im KZ gewesen waren oder nachweisen konnten, dass sie langjährige Kommunisten waren. Man nannte sie »Edelkommunisten«.

Unser Sinnen war mehr denn je darauf gerichtet, fortzukommen. Eines Tages Anfang März 1946 beschlossen einige Frauen, nach Ludwigslust zu fahren. Man hatte uns gesagt, dass man auf der russischen Kommandantur einen Schein bekäme, womit man über die Grenze käme. Wir versuchten also auch dies, obwohl Reisen und Bahnhöfe ein Schrecken für uns waren zu jener Zeit. An dem Tage, an dem wir [in Ludwigslust] ankamen, konnten wir nicht mehr zur Kommandantur. Wir mussten warten bis zum anderen Tage. Wo aber bleiben? Am Nachmittag gingen wir zu Wolfgang. Er war im Schweizer-Haus im Park von Ludwigslust untergebracht. Der Lagerleiter telefonierte mit einem Hotel, das uns für die Nacht aufnahm.

Wolfgang wollte gern wissen, was wir erreichten, aber wir haben nichts erreicht. Es war Bluff gewesen vom Bürgermeister Scheidat. Nach einer Woche hatte ich nochmals in Ludwigslust zu tun und ging wieder zu Wolfgang. Am 20. März 1946 fuhren wir dann endgültig fort. Eine Verwandte vom Bäckermeister des Ortes sagte uns, dass von Rottleberode (Harz) aus Transporte gingen in die britische Zone. Wir packten unsere Habseligkeiten in Säcke. Ich tauschte noch mein letztes gutes Stück, eine Skihose, gegen Brote und Kartoffeln, damit wir für unterwegs etwas zu essen hatten.

Diesmal war Wolfgang wieder dabei. Unsere Reise ging von Ludwigslust über Wittenberge und Stendal, dann über Magdeburg, Halle an der Saale nach Sangerhausen. Drei Tage dauerte es, bis wir in Sangerhausen ankamen. Dort mussten wir warten, bis unsere Säcke nachkamen. Nie werde ich diese Reise vergessen. Unsere geringen Vorräte waren nach zwei Tagen alle, überfüllte Züge, Nächte ohne Licht in ebenfalls übervollen Wartesälen, in denen sich das menschliche Elend in der krassesten Form ein Stelldichein gab, und Hunger, Hunger, Hunger.

Selbst das einzige Glück, das es für uns noch gab – den Schlaf – fanden wir hier nicht, aber Bahnhöfe, ein- und ausfahrende Züge, der Geruch, der Bahnhöfen eigen ist, wenn ich dies heute hören und einatmen muss, dann steigt mir noch immer ein Würgen in die Kehle. Ich reise nicht mehr gern und vermeide es, wo ich kann.

Sangerhausen: ein Lager im ehemaligen Mütterheim. Bettgestelle mit Strohsäcken. Für uns Enterbte noch komfortabel, aber nur zweimal täglich eine dünne Suppe. Dann kamen die Säcke an. Wir fuhren weiter nach Rottleberode, über Leba, Kelbra – unser letztes Lager auf russisch besetzter Seite. Gegen Abend kamen wir an, und die Kinder weinten vor Hunger. Es gab kein Essen. Am anderen Morgen auch kein Essen, nicht einmal Kaffee. Wir saßen mit hängenden Köpfen kraftlos auf dem Strohlager. Die Kinder durfte ich nicht ansehen. Der Jammer schnürte einem die Kehle zu. Mittags gab es drei Pellkartoffeln und Salz. Wir mussten Wasser trinken. Abends gab es Marschverpflegung: etwa 400 Gramm Brot und fünfzig Gramm Wurst pro Kopf. Wir aßen heißhungrig alles auf. In der Nacht ging dann ein Transport ab über Heiligenstadt.

Am Vormittag waren wir auf dem Grenzbahnhof. Frauen mit Handwagen standen dort. Über die Grenze ging der Zug nicht. Um die Säcke mitzubekommen, mietete man einen Handwagen. Der kostete je nach Größe fünfzehn bis dreißig Reichsmark. Die Kinder konnten nicht mehr laufen. Ich nahm zwei Wagen, einen großen für die Säcke und einen für die Kinder. Dann ging es los, und zwar im Trab. Vier Kilometer betrug die Strecke. Als wir ein Stück gefahren waren, hieß es »Halt! Ihr kommt nicht mehr rüber und müsst ins Lager.« Es war Nachmittag geworden, und wir hatten an diesem Tage noch nichts gegessen. Aber die Frauen ließen sich nicht schrecken: »Kommt nur, wir schaffen es noch.« Und weiter ging es, womöglich noch schneller. Wir gaben unsere letzten Kräfte her. Endlich der Schlagbaum. Kontrolle unserer Karten, die wir in Rottleberode bekommen hatten. Dann ein Stück Niemandsland und wieder ein Schlagbaum. Wir kamen hindurch und waren in der englischen Zone. Die Frauen fuhren uns noch ein Stück, dann luden sie unsere Säcke ab, und wir sanken erschöpft darauf nieder. Endlich waren wir fort vom Russen. Endlich hatten wir das größte Elend hinter uns. Endlich war es geschafft.

An einem Freitag, dem 29. März 1946, kamen wir weiter nach Northeim. Hier ärztliche Untersuchung. Bis auf die Krätze waren wir gesund. Wir wollten nach Eilsen, weil dort mein Mann war.

So fuhren wir denn am 30. März in der Frühe von Northeim nach Hannover. Dort mussten wir umsteigen. Die Züge waren sehr voll. Die drei Kleinsten bekam ich mit in einen Viehwaggon hinein. Meinen Ulrich hat irgendeine fremde Frau von Hannover bis Bückeburg auf dem Schoß gehalten. Ich stand eingekeilt und hatte Brigitte auf dem Arm. Rosemarie, die damals Siebenjährige, stand neben mir. Die Menschen waren alle so nett und freundlich, wie wir es gar nicht mehr kannten. Sie gaben den Kindern belegte Brote und Milch. Von allen Seiten bekamen wir [etwas] zugesteckt. In Bückeburg halfen uns viele Hände aus dem Zug. Wolfgang und Annelore waren auch wieder da. Sie hatten irgendwo draußen auf den Trittbrettern oder sonst wo gestanden. Solches Reisen war ihnen ja nicht fremd.

Wir kamen am 30. März, es war ein Sonnabend, in Eilsen an. Bei dem Bauer Wilhelm Drewes war mein Mann. Herr Drewes gab uns Unterkunft und Verpflegung bis Montag. Dann verwies uns das Wohnungsamt von Bückeburg nach Luhden. Wir waren mit die ersten Ostvertriebenen, die hier ankamen. Unser Leben kam wieder in geordnete Bahnen. Die Ernährung war hier nicht üppig, aber gegen das, was wir in der Russenzone bekommen hatten, war es viel. Nur eines war hier so wie da: die Verständnislosigkeit der meisten Einheimischen. Man wollte nicht glauben, dass es im Osten schöne Bauernhöfe mit wertvollem Viehbestand und wogenden, mannshohen Getreidefeldern gegeben hatte. Was an Leid, Gefahr und Strapazen hinter uns lag, konnte keiner begreifen.

Quelle: Bundesarchiv-Lastenausgleichsarchiv Bayreuth,
Erlebnisberichte zur Dokumentation der Vertreibung der Deutschen
aus Ost-Mittel-Europa, Ost-Dok. 2, Nr. 159, ohne Seitenangabe,
Anna Kientopf, geb. 31.3.1908, aus Machuswerder,
Landkreis Friedeberg in Pommern, Wohnort: Luhden,
Landkreis Bückeburg, Gemeindehaus, Datum: 15.8.1950

»Wegen jeder Kleinigkeit musste meine Frau bitten«

Bernhard Frieben, Makler, aus Breslau/Niederschlesien

[Im ersten Teil seines Berichtes schildert Bernhard Frieben die Umstände der Flucht vor der Einschließung Breslaus durch die sowjetische Armee im Februar 1945 und seine Rückkehr nach Breslau aus dem Sudetenland Ende Mai.]

Endlich kamen wir über den Vorort Opperau an. In den Häusern, welche nicht zerstört waren, hausten Russen über Russen. Sonst ein schreckliches Bild der restlosen Zerstörung. An allen Ecken brannte es noch, war doch die Festung Breslau erst vor kurzem gefallen. Die Straßen waren kaum wiederzuerkennen und das ganze Stadtviertel verschwunden. Tote sah man viele, auch Russen. Unter den Trümmern mussten offenbar Tausende den ewigen Schlaf halten.

Im Süden hatte ich [als Makler] mehrere Häuser zu verwalten. Diese wollte ich alle aufsuchen und mich [von ihrem Zustand] überzeugen. Auf Trampelpfaden über Schuttberge sahen wir nur Trümmer, Trümmer – eine Mondlandschaft. Selten, wenn im Süden noch ein Haus stand. Oft waren noch Unterstände mit Geschützrohren zu sehen. Endlich landeten wir auf Umwegen in der Lehmgrubenstraße. Das Haus meines Sohnes war der Erde gleich. Acht [weitere] von mir verwaltete Häuser hatten das gleiche Schicksal erlitten. Mit letzter Kraft bogen wir in die Gartenstraße ein, auch sehr schwer verwüstet. An den Straßenecken saßen auf Stühlen die Russen und fanden es schön, ab und zu Feuergarben die Straßen entlang zu jagen. Weiter zogen wir, am Hauptbahnhof (eine Teilruine) vorbei, in die Taschenstraße.

Unsere Wohnung und Heimat, meine Firma, alles restlos ausgelöscht und für immer dahin. Gebrochen, wortlos zogen wir unsere Karre weiter über Berge von Schutt nach der Vorwerkstraße. Die Bäckerei, die Wohnung meines Schwiegersohnes, überhaupt das ganze Haus restlos zerstört. Ich stieg in die Parterrewohnung, wenn auch die Decke herunterhing, und konnte nur noch Fetzen von Spielsachen meiner Enkeltochter Erika finden. Offenbar waren die Möbel vorher schon ausgeräumt worden. Auf Umwegen stieg ich vom Hofe aus von der Werkstatt in den Keller, d. h., ich ließ mich hinab, da keine Treppe mehr da war. Die Zimmerdecken hingen zerstört darüber. In diesen Keller war alles Bewegliche verlagert [worden]. Kopfkissen und Kleinigkeiten konnten wir aus dem Unrat herausholen und später als Andenken übergeben. Auch hier das Werk eines Lebens restlos vernichtet.

In der Nähe gab es schon so etwas wie [ein] Quartiersamt. Uns wurde eine zerschlagene Wohnung in der Tauentzienstraße zugewiesen, und [wir] bekamen auch Anweisung für ein Brot. Ja, ein Brot, was für uns eine Kostbarkeit war. Den Karren brachten wir unter, und in der leeren Wohnung haben wir uns ausgeruht. Es gab selbstverständlich kein Wasser, kein Licht, alles unbrauchbar. Da und dort gab es irgendwo eine Hofpumpe, und man musste sich anstellen, um ein Gefäß Wasser zu bekommen.

In den Straßen waren von den Russen Kolonnen von »Trümmerfrauen« eingesetzt. Männer sah man wenig, nur ganz alte. Diese Frauen, meist in Lumpen, waren als solche kaum noch zu erkennen und waren völlig ungepflegt. Trotzdem [waren sie] der Willkür der Soldateska restlos ausgeliefert. – Was sollte der Einzelne auch machen? Alles war zerrissen, jede Familienbande aufgehoben. Man lag in Höhlen, in Räumen ohne Unterschied. Sogar die Notdurft wurde in aller Öffentlichkeit verrichtet.

[Anschließend berichtet Bernhard Frieben über seine weiteren Eindrücke auf dem Weg zum Haus seiner Schwiegereltern in der Woyrschstraße, wo er sich einzurichten begann.]

Eine regelrechte Ernährung und Lebensmittelkarten gab es nicht. Man hungerte und lebte von Nahrungsmitteln aus den meist zerschlagenen Kellern. Die Folge war, dass alles mehr oder weniger krank wurde, und alle Menschen sahen immer elender aus, auch wir. Alle Ankommenden mussten sich in der Baracke des früheren Parteiamtes melden. Der vom Russen eingesetzte Bürgermeister war nach Berichten ein erheblich vorbestrafter ehemaliger städtischer Gärtner. Dieser spielte in Pilsnitz-Kosel-Schmiedefeld jetzt die Hauptrolle.

Alle mussten »Sühnearbeit« verrichten, also auch ich und meine arme Frau. In der Bürobaracke herrschten schlimme Zustände, und alles [war] ein wüstes Durcheinander. Der Bürgermeister fragte mich nach meinem Beruf und sagte: »Schaffen Sie« – diese Anrede war damals ein Wunder unter diesem Regime, ein Wunder – »auf dem Korridor Ordnung.« Zu ihm dürfe nur [jemand] mit einem Ausweis von mir. Es gab da manch böses Blut, und oft musste ich mehr als energisch werden.

[Eines Tages] kam eine gut angezogene Frau und wollte in die Stube des Bürgermeisters. Ich hielt sie an, und [sie] stellte sich vor als die neue, vom Russen eingesetzte [polnische] Kommandantin. [...] Kurz, ich hatte bei dieser Frau einen Stein im Brett. Sie ging zum Bürgermeister und bestimmte, ich wäre sofort abzulösen und solle die Bürgermeisterei einrichten und leiten.

Jetzt konnte ich tätig werden. Ein Lehrer wurde abgelöst, unbrauchbare Leute auch, und ich konnte mir passende Leute wählen. Ohne jede Bezahlung, [aber] man riss sich um diese Büroarbeit, kam [man] doch von der Straße weg. Bald hatte ich drei Räume voll Frauen allen Alters sitzen, und es gelang mir auch, im Nebenzimmer meine Frau unterzubringen, welche dabei war, eine Art Wohnungsamt einzurichten.

Listen wurden von allen noch verfügbaren Wohnungen aufgestellt. Diese Wohnungen mussten alle besichtigt werden. Ich ging mit [einem] Knüppel mit. Oft lagen Russen in den Wohnungen, und man war froh, wenn man wieder verschwinden konnte.

Hin und wieder bekam ich von der Kommandantur als Entgelt ein Brot. Dann konnten auch die Mitarbeiter ab und zu ein solches erhalten. Es kam vor, dass ein Brot unter sie brockenweise verteilt wurde. Dann kam die Genehmigung, Rüben aus den Feldern zu nehmen, und man hatte einige Tage etwas zu essen.

Im Zimmer des Bürgermeisters ging es oft hoch her. Er nahm sich die schönsten Frauen, und als verheirateter Mann mit zwei Kindern hatte er ein festes Verhältnis mit einer Soldatenfrau. Ganz offen! Die betreffenden Frauen waren schutzlos. – Oft kamen auch Russen, manchmal schwer angetrunken, und benahmen sich danach, auch höhere Dienstgrade. Man war eben Freiwild, und der Russe sagte oft: »Ruski haben auch alle Frauen erobert. Befehl von Stalin.«

Die schlimmsten Truppen waren die durchreisenden mit Wagen. Diese mussten auf Tage und auch Wochen untergebracht werden, also in Wohnungen, die an sich belegt waren. Es gab Frauen, welche meist Offiziere freiwillig aufnahmen und verpflegten, bekochten und für sie nähten, so dass [sie] große ernährungsmäßige Vorteile hatten. Sie verkauften sich selbst. Andere machten gute Miene zum bösen Spiel. – Fest steht aber, dass, sobald es dunkel wurde, die Notschreie der Frauen schauerlich durch die Finsternis tönten, und das Entsetzen war allgemein. Die Tochter konnte die Mutter nicht schützen und umgekehrt.

Inzwischen hatte die Verseuchung einen derartigen Umfang angenommen, dass eine Geschlechtskrankenstation im »AllerheiligenHospital« eingerichtet werden musste. Ich musste zwecks Untersuchung und eventueller Behandlung einen Schein ausstellen. Täglich kamen nun Frauen und baten um eine Bescheinigung. Grund: Vergewaltigung, oft in einer Nacht vielmals. Manche [waren] gleichgültig, manche lebensmüde und zerbrochen. Vor dem Hospital standen die Bedauernswerten Schlange.

Die oberen Räume waren für die Sieger reserviert, die Kellerräume für die Deutschen. Dort soll es ganz schlimm ausgesehen haben, wie mir mitgeteilt wurde. Untersuchung in Massen, fast öffentlich unter menschenunwürdigen Verhältnissen. Schmutz und Dreck auch hier in nie gekannten Ausmaßen. Wohl denen, die aus dieser Hölle gesund herauskamen oder ganz verschont blieben.

Ein Pastor war zu einer Beerdigung gegangen. Am Grabe hatte man ihm die Schuhe ausgezogen und geraubt. Überhaupt nahmen Gewalttaten nie ein Ende.

Meine Frau konnte der polnischen Kommandantin mehrere Kleidungsstücke verkaufen gegen Lebensmittel. Ein polnischer Bäckermeister machte neben der Bürobaracke eine große Bäckerei auf und musste [dafür] eine Bauzeichnung einreichen. [Er] wurde an mich verwiesen, weil sich der Bürgermeister [bei ihm] beliebt machen wollte. Ich habe diese [Zeichnung] ohne viel Kenntnisse zusammengedoktert, und meine Frau konnte dafür Brote und Gebäck in Empfang nehmen. Ich riskierte [zwar] Verhaftung, aber ich hörte nichts mehr [davon], es ging also [gut aus].

Viele Menschen kamen [nach Breslau] zurück, auch Soldaten, auch aus KZ-Lagern. Radikale Elemente dabei, mit denen ich große Not hatte und [denen gegenüber ich] ebenso diesen Ton anschlagen musste, um die Lage überhaupt noch zu meistern.

Inzwischen waren so genannte kommissarische Straßenmeister eingesetzt worden (rote Binden). Diese mussten die Menschen zur »Sühnearbeit« holen und antreiben [sowie] bei mir resp. dem Bürgermeister jeden Tag Meldung abgeben, wer da war und wer fehlte. Diese Meldungen wurden von mir listenartig erfasst und dann an die Kommandanturen weitergegeben. Jede fehlende Person musste begründet werden. Ich hatte oft Krieg mit dem Bürgermeister, da immer die Listen stimmten, trotzdem er behauptete, [sie] würden [von mir] »nur so« gemacht und immer wieder treffe er und der Kommandant Frauen auf dem schwarzen Markt. Ich wusste, dass es so war; aber ich wollte deutsche Frauen nicht ins Unglück bringen. Er war nicht intelligent genug, um [mir] auf die Schliche zu kommen. Was sollte ich machen? Wäre ich ganz scharf vorgegangen, so hätte eine nächtliche Kugel meinem noch so armseligen Leben ein Ende bereitet und meine Frau hätte dann allein auf dieser schönen Welt gestanden.

Kamen Parteileute zurück, welche bekannt waren, so wurden diese in oder vor der Bürobaracke manchmal niedergeschlagen, bis sie zusammenbrachen. Oft bekam einer dann einen Wink, [diese Menschen] verschwinden [zu lassen], was stets geschah. Ich selbst brauchte mich an diesen Taten nicht [zu] beteiligen und hätte dies auch nicht getan.

Geringster Widerstand, auch Worte genügten, um in den Keller gesperrt zu werden. Prügel waren ganz selbstverständlich. Die Betroffenen konnten froh sein, der GPU [der sowjetischen Geheimpolizei] nicht übergeben zu werden. – Eines Tages hörte ich von dem Bürgermeister selbst, er hätte jetzt als Kommissar der GPU einen Ausweis erhalten und jeder solle sich vorsehen. Er selbst räuberte und plünderte, wo er konnte, und nahm den Deutschen das letzte Huhn weg, um es selbst oder mit Genossen zu verzehren.

Ununterbrochen kamen Russen, meist hohe Offiziere, und verlangten Gegenstände zum Abtransport. Der Bürgermeister diktierte mit Dolmetscher: z.B. Klavier, Nähmaschine, Garderobe, Schlafzimmer usw. Ich schrieb eine Meldung an einen der Straßenmeister, welche wussten, wo noch etwas zu holen war. Diese holten die verlangten Gegenstände erbarmungslos den Leuten weg, ohne jede Quittung. Zur bestimmten Zeit standen die Sachen, oft von den Eigentümern hergeschleppt, vor der Baracke. Ein gewohntes Bild: Die Sachen wurden von Russen im LKW verladen und abtransportiert.

Die hier gebliebenen Menschen wurden immer armseliger. Tausende hatten in der Festung gelebt, waren nicht weggegangen und geblieben. Diese hatten [noch vergleichsweise] gut gelebt, wenn auch dauernd auf dem Marsch wegen der ununterbrochenen Beschießung. Als aber dann der Russe die Stadt in Besitz nahm, soll die Hölle wochenlang los gewesen sein. Man hatte vor der Kapitulation riesige Mengen von Wein und überhaupt Alkohol in die Oder geschüttet; immerhin wurde in den Lagerkellern noch so unendlich viel gefunden, dass alles sinnlos [betrunken] war und sich austobte. Die Schreckensszenen sollen nicht wiederzugeben sein, wie uns immer wieder versichert wurde. Tausende kamen ums Leben, noch [nach] der Übernahme der Festung. Die Unterwelt war losgelassen, und auch diese tobte sich aus.

Immer mehr Polen kamen an. Sie hielten vor der Bürobaracke, fragten nach dem Bürgermeister. Der Führer des jeweiligen Polentransportes zeigte irgendeinen Ausweis vor, und schon begann die Einweisung durch Miliz mit Waffen. Erst Wohnungen, dann ganze Straßen wurden geräumt und mit Polen belegt. Man hatte wohl die Ärmsten der Armen umgesiedelt, denn fast alle waren nur in Lumpen gehüllt und wollten immer nur haben, haben, haben. Die Straßenmeister holten Möbel, Betten und Decken herbei.

Dann kamen »Industriepolen«, welche die Fabriken wieder einrichten sollten. – Einer suchte eine Wohnung oder ein kleines Haus. Der Dolmetscher stellte hinter meinem Rücken eine Zuweisung über das ganze Haus der Eltern aus. Meine Frau war gerade im Hause und kochte Kartoffeln. Da kam eben der polnische Ingenieur mit einem jungen Milizsoldaten, zeigte seinen Wisch. Ich wurde geholt und glaubte immer noch an einen Irrtum. Er legte mir die Maschinenpistole an die Brust und sagte: »Genau wie die Deutschen es machten. Ich gebe sieben Minuten Zeit, noch sechs, noch fünf …

Meine Frau nahm in ihrer Verzweiflung einen Rucksack, ich eine Kanne und [andere] Kleinigkeiten. Die Kanne wurde [mir] genommen, der Rucksack ausgeschüttet und alles, bis auf wirkliche Kleinigkeiten, musste dableiben. Der Topf mit Kartoffeln wurde auf dem Hof unter freiem Himmel aufgegessen.

Wir gingen zum Dolmetscher und dem Bürgermeister und legten Verwahrung ein. »Gibt kein Eigentum mehr«, war der Bescheid. Und wir konnten froh sein, dass wir eine leere Wohnung von zwei Stuben übernehmen konnten.

Nun saßen wir wieder einmal da mit unseren Kenntnissen. Aber jetzt sahen wir klar, was uns noch blühte. Die Verhältnisse wurden immer unerträglicher und unleidlicher. Der Hunger wurde immer größer. Brot bekamen wir fast nichts mehr. Zu kaufen gab es ganz selten etwas. Als einmal zwei Pferde von Minen zerrissen wurden, gab es Fleisch, und das waren Festtage. Die Straßenmeister konnten immer weniger heranschaffen, und die Trümmerkeller wurden ständig umgewühlt, um oft Dutzende Tote freizuschaufeln.

Da brach Typhus aus. Ich musste dafür sorgen, dass gelbe

Fahnen an den befallenen Häusern aufgestellt wurden. Die Seuche nahm an Umfang ständig zu. Ein Toter lag auch in unserem Hause im Keller. Es wurde so schlimm, dass die Toten auf Plateauwagen durcheinander auf den Friedhof gefahren wurden, eingehüllt in Lumpen. Da auf dem schlechten Pflaster die Köpfe hin- und hertanzten, bestimmte ich, dass diese mit Latten an den Hals gebunden werden und die Gesichter zu bedecken sind. – In diesen Tagen waren die Russen etwas zurückhaltender; denn vor Seuchen haben sie großen Respekt.

Meine Frau hatte es auch gepackt, und schon glaubten wir, dass es zu Ende geht. Aber sie hat es durchgemacht, und dann kam ich selbst dran, nichts zu essen und wenn, konnte man nichts [bei sich] behalten. Die Qualen waren schlimm, und der Körper magerte immer mehr ab. Aber die Seuche hat uns nicht dahinraffen können, und der Lebensmut kam wieder.

Jetzt hieß es, alles muss fort, die seit langem geschlossene Grenze wird wieder geöffnet werden, aber nur für die Transportzüge. Plakate wurden angeklebt, auch vor der Bürobaracke: Alles muss Schlesien bis zur Oder-Neiße-Linie verlassen. Alles Eigentum gehört Polen.

Seit vielen Monaten gab es keine Post, kein Telefon, keine Zeitungen. Man war nur auf Parolen und Anschläge angewiesen. – Die polnische Kommandantin war abgelöst. Ich wurde auch abgelöst, angeblich wegen meines Alters und weil der Pole alle Posten übernommen hätte. In Wirklichkeit, weil ich offenbar zu viel wusste. Vorher hatte ich wöchentlich Bekanntmachungen ausarbeiten müssen, welche vom Bürgermeister öffentlich verlesen wurden. Alle mussten vor der Baracke antreten. Diese Bekanntmachungen klangen schon wegen der Russen und Polen, welche dabei waren, sehr radikal, doch hatten sie den bestimmt guten Zweck, Deutsche von unüberlegten Handlungen abzuhalten.

Sehr oft fuhren LKWs vor und brachten Befehl: »Dreißig oder mehr Frauen zur Erntearbeit.« Die Straßenmeister holten diese Frauen von der Arbeit oder aus den Stuben, und [sie] wurden ohne Ziel aufgeladen. Manche blieben wochenlang weg. Sie wurden irgendwo zur Erntearbeit eingesetzt und von Russen bewacht. Nachts Verpflegung von den Russen. Oft Aufenthalt in einem gemeinsamen Raum. Über die eventuellen Erlebnisse wurde später kaum gesprochen. – Diese Kommandos waren an der Tagesordnung. [Bei] Weigerung: Keller, Hunger, Prügel und dann doch zur Arbeit. Niemand kann es je ermessen, der diese Seelennot nicht selbst miterlebt hat.

Die Russen traten nach und nach nicht mehr so sehr in Erscheinung, und nur wenn irgendein Fest war, Alkohol ausgeschenkt wurde, dann wussten wir, wenn die Gesänge erschollen, was bald los sein würde. Bald erschollen [an den Haustüren] die bekannten Rufe: »Aufmachen!« Nun waren wir auch einmal dran. Eine Tochter des Untermieters von eigenen Gnaden hatte sich trotz Warnung am Tage auffällig gezeigt, und dieses Mädchen war wohl die Ursache. Wir waren uns im Hause einig: »Wir machen nicht auf.« Drohungen wüstester Art, dann Schweigen. Man hatte offenbar Balken geholt und nahm Rammstöße vor, bis die Tür mit der Sperre zusammenfiel. Ich stand hinter der Eingangstür hinter der Mauer. Meine Frau lag auf dem Balkon unter Säcken und Gerümpel versteckt auf der Erde. Russen stürmten die Treppe herauf, und bald dröhnte es an der Eingangstür. Schüsse, Schläge gegen die Wohnungstür, welche aber noch hielt. Ich regte mich nicht. Auf einmal stürmten die Kerle nach oben und suchten das Mädchen. Diese aber war, im Hemd, aufs Dach durch die Luke geklettert und saß hinter einem Schornstein …

Oft kamen LKW-Kolonnen vorbei, und [ich] konnte einmal sehen, wie diese [Russen] wie Katzen aus dem LKW stiegen, Scheiben einschlugen, verschiedene Gepäckstücke in den Wagen warfen und davonfuhren. Man wurde dies gewohnt. – Polen kamen am Tage auf Fahrrädern aus Breslau, durchweg Juden, und riefen: »Wir zahlen hohe Preise für Gold, Ringe usw.« Diese Juden hatten stets die Taschen voll Goldsachen. – Einmal wurde so ein Händler von Russen ausgeplündert und nackt auf der Landstraße liegen gelassen.

Überall in den Gärten lagen Minen. Direkt an Häusern wurden spielende Kinder zerrissen. Die einzige Tochter eines Ehepaares, welches mit uns später fortmachte, wurde beim Pflücken einer Blume von einer Tellermine zerrissen.

Neugeborene Kinder waren fast ausnahmslos zum Tode verurteilt, jedenfalls hier. Die Mütter konnten die Kinder nicht stillen, da [sie] keine Nahrung [hatten]. Alles Vieh war fortgetrieben oder abgeschlachtet. – Wieder erbarmte sich die polnische Ärztin und Kommandantin und besorgte eine Kuh, und die Wöchnerinnen konnten bei ihr täglich etwas Milch erhalten. Trotzdem starben die meisten Kinder. Es war ja nichts da. Kein Badewasser, keine Wäsche und keine Pflege, da die Frauen meist »Sühnearbeit« ausführen mussten. Eine jüdische Schwester besorgte die Beerdigung. In Lumpen gehüllt, ohne Sarg selbstverständlich, wurde so ein unschuldiges Wesen auf einem verwüsteten Friedhof verscharrt – ohne jede Formalität ...

Die Schreckenstaten wollten kein Ende nehmen, und stündlich war man seines Lebens nicht sicher. Polnische Miliz war wohl da, aber nur gegen die Deutschen. Oft betrunken, gaben sie Salven in die Bürobaracke ab, und es war ein Wunder, dass wir dabei keinen Schaden hatten.

Durch unsere Büroarbeit, welche zuerst mindestens voll anerkannt wurde, bekamen wir [ein] Bett, etwas Wäsche usw. Durch Verkauf von einzelnen Stücken auf dem schwarzen Markt bekamen wir Zlotys [polnische Währung], und so fristeten wir unser Leben. Man konnte dann auch schon Brot kaufen gegen viel Geld und gute Worte.

Einmal rollten mehrere vollkommen verrostete Tonnen an. Bei Öffnung stellte sich der Inhalt als übel riechendes Fett heraus. Alles war begeistert, und bald wurde diese Masse an die Massen ausgegeben. Ein Kartoffelpufferbacken begann in großen Ausmaßen. Bald hörte man von Beschwerden, und der Bürgermeister ließ eine Probe in Breslau untersuchen. Ich selbst hatte inzwischen trotz Verrostung entziffert: »Tierkadaververwertungsgesellschaft«. Der Befund lautete: für menschliche Zwecke unbrauchbar. Auch wir hatten genügend gegessen, und man kam sich vor Grauen vollkommen vergiftet vor. Es gab Menschen, welche sich heimlich weitere Portionen nahmen, und bald waren alle Tonnen leer. Wer dabei zugrunde ging, war nicht zu übersehen, da ja der Tod unser ständiger Gast war.

Als die Not wieder besonders groß war, gingen viele zu den russischen Küchen, und ab und zu gaben die Köche einen Schlag Grütze und Brühe, und wer Glück hatte, [erhielt] auch mal einen Knochen mit etwas dran, auch Brot. Die Offiziere duldeten dies zumeist.

Auch ich machte mich mehrfach auf mit einer Kanne. »Komm, du Alter« – und man winkte mir, und [ich] hatte das Gefäß bald voll. Für uns war es die Rettung. Das seelische Empfinden, von unserem Besieger Nahrung nehmen zu müssen, war ausgeschaltet. Der Erhaltungstrieb hatte gesiegt. Am hilfsbereitesten waren alte Soldaten.

Einmal kam ich mit einer Kanne, und da verstellten mehrere Iwans den Weg, zeigten auf meine Schuhe und sagten: »Auch haben, wo und wann?« Ich stellte die Kanne hin und nickte mit dem Kopf, zeigte eine Zeit mit den Fingern, und diese sagten: »Versteh, versteh.« Ich zeigte in eine bestimmte Richtung, ein Stück gingen diese mit, und dann zeigte ich auf eine Ecke und verschwand um diese, machte einen großen Bogen – und die Schuhinteressenten haben vergeblich warten müssen. Aus war es mit der Futterstelle.

Dann ging ich einige Male mit in eine Kaserne nach Kosel. Dort hatte ich selten Glück. Die Iwans bevorzugten junge Frauen, welche sie mit Lächeln heranwinkten und auch auf die Stuben mitnahmen. Manchmal aber gab es ein großes Wehklagen. [Dann] kamen Rotgardisten mit Waffen angestürmt und verfolgten Frauen und Kinder. Wer hinfiel, wurde geschlagen, und am hellen Tage [wurden] Frauen vor ihren Kindern vergewaltigt. Natürlich sprach sich dies herum, und doch gingen Hungrige immer wieder hin, ohne die Gefahren zu fürchten.

Der Abtransport aus Breslau, Clausewitz-Schule, verzögerte sich. Da kam eines Tages eine Milizabteilung, und mir wurde hinterbracht, man suche mich, und ich verschwand, bis das Kommando die Schule wieder verließ. Aber sie sollen eher einen Schneidermeister aus meinem Raum und zu meinem Waggon gehörig gesucht haben. Dieser hatte für Polen gearbeitet und von diesen eine Nähmaschine geliehen bekommen. Dieser hatte die Maschine verkauft und [danach] den Deckel so an dem Gestell befestigt, dass der Schaden erst später entdeckt wurde. Dies gab der Mann zu und hätte bald das größte Unheil für uns alle angerichtet: Sabotage und Diebstahl an polnischem Staatseigentum etc. pp.

Endlich wurden [Anfang März 1946] zwei Schreibkräfte zum Aufstellen der Transportliste gesucht. Es meldeten sich meine Frau und eine weitere Frauensperson. Diese haben die ganze Nacht an den Listen geschrieben, welche der Transportführer den Engländern übergeben sollte. Der Lohn: die Hoffnung auf Fortkommen und [ein] warmes Getränk von den Polen.

Am nächsten Tag großer Alarm: Alle Wertsachen, Sparkassenbücher sind sofort abzugeben, stubenweise. Berge davon wurden abgenommen und abgeliefert. Auch Leibesuntersuchungen wurden vorgenommen und manches entdeckt. Bei [unseren] Frauen taten dies polnische Frauen. Wer ängstlich war, war dran. So meines Wissens auch eine Verwandte von mir. Unten im Hause war eine andere Bande, welche auf den Karren Stichproben machte. Die Parole wurde ausgegeben: Alle Handwagen müssten auf dem Freiburger Bahnhof dagelassen werden. Der Elendsmarsch setzte sich in Begleitung von polnischen Soldaten mit aufgesetzten Bajonetten in Bewegung. Es waren Fahrzeuge aller Art, vom Kinderwagen bis zum großen Plateauwagen, denn es hatten sich verschiedene zu einem Gemeinschaftsfahrzeug vereinigt.

In der Auslandspresse sollen dann Bilder erschienen sein mit der Anmerkung: »In so großzügiger Weise haben die Polen die Deutschen ziehen lassen.« Die Einwohner verhielten sich meist zurückhaltend. Ich kann von Ausschreitungen nichts berichten. Ein Waggon nach dem anderen wurde nach Gruppen verladen und für jeden Waggon ein Leiter ernannt. Endlich setzte sich dieser Riesenzug in Bewegung. In jeden Waggon stieg ein Soldat schwerbewaffnet ein. Ich dachte, es konnte nicht schaden, wenn ich im Waggon eine Sammlung für den »Panie« [polnisch: Herrn] machte, da ja alle noch Zloty hatten, mit welchen wir nichts mehr anfangen konnten. Ich bot dem Krieger das Bündel an und erstarrte vor Erstaunen, denn dieser lehnte lächelnd ab. Ich gab das Geld [an meine Landsleute] zurück. Der Soldat hat während des ganzes Transportes kein Wort gesprochen. In Kohlfurt [Görlitzer Heide] wurde der Transport entlaust, obwohl keine [Läuse] da waren. Waggonweise wurden die Vertriebenen in Wartesäle geführt und wie Vieh einer englischen Militärkommission übergeben. Immerhin ging ein Aufatmen durch die Menge, hatten wir doch die Polen und Russen hinter uns.

Jetzt kamen Sanitäter mit großen Spritzen mit weißem Puder: In die Ärmel, in die Hosenbeine, auf die Haare, in das Genick wurde das Pulver eingeblasen, wie mit einer Fahrradpumpe; den Frauen auch in die Haare, unter die Röcke, unter die Schlüpfer, wenn solche noch vorhanden [waren] – Vorschrift ohne Ausnahmen. Viele sahen aus wie Müllergesellen, und draußen begann ein Abklopfen en gros. Dann empfingen die Waggonführer, auch ich, Brot, Zucker, Kaffee. Ich musste voll gepackt den ganzen Zug entlanglaufen, und kein Mensch empfand es [als] nötig, auch nur eine Hand zu rühren. Die Verteilung auch von Wurst ging glatt vonstatten, [man] nahm es gerne hin. Viele waren so faul, zum Beispiel mein Freund Koch, dass er sich nicht einmal beim Empfang von der Erde erhob. Dann hatte endlich unser Transport [nach dem Durchfahren der sowjetischen Zone] sein vorläufiges Ziel erreicht. Der Zug wurde bei Braunschweig ausgeladen.

Wir bekamen Verpflegung und konnten uns in Baracken auf ziemlich verfaultem Stroh mit unseren Klamotten niederlegen. Man wurde dann registriert. Am nächsten Tag brachte man uns mit Autos aus dem Lager an einen Personenzug, und ab ging es durch das schwer zertrümmerte Westdeutschland. Wir kamen über Osnabrück nach einem Marktflecken, mehr Dorf, namens

Auf der Flucht in Ostpreußen 1945

Flüchtlinge im Schneesturm

Kinder in einem Flüchtlingstreck

Ankunft eines Flüchtlingstransports im Westen Deutschlands

Kochen in einer Flüchtlingsbaracke

Flüchtlingsbaracke in Roffhausen

Familien in einer Flüchtlingsbaracke

Ankunft in Sandbostel, Niedersachsen

Baracken eines Flüchtlingslagers

Siedlungshäuser in Espelkamp

Mutter und Kind im Lager Friedland

Ausgebombte Häuser dienen als neues Zuhause

Am Webstuhl im Mädchenheim Wart

Älteres Ehepaar in einer Flüchtlingsunterkunft in Bad Segeberg

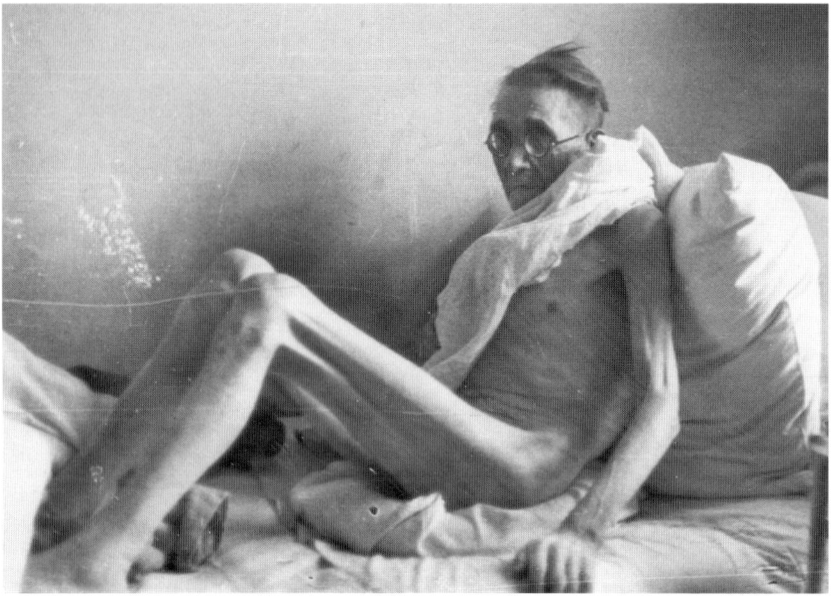

Hungertyphus-Patient in einem Düsseldorfer Krankenhaus

Vertreibung aus dem Sudetenland

Bohmte. Hier wurde alles wieder endgültig ausgeladen. Dort standen viele englische Autos, die für Abtransport sorgten.

In einer Schule wurden die Transporte auf die verschiedenen Dörfer verteilt. »... nach Bad Essen, soundso viel Personen« – war schon vergeben. Dann Herringhausen, meine Bande hielt auch hier ziemlich zusammen, wir stiegen ein und kamen endlich beim Bürgermeister Niessmann in Herringhausen bei Frost, und zwar am 7. März 1946, an. Ich saß zuletzt am Einstieg. Endlich kam der Bürgermeister. Er habe keine Ahnung, keine Listen, und die Quartiere wären noch nicht eingeteilt. Allgemeine Enttäuschung und Mutlosigkeit.

Das Auto fuhr auf ein großes Gehöft. Dort mussten wir ausladen und [alle] im Schnee warten. Ich ging zurück zum Bürgermeister und bot ihm meine Hilfe bei [den] Einweisungen an. Diesem war dies sehr recht, und auf dem Hof wurden die Quartiere nach Glück und Kopfzahl vergeben. Bauernfuhrwerke waren da, welche die Leute in die Quartiere abholten. Ich hatte dem Bürgermeister erklärt, dass meine Frau und ich nur zwei Personen waren. Auch das Ehepaar Koch brauchte nur Raum für zwei Personen. Offenbar hatte er schon etwas für uns. Kurz: Ich erfuhr, wir kämen auf ein Rittergut Langelage, und meine Frau machte sich auf den Marsch. Ich half weiter bei der Einweisung und Unterbringung.

Meine Frau wurde von der Baronin von Bar empfangen und in die »Leutestube« geführt. Ausfragen, wie, was, wo, um in den Stoßseufzer auszubrechen: »Wieder keine Arbeitskräfte.« Abends kam dann auch ich an. Uns wurde ein Dienstbotenraum direkt neben der Toilette zugewiesen. Zwei Bettstellen, Spiegel, kleiner Tisch – aus. Klein, aber für uns. Wasser, Licht, Klosett, keine Russen, keine Polen, keine Angst um das Leben, keine Gräueltaten. Wir waren so unendlich froh, schlafen zu können.

Waren wir zerlumpt, zermürbt und mager wie Ziegen, so hatten wir doch die Hoffnung nicht verloren. Am nächsten Tag bekamen wir aus der Küche Eintopf. Wir waren sehr dankbar. Nach zwei oder drei Tagen bekamen wir dann eine Erdrübe mit der Bemerkung, jetzt müssten wir selbst schon weitersehen, aber wenn wir etwas benötigten, dann würden sie schon gerne aushelfen – aber nur leihweise.

Wegen jeder Kleinigkeit musste meine Frau bitten. Wir hatten die erste Zeit nicht eine Tasse. Dann konnten wir in Osterkappeln zwei Militärtrinkbecher kaufen. Buchstäblich mit dem Nichts fingen wir an. Nach mehreren Tagen rief mich der Bürgermeister an und fragte, ob ich für den Ort Herringhausen Flüchtlingsbetreuer werden mochte. Da ich irgendetwas vorhaben wollte, sagte ich zu und wurde dann vom Landrat und weiteren Behörden [im Amt] bestätigt. Ich bekam Ausweise, Berechtigungsscheine, Betten sowie die Befugnis, Möbel zu beschlagnahmen, wo dies notwendig war, und Flüchtlinge unterzubringen, wenn diese nicht gut untergebracht waren. [Ferner die Erlaubnis zum] Betreten aller Räume zu jeder Tages- und Nachtzeit. Der Landkreis hatte achtzehn Flüchtlingsbetreuer. Zusammenkünfte in Bohmte. Empfang von Bezugsscheinen, welche ich verteilen musste.

Bei einem derartigen Ehrenposten hatte ich bald auf beiden Seiten Feinde. Nur mit aller Energie konnte man sich gegen gewisse Elemente behaupten. Die große Not war bald vergessen, und [man] beschimpfte die Bauern, welche alles noch hatten. Immer wieder mussten die Wogen besänftigt werden. Der Baron und mehr noch die Baronin waren jetzt immer sehr nett zu uns. Sie merkten, welche Befugnisse ich bekommen hatte. Bestand doch ständig die Gefahr, dass sie weitere Einweisungen erhalten würden, da doch laufend weitere Transporte ankamen. Die kleinsten Leute nahmen Flüchtlinge nicht gerne auf, aber sie nahmen sie auf. Je größer der Bauer, je größer waren die Schwierigkeiten, und man ging drohend mehrfach gegen mich vor. Aber ich konnte oft auch Bauern klar machen, dass solche Schwierigkeiten sich nur zu ihrem Nachteil auswirken würden. Als Makler hatte ich ja zur Vermittlung zwischen beiden Parteien die beste Vorbedingung.

Oft wurde ich zur Schlichtung auch mit Behörden herbeigezogen. Der Kreisflüchtlingsbetreuer in Osnabrück, auch ein Breslauer, schrieb mir, dass meine Gemeinde am besten in Ordnung sei, wenn auch Anwürfe nicht ausblieben. Man schlug mich dann als Flüchtlingsrat für den Kreis vor. Da ich aber endlich wieder zu meinem alten Beruf zurückkehren wollte, bat mich Herr von Wangenheim, doch zu seinen Gunsten abzulehnen, was auch geschah. Nebenbei habe ich auf dem Rittergut im Walde mitgearbeitet. Stundenlohn: vierzig Reichspfennig. Ohne Deputat. Meine Frau half mit bei der Gartenarbeit. Stundenlohn: dreißig Pfennig. Nur um das nackte Leben zu fristen. Ich meldete mich beim Arbeitsamt, doch konnte man mir nichts nachweisen. Doch ich bekam Arbeitslosenunterstützung.

Dann erreichte uns auch Post. Man hatte über [die Vertriebenenregistrierstelle] Cham/Bayern meine Adresse ermittelt. Unsere Tochter Edith schrieb aus Regensburg aus einem amerikanischen Lager, dass es ihr nicht gut ginge. Meine Frau war sich sofort darüber klar, dass sie zu uns kommen sollte, sofern sie dies wollte. Alle eventuellen Schwierigkeiten [die damit verbunden sein konnten] mussten hintangestellt werden. Dann kam sie auch an und bezog unseren kleinen Raum, da uns jetzt ein größeres Zimmer zugewiesen wurde.

Auch kamen von unserer Schwiegertochter Briefe, dass unser Sohn Berndt lebe und sich in russischer Gefangenschaft befinde. Sie selbst schlug sich mit ihren Kindern in der Ostzone bei Freiberg/Sachsen recht und schlecht durch.

Meinen Schwager hatten Russen bei der Frauenjagd durch Genickschuss erledigt. Die Witwe musste die Schule räumen und bei einem Bauern als Magd Dienst tun und war erbärmlich und überaus ärmlich untergebracht. Zu dieser kamen dann noch [meine] Schwiegereltern, und diese wurden in einer Kammer noch schlechter untergebracht. Die Eltern wollten wir zu uns holen und hätten bestimmt [für sie ein] Quartier besorgt. Sie wollten nicht. Wegen eines Stückchens Garten, welches ihnen später ohnehin weggenommen wurde. Diese armen Leute hatten es wohl am schlechtesten getroffen.

Wir erhielten später ein Schreiben, wonach sich der Schwiegervater das Leben genommen hatte, und zwar hatte er sich nachts an einer Türklinke erhängt. Ein Nierenleiden hatte ihm den Rest gegeben. Wir besuchten dann das Grab und mussten dabei leider feststellen, dass sein Tod auch auf das Seelenleben der Schwiegermutter einen großen und nachteiligen Einfluss hatte. Nach einigen Wochen musste meine Frau wieder nach Staritz, um die Mutter in eine Heilanstalt bei Leipzig zu bringen, wo sie bald der Tod erlöste. Erschüttert kam meine liebe Frau zurück und verlor das tragische Ende ihrer Eltern nicht mehr aus der Erinnerung.

Aber es gab doch auch wieder freudige Stunden. Aus Amerika kamen Pakete mit Kleidung und Lebensmitteln, welche uns überaus weiterhalfen und neuen Lebensmut gaben. Tante Berta und Onkel Albert in Boston hatten uns nicht vergessen und fühlten mit uns. Mit der Ernährung wurde es langsam besser, und man nahm auch an Gewicht zu. Als Jahrgang 1884 schied ich dann aus der Erwerbslosenfürsorge aus und bekam eine monatliche Rente von 100 DM. Vorher hatten wir ja die Währungsreform [1948] und verloren wieder einmal so gut wie alle Barmittel. Die Aufwertung machte 6,5 Prozent [des alten Geldvermögens] in der neuen Währung aus.

Die Waldarbeit und die Gartenarbeit meiner Frau waren eingestellt. Die Tätigkeit als Flüchtlingsbetreuer war längst vergessen. Nach mir wechselten die Nachfolger in ganz kurzen Abständen. Mit größter Energie focht ich durch, dass meine alte [Breslauer] Firma wieder im Handelsregister in Bad Essen eingetragen wurde, und verfolgte weiter mein Ziel, nach Essen zu kommen, wo mein Freund [Rechtsanwalt] Schrötter schon wieder seine Praxis mit Erfolg ausübte. Nicht weniger als vierzehnmal war ich in Essen. Immer wieder sprach ich bei Behörden vor. Oft kaum noch eine Mark in der Tasche. Gewiss wurde ich hier [bei Schrötters freundlich] aufgenommen und nahm Ware aus den USA oder Eier oder Butter mit; in der Hungersnot sandte ich Kartoffeln nach Essen. Dann sagte mir ein Beamter, solange ich in Essen keine Bleibe habe und mein Gewerbe nicht ausübe, habe alles keinen Zweck. Da fasste ich den Mut der Verzweiflung und meldete in Essen das Gewerbe an und gab als Büro die Anwaltspraxis von Schrötter an. Ich bekam einen Gewerbeschein. Der Anfang war geschafft, aber wie sollte es weitergehen?

Da kommt ein Telegramm: Mein Sohn Berndt ist aus jahrelanger russischer Gefangenschaft bei den Seinen in dem kleinen Nest bei Freiberg in Sachsen gelandet. Schon nach kurzen zwei Wochen kommt ein Bauer, den wir kennen, um uns schonend darauf vorzubereiten, dass er am Bahnhof einen Russlandheimkehrer auf dem Wege zu uns getroffen habe. Immer ist dies eine große Freude für alle eines jeden Ortes, und den Betreffenden selbst wirft es oft um. Dankbar erkennen wir die Fürsorge an, lassen aber den Guten sitzen, und erschüttert gehe ich mit den Meinen den langen Bahnhofsweg dem endlich Heimgekehrten entgegen. Gekleidet wie ein Russe, erdfarben im Gesicht, Lumpen am Körper, Schuhe mit riesigen Löchern, abgemagert sahen wir ihn dann endlich in der Ferne auftauchen. Das Wiedersehen war erschütternd.

Im Triumphzug begleiteten wir ihn zu unserer Unterkunft, und zu Hause brach die große Freude und Dankbarkeit durch. Wie vielen kehrte der Sohn nicht mehr heim? Großes Erzählen und Füttern begann. Frische Wäsche, und dank Tante Berta in USA konnten wir ihm private Kleidung geben, was erst das wahre Wohlbehagen brachte. Die reichlichere und nahrhaftere Ernährung veranlasste nun, wie bei den Heimkehrern üblich, Wassereinlagerungen, besonders in den Beinen, welche von den Ödemen dick anschwollen. Arztbehandlung musste einsetzen. Nach und nach wurde es besser, und wir sprachen von unserer und seiner Zukunft.

Vorsorglich hatte er sich nach Essen/Nordrhein-Westfalen entlassen lassen. Rechtsanwalt Schrötter half. Er brachte ihn bei einem Breslauer Baumeister als Bauhilfsarbeiter unter, wo er in der Baracke mit vielen anderen doch eine Bleibe fand. Essen war kurz vor Kriegsschluss noch zu drei Viertel zerstört worden. Nirgends war Wohnraum so knapp wie hier. Er verdiente [genug], um sich durchzubringen, aber alle viele Wege, um ein Zimmer zu finden, wo wir hätten dazustoßen können, waren vergeblich. Es war unsere große Hoffnung und Freude, dass [mit ihm] bereits einer aus unserer Firma in der Stadt wieder Fuß fassen konnte.

Trübe sah alles aus, dazu kam Weihnachten. Zu unserem Erstaunen kam er plötzlich mit seinem Gepäck zu uns, um nur wieder Abschied zu nehmen. Mit [einem] Interzonenpass fuhr er wieder zu den Seinen in die russische Zone zurück. Ich konnte seinen Entschluss, nach den schlimmen Jahren wieder mit der Familie zusammen sein zu wollen, durchaus verstehen. Aber alle Vorarbeiten waren damit umsonst. Der Traum, wieder mit meinem Sohn zusammenarbeiten zu können, war vorbei.

Hier auf dem Dorf konnten wir Kaufleute nur vegetieren. Wo war die Zukunft? Unsere Stimmung im neuen Jahr war nicht rosig, aber mein Mut ungebrochen. Eines Tages lasen wir in der Zeitung, dass in Essen ein evangelischer Kirchentag stattfinde. Billige Bahnfahrt war gegeben, und einige Glaubensgenossen nahmen uns für etliche Tage auf. Wir meldeten uns an, um dabei erneut die Lage zu klären und Verbindungen anzuknüpfen. Familie Schrötter nahm uns gut auf und [ebenso] Kollege Marx mit seiner Gattin. Wir fühlten uns in vertrauter Umgebung unendlich wohl. Der Unternehmungsgeist regte sich. Wir suchten Herrn Schlesinger, den Vorsitzenden des [Makler-]Gewerbes, auf, und in überraschend kurzer Zeit vermittelte er uns frei gewordene Räume in der Isenbergstraße 10, Miete monatlich fünfzig Mark, wobei die Miete für drei Jahre im Voraus auf den Tisch zu legen war.

Wir besaßen außer unserer bezahlten Rückreise zum Dorf nur einige Mark. Am Nachmittag fuhren wir mit Frau Schrötter zu dem herrlich gelegenen Baldeney-See, doch unsere Gedanken waren bei dem Vertrag, der am Abend unterschrieben werden sollte. Wir gingen auf alles ein und unterschrieben beide. Als ich es zuerst tat und meine Frau dann aufforderte und ihr bleiches, fragendes Gesicht sah, glaubte diese wohl, ich sei verrückt geworden. Ich aber war froh gestimmt und wusste, dass es mir irgendwie gelingen müsste, die eingegangenen Verpflichtungen wie stets in meinem Leben einzuhalten und zum bestimmten Datum das Geld zu zahlen.

Wir fuhren zurück von dieser Tagung, die uns den Wendepunkt nach sechs Jahren unsteten Lebens brachte. Bereits in einem Monat konnten wir in die zwei kleinen Räume in Essen. Es gelang mir, bei größeren Bauern im Dorf auf mein ehrliches Gesicht hin gegen Schuldscheine das erforderliche Geld zu beschaffen. Nun hieß es, nach vier Jahren Landleben Abschied zu nehmen. Meine Tochter und Enkeltochter machten große Augen. So rollten wir Ende September 1950 mit einigen Kisten und einer Liege als Besitz mit LKW gen Essen, denn die Eisenbahn wäre zu teuer gewesen. Im Morgengrauen packten wir aus. Mit einem Schreibmaschinentisch und mit einer geliehenen Schreibmaschine fingen wir an. Wir übernachteten im kleineren Zimmer auf Ami-Liegen, die früh schnell wieder zusammengelegt wurden. Wir fühlten uns wohl wie nie, zumal wir am Tag unserer Abreise noch von unserer guten Tante Berta und dem Onkel Albert aus den USA über die Schweiz einen Geldbetrag erhielten. Wir hatten so die Genugtuung, fürs Erste keine Not zu leiden.

Schnell konnten auch dadurch die notwendigsten Anschaffungen gemacht werden: Firmenschilder, Bürostühle, Schreibtisch usw. Wir sahen der Zukunft nun ganz anders entgegen. Ich saß von der ersten Stunde an und schrieb Empfehlungen und bot mich Gott und der Welt als Makler wieder an. Alle behördlichen Wege erledigte meine Frau. Nun fasste auch mein Sohn doch wieder den Entschluss, sein Berufsleben wieder mit mir zu verbinden, obwohl er auf dem Dorf gesagt haben soll, er glaube nicht an ein Wiederaufleben meiner alten Firma. Er revidierte seine Ansicht, als er sah, wie unerschütterlich ich meinen Weg ging. Eines Nachts war es ihm gelungen, auf gefahrvollen Grenzwegen zu uns im Westen Deutschlands zu gelangen.

Nachts lagerte er in dem größeren Bürozimmer. Bereits [am] nächsten Tag wurde gemeinsam beraten und mit alter Tatkraft gearbeitet. Bald hatten wir Wurzeln geschlagen. Einnahmen erfolgten, und unsere guten Bauern, die das Geld nicht leicht geliehen hatten, konnten bald befriedigt werden.

Da wir Umsiedler aus Niedersachsen waren [das Dorf Bohmte gehört zum Land Niedersachsen], stand uns in Kürze eine Wohnung zu; für zwei Personen eine Zweiraumwohnung. Zufällig war in der gleichen Straße eine dreiräumige frei. Dazu gehörte aber noch eine weitere Person. Meine Frau dachte an die Tochter und Enkeltochter, die ja sowieso auch einmal nach hier kommen sollten. Wir stellten die Entscheidung unserer Tochter anheim. Unserer Enkeltochter fiel der Entschluss nicht leicht. Sie war der Osnabrücker Schule so besonders verbunden. Andererseits hatte sie die ganzen Jahre einen sehr beschwerlichen Schulweg gehabt. Tapfer und ohne Klagen ging und fuhr sie mit mir jahrelang die einsamen, versumpften Wege durch dick und dünn, oft nur mit einer kleinen Grubenlampe als Licht in aller Herrgottsfrühe und abends wieder zurück. Grundlose, nasse Wege, oft schwer erkältet, dann in die überfüllte Bahn, ungeheizt, täglich noch drei Stationen bis Osnabrück. Sie tat mir bitter leid. Solange ich lebe, werde ich an diese Zeit denken.

Freudig brachte sie immer gute Zensuren als eine der Ersten und konnte so die höhere Schule besuchen. Sie hatte eiserne Energie und Ehrgeiz. Die halbe Nacht saß sie ohne Nachhilfe an den Schularbeiten. Ihr lieber Vater war aus dem Krieg nicht mehr heimgekehrt, und alleine nun mit ihrer Mutter machte sie uns allen solche Freude. So sagten sie nach einer Woche zu, mit zu uns zu ziehen, und so nahmen wir gleich die erste angebotene Wohnung.

Weihnachten fuhren wir drei zurück in den Wald [nach Bohmte]. Diesmal war der Abschied leichter. In Essen gelang es mir mit zwei Bürgen, von denen einer die Schwester unseres Vermieters war und viel Verständnis zeigte, ein Aufbaudarlehen in Höhe von dreitausend Mark zu bekommen. Nun konnte ich alle Schulden abdecken und den Rest ins Geschäft stecken. Unsere Boston-Verwandten unterstützten uns mit schönen Paketen, und wir waren dem Schicksal dankbar. Auch mein Sohn betrieb die Herführung seiner Familie. Am 23. Februar [1952] bezogen wir die noch ach so feuchte Wohnung. Berndt [wohnte] weiter im Büro.

Erika, wieder höhere Schule, wollte aber mit siebzehn Jahren ins Leben treten und Bauzeichnerin werden. Durch unendlich große Mühe meiner Tochter erhielt sie nach vielen Prüfungen eine Lehrstelle, dank ihrer Zeugnisse und Fähigkeiten. Wir sind stolz auf sie. Meine Frau und ich glauben, dass der Schritt, unsere Familie zu uns zu nehmen, letzten Endes gut war oder gut gemeint. Denn auf dem Dorfe war kaum Aussicht, zu einem Berufe nach Wunsch zu kommen, oder doch nur mit großen Hindernissen.

Mein Sohn bekam die Erlaubnis, seine Familie nach Essen bringen zu können, und nach einem Jahr kam diese an. Zunächst war die Enttäuschung riesengroß [es stand keine eigene Wohnung zur Verfügung]. Die Kinder schliefen bei uns in der Küche, die Frau mit unserem Sohn auf einer weiteren Ami-Liege im Büro. Schön war es ja nicht, aber die Arbeit hatte meine tapfere, liebe Frau, welche trotz aller Reibereien, die nicht ausbleiben konnten, alles für die Familie tat. Mein Sohn war aber unermüdlich tätig, diesem unerfreulichen Zustand ein Ende zu bereiten, und er schaffte es. Er bekam in der Nähe des Büros in einem ehemaligen Einfamilienhaus trotz Widerstand des Vermieters eine Zweiraumwohnung – Dachwohnung mit Heizung – zugewiesen. Klein, aber endlich nach diesen Jahren eine eigene Wohnung.

Wir haben alle in unserer Familie wieder [eine] Wohnung. Wir haben die alte Firma zum Leben erweckt, und wir haben eine bescheidene Existenz. Ich habe bewiesen, dass man mit Tatkraft und Mut ein Ziel erreichen kann. Ich aber gebe zu, dass ich es ohne meine liebe Frau wohl nicht erreicht hätte.

Quelle: Bundesarchiv-Lastenausgleichsarchiv Bayreuth, Erlebnisberichte zur Dokumentation der Vertreibung der Deutschen aus Ost-Mittel-Europa, Ost-Dok. 2, Nr. 171, S. 195 ff. Makler Bernhard Frieben aus Breslau, Wohnort: Essen, Isenbergstraße 10, Datum: 20.1.1953.

»Ich war heimatlos«

Dr. Dieter Kosmalla, Historiker,
aus Hirschberg/Niederschlesien

Ich heiße Dieter Schütz, aber ich bin nicht Dieter Schütz. Bis in mein dreizehntes Lebensjahr jedenfalls hieß ich Dieter Kosmalla.[1] Ich wurde 1932 im schlesischen Hirschberg geboren. Hirschberg ist eine wunderschöne Stadt im nördlichen Vorland des Riesengebirges, mit barocken Giebelhäusern und alten Laubengängen. Die Stadt heißt heute Jelenia Gora und gehört zu Polen. Dort habe ich bis in den Februar 1945 mit meiner Mutter und mit meinen zwei jüngeren Geschwistern gelebt. Mein Vater ist 1944 während der Invasion in der Normandie gefallen. Ich habe die Oberschule besucht und war im Jungvolk der »Hitlerjugend« aktiv. Ein ganz normales Leben habe ich geführt, bis der Krieg zu uns kam. Nichts Besonderes also.

Anfang Februar 1945 entschied unsere Mutter, dass wir für eine Weile nach Thüringen fahren sollten. Dort lebten Freunde von ihr, und sie glaubte, dass die Russen so weit nicht vordringen würden. Ich wollte ja nicht mit. Mir kam das vor wie Fahnenflucht. Wir »Hitlerjungen« wurden schließlich zum Volkssturm aufgerufen. Natürlich nicht als richtige Soldaten, aber doch immerhin. Wir sollten Boten- und Erkundungsgänge übernehmen, Nachschub heranschaffen. Außerdem wurden wir von älteren Soldaten an der »Panzerfaust« ausgebildet. Dies war ein Abschussrohr mit einem vorne aufgesetzten, panzerbrechenden Geschoss, das auf eine Entfernung von höchstens einhundert Metern abgefeuert wurde und, wenn es im Winkel von neunzig Grad auftraf, jede Panzerung durchschlug.

Der Plan war, dass wir »Hitlerjungen« an möglichen Durchbruchstellen feindlicher Panzer Hinterhalte in Häusern oder Schützenlöchern beziehen sollten, um dann näher kommende oder vorbeifahrende Panzer mit den »Panzerfäusten« abzuschießen. »Panzerjagdkommando« nannte sich das, und wir waren mächtig stolz dazuzugehören. Meine Mutter sagte allerdings, das sei Wahnsinn, wenn jetzt schon Kinder an die Front gerufen würden. Wenn es so schlecht um uns stünde, dass selbst Kinder Soldaten werden müssten, dann sei jede Fortsetzung dieses Krieges ein Verbrechen.

Ich antwortete ihr, dass ich sie anzeigen müsste und dies auch tun würde, wenn sie nicht meine Mutter wäre. Jedenfalls solle sie mich nicht zurückhalten, sondern mich meine Pflicht erfüllen lassen. Jeder, der jetzt nicht auf seinen Posten ziehe, sei ein Lump und Vaterlandsverräter. Er verdiene den »Endsieg« nicht. Schon allein im Andenken an unseren toten Vater dürfe sie nicht zum Feigling werden. Daraufhin hat mir die Mutter eine runtergehauen und gesagt, ich komme auf der Stelle mit nach Thüringen, und wenn uns jemand aufhalten wollte, dann würde sie ihm ihre Meinung schon freiweg ins Gesicht sagen. Sie habe keine Angst mehr, die sollten bloß kommen.

Nachdem wir das Notwendigste zusammengepackt hatten, zogen wir am 12. Februar 1945 mit kleinem Gepäck zum Bahnhof. Für die Bewohner von Hirschberg gab es noch keine amtliche Erlaubnis, die Stadt zu verlassen. Trotzdem war der Bahnhof überfüllt. Bis weit auf den Vorplatz standen die Menschen, winterlich gekleidet, und warteten auf Züge in Richtung Westen, also nach Lauban, Görlitz, Bautzen, Dresden.

Einen Reisebefehl hatte niemand. Eigentlich hätte keiner die Stadt verlassen können. Trotzdem wurde jeder einlaufende Zug gestürmt. Freie Sitzplätze gab es nicht; alle drängten sich in den Gängen, setzten sich auf die Gepäcknetze, soweit da noch Platz war, oder standen draußen auf den Trittbrettern und hielten sich durch die geöffneten Fenster innen fest. Kontrolliert wurde niemand mehr, und auch die Soldaten der Bahnhofswache hielten zumindest in Hirschberg keinen auf. Es wusste anscheinend jeder, was die Uhr geschlagen hatte. Bis auf mich. Ich lamentierte noch in einem fort, schimpfte auf meine Mutter und haderte mit meinem Schicksal, das mich doch ohne weiteres drei Jahre älter hätte sein lassen können. Dann wäre ich wenigstens Flakhelfer gewesen.

So war ich ein Kind, das seiner Mutter zu gehorchen hatte. Anrechnen muss ich ihr allerdings, dass sie mich auf dem Bahnhof oder überhaupt auf offener Straße nicht mehr ausgeschimpft hat. Im Gegenteil. Sie appellierte an mich als den Ältesten, ihr behilflich zu sein, allein würde sie dies alles nicht mehr schaffen können. So fand ich mich in meine Rolle als Beschützer, ja beinahe als Familienoberhaupt recht schnell hinein. Unser Zug in das gut 150 Kilometer entfernte Dresden verließ Hirschberg am 12. Februar morgens bei Dunkelheit um sechs Uhr.

Für die Strecke, die ein Personenzug gewöhnlich in fünf Stunden, mit allen Aufenthalten, zurücklegte, brauchten wir anderthalb Tage. Schon nach wenigen Kilometern wurden unsere Wagen in Greiffenberg vom Zug abgekoppelt, weil die Lokomotive für einen Munitionszug gebraucht wurde. Nach Stunden wurden wir an einen Verwundetentransport angehängt und kamen so immerhin über die Neiße bis nach Görlitz. Dann war wieder Schluss, weil auf der Hauptstrecke über Löbau nach Bautzen nur noch Wehrmachtszüge verkehrten. Also fuhren wir statt nach Westen in Richtung Süden nach Zittau, vor dem Lausitzer Gebirge, und von dort mit verschiedenen Zügen auf der Nebenstrecke über Eibau, Neusalza, Neukirch nach Bischofswerda. Dort trafen wir am 13. Februar gegen Mittag ein. In der Dämmerung gelang es uns, einen Zug zu besteigen, der uns die letzten fünfzig Kilometer über Radeberg nach Dresden brachte. Da kamen wir kurz vor zehn Uhr abends an.

Der Zug fuhr in die große Bahnhofshalle und war noch nicht zum Stillstand gekommen, als wir die Luftschutzsirenen heulen hörten. Für uns war das gänzlich neu, denn in Hirschberg hatten wir noch keinen richtigen Fliegeralarm miterlebt. Auf dem Bahnsteig liefen Soldaten, Bahnbeamte und Luftschutzleute in ihren blauen Uniformen aufgeregt den Zug entlang, schlugen mit Stöcken gegen die Waggonwände und riefen: »Raus, schnell raus!

Voralarm! Feindliche Flugzeuge sind im Anflug auf Dresden. Folgt sofort den Hinweisen zu den Luftschutzbunkern.«

Meine Mutter packte sich selbst und uns Kindern die Rucksäcke auf den Rücken, fasste meine zwei Geschwister an der Hand und drängte sich zwischen den anderen Menschen auf dem Bahnsteig zu dem Weg, der zum Bunker direkt neben dem Hauptbahnhof führte. Ich hatte Mühe, ihr zu folgen. Aber an ihrem roten Kopftuch, das immer wieder in dem Gewühl auftauchte, konnte ich sie erkennen.

Dann erloschen sämtliche Lampen im Bahnhofsgebäude und auf dem Vorplatz. Plötzlich allerdings hingen einzelne grüne Leuchtkugeln in der Luft. Jetzt nahm ich auch das zunächst dumpfe, später metallische Dröhnen einzelner Flugzeugmotoren wahr, die sich in geringer Höhe zu nähern schienen. Meine Mutter drehte sich nach mir um, schrie, ich solle sie im Getümmel bloß nicht verlieren, bis zum Bunker seien es nur noch ganz wenige Schritte. Wir stolperten die Stufen hinunter und schlugen mit den Fäusten wie rasend an die geschlossene Eisentür. Auch all die anderen, die in letzter Minute den Weg zum Bahnhofsbunker gefunden hatten, standen im Dunkeln vor der versperrten Türe.

Das Geräusch der anfliegenden Maschinen in der Luft verstärkte sich. Und nun hellte sich die bedrohliche Schwärze der Nacht allmählich auf. Ständig neue Trauben hellen Lichtes sanken wie von Fallschirmen in ihrem Sturz gebremst langsam über die Stadt. Das seien die »Christbäume«, sagte ein Soldat, der gemeinsam mit uns unter dem Betonvorbau des Bunkereinganges Schutz gesucht hatte. Sie markierten den nachfolgenden Bombern das Ziel. Und lange werde es nicht mehr dauern, bis die Hölle losbreche.

Es war wirklich die Hölle. Es pfiff, es rauschte, es heulte in der Luft. Explosionen schlugen mit einem gewaltigen Knall gegen unsere Ohren, der Boden schütterte und schwankte. Der Soldat, wir drei Kinder und unsere Mutter hatten uns übereinander gelegt. Wir drückten unsere Gesichter in die Rucksäcke oder in den Rücken der anderen, die unter uns lagen. Aber unsere Ohren waren frei, nur wenig geschützt durch unsere Wollmützen, die wir wegen der Kälte übergezogen hatten.

Später erfuhr ich, dass dieser Angriff keine halbe Stunde gedauert hat. Das wollte ich nicht glauben. In meiner Erinnerung war die Zeit vollkommen aufgehoben. Die Angriffe, denen ich ausgesetzt war, schienen mir unendlich lange.

Nach einer Weile öffnete sich die Bunkertür. Ein alter Mann mit einem Helm auf dem Kopf leuchtete mit einer Taschenlampe durch den Türspalt heraus. Der Lichtkegel traf den Soldaten aus unserer Gruppe. Der Luftschutzwart fragte, ob der Angriff vorbei und die Fluchtwege begehbar seien. Der Soldat schrie zurück, dass er doch selbst nachschauen solle und dass er dieser feigen Sau eins in die Fresse schlagen werde, sobald der Mann sein Gesicht ins Freie tragen würde.

Meine Mutter stand schweigend auf, klopfte uns den Staub von den Mänteln, nahm die Rucksäcke auf, lud sie uns nacheinander auf den Rücken und forderte uns auf, zum Bahnhof zurückzukehren. Das Gebäude war noch nicht stark beschädigt, wenn ich mich recht entsinne. Jedenfalls war es begehbar. Und der Zug stand auch noch auf dem Bahnsteig. Aber als wir uns ihm näherten, trat uns ein Bahnbeamter in den Weg und sagte, der Zug werde die Stadt nicht verlassen. Wir sollten uns eine Unterkunft suchen, das Ende der Lösch- und Aufräumungsarbeiten abwarten und am folgenden Morgen nachfragen, ob der Bahnverkehr wieder aufgenommen werde.

Erst jetzt nahmen wir den Feuerschein über der Stadt wahr und hörten immer wieder die offenbar von Zeitzündern ausgelösten Detonationen einzelner Bomben. Menschen, die sich gleich uns orientierungslos vor dem Bahnhof einfanden, berieten, was sie tun sollten und wo sie die Nacht verbringen könnten. Einige schlugen vor, in Luftschutzbunkern zu bleiben, falls ein zweiter Angriff folgen sollte. Andere meinten, es sei trotz der Kälte sicherer, im Großen Park oder auf den Wiesen am Elbufer auszuharren. Da wir uns in Dresden nicht auskannten, zogen wir durch die Straßen, von denen etliche zerstört waren, die meisten aber nicht. Brandgeruch lag in der Luft, Schuttberge versperrten zuweilen den Weg. Am eindringlichsten in Erinnerung geblieben sind mir jedoch das ziellose Umherlaufen, die Müdigkeit, die uns überfiel, die Kälte, die uns auch innerlich zittern ließ, der Hunger und der Durst, da wir seit Stunden nichts mehr zu essen oder zu trinken bekommen hatten. Unsere Kräfte ließen nach. Wir wollten nur noch schlafen, egal, wo und wie. Wir Kinder vermochten uns kaum mehr auf den Beinen zu halten, meine kleineren Geschwister weinten in einem fort. Sie konnten nicht mehr.

Wir hatten die Elbe auf der Marienbrücke überquert und befanden uns auf den Neuen Terrassen in Höhe des Zollamts, als wir zum zweiten Mal das Herandröhnen von Flugzeugen wahrnahmen. Diesmal war das Geräusch sehr viel stärker, vielleicht war auch die Zahl der Flugzeuge größer, oder sie flogen tiefer. Sie kamen, wie ich später erfuhr, aus Westen, so dass der aus der gleichen Himmelsrichtung wehende Wind den Bomberpiloten den Blick auf das Zielgebiet freiblies. Sie konnten, so stelle ich mir das zumindest vor, die Brände des ersten Angriffes als Zielmarkierung für den zweiten vortrefflich nutzen.

Farbstriche auf der Außenmauer des Zollamtes zeigten in Kniehöhe den Weg zum Luftschutzkeller in diesem sehr stabilen, um die Jahrhundertwende erbauten Gebäude. Die Mutter und wir Kinder stürmten die Treppe hinunter, drängten uns in das von Schutzsuchenden bereits überfüllte Kellergewölbe und fanden Platz auf einer Holzbank, die unter einer Treppe an einer Mauer stand. Neben mir saß eine Krankenschwester mit einem weißen Rotkreuz-Häubchen auf dem Kopf. Wir alle hatten die Rucksäcke vor uns auf den Schoß gestellt. Ich denke, dass wir trotz unserer Angst vor Erschöpfung eingeschlafen sind.

Es war, wie ich nach Jahren las, ein Uhr und zweiundzwanzig Minuten, als das zweite Bombardement einsetzte. Dieses dauerte, wie es heißt, zweiunddreißig Minuten und legte die zauberhafte Stadt, die den schmückenden Beinamen »Elbflorenz« völlig zu Recht getragen hat, in Schutt und Asche.

Feuerstürme tobten in einzelnen, dicht bebauten Stadtteilen.

Ihr gewaltiger Sog riss Bäume samt ihrer Wurzeln aus der Erde, ließ Mauern einstürzen und zog Menschen mit sich, die die Nacht lieber im Freien als in Kellern durchwacht hatten.

Bunker brachen auf, wenn sie von tausendpfündigen Luftminen förmlich geknackt wurden. Menschen, die auf den Straßen umherirrten, verbrannten unter offenem Himmel. Das Erleben der wenigen Überlebenden ist mit Sprache nicht zu beschreiben.

Als wir den Luftschutzkeller verlassen hatten, gab es Dresden nicht mehr. Zur Innenstadt hin stand eine Flammenwand. Auch in der Neustadt jenseits der Elbe brannte es. Wir dagegen hatten Glück gehabt. Das Zollamt war zwar von einigen Sprengbomben getroffen worden, aber die Brandwache im Gebäude hatte offensichtlich die gleichfalls abgeworfenen Brandbomben unschädlich machen können. Jedenfalls konnten wir aus dem Luftschutzkeller ohne Panik auf die Uferstraße heraustreten.

Da es in Richtung Nordosten, zum Bahnhof hin, weniger zu brennen schien als in der übrigen Stadt, machten wir uns mit der Rotkreuzschwester, die aus dem Stadtteil Weißer Hirsch stammte, gemeinsam auf den Weg. Die Eisenbahnbrücke über die Elbe war zwar nicht zerstört, auch die Autobahnquerung bei Kemnitz war nicht getroffen worden. Dafür war die historische Altstadt ein Trümmerhaufen. Die vielen Lazarette blieben nicht verschont, nicht einmal der zoologische Garten.

Unter militärischem Gesichtspunkt waren beide Bombenangriffe glatte Fehlschläge. Sie verkürzten den Krieg um keine einzige Stunde. Dennoch hatten sie ihre Wirkung. Sie zeigten, wenn man so will, dass Terror gegen die Zivilbevölkerung kein den Nazi-Deutschen vorbehaltenes Kriegsverbrechen blieb. Und sie sollten wohl den Deutschen wie den näher rückenden Russen demonstrieren, zu welcher Kraftentfaltung Briten und Amerikaner im fünften Kriegsjahr noch imstande waren. Denn die Amerikaner leisteten ihren schlimmen Beitrag zu diesem Terrorangriff am kommenden Tag, als es keinerlei Flugabwehr mehr gab und kein militärisch zu definierendes Ziel noch zu zerstören gewesen wäre.

Wir hatten den Fluss in der Nacht überschritten und wollten

auf dem jenseitigen Ufer über die Elbwiesen nach Osten zum Weißen Hirsch. Aber es war kein Durchkommen mehr. Buchstäblich Berge von Leichen versperrten den Weg. Verkohlte Menschen, grotesk verrenkte Gliedmaßen, in der Hitze des Feuer eingeschrumpfte Körper. Ich kann darüber noch heute nicht reden. Was diese Bilder bei einem Dreizehnjährigen anrichten, kann man sich vielleicht in den übelsten Träumen vorstellen.

Die Mutter und die Rotkreuzschwester kehrten mit uns um. Wir stiegen zurück auf die Eisenbahngleise und folgten diesen dann zum Hauptbahnhof. Mühsam genug gelang uns dies. Anders hätten wir selbst diesen kurzen Weg nicht geschafft, denn es gab keine Straßen mehr. Nur noch Ruinen, Schutt, Krater, Feuer und Rauch. Irre Menschen suchten schreiend ihren Weg oder ihre Angehörigen. Infernalisch war der Gestank, der über den Trümmern lag, und unbegreifbar die Not jedes Einzelnen, der überlebt hatte und sich später fragte, weswegen eigentlich ihm dieses Los zuteil geworden sei.

Die Eisenkonstruktion der Bahnhofshalle war nur noch ein Gerippe. Auch rundherum stand nichts mehr. Jedenfalls nicht mehr als in dem einen oder anderen Fall die Außenfassade eines Hauses mit leeren Fensterhöhlen. Die Zwischendecken aus Holz waren verbrannt, lediglich die gemauerten Treppenhäuser und Schornsteine ragten dunkel gegen den allmählich aufhellenden Himmel. Es war tatsächlich eine gespenstische Atmosphäre, zumal nach meiner Erinnerung auch kaum Menschen zu sehen waren. Zumindest keine lebendigen, tote dagegen mehr als genug. Sie lagen zu mehreren ineinander verkrallt auf dem Boden, schwarz und eingeschmurgelt – nicht mehr zu identifizieren. Andere sahen aus wie Käfer, deren verkrümmte Gliedmaßen vom Körper abstanden, und auch sie wären von niemandem wiederzuerkennen gewesen.

Der Bunker neben dem Bahnhof, vor dessen verschlossener Eisentür wir den ersten Angriff mit viel Glück überstanden hatten, schien unbeschädigt. Nachdem wir zwischen Leichenhaufen einen Weg zu seinem Eingang gefunden hatten, stellten wir fest, dass die Tür diesmal offen stand. Wir entschieden uns, die nächsten Stunden im Schutz des Bunkers zu verbringen, um ein wenig Ruhe zu finden. Außerdem hofften wir darauf, dass Militär in die Stadt verlegt werde, um die Brände zu löschen und die Toten einzugraben. Danach sollte es wohl möglich sein, einen Weg zum Weißen Hirsch zu finden, dort nach dem Rechten zu sehen und so lange in der Wohnung der Krankenschwester zu bleiben, bis der Zugverkehr nach Westen wieder aufgenommen werde.

Wir fanden Sitzplätze und sanken alle in einen todesähnlichen Tiefschlaf. Wir waren ausgepumpt, erschöpft, innerlich vollkommen hohl. Kein Gefühl von Hunger mehr und auch kein Durst. Über solche Bedürfnisse waren wir schon lange hinaus. Deshalb habe ich von dem dritten Angriff auch nichts mehr mitbekommen, bei dem die Amerikaner in zehn Minuten zwischen zwölf Uhr fünfzehn und zwölf Uhr fünfundzwanzig am 14. Februar zerstörten, was die beiden Angriffe der Briten noch überstanden hatte.

Zu den Lebenden kehrte ich erst zurück, als wir von Luftschutzleuten wachgerüttelt und aufgefordert wurden, den Bunker sofort durch einen Notausstieg zu verlassen. Der Eingangsbereich sei durch eine Luftmine eingedrückt worden. Die heftigen Feuersbrünste außerhalb würden den Sauerstoff im Bunker innerhalb kürzester Zeit ansaugen. Wir müssten dann alle ersticken.

Die Menschen gerieten in Panik. Rücksichtslos verschaffte sich Platz, wer dazu noch die Kraft hatte. Kreischende Männer, Frauen und Kinder stiegen übereinander weg, rissen andere zurück, versuchten sich einen Weg zum Notausgang zu bahnen. Dieser bestand aus einer kleinen Eisentür in halber Wandhöhe, die nach innen zu öffnen war, wohl für den Fall, dass Schutt im Freien den Fluchtweg nach draußen versperren sollte.

Ein Luftschutzwart oder ein Soldat – das weiß ich nicht mehr, ich kann mich nur noch an seinen Helm und an sein kalkweißes Gesicht erinnern – forderte die herandrängenden Menschen auf, zurückzubleiben, ihm wenigstens so viel Raum zu lassen, dass er den Notausstieg öffnen könne. Niemand hörte auf ihn. Jeder wollte als Erster diese Tür ins Freie erreichen. Der Mann zog jedenfalls eine Pistole, schoss in die Decke, dass es grässlich widerhallte, hielt sich die Nächststehenden mit der Waffe vom Leib und öffnete die Eisentür.

Ich konnte von unserem Platz aus nicht erkennen, was vor dem Ausstieg geschah oder dort zu sehen war. Die Menschen stürmten jedenfalls alle sofort in diese Richtung. Ich wurde von meiner Mutter und den Geschwistern getrennt. Ich rief und brüllte, aber es war viel zu laut in dem Getümmel, sie waren verschwunden. Nur die Krankenschwester blieb in meiner Nähe. Sie hielt sich einfach an meinem Ledergürtel fest, damit wir nicht auseinander gerissen wurden.

Irgendwann hatten wir den Ausstieg durch die kleine Öffnung geschafft und sahen uns auf dem Bahnhofsvorplatz nach meinen Angehörigen um. Es lagen dort noch mehr Tote als am Morgen. Menschen strichen durch diese Leichenfelder, riefen Namen, untersuchten einzelne Tote genauer, die nicht verbrannt, sondern erstickt oder durch den Luftdruck nach Explosionen ums Leben gekommen waren. Meine Mutter und die beiden Geschwister konnten ja nicht tot sein. Sie hatten den Angriff doch im Bunker mit uns überlebt und noch vor kurzem neben uns gesessen. Trotzdem fanden wir sie nicht.

Ein Luftschutzmann, den wir um Hilfe gebeten hatten, sagte uns, dass am Bahnhof eine Familiensammelstelle eingerichtet werde oder bereits ihre Arbeit aufgenommen habe. Nach der sollten wir suchen. Tatsächlich stießen wir dort auf ein paar Männer und Frauen, die Namenslisten derjenigen zusammenstellten, die zu ihnen kamen. Sie verteilten ein paar Lebensmittel und wiesen Quartiere an, in denen die Überlebenden auf die Vermissten warten sollten. In meinem Fall gaben wir die Adresse der Krankenschwester am Weißen Hirsch an und machten uns am Nachmittag dorthin auf den Weg. Es hätte ja keinen Sinn gehabt, länger am Bahnhof zu warten.

Als am nächsten Tag immer noch keine Nachricht von meinen

Leuten eingetroffen war, ging ich allein zum Bahnhof. Das war ein schlimmer Marsch: Schlimm war das, was ich sah, und noch schlimmer war das, was ich befürchtete. Ich fragte bei der Sammelstelle nach, aber es hatte sich niemand gemeldet. Und dabei sollte es bleiben. Von meiner Mutter oder meinen Geschwistern fehlt bis heute jedes Lebenszeichen, aber auch jede Todesnachricht. Sie sind verschwunden. Einfach verschwunden. Als hätte es sie nie gegeben.

Ich weiß nicht, was aus ihnen geworden ist, was mit ihnen nach unserer Trennung im Bunker geschah. Die Angriffe waren vorbei. Es kam kein vierter. Sicher, es explodierten noch lange Spreng- und Brandbomben mit verzögerter Zündung. Aber drei Tote, eine Frau und zwei kleine Kinder, wurden mir als Opfer solcher Explosionen nicht mehr gemeldet. Es bleibt daher für mich nur die eine Erklärung, dass meine Mutter und die beiden Kleinen auf dem Weg zum Notausgang des Bunkers niedergetrampelt, regelrecht zu Tode getrampelt worden sein müssen, dass sie den Ausstieg aus eigener Kraft nicht mehr geschafft haben. Der Bunker brach in den Abendstunden wie ein mürber Kuchen in sich zusammen.

Hätte meine Mutter überlebt, dann hätte sie doch nach mir gesucht. Schon damals, aber bestimmt später, nach dem Krieg. Doch beim Roten Kreuz ist keine Suchanfrage nach mir eingegangen. Nie. Nur ich suche weiter. Bis zu meinem Tod. Ich will doch wissen, wie meine Mutter und meine Geschwister zu Tode kamen.

Dresden bleibt der zentrale Ort in meinem Leben. Ganz anders als Hirschberg. Das habe ich zwar nicht vergessen, aber es hat für mich keine Bedeutung mehr. Dresden dagegen – da muss ich immer wieder hin, so oft es mir möglich ist. Ich kann mich von dieser Stadt nicht trennen. Ich laufe die Strecken ab, die wir damals gegangen sind. Ich stelle mich vor den Bahnhof, stundenlang, und ich sehe den Menschen in die Gesichter, so als könnte ich sie herbeizwingen: meine Mutter und die Geschwister.

Bei der Krankenschwester blieb ich bis in den Herbst 1945.

Dann nahmen wir Verbindung auf nach Leipzig, wo eine Schwester meiner Mutter verheiratet war. Ihr Mann war Buchdrucker und alter Sozialdemokrat. Die beiden hatten eine Tochter, Magda, die vier Jahre jünger war als ich. Sie haben mich sofort bei sich aufgenommen. Und sie haben, dafür bin ich ihnen noch heute dankbar, mir niemals zu verstehen gegeben, dass sie meine Mutter und meine Geschwister für tot gehalten haben.

Sie haben mir meine Hoffnung gelassen, die drei könnten noch am Leben sein. Sie haben sich in meine Träume nicht eingemischt. Erst als die Entscheidung anstand, ob ich als Dieter Kosmalla in ein Waisenhaus gehe oder bei ihnen bleiben kann, aber dann eben als Pflegekind, da haben sie der Forderung des Jugendamtes nachgegeben und meine Angehörigen 1948 für tot erklären lassen.

Auf Flüchtlinge und Vertriebene wurde damals keine besondere Rücksicht genommen, weder auf ihre materielle Not noch auf ihr seelisches Leid. Schließlich fingen alle damals im Land bei einem politischen Nullpunkt an, da sollte es weder Sonderrechte noch besondere Rücksichtnahmen geben. Dabei spielte natürlich auch eine Rolle, dass die Sowjets nicht verärgert und ihre Politik ebenso wenig in Frage gestellt werden durfte wie die polnische und tschechische. Das war ein Schock für mich. Aber langsam habe ich gelernt, mich den Dingen zu stellen.

Wir hatten den Krieg begonnen, wir haben den Krieg verloren, wir mussten die kleinen und großen Opfer völlig zu Recht und ohne Klagen tragen. Für mich hieß das: Wenn meine Mutter mit den beiden Kleinen Dresden verlassen haben sollte, ohne mich zu finden, wenn es ihr möglich gewesen sein sollte, sich nach Thüringen durchzuschlagen, ohne bei ihrer Schwester in Leipzig Halt zu machen, und wenn sie sich dann wie viele andere mit den Amerikanern im Herbst 1945 vor den nachrückenden Russen in die Westzonen abgesetzt hätte, dann müsste ich eben allein versuchen durchzukommen und stellvertretend für die ganze Familie die Stellung halten. Andererseits: Wäre sie noch am Leben gewesen, hätte sie in der Zwischenzeit ganz bestimmt ihrer Schwester ein Lebenszeichen zukommen lassen, deren Mietshaus im Waldsteinviertel nicht zerstört worden war und die infolgedessen die ganze Zeit unter ihrer alten Anschrift zuverlässig zu erreichen war.

Indes: Es kam keine Nachricht. Also hatte ich mich damit abzufinden, dass ich der letzte Kosmalla aus unserem Zweig der Familie war. Tante Hildegard und Onkel Martin, meine Pflegeeltern, haben mich 1949 adoptiert. Sie wollten mich mit ihrer eigenen Tochter, die leider drei Jahre darauf an Leukämie gestorben ist, rechtlich gleichstellen. Es sollte zwischen uns keinen Unterschied geben. Diese Adoption war für mich einerseits ein Problem, weil sie mir wie ein Verrat an meiner eigentlichen Familie erschien. Andererseits habe ich meinen neuen Eltern hoch angerechnet, dass sie damit bekundet haben, wie sie zu mir standen.

Als Pflegeeltern hatten sie vom Jugendamt finanzielle Unterstützung erhalten, die jetzt wegfiel. Außerdem mussten sie nicht nur einen Esser mehr durchfüttern – und mit siebzehn Jahren ist man ziemlich hungrig –, sondern mich auch mit allem Erforderlichen sonst versorgen, denn außer meinem Rucksack hatte ich ja nichts bei mir, als ich zu ihnen gekommen war. Und im Übrigen schmälerten sie durch ihre Entscheidung auch das irgendwann einmal anstehende Erbe ihrer leiblichen Tochter immerhin um die Hälfte.

Ich will damit sagen, dass die Adoption wahrscheinlich meinen Pflegeeltern ebenfalls nicht ganz leicht gefallen ist. Allerdings haben sie darüber nie mit mir gesprochen, so dass ich dies aus ihren Erzählungen nicht begründen könnte. Sie haben sich auch Dritten gegenüber nie dieser Entscheidung gerühmt oder sie mir bei irgendwelchen Meinungsverschiedenheiten, die es zwischen uns natürlich auch gegeben hat, vorgehalten – etwa in dem Sinne: »Bedenke, was wir für dich getan haben, da ist ein bisschen Dankbarkeit doch nicht zu viel verlangt …« Nein, die Tante und der Onkel wurden gute Eltern, soweit das unter den gegebenen Bedingungen überhaupt möglich war.

Sie gaben mir ein Gefühl von Sicherheit, nicht von Heimat.

Sich wirklich fallen lassen zu können, aufgehoben und beschützt sein, das sind Empfindungen, die mir in jenen Jahren ferngeblieben sind. Aber das weiß ich erst jetzt im Alter. Damals habe ich eine solche Öffnung zu mir selbst nicht zugelassen. Ich musste zusehen, dass mein Kopf in den alltäglichen Kämpfen nicht vollends unter Wasser geriet.

Ich sprach nicht Sächsisch und war damit von vornherein als Fremder erkennbar. Im Streit mit Einheimischen wurde ich als »Polacke« beschimpft. Also sprach ich möglichst wenig, um nicht aufzufallen. Anerkennung fand ich bei manchen Lehrern wegen meiner guten schulischen Leistungen und später in der FDJ, der Freien Deutschen Jugend.

Bis zum Kriegsende »Hitlerjunge«, und dies als Kind mit vollster Überzeugung, und gerade mal zwei Jahre danach Eintritt in die FDJ. Das scheint kaum miteinander vereinbar, und doch war dieser Schritt in Wahrheit gar nicht so groß. Ich hatte ja erkennen müssen, was mir dieser Krieg gebracht hatte: der Vater gefallen, die Geburtsstadt zwangsweise verlassen, die Mutter und die Geschwister verschwunden und damit wahrscheinlich tot. Das heißt, da war viel wundes Fleisch. Und es gab für mich Erklärungsbedarf: Wie hatte das so kommen können, und was war unser eigener Anteil daran?

Die Antworten, die ich in der FDJ bekam, haben mich überzeugt. Zumal sie unterfüttert wurden durch die Erzählungen meines Onkels, der als bekannter Sozialdemokrat in der Nazi-Zeit viel zu leiden hatte. So fügte sich eins ins andere: Ich war elternlos, ich war heimatlos, ich war tief verunsichert, und ich war dankbar für jede Anerkennung. Ich habe mich also in die FDJ gestürzt mit Haut und Haaren. Dort fand ich Freunde, dort hatte ich eine Funktion, dort war ich wichtig – zumindest wurde mir das Gefühl vermittelt, an dieser Stelle wichtig zu sein. Es gab für mich kaum noch Fragen: Ich unterstützte die FDJ, und die FDJ sorgte für mich. Sie gab mir einen Perspektivplan: Abitur, Lehre, Studium, Aufnahme in die Partei, gesellschaftliche Bewährung, beruflicher Aufstieg, eigene Familie, Kinder und so weiter.

Nach meinem Schulabschluss 1952 wurde für mich entschieden, dass ich wegen meiner Sehschwäche für eine Laufbahn bei der Volkspolizei ungeeignet war. Stattdessen begann ich eine Ausbildung als Saatzüchter in einer landwirtschaftlichen Versuchsanstalt in der Magdeburger Börde. Nach der Lehre habe ich mich noch zwei Jahre in der Produktion bewährt und bekam dann einen Studienplatz an der Leipziger Universität. Einen dieser heiß begehrten Plätze zu erringen war freilich in meinem Fall nicht ganz so schwierig wie bei vielen anderen Kommilitonen: Ich kam, was meine Adoptiveltern anging, aus einer antifaschistischen Familie. Und ich war als »Umsiedler« – so hießen wir Vertriebenen und Flüchtlinge bis in das Jahr 1952 hinein, danach wurde von uns und unserem Schicksal keine Notiz mehr genommen – und noch dazu ohne leibliche Eltern extrem anpassungswillig. Menschen aus Hirschberg, Nachbarn oder Mitschüler oder befreundete »Hitlerjungen«, habe ich auch später nicht gesucht oder getroffen. Erinnerungen an die alte Heimat waren überlagert durch das schreckliche Geschehen in Dresden, und neben beidem stand der Neuanfang: die neue Familie und die neue Zeit.

Der Tod Stalins im März 1953 war für mich so etwas wie der kaum auszuhaltende Abschied von einem neuen Vater. »Dein Atem weht in uns'rer Fahnen Wehn. / Dein Name lebt in leuchtenden Alleen. / Den Namen Stalins trägt die neue Zeit. / Lenin, Stalin sind Glücksunendlichkeit.« Natürlich sind diese Verse von Johannes R. Becher der reine Politkitsch. Aber sie geben zu erkennen, welche Dimension diese Figur Stalin damals für uns hatte. Jedenfalls für mich.

Verglichen damit hatte der 17. Juni 1953 für mich kaum eine Bedeutung. Das hängt sicherlich auch damit zusammen, dass die Versuchsanstalt, in der ich arbeitete, bei Oschersleben auf dem platten Land lag und sich dort weder an diesem Tag noch an den folgenden Revolutionäres oder Gegenrevolutionäres tat. Wir hatten auch keine privaten Radiogeräte, mit denen wir RIAS-Berlin [Abkürzung von: Rundfunk im amerikanischen Sektor] oder westdeutsche Rundfunksender hätten abhören können – was wir jungen FDJler aber auch entschieden abgelehnt hätten. Wir erfuhren daher nur, was uns offiziell mitgeteilt wurde, und das war, dass »verbrecherische Elemente« aus West-Berlin die Bevölkerung Ost-Berlins aufzuwiegeln versucht hätten, dabei aber auf den entschlossenen Widerstand der demokratischen Massen gestoßen seien. Die »Provokateure« aus dem Westen seien an der klassenbewussten Haltung der Arbeiterschaft gescheitert. Die Volkspolizei sei vollkommen Herr der Lage.

Erst als ich nach der Ernte zu meiner Familie nach Leipzig kam, gab mir mein Vater sehr vorsichtig und verklausuliert zu verstehen, dass sich die Partei nun bemühen müsse, das verloren gegangene Vertrauen der Bevölkerung zurückzugewinnen. Es habe offenkundig auf allen Ebenen Tendenzen einer Abkapselung der Partei vom Leben der Menschen gegeben, die zu verhängnisvollen Fehlschlüssen und falschen Entscheidungen geführt hätten. Jetzt brauche die Partei frisches Blut, also neue Kader, die nicht mit den Fehlern der Vergangenheit behaftet seien.

Also bekam ich wieder das Gefühl, gebraucht zu werden. Ich stellte im November 1953 meinen Antrag zur Aufnahme in die SED, die Sozialistische Einheitspartei Deutschlands. Ein Jahr später – ich war immer noch in der Versuchsanstalt – erfolgte die feierliche Aufnahme in die Partei. Ich hatte nicht das Gefühl, mich damit anzupassen oder gar opportunistisch zu verhalten. Es ging mir ja nicht darum, Karriere zu machen. Ich hatte die Überzeugung, es komme auf mich an, ich müsse meinen Beitrag leisten, ich dürfe nicht zur Seite stehen. Und so war es ja auch: Der Zusammenhalt war nicht nur in der Parteigruppe groß, sondern wir wurden auch anerkannt von denen, die nicht in der Partei waren. Wann immer es irgendwelche Probleme gab, kamen die Kollegen und sagten: »Dieter, guck mal, Dieter, mach mal, Dieter wird das Ding schon schaukeln.«

Wir jungen Leute in der Partei lebten in einer seltsamen Binnenwelt. Die Deutung dessen, was geschah und was geschehen sollte, überließen wir ganz selbstverständlich den höheren Parteiebenen.

Die Kader dort hatten sich in der Nazi-Zeit bewährt, sie waren erfahren, sie genossen das Vertrauen der sowjetischen Freunde. Sie gaben uns die Richtung vor, aber dies nur selten nach dem Prinzip von Befehl und Gehorsam, sondern im Grunde genommen durch ihr eigenes Beispiel. Das war für mich überzeugend.

Bertolt Brecht hatte den Studenten der Arbeiter- und Bauernfakultäten, an denen in der Nachkriegszeit junge Menschen studieren konnten, die über die herkömmlichen Bildungsvoraussetzungen nicht verfügten, ein Gedicht gewidmet, dessen Inhalt ich mir besonders zu Herzen nahm, weil er mir unmittelbar einleuchtete: »Was immer ihr erforscht einst und erfindet / Euch wird nicht nützen, was ihr auch erkennt / So es euch nicht zu klugem Kampf verbindet / Und euch von allen Menschenfeinden trennt. / Vergesst nicht: mancher euresgleichen stritt / Dass Ihr hier sitzen könnt und nicht mehr sie. / Und nun vergrabt euch nicht und kämpfet mit / Und lernt das Lernen und verlernt es nie.«

Brecht war nicht irgendwer. Seine Aufforderung, sich einzureihen und den klugen Kampf lernend mitzukämpfen, führte mich nach meiner Ausbildung zum Saatzüchter und nach zweijähriger Arbeit in einem volkseigenen Gutsbetrieb 1957 an die Leipziger Karl-Marx-Universität, immerhin eine Hochschule mit damals 550-jähriger Geschichte. Ich hätte gern Tiermedizin studiert, doch dringender als Tierärzte brauchte man damals wissenschaftlich ausgebildete und sozialistisch denkende Lehrer. Also studierte ich Deutsch und Geschichte für das Lehramt. Und habe im Fach Geschichte auch meinen Doktor gemacht.

Sozialistisch denkende oder zumindest in der Öffentlichkeit sich als solche bekennende Lehrer gab es in hinreichender Menge, allerdings fehlte ihnen häufig das wissenschaftliche Fundament.

1961 legte ich mein Examen ab – im Jahr des »Mauerbaues« oder der »Errichtung des antifaschistischen Schutzwalles«, wie es jenseits bzw. diesseits der Grenze hieß.

Und wieder war ich der Überzeugung, dass unsere Staats- und Parteiführung richtig gehandelt hatte, um einen nicht mehr drohenden, sondern längst in Ausführung begriffenen Angriff des politischen Gegners auf unseren Staat abzuwehren. Ganz zu Recht, wie ich damals fand, rief die FDJ-Führung nach dem 13. August 1961 zu Folgendem auf: »Tragt den Hass gegen die Todfeinde, gegen Militaristen und Faschisten in jedes Herz! Sorgt dafür, dass sich kein Jugendlicher mehr von den Hetzern und Lügnern des isolierten Westens informieren und beeinflussen lässt!«

Dazu wollte ich als Lehrer meinen Beitrag leisten. Ich wollte politisch bewusste junge Menschen erziehen, denen nicht widerfahren sollte, was ich als Kind erlebt hatte: missbraucht zu werden von einer politischen Klasse, deren Ränkespiele und tatsächliche Interessen ich nicht zu durchschauen vermochte. Weder die Niederschlagung des Prager Reformkommunismus 1968 durch die Streitkräfte des Warschauer Paktes noch die zunehmende Erstarrung des kulturellen Lebens ab Mitte der sechziger Jahre brachten mich von meinem Kurs ab. In beidem sah ich unerfreuliche, aber letztlich leider doch erforderliche Reaktionen auf ideologische Infiltrationen, deren Ziel es war, die friedliche Nachkriegsordnung in Europa zum Nachteil der sozialistischen Staatengemeinschaft zu verändern.

Erst als ich in den siebziger und achtziger Jahren als Lehrer an einer EOS [Erweiterten Oberschule, die zum Abitur führt] in Berlin erlebte, wie sich meine Schüler mehr und mehr in sich und in ihre Freundeskreise zurückzogen, wie sie öffentliches und privates Leben strikt voneinander trennten, wie sie mir ihre Enttäuschung über eine opportunistische Elterngeneration offenbarten, erst als ich mir eingestehen musste, dass es uns, also der Partei und mir, einem Mitglied und Pädagogen, nicht gelungen war, unser Anliegen so rein zu vermitteln, dass es in Wahrhaftigkeit bestehen konnte, wuchsen meine eigenen Zweifel. Hatte ich früher gelegentlich an meiner Befähigung gezweifelt, politische Inhalte so aufzubereiten, dass sie von Schülern nicht nur verstanden, sondern zur eigenen Sache gemacht wurden, begannen jetzt allmählich meine Zweifel an der Qualität und Integrität der politischen Führung selbst und am Ende auch an den Inhalten, für die sie und wir und ich standen.

Es war nach dem Amtsantritt von Gorbatschow in der UdSSR 1985 ja nicht mehr lange zu verheimlichen, dass es zwischen ihm und unserer politischen Führung in der DDR nicht nur politische Meinungsverschiedenheiten gab, wie sie auch unter befreundeten Staaten üblich sind, sondern dass ihn und Honecker Grundsätzliches trennte. Während Gorbatschow die Überzeugung vertrat, dass die rückhaltlose und öffentliche Aufarbeitung von Entwicklungen und Fehlentwicklungen eine notwendige Voraussetzung für den Weiterbestand sozialistischer Staatlichkeit war, folgte Honecker der Linie Ulbrichts aus der zweiten Hälfte der fünfziger Jahre, keine Fehlerdiskussion zuzulassen, weil nach seiner wohl zutreffenden Auffassung das Eingeständnis von gravierenden Fehlern für einen Großteil der Bevölkerung die Existenzberechtigung der DDR unmittelbar in Frage gestellt hätte.

Verfiel Honecker aus Überlebensangst in Starrheit, überraschte Gorbatschow durch eine Offenheit, die meine Schüler und auch mich ganz persönlich überwältigte. Ich durfte vermeintliche Selbstverständlichkeiten nicht länger unhinterfragt lassen. Und ich ließ mich erstmalig auf meine eigene Lebensgeschichte ein. Ich befragte mich selbst. Nach meiner Herkunft. Nach meinem Umgang mit ihr. Nach ihren Folgerungen für mein weiteres Leben. Nach der Begründetheit und nach der Begründbarkeit meiner politischen Überzeugungen. Nach den Zugeständnissen, die ich in meinem politischen und beruflichen Leben gemacht hatte, und nach eigenem Verhalten, das wenigstens aus nachträglicher Sicht fragwürdig, ja mehr noch, nicht länger zu rechtfertigen war.

Nach dem Niedergang der DDR wurde ich im Jahr zwei der Einheit, also 1991, aus dem Schuldienst entlassen. Ich war neunundfünfzig Jahre alt und zum zweiten Mal heimatlos geworden. Aber diesmal trug ich daran durchaus eigene Verantwortung und eigene Schuld. Und kann und will mich deshalb darüber nicht beklagen.

Quelle: Gespräche mit dem Autor
im Oktober 2001 und im März 2004.

»Die Äpfel sollet verrecke, wie ihr au«

Reiner Sachse, Diplomingenieur,
aus Oppeln/Oberschlesien

Obwohl ich im März 1940, als der Zweite Weltkrieg tobte, auf die Welt kam, hatte ich, trotz des Krieges, eine glückliche Kindheit in Oppeln/Oberschlesien. Mein Vater betrieb einen Stahlbau- und Schlossereibetrieb in der Nähe des Hauptbahnhofs, den er ursprünglich gemeinsam mit seinem Vater und seinem Bruder gepachtet hatte. Weil der Betrieb für die Rüstung eine wichtige Rolle spielte – man baute z.B. Flugzeughangars –, war mein Vater nicht permanent zum Kriegsdienst eingezogen und konnte mir einen Teil seiner Freizeit widmen. Dies dokumentieren viele Fotos, die er selbst entwickelte und die uns glücklicherweise eine meiner Tanten nachträglich übergeben konnte, die nach Kriegsende noch einmal mit ihrem Sohn nach Oppeln zurückgekehrt war und in unserem verlassenen Haus nach Schätzen gesucht hatte. Die beiden haben allerdings ihre Rückkehr in dem berüchtigten Lager in der Nähe Oppelns mit schlimmen Erlebnissen bitter bezahlen müssen, bevor auch sie endgültig in den Westen kamen.

Mein Vater hatte den Anfang des Polen- und danach den Frankreichfeldzug mitmachen müssen und war nun gegen Kriegsende irgendwo an der sich ständig westwärts zurückziehenden Ostfront. Meine Mutter und meine Großmutter mütterlicherseits, die seit meiner Geburt bei uns wohnte, obwohl sie weiterhin ihre Wohnung in einem Eisenbahnerviertel mit einem kleinen Schrebergarten behalten hatte, waren bemüht, schlimme Nachrichten von mir fernzuhalten. Wahrscheinlich haben sie – verblendet von der Propaganda – auch selbst gar nicht so viel mitbekommen oder mitbekommen wollen, obwohl der jüngste Bruder meiner Mutter gleich zu Beginn des Krieges im Polenfeldzug gefallen war. Oppeln blieb bis zum Kriegsende weitgehend von Bombenangriffen verschont. Trotzdem hatte mein Vater sicherheitshalber einen Kellerraum mit einigen dicken Baumstämmen abstützen lassen, woran ich mich erinnere, weil wir nun doch öfter einmal nach dem schrecklichen Geheule der Sirenen dort unten zwischen den Stämmen in banger Erwartung des lang gezogenen Entwarnungstones saßen.

Mitte Januar kündigte ein fernes Grollen das Nahen der Front an. Um den 16. Januar 1945 war die Front so nahe, dass die Kreisleitung die Evakuierung Oppelns anordnete. Nun war mir nicht mehr zu verbergen, dass ein ganz einschneidendes Ereignis bevorstand, denn meine Mutter und meine Großmutter begannen, sich darüber zu unterhalten, was einzupacken und was zunächst nicht so wichtig sei. Man hoffte ja, dass das Ganze bald vorbei sein werde und man zurückkehren könne. Trotz der hektischen Ein- und Auspackerei, die ich halb schlafend im abgedunkelten Wohnzimmer beobachtete – es bestand Verdunklungsgebot wegen eventueller Luftangriffe, vor denen schon nicht mehr gewarnt werden konnte –, hatte ich das beruhigende Gefühl, dass die beiden das Richtige tun und vor allem mich beschützen würden.

Am 17. Januar verließen wir Oppeln, wie sich herausstellen sollte: für immer, mit den wenigen tragbaren Habseligkeiten in Rucksäcken und Koffern, darunter das Silberbesteck, das Großmutter schließlich doch heimlich irgendwo reingepackt hatte, weil es ja mal zur Aussteuer meiner Mutter gehört hatte, die es nun über die ganze Flucht schleppen durfte. Ich hatte die Reste meines Pfefferkuchenhauses in meinem Rucksack, von denen ich mich noch eine ganze Weile ernähren konnte.

Wir fuhren zunächst mit der Bahn zu einer Tante nach Langenbielau. Wir wollten ja nicht gleich so weit weg, weil wir hofften, bald zurückkehren zu können. Der Zug war voll verwundeter Soldaten. Von den schmutzigen Uniformen war vor lauter Verbandszeug fast nichts zu sehen. Die zum Teil abenteuerlichen Verbände, vor allem die »Stuka«-Gestelle, die man damals bei

Schlüsselbeinverletzungen anlegte, imponierten mir sehr. Dazwischen wuselten Krankenschwestern, die die am schlimmsten Betroffenen versorgten, und auch einige Flüchtlinge – fast ausschließlich Frauen und Kinder – saßen mit uns im Zug.

Nach zwei Tagen bei Tante Ida rückte auch dort die Front hörbar näher, und wir beschlossen, nach Dresden weiterzuziehen. Dort wohnten meine Großeltern in der Blochmannstraße in der Nähe des Großen Gartens, was sich wenige Tage später als Glücksfall erweisen sollte. Da noch weitere Verwandte aus dem Osten diese relativ kleine Wohnung als Anlaufstelle benutzten, auch in der Hoffnung, hier zwischenzeitlich Verschollene wiederzutreffen, suchten wir mit Vermittlung der Dresdner Verwandtschaft nach wenigen Tagen eine eigene Wohnung außerhalb Dresdens, zumal ein Befehl ergangen war, dass Dresden keine Flüchtlinge mehr aufnehmen sollte, weil es bereits total überfüllt war und Versorgungsschwierigkeiten auftraten. Der riesige Luftschutzbunker, in den wir von Zeit zu Zeit flüchten mussten, war bereits permanent belegt von Flüchtlingen, zwischen denen die Ratten herumrannten.

Wir zogen also in eine kleine Dachwohnung in Gröditz, etwa vierzig Kilometer von Dresden entfernt, um den völlig ungewissen Weitergang der Dinge abzuwarten. Hier gab es für uns Kinder einen herrlichen Spielplatz, denn am nahe gelegenen Bahnhof standen unbrauchbar gewordene Eisenbahnwaggons, in denen man herumtollen und Türen und Fenster aufreißen und zuknallen konnte. Das war vermutlich äußerst gefährlich, aber glücklicherweise ist dabei nichts Ernsthaftes passiert. Natürlich spielten wir, wie heute die Kinder an den diversen Kriegsschauplätzen immer noch, auch Krieg, und dabei hat mir einmal ein älterer Junge fast ein Auge ausgeschlagen. Er schleuderte einen Schotterstein gegen unsere Deckung in einem Kellerloch. Ich schaute just in diesem Moment über den Rand und bekam den vom Asphalt abprallenden Stein an die Stirn, knapp über dem rechten Auge. Die Narbe erinnert noch heute daran.

Immer wieder gab es Fliegerangriffe, und weil Gröditz, trotz seiner Rüstungsindustrie, zu wenig Luftschutzbunker hatte, zogen wir zusammen mit Hunderten Zwangsarbeiter in die Wälder, um so den Bomben zu entgehen. Nicht nur einmal wurden wir dabei von Tieffliegern mit MG-Feuer beschossen. Ich erinnere mich noch mit Grausen, wie ich einmal mit meiner Mutter immer wieder um einen Baum herumlaufen musste, um dem Feuer eines Verrückten auszuweichen, der regelrecht Jagd auf uns machte. Diese Piloten waren allerdings keine Russen, denn die Lufthoheit gehörte hier den westlichen Alliierten. Die berühmte russische »Nähmaschine« [ein mit eigentümlichem Motorengeräusch und geringer Geschwindigkeit fliegendes Erdkampfflugzeug] tauchte nur selten auf und wäre für eine solche Jagd auch viel zu langsam und unbeweglich gewesen.

Am Abend des 13. Februar 1945 heulten die Sirenen, und bald ertönte über uns das Gedröhn von Flugzeugen, die gegen Dresden flogen. Der Lärm dauerte die ganze Nacht zum 14. Februar an. Da wir ohnehin keinen Luftschutzkeller in der Nähe hatten, blieben wir in der Wohnung, und Mutter und Großmutter beobachteten durch die Dachluke das unglaubliche Inferno, das die Alliierten in Dresden anrichteten. Aber ich wollte den Feuerschein und die »Christbäume« [Leuchtzeichen, die zur Markierung der Bombenziele abgeworfen wurden] nicht sehen, saß unter dem Tisch und hielt mir die Ohren zu.

Aus Gründen, die ich nicht mehr nachvollziehen kann, mussten wir Gröditz wieder verlassen. Weil wir wissen wollten, wie es meinen Großeltern ergangen war und ob sie überhaupt noch lebten, und weil wir auch nicht wussten, wie es weitergehen sollte, und außerdem hofften, dass auch mein Vater irgendwann dort auftauchen würde, gingen wir nach Dresden zurück. Die Wohnung in der Blochmannstraße gab es nicht mehr, doch wir hörten, dass meine Großeltern in der »frischen Luft« des Großen Gartens überlebt hatten – mein Großvater mit einigen Schwierigkeiten, denn er litt unter Asthma. Wir fanden sie bei Verwandten in der Dresdner Neustadt, die nicht ganz so zerstört war und wo wir auch für einige Zeit Unterkunft bekamen.

Ich muss hier eine Geschichte einflechten, die noch nicht so lange her ist, für mich allerdings in faszinierender Verbindung mit den Tagen von damals steht: Meine Frau und ich unternahmen 1992 eine Reise kreuz und quer durch die ehemalige DDR. Erster Anlaufpunkt war Dresden. Beim Blick aus dem Hotelfenster in Richtung »Tabakmoschee«, die damals noch nicht restauriert war, zog mich das große Gebäude davor magisch an. Ich wusste nicht, warum, aber ich wollte dort hin. Der Stadtplan wies das Haus als den zentralen Stadtspeicher aus. Je näher wir dem Bauwerk kamen, umso mehr stieg mir ein Brandgeruch in die Nase, der natürlich in Wirklichkeit gar nicht vorhanden war. Als wir vor dem Gebäude standen, das nach wie vor als nunmehr privatisiertes Lagerhaus diente, sah ich mich als Fünfjährigen mit meinem Großvater davor in angekohlten Säcken nach Kaffeebohnen suchen. Die Erinnerung kam »durch die Nase« wieder: Wenige Tage nach dem Großangriff auf Dresden schwelte damals der Stadtspeicher immer noch. Er war aber angesichts der großen Not von den Behörden »zur Plünderung« freigegeben worden. Und da mein Großvater immer »Kaffeesachse« geblieben war und hier endlich einmal wieder richtigen Kaffee zu finden hoffte, hatte er mich damals mitgenommen, um in Lagerbeständen, die während des Speicherbrandes angekohlt, vom Löschwasser durchnässt und von der Feuerwehr nach draußen gebracht worden waren, nach Bohnen zu suchen. Wir waren, soweit ich mich erinnern kann, damals recht erfolgreich, auch wenn die Kaffeebohnen übermäßig geröstet und zum Teil schon leicht vorgekocht waren.

Zurück zu den Ereignissen von 1945: Mitte April rückte die Front gegen das ausgebrannte Dresden vor. Das Gerücht ging um, dass die Amerikaner von Westen her sich der Elbe näherten und sich anscheinend bei weitem nicht so barbarisch aufführten wie die Russen. Daher brachen viele Flüchtlinge nach Westen auf. Weil es darüber hinaus hieß, der Weg durch die Tschechei nach Bayern sei noch offen, machten wir uns auf den Weg Richtung Süden. Wir, das waren meine Großmutter, meine Mutter und Vaters Schwester, die wohl die bei den Russen üblichen Vergewaltigungen und andere Gräueltaten befürchtete, von denen man allenthalben hörte.

Wir zogen also mit einem Handwägelchen, das uns die Verwandtschaft zur Verfügung gestellt hatte und das mit unseren und Tante Lizzis Habseligkeiten bepackt war, in Richtung Pirna los. Es war chaotisch: In der Luft Kampfflugzeuge, die kreuz und quer tief über uns hinwegflogen, auf den Straßen Flüchtlinge, Soldaten und Militärfahrzeuge der offensichtlich in planloser Auflösung begriffenen Wehrmacht, die »Stalinorgeln« [sowjetische Raketengeschütze] der nahen Front machten einen schaurigen Lärm und dazwischen drei einsame Frauen und ein kleiner Junge mit einem Handwägelchen, die eigentlich auch nicht so recht wussten, was zu tun sei. Plötzlich ertönte in all dem Getöse hinter uns der bekannte Familienpfiff. Mein Vater kam, noch in Uniform, auf dem Fahrrad hinter uns hergefahren. Seine Einheit hatte sich zufällig in der Nähe von Dresden aufgelöst, und er hatte sich sofort auf den Weg zur Verwandtschaft gemacht. Dass seine Eltern ausgebombt waren, wusste er wohl, denn die Feldpost hatte erstaunlicherweise bis zum Ende funktioniert. Er hatte das Glück, nicht von »Kettenhunden« – so wurde die deutsche Militärpolizei genannt – wieder eingesammelt und einer neuen Einheit zugeteilt oder gar wegen Fahnenflucht standrechtlich erschossen zu werden.

Nach der erlösenden Begrüßung packte er Mutter auf die Stange seines Fahrrads, um zurückzufahren, weil er unter anderem die Uniform gegen Zivilklamotten umtauschen wollte. Wir zogen derweil weiter und wurden bald wieder von den beiden auf dem Fahrrad eingeholt. Alles war glatt gegangen und die Familie in all dem Chaos wieder vereinigt, aber unter welchen Umständen! Ich weiß nicht, wie und wo wir in jenen Tagen übernachtet und wovon wir uns ernährt haben. Sicher gab es noch immer mitleidige Bauern, aber es gab auch einfach viel zu viele Leute in unserer Situation. Glücklicherweise war das Frühjahr damals sehr warm, fast zu warm, so dass man auch einfach im Freien übernachten konnte.

Hinter der Grenze zur Tschechei waren Oma, die schon über siebzig Jahre alt war, und ich ziemlich erschöpft. Der Stress und der Nahrungsmangel machten sich bemerkbar. Irgendwann nahte von hinten ein großer Personenwagen mit Heeresflagge und Generalsstander auf den Kotflügeln. Mutter stellte sich einfach auf die Straße und hielt ihn an. Es war Feldmarschall Ferdinand Schörner. War er vielleicht auch auf dem Weg Richtung Bayern? Wir werden es nie erfahren, weil er am Kriegsende Selbstmord beging. Immerhin nahm er Oma und mich ein paar Kilometer bis zum nächsten Ort mit. Doch in dem Augenblick, da wir eingestiegen waren, wurde meinen Eltern das Risiko bewusst. Zunächst froh über die Erleichterung, mussten sie nun plötzlich befürchten, dass die gerade vereinte Familie sich vielleicht nie wiedersehen werde. War nicht das Auto eines Generals eine besondere Zielscheibe für Tiefflieger? Würden sie überhaupt den nächsten Ort erreichen? Und wenn ja, wann? Und wenn sich dort die Straße gabeln würde …? Glücklicherweise waren wir Herrn Schörner wohl lästig, denn er setzte uns bereits beim nächsten Ortseingang wieder hinaus. Die anderen hatten uns bald eingeholt, weil sie trotz der Hitze im Schweinsgalopp hinter uns hergeeilt waren.

Dann saßen wir auf einmal mit unserem Gepäck auf einem sandfarbenen LKW, der ursprünglich für das Afrikakorps bestimmt und nicht mehr umgespritzt worden war. Handwagen und Fahrrad mussten wir zurücklassen. Der LKW hatte Panzerfäuste geladen, auf denen Soldaten und andere Flüchtlinge saßen. Er steuerte offensichtlich auf Eigeninitiative seines Fahrers einfach Richtung Westen und nahm alle Gestrandeten mit, die er aufnehmen konnte. In irgendeinem Wald mussten wir absitzen, die Panzerfäuste wurden abgeladen – sie waren zu nichts nütze und erhöhten durch ihr Gewicht nur den Treibstoffverbrauch. Danach ging es weiter, nunmehr direkt auf dem Chassis, den es stellte sich nach dem Abladen heraus, dass der LKW nicht einmal eine Pritsche hatte. Die Straßen wurden immer enger, weil immer mehr zerschossene oder verlassene Militärfahrzeuge herumstanden, und irgendwann ging gar nichts mehr. Wir mussten zu Fuß weiter, hatten aber nun kein Fahrrad und keinen Handwagen mehr, mussten also das Gepäck schleppen – und das Silberbesteck war immer noch dabei …

Der Weg in Richtung Bayern war versperrt, und wir mussten wieder zurück, hoffend, dass die Front inzwischen über die Gegend um Dresden hinweggerollt war und damit die schlimmsten Gräueltaten der Russen vorbei waren. Dann verbreitete sich unter den hilflos umherirrenden Flüchtlingen und Soldaten die Nachricht, dass der Krieg zu Ende sei – es war der 8. Mai 1945. Erleichtert und irgendwie fröhlich kampierten wir erst einmal auf einer Streuobstwiese an einem der Abhänge zum Elbufer in der Nähe von Aussig, und Mutter schnitt Vater mit einer Nagelschere die allzu lang gewachsenen Haare. Dann aber hörten wir, dass die Tschechen das Kriegsende als Startsignal ansahen, unter den Deutschen blutige Rache zu nehmen – und wir befanden uns zu allem Überfluss auf der falschen Seite der Elbe, die es zunächst zu überqueren galt und die leichtes Frühjahrshochwasser führte. Wir reihten uns in die Scharen von Soldaten und Flüchtlingen ein, die das Elbufer bevölkerten, um auf eine Gelegenheit zum Übersetzen zu warten. Dabei konnte man noch einige Luftkämpfe tollkühner Piloten beobachten, die die Nachricht vom Kriegsende nicht mitbekommen hatten oder wollten. Es war für mich als Kind hoch interessant, die spektakulären Manöver zu beobachten, die sie in Sturz-, Steig- und Trudelflügen, zum Teil unter den Brücken hindurch, durchführten, um in eine bessere Schussposition zu gelangen.

Unterdessen waren Fährleute, Fischer und Bootsbesitzer in pausenlosem Einsatz, um die Leute auf die andere Elbseite zu bringen. Aber die Belagerung des Elbufers nahm eher zu als ab, weil immer neue Flüchtende dazukamen. Bei Einbruch der Dunkelheit waren die Retter, auch wegen des Hochwassers, so erschöpft, dass einer nach dem anderen den Verkehr einstellte und auf der gegenüberliegenden Seite anlegte. Irgendwie hatte es meine Mutter geschafft, mit uns auf eines der allerletzten Boote zu gelangen und den Bootsführer davon zu überzeugen, dass er auch meinen Vater mitnehmen müsse. Es hieß nämlich, dass nur Frauen und Kinder mitgenommen werden sollten. Der Bootsführer hatte sich wohl durch die Geschichte unserer gerade erfolgten Wiedervereinigung erweichen lassen und rief nun den Namen meines Vaters aus. Natürlich drängten sofort viel andere auf das Boot, die sich als Max Sachse auszugeben versuchten, aber er wies alle ab, bis meine Mutter den Richtigen identifizierte.

Nach einer Übernachtung mit vielen anderen in einer Turnhalle zogen wir am nächsten Tag weiter. Auf der Elbe trieben die Leichen von Menschen und Pferden, dazwischen Soldaten mit »Schwimmkübeln« [gewässertauglichen Jeeps] und wieder die Bootsführer, die aufs Neue Leute ans andere Ufer brachten. An den Brücken hingen die Leichen von aufgehängten Soldaten und Zivilisten. In den Straßengräben sah ich die Leichen von Soldaten mit aufgeschlitzten Bäuchen, in den Rinnen des Kopfsteinpflasters floss überall Blut – Bilder, die ich nie vergessen werde und die wieder hochkamen, als ich 1994 mit meiner Mutter und mit meiner Frau, die 1942 in Bodenbach/Sudetenland geboren ist, die alte Heimat noch mal besucht habe. Die Landschaft hat sich zwar etwas verändert, aber die Eisenbahnbrücke in Tetschen steht noch immer oder wieder.

Nach einer weiteren Übernachtung auf einem Bauernhof, die ich sterbenskrank überstand – ich hatte aus einem der Bäche getrunken, deren Wasser frisch aussah, aber wohl von Leichengift verseucht war –, rollte in der Nähe ein Zug aus Süden an. Er fuhr sehr langsam, weil die kaputten Waggons und die Schienen zur Vorsicht mahnten. Es gelang meiner Mutter, ihn kurz anzuhalten, indem sie sich vor die Lokomotive auf die Gleise stellte, so dass wir aufspringen konnten. Mit diesem Zug kamen wir am Abend am Wettiner Bahnhof in Dresden an, just zur Sperrstunde. Aber wir konnten gerade noch bei einer netten Frau unterschlüpfen, bevor uns die inzwischen allgegenwärtigen Russen aufgreifen konnten.

Am 10. Mai suchte Tante Lizzi meine Großeltern auf und kam mit einem Handwagen zurück, der es uns erlaubte, das Gepäck zu weiteren Verwandten »auf der Scheibe« [ein kaum zerstörter Stadtteil] zu bringen. Hier verbrachten wir einige Zeit, in der ich sogar ein paar Tage in einen Kindergarten ging, vor allem, weil es da etwas zu essen gab. Allerdings bestand das Nahrungsangebot fast ausschließlich aus Roter Bete, und das einzige Gewürz war Kümmel, weshalb ich beides bis heute nach Möglichkeit meide. Es gab wirklich kaum noch etwas Vernünftiges zu essen, und ich muss in einem schlimmen Zustand gewesen sein, zumal nach der Vergiftung, die ich gerade hinter mir hatte. Ich erinnere mich daran, dass ich einmal kurz ohnmächtig wurde, als ich mit einer Kinderschar auf der Straße herumtollte. Davon habe ich aber meinen Eltern nie erzählt. Ich erinnere mich auch an jene Frau, die in einem Laden hoffte, ein wenig Rübensirup zu ergattern, der aber ausgegangen war, und die dann resigniert sagte: »Nu, macht ooch nischt, dann schmier'mer halt een Möhrnpaps uff die Bemme.«

Aufgrund der angespannten Situation wurde Flüchtlingen der Aufenthalt in Dresden und der näheren Umgebung untersagt. Wir zogen also zusammen mit dem Bruder meines Vaters weiter, der inzwischen zu uns gestoßen war. Er hatte sich von seiner Einheit abgesetzt, irgendwo die Papiere eines Holländers ergattert und war so der sich auflösenden Wehrmacht entkommen. Zunächst ging es in Richtung Coswig. Onkel Hans spielte mit dem Gedanken, irgendwie nach Oppeln zurückzukehren, zumal er gerüchteweise gehört hatte, dass seine Frau – ebenjene Tante, der wir die Fotos verdanken – nach Oppeln zurückgegangen sei. Glücklicherweise wurde er überstimmt, und wir übernachteten zunächst in einem Kloster bei Meißen. Wegen der Sperrstunde konnte man ja keine allzu langen Tagesetappen hinter sich bringen.

Die Frauen und ich durften ins Kloster, die Männer mussten draußen in einer Gartenlaube übernachten, wobei sie leicht von Russen hätten ergriffen werden können. Aber alles ging glatt, so dass wir am folgenden Tag über Lommatzsch nach Weitzschenhain weiterziehen konnten. Hier gab es einen großen Bauernhof, bei dem sich meine Dresdner Verwandtschaft schon immer mal mit Lebensmitteln eingedeckt hatte. Der Bauer und sein behinderter Bruder waren froh, Hilfe zu bekommen, denn die Erntezeit stand bevor und Personal gab es keines mehr.

Unterwegs wimmelte es von Russen. Ich sehe noch die russischen Fernmelder mit Kabeltrommeln auf den Panjewagen, die von flotten kleinen Pferden gezogen wurden, und dahinter Soldaten mit gegabelten Stangen, die in Windeseile die sich abspulenden Kabel in Bäume und Masten hebelten. Einmal hielt neben uns ein Panzer, die Luke im Turm öffnete sich, und ein Soldat kam zum Vorschein. Der Schreck fuhr uns und vor allem meiner Mutter in die Glieder, als er zu meinen Vater herüberrief: »Du Kamerad, komm!« Was wollte er, ihn erschießen und dann seine Mannschaft auf die Frauen hetzen? Aber dann: »Das dein Kind?« Als mein Vater voller Bangen bejahte, warf er ihm eine Tafel Schokolade zu, verschwand wieder in seinem Turm, und der Panzer ratterte weiter. So etwas gab es also auch.

Auf dem Bauernhof kam ich wieder einigermaßen zu Kräften. Zum Hof gehörten Kühe, so dass Milch und Butter produziert wurden, es gab Kartoffeln im Überfluss, außerdem gelegentlich Honig, denn der behinderte Bauer unterhielt einige Bienenvölker. Allerdings war die Bauernfamilie recht zurückhaltend, was die Überlassung von Nahrungsmitteln an uns anging, konnte man sie doch gewinnbringender an Städter abgeben, die man allmählich zu Hamstereinkäufen erwartete und die wertvolle Dinge gegen Nahrungsmittel eintauschen würden. Auch zog immer mal wieder ein Trupp Russen durch, die alles mitnahmen, was ihnen in die Hände fiel, und vor denen die Frauen immer versteckt werden mussten.

Obwohl ich mit meinen fünf Jahren schon kräftig mitarbeiten musste – ich brach einmal unter der Last von mehreren Garnrollen, die ich für den Mähbinder aufs Feld bringen sollte, zusammen –, fand ich das Leben auf dem Bauernhof äußerst interessant. Ich durfte zusehen, wie Honig gewonnen und geschleudert wurde, wie gebuttert wurde, durfte Eier im Hühnerstall suchen, konnte beim Schirren und Ausschirren der Pferde zusehen und wurde gelegentlich von dem Behinderten, der mich wohl mochte, in der Kutsche mitgenommen. Und ich konnte mit der Katze spielen. Nur der scharfe Kettenhund, der den ganzen Hof unter Kontrolle hatte, und die Gänse flößten mir Angst ein. Aber ansonsten war es für mich eine herrliche Zeit.

Allerdings waren meine Eltern, meine Oma und Onkel Hans ausgesprochene Stadtmenschen, die beiden Männer auch nicht gerade hünenhaft und kräftig – Vater hatte schon Schwierigkeiten, das schwere Kummet über den Kopf eines Pferdes zu bringen –, so dass es uns weiterzog, zumal die Ernte zu Ende ging und wir in den Augen des Großbauern nur unnötige Mitesser waren.

Weil nun immer klarer wurde, dass eine Rückkehr in die alte Heimat wohl so schnell nicht mehr möglich sein würde, zogen wir weiter nach Leipzig, wo ein Onkel meines Vaters die »Sedan-Apotheke« betrieb, die der nächste Anlaufpunkt für die Verwandtschaft wurde. Hier erhielten wir Nachricht von Mutters Schwester, die mitteilte, dass sie nach der Entlassung aus der amerikanischen Gefangenschaft in Italien plane, eventuell in die Gegend von Osnabrück zu gehen, wo die Familie eines Kriegskameraden wohnte. Hier meldete sich auch Tante Elisabeth, die Witwe des zu Kriegsbeginn gefallenen Bruders meiner Mutter, die mit meinem Cousin Frank in einem Flüchtlingslager in Ehrenfeld war. Und hier stieß Richard Koszik, ein alter Freund der Familie aus Oppeln, zu uns. Er hatte sich – vielleicht nicht ganz unabsichtlich – eine große Zehe gebrochen und konnte so mit Gips und Krücken den letzten Kriegstagen als Soldat entkommen. Er war früher einmal in einer Zementfabrik in Göschwitz bei Jena auf Montage gewesen und versuchte nun, dort wieder eine Anstellung zu finden, was ihm gelang. Auch mein Vater wurde dort als Kranführer eingestellt. Also zogen wir dorthin.

Richard begann, schwarz Schnaps zu brennen, was ihm die Freundschaft mehrerer Russen, aber auch ein paar Tage Gefängnis einbrachte. Mein Vater hatte die Öfen per Kran mit Braunkohle zu füttern, und so flog während der Nachtschicht ab und an einmal ein dickes Brikett über die Mauer, das meine Mutter draußen abholen konnte. Schnaps und Kohle konnte man gegen Nahrungsmittel und Zigaretten eintauschen, und außerdem gab es einige Felder, die jetzt im Herbst voller Krautköpfe standen, die man bei Nacht klauen konnte, wenn man ab und an Deckung suchte, sobald der Strahl der Suchscheinwerfer in regelmäßigem Abstand vorüberschweifte.

Bei einer solchen Gelegenheit bekam meine Mutter einen fürchterlichen Schreck, denn Diebstahl wurde natürlich sehr streng geahndet, musste man doch wenigstens einigermaßen für Ordnung sorgen. Jedenfalls war meine Mutter gerade im Dunkeln »bei der Ernte«, als hinter ihr der Schatten eines Mannes auftauchte, was sie annehmen ließ, nun sei alles aus. Aber der Mann fragte nur flüsternd: »Gnädige Frau, sagen Sie: ist das Blau- oder Weißkraut?«

Der Aufenthalt in Göschwitz konnte kein Dauerzustand sein. Zu unsicher war die Lage trotz der Freundschaft einiger Russen. Anfangs waren sogar noch Amerikaner hier gewesen, die sich allerdings inzwischen zurückgezogen hatten, so dass klar wurde, dass dies russische Zone werden würde. Tante Liesel war inzwischen in Osnabrück gelandet und meldete, dass es sich dort ganz gut leben lasse. Wir beschlossen also, uns einem der zahlreichen Trecks in Richtung Westen anzuschließen. Da mein Vater in Altenessen geboren war – mein Großvater hatte mit seiner Familie einige Zeit im Ruhrgebiet gelebt –, wurde angenommen, wir wollten in unsere alte Heimat zurück. Es gab ja damals viele Familien, die der Krieg, die Arbeit oder Bombenschäden zur Umsiedlung in östlichere Gebiete veranlasst hatten und die nun zurückkehren wollten. Jedenfalls erleichterte die Herkunft meines Vaters die Umsiedlung, denn die Behörden funktionierten nach wie vor und konnten entsprechende Schwierigkeiten bereiten. Er wurde sogar zum Transportchef ernannt und konnte dadurch seinen Freund Richard als Helfer mitnehmen.

Der ließ allerdings zunächst seine Familie zurück. Ihn zog es nicht in die Gegend von Osnabrück, er hatte Verwandte bei

Heilbronn und wollte sondieren, ob seine Familie dort unterkommen könnte. Auch Oma blieb zurück, weil sie Tante Elisabeth und ihren kleinen Sohn, die inzwischen auch nach Göschwitz gezogen waren, nicht allein lassen wollte. Elisabeth wollte bleiben, weil ein Schwager aus dem Osten Interesse zeigte, ihr den gefallenen Mann zu ersetzen. Er hat sie jedoch bald danach unter Mitnahme ihres Pelzmantels schmählich im Stich gelassen.

Wir überquerten die inzwischen festgelegte Zonengrenze bei Friedland. Auf der westlichen Seite waren Zelte des englischen Roten Kreuzes aufgebaut. Krankenschwestern boten Nahrung an: »Wollen Sie Milk for Kind?« Die Erleichterung der Erwachsenen, endlich der ständigen Bedrohung durch unberechenbare Russen entgangen zu sein, übertrug sich auf die Kinder, und das Erstaunen, dass die Engländer, die ja eigentlich auch unsere Feinde waren, uns so freundlich und hilfsbereit aufnahmen, war groß, nur sprachen sie so komisch.

Nach einer Zwischenstation im Lager Lehrte, wo die übliche Entlausung vorgenommen wurde, obwohl wir keine Läuse hatten, ging es weiter nach Osnabrück. Die Enttäuschung war groß, Osnabrück lag in Trümmern. Es gab viel zu viele Menschen und keine Unterkünfte. Wir kampierten zunächst mit vielen anderen Obdachlosen in einem großen Kino. Es herrschte eine merkwürdige Stimmung: lauter Menschen, die froh waren, den Krieg und alles, was damit zusammenhing, weitgehend hinter sich zu haben, die aber keine Ahnung hatten, wie es nun weitergehen würde. Einige Verrückte stimmten sogar den Marsch »Denn wir fahren gegen Engelland« an, und der Saal grölte mit.

Ich weiß nicht mehr, wie wir aus dieser Situation herausgekommen sind. Sich an all diese dicht gedrängten Erlebnisse – es war ja nicht einmal ein Jahr vergangen, seitdem wir Oppeln verlassen hatten – zu erinnern ist unmöglich. Ich war ja damals ein kleines Kind. Jedenfalls fanden wir uns im Herbst 1945 in Aschendorf in einem Kinderheim, das nicht in Betrieb war, wieder. Vermutlich hatte Tante Liesel irgendwie ihre Hände im Spiel. Hier waren wir sehr gut untergebracht. Ich wurde von den

Kindergärtnerinnen, die noch vorhanden waren, lieb betreut. Wir wussten zwar überhaupt nicht, wie es weitergehen würde, aber Vater konnte uns erst einmal beruhigt hier zurücklassen und mit Richard noch mal in den Osten gehen, um die anderen Familienmitglieder nachzuholen. Tante Liesel ließ es sich nicht nehmen mitzugehen. Ich kenne die Gründe nicht. Vielleicht wollte sie in jedem Fall dabei sein, um Oma und Elisabeth zu überzeugen, falls diese sich sträuben würden mitzukommen, vielleicht war es die pure Abenteuerlust, was ich ihr durchaus zutrauen würde.

Noch einmal in den Osten zu gehen bedeutete, schwarz über die neue Zonengrenze zu wechseln, die nun auf beiden Seiten überwacht wurde, vor allem auf der östlichen durch die Russen. Vater, Richard und Tante Liesel und noch drei oder vier Personen, die sich ihnen angeschlossen hatten, wurden prompt an der Grenze geschnappt und von den Russen in einen Keller gesperrt, wo sie mit anderen Gefangenen stundenlang in Exkrementen stehen durften und weitere Schikanen auszustehen hatten. So musste Vater mit seiner Baskenmütze die Toiletten säubern.

Irgendwann wurden mein Vater und Richard herausgeholt und von zwei russischen Soldaten zu einem Waldstück geführt, um – wie sie annahmen – erschossen zu werden. Sie hatten sich schon flüsternd verständigt, wer sich welchen Russen vorknöpfen sollte, denn widerstandslos wollten sie ihr Schicksal nicht hinnehmen, als der Befehl zum Anhalten kam und der eine Russe auf meinen Vater zuging und sagte: »Ich dich kenn, du gutt!« Mein Vater erkannte ihn ebenfalls, er war als kriegsgefangener Zwangsarbeiter seinem Betrieb zugeteilt gewesen, wo er sich offensichtlich gut behandelt gefühlt hatte. Er hatte sich der durchkommenden russischen Armee wieder angeschlossen und war nun hier zufällig mit meinem Vater zusammengetroffen, bei dem er sich glücklicherweise revanchieren wollte. So kamen die beiden mit dem Rest ihrer Gruppe durch eine mehr als glückliche Schicksalsfügung wieder frei, nicht ohne vorher von dem Russen noch einige Tipps zu bekommen, wie und wo man am besten schwarz über die Grenze ging. Allerdings hatte sich der Leutnant der russischen Soldaten noch eine Belohnung für seine Großzügigkeit bei einer der Frauen der Gruppe erzwungen …

Die Gruppe trennte sich danach, weil jeder seinen eigenen Zielen folgte. Jedenfalls stand eines Tages Liesel allein in Aschendorf vor der Tür und gestand meiner beunruhigt auf Nachrichten wartenden Mutter, dass sie keine Ahnung habe, wo Vater abgeblieben sei. Man kann sich den Schock vorstellen, als dann eines Tages auch Großmutter allein vor der Tür in Aschendorf stand und ebenso wenig Neues wusste außer der Tatsache, dass man Elisabeth nicht habe überreden können, mit meinem Cousin mitzukommen. Die Post funktionierte damals ja kaum mehr und an telefonische Nachrichten war nicht zu denken.

Dann aber erhielten wir eine Nachricht aus Süddeutschland. Mein Vater, der wohl wenig Perspektiven für unsere Zukunft in Aschendorf sah, war mit Richard über München nach Heilbronn gereist, wo Richard, wie bereits erwähnt, seine Familie bei Verwandten unterbringen wollte. Der Zug mit einem organisierten Flüchtlingstreck wurde in Fürstenfeldbruck angehalten, wo bereits viele Bauern mit ihren Pferdefuhrwerken auf die Flüchtlinge warteten, weniger aus Menschlichkeit den ungeliebten »Saupreußen« gegenüber als vielmehr, weil sie dringend Knechte brauchten, denn überall fehlten die Männer.

Sie wurden freilich sehr enttäuscht, denn die meisten Flüchtlinge waren Städter, Beamte und Rentner, die keine Ahnung von der Landwirtschaft hatten. Trotzdem blieben einige in der Gegend um Fürstenfeldbruck hängen, mit denen wir zum Teil später wieder Kontakt hatten. Die bayerischen Bauern waren sicher auch verblüfft, dass fast ausschließlich »feine Pinkel« aus dem Osten kamen, den man doch für ein unterentwickeltes Agrarland hielt. Wir alle hatten jedenfalls in Württemberg und sicher auch sonst wo im Westen noch lange mit derartigen Vorurteilen zu kämpfen, wenn wir erzählten, wie viel fortgeschrittener unsere Umgebung in Oberschlesien im Vergleich mit einem schwäbischen Dorf gewesen war.

Familie Koszik und Vater landeten jedenfalls in Heilbronn, das allerdings bei einem Luftangriff am 4. Dezember 1944 zu fast neunzig Prozent in Schutt und Asche gelegt worden war, so dass in Heilbronn selbst keinerlei Chancen bestanden, eine Bleibe zu finden. Aber zehn Kilometer nördlich, in Kochendorf am Zufluss des Kochers in den Neckar, fanden sich Möglichkeiten, wenn auch sehr bescheidene. So bekam mein Vater für uns drei und Oma ein einziges Zimmer zugewiesen, das keinerlei Kochmöglichkeiten aufwies.

Die Vermieter waren allerorten keineswegs glücklich mit den Zwangseinweisungen der »Zigeuner« oder »Polacken«, die von den Bürgermeistern und Gemeindevorstehern vorgenommen wurden. Und dementsprechend waren auch die unseren wenig erfreut, als mein Vater uns herholte. Wir aber mussten allmählich irgendwo zur Ruhe kommen, zumal für mich die Zeit bevorstand, in der man normalerweise in eine Schule gehen sollte.

So endete unsere Flucht nach etwas mehr als einem Jahr im Frühjahr 1946 unter weiterhin wenig erfreulichen und noch recht hoffnungslosen Umständen in dieser winzigen Bude, in der gerade einmal ein großes Bett für die Eltern, ein Notbett für mich und ein amerikanisches Feldbett für meine Großmutter Platz fanden. Zum Essen gingen wir über die bei Kriegsende von den Deutschen gesprengte mittelalterliche Steinbrücke, die notdürftig mit Balken und Brettern wieder passierbar gemacht worden war, über den Kocher in die eigentliche Dorfmitte zu Nothwang, damals Dorfmetzgerei mit Gaststube, heute ein Großmetzger mit vielen Filialen – sicherlich auch dank der oberschlesischen Metzger, die er bald einstellte und die der schwäbischen Wurst ungeahnte Würze verliehen.

Mein Vater wurde zum Flüchtlingskommissar ernannt. Er durfte sich ehrenamtlich um die Belange der Flüchtlinge, die im Dorf eingewiesen worden waren und noch wurden, kümmern, beispielsweise Bezugscheine organisieren und mit dem Fahrrad selbst Dinge für den täglichen Gebrauch in einem Lagerhaus auf der anderen Neckarseite bei Bad Wimpfen/Rappenau abholen. Bei allem Engagement eine recht undankbare Aufgabe, behaupteten doch einige der Leute, für die er sich unentgeltlich einsetzte, dass er das nur täte, um sich heimlich zu bereichern.

Von irgendetwas mussten wir freilich auch leben – ich frage mich überhaupt, wie meine Eltern das alles die ganze Zeit finanziert haben, schließlich haben wir noch nicht einmal das mitgenommene Silberbesteck »versilbern« müssen. Arbeit war knapp, die Industrie lag noch brach. Auch die zwischen Heilbronn und Kochendorf gelegenen NSU-Werke, die im Krieg neben Fahr- und Motorrädern das »K-Krad«, eine Mischung aus Motorrad und kleinem Kettenfahrzeug, hergestellt hatten, hatten den Betrieb noch nicht wieder aufgenommen, und sicher hatte mein Vater gehofft, als Ingenieur eventuell hier unterzukommen. So blieb ihm nichts anderes übrig, als eine Verpflichtung als Schlepper im Salzbergwerk von Kochendorf einzugehen, eine für den relativ kleinen und bei Kriegsende abgemagerten Mann viel zu harte Arbeit, die ihm auch bald eine schwere Rippenfellentzündung einbrachte. Trotzdem: Die Dinge begannen allmählich, sich den Umständen entsprechend zu »normalisieren«, für mich umso mehr, als ich im Herbst auf der anderen Kocher-Seite in die Schule gehen durfte. Da ich wohl doch ziemlich mitgenommen und mickrig aussah, kam ich zunächst in die Mädchenklasse, die eine Stunde später anfing und in der es nicht ganz so ruppig zuging.

Für kurze Zeit fand mein Vater eine Anstellung in Opladen, aber das war wohl weder die Arbeit, die er suchte, noch die Gegend, in die es ihn zog. Nach seiner Rückkehr wurde das Zimmer doch zu klein für uns alle, und die Spannungen in der Familie stiegen auch für mich fühlbar an, obwohl der Sommer 1946 sehr schön war und ich sehr viel Zeit draußen mit anderen Kindern zubringen konnte. Es wurde allmählich Zeit, nach einer einigermaßen ausreichenden Bleibe zu suchen.

Der Bürgermeister, der mit dem Flüchtlingskommissar zusammenzuarbeiten hatte, hatte ein Einsehen und wies uns eine Wohnung auf der anderen Seite des Kochers an der Straße in die Nachbargemeinde Ödheim zu. Hier lag das »Gasthaus zum

Kochertal«, über dem wir unter dem Dach eine Zweizimmerwohnung mit einer kleinen Küche und einer Dachkammer bezogen, die von einem alten Herrn verlassen werden musste, der einerseits sehr betrübt war, dass er nun nicht mehr die Abendsonne genießen konnte, andererseits doch ganz froh war, nicht mehr die engen Treppen hinaufsteigen zu müssen, nachdem er nun im selben Haus ein Zimmer zu ebener Erde beziehen konnte.

Das Gasthaus war recht stattlich: Zur Wirtschaft gehörte noch ein Saal, der für Hochzeiten, die Proben des Kochendorfer Gesangvereins und andere Veranstaltungen genutzt wurde und heute noch genutzt wird. Darüber lag die Wohnung der Eigentümer und darüber die unsere. Ganz in der Nähe lag eine Scheune, hinter der es einen Garten mit einer Streuobstwiese gab, in dem wir Kinder herrlich spielen konnten. Das Ganze wurde bewirtschaftet von Oma Carl, deren Mann schon lange nicht mehr lebte, und ihrer Schwiegertochter, deren Mann im Krieg gefallen war. Letztere hatte zwei Söhne: »Charly«, der so alt wie ich war, und Alfred – drei Jahre jünger als wir. Ab und an bekamen sie Hilfe von einem im Dorf lebenden Verwandten, der bei der Obsternte auf den vielen ums Dorf verstreuten Wiesen half, die zu dem Anwesen gehörten. Die übrige Landwirtschaft hatte man weitgehend aufgegeben, weil sich kein Mann mehr ständig darum kümmern konnte. Das Obst wurde aber noch weiterhin zu Most verarbeitet und in Fässern im Keller eingelagert, wo sich auch fünf stattliche Weinfässer und die Kühlanlage für das Fassbier befanden.

Bier und das dazugehörige Stangeneis wurden damals noch von der benachbarten Brauerei Elsässer mit einem von schweren Pferden gezogenen Bierwagen angeliefert. Der Umsatz war vermutlich selbst damals nicht so schlecht, denn die Leute aus Ödheim, die überwiegend entlang dem Neckar beschäftigt waren, zogen nach Feierabend zu Fuß oder per Fahrrad hier vorbei und gönnten sich noch schnell eine Stärkung für die drei Kilometer bis zu ihrem Ort. Als die NSU-Werke den Betrieb wieder aufgenommen hatten, ging das Geschäft sehr gut. Da die Wirtschaft nur etwa siebzig Meter von der Brücke über den Kocher entfernt lag, machten auch die Leute, die den Kocher nach Norden zu überqueren hatten, gern mal einen Abstecher.

Vor der Brücke befand sich ein Wehr, von dem ein Kanal abging, der wiederum die Mühle im Ort in Gang hielt. Dadurch war der Kocher an dieser Stelle etwas breiter und tiefer und wurde zum Baden benutzt. Die Badeanstalt mit einigen Umkleidekabinen lag uns gegenüber am anderen Ufer, aber wir konnten natürlich auch von unserer Seite her ins Wasser springen. Ein ideales Spielgelände also für uns Kinder, zumal am Ortsausgang in Richtung Ödheim ein Hügel begann, den man im Winter herunterrodeln konnte. Ein wenig weiter wies er einen dichten Wald auf, wo sich viele noch gar nicht so alte Schützenlöcher fanden, in denen man nach Hinterlassenschaften des Krieges suchen konnte. Hier war nämlich der Übergang über den Kocher vor den aus Norden anrückenden Amerikanern verteidigt worden.

Der so genannte »Hefegraben« war eine wahre Fundgrube. In seinem übel riechenden Schlamm fanden wir Kinder Pistolen, Seitengewehre, Offiziersdegen und alle möglichen anderen Waffen, die Soldaten bei Kriegsende »entsorgt« hatten. Leider gab es auch noch einige scharfe Munition, mit der man besser nicht gespielt hätte, denn einige Dorfkinder – auch zwei Klassenkameraden von mir – zogen sich dabei schlimme Verletzungen und zum Teil auch Verstümmelungen zu. Wir fanden auf den Wiesen anfangs auch noch viel »Lametta«, Aluminiumfäden, die von Flugzeugen der Alliierten abgeworfen worden waren, um die Radarwellen der Flugabwehr zu stören. Im Sommer schwammen unglaublich viele »Paddelboote« auf dem Kocher, die die Älteren unter uns aus abgeworfenen Zusatz-Treibstoffbehältern der amerikanischen Flugzeuge hergestellt hatten. Sie schnitten einfach ein Loch – ähnlich der Öffnung in einem Kajak – hinein und stabilisierten die runden, länglichen Behälter mit Holzplanken auf beiden Seiten.

So gab es für uns Kinder unglaublich viele interessante Dinge zu entdecken und hochinteressante Spielmöglichkeiten, wie es sie später nie mehr geben sollte. Und dann gellte auch noch recht häufig der Ruf »D'Ami komme ...« durchs Kochertal, woraufhin wir alle zur Hauptstraße über die Kocherbrücke eilten, um den vorbeifahrenden Fahrzeugkolonnen der Amerikaner zuzuwinken, denn da flogen – wie im Kölner Karneval die Kamellen – heiß begehrte Nahrungsmittel und Süßigkeiten durch die Luft, vor allem Schokolade, Orangen und »Tschuing Gam« [Chewing Gum: amerikanischer Kaugummi].

Ich war jedenfalls so beschäftigt, dass ich kaum mitbekam, wie schlecht es uns eigentlich ging. Mein Vater war – bis auf seine ehrenamtliche Beschäftigung als Flüchtlingskommissar – arbeitslos, da er nicht mehr im Salzbergwerk arbeiten konnte. Großmutter bekam inzwischen wieder ihre sehr bescheidene Rente als Witwe ihres früh verstorbenen Mannes, der bei der Reichsbahn als Zugführer gedient hatte. Daher fasste sich meine Mutter, die einst als Buchhalterin gearbeitet hatte, ein Herz, nutzte ihre außerordentlichen handwerklichen Fähigkeiten und machte sich mit einem kleinen – heute würde man sagen – »start-up credit«, mit dem sie eine Nähmaschine finanzierte, als Schneiderin selbständig. Daran wurde ich Jahrzehnte später wieder erinnert, als ich im Rahmen eines Kleinkreditprogrammes in Botswana vielen mutigen Afrikanerinnen Starthilfe für ihre Kleinstunternehmen vermitteln konnte.

Das bescheidene Unternehmen half uns einigermaßen über die Runden, aber die finanzielle Situation war weiterhin sehr angespannt. Im Herbst wollten mein Vater und Freund Richard wenigstens ein paar Äpfel einsammeln, die auf den Streuobstwiesen zu vergammeln begannen. Ich war dabei und erlebte, wie plötzlich der Bauer oder der Feldschütz auftauchte und uns unter üblen Beschimpfungen (»Saupack, Zigeuner« und »Die Äpfel sollet verrecke wie ihr au«) vertrieb. Vater konnte Richard gerade noch bremsen, denn der war schon in seiner Jugend nicht gerade zimperlich gewesen, wenn es darum ging, kräftig zuzuschlagen.

In der zweiten Jahreshälfte 1948 besserte sich allerdings die finanzielle Situation, denn mein Vater fand – aufgrund der

Berlin-Blockade – eine Anstellung. Was aber hatte die Berlin-Blockade von Juni 1948 bis Mai 1949 mit Jobs ausgerechnet in Kochendorf zu tun? Nun, im Norden des Ortes an der Schmalspur-Bahnlinie ins Kochertal, die damals unter der Bezeichnung »Entenmörder« noch in Betrieb war, gab es eine kleine Gemüsefabrik, einen Ableger der »Jagstfelder Gurkenfabrik«, die Trockengemüse herstellte. Diese wurde beauftragt, Kartoffelstifte, wie sie für Pommes frites benötigt werden, zu trocknen, damit diese nach Berlin geflogen werden konnten. Ein großer Auftrag, der die Einstellung von zusätzlichem Personal erforderte, weil nun in drei Schichten gearbeitet werden musste. Mein Vater, der ja eigentlich Ingenieur war, diente für die Zeit des Großauftrags als Schichtführer.

Damit hatten wir endlich etwas mehr Geld zur Verfügung, was es mir erlaubte, nun fast jedes Wochenende ins Kino zu gehen. Zuvor hatte ich den Reiz des Kinofilms in einem Ableger des Amerika-Hauses kennen gelernt, der uns kostenlos Filme wie »Die Expedition Admiral Birds zum Südpol« zeigte. Für uns Jungen von der »Kochertal-Bande« waren es aber vor allem Western, die uns interessierten und die wir anschließend im Garten hinter dem Gasthof nachspielten.

Als Mitte 1949 die »Pommes-Kampagne« für das blockierte Berlin zu Ende ging, suchte und fand mein Vater eine Arbeit in Weinsberg und musste nun per Bahn oder Bus über Heilbronn dahin pendeln. Ich bestand 1950 die Aufnahmeprüfung für das Gymnasium und fuhr ebenfalls nach Heilbronn. Anfang der fünfziger Jahre fand meine Mutter eine Anstellung in ihrem eigentlichen Beruf bei einer Großdruckerei in Heilbronn, die Verpackungen für die benachbarte Knorr-Fabrik herstellte. Der Schwerpunkt der Familie verlagerte sich damit also nach Heilbronn, wo man begann, im Rahmen des allmählich einsetzenden Wirtschaftswunders die Schäden des Krieges zu beseitigen, und wo daher eine rege Bautätigkeit einsetzte.

Ein Freund meines Vaters, den er schon aus Kattowitz kannte, wo Großvater beschäftigt gewesen war, bevor die Familie meines

Vaters nach Oppeln übersiedelte, hatte eine Baufirma gegründet. Diese baute im Großraum Heilbronn Wohnungen, die im Rahmen des Programms für sozialen Wohnungsbau finanziert wurden. 1952/53 wurde ein solcher Wohnblock schräg gegenüber der heute unter Denkmalschutz stehenden und als Jugendzentrum dienenden Maschinenbaufabrik gebaut. Der Wohnblock wurde im Herbst 1953 fertig. Wir packten unsere wenigen Habseligkeiten und Möbel und das Fahrrad, das ich kurz zuvor geschenkt bekommen hatte, auf einen gemieteten LKW und zogen nach Heilbronn um, das nun zu unserer neuen Heimat wurde und wohin es mich und meine Frau nach über dreißig Jahren in Afrika und Asien wieder zurückgezogen hat.

Quelle: Reiner M. Sachse: *Die Flucht 1945*,
unveröffentlichtes Manuskript.

»Es blieb mein Wunsch, in die Heimat zurückzukehren«

Franz Hickl, Bürgermeister,
aus Mährisch-Trübau/Mähren

Ein nicht enden wollender Flüchtlingsstrom aus Oberschlesien, dem ehemals österreichischen Schlesien und Ostmähren, flutete seit März 1945 über unsere Heimatstadt Mährisch-Trübau. Viele Dienststellen, besonders aus Cosel, Ottmachau, Ratibor, Troppau usw., ließen sich bei uns nieder, und es musste für sie, ihre Leute, Tiere und Kraftwagen Unterkunft und Verpflegung besorgt werden. So wuchs die Bevölkerungszahl täglich, man sah auf den Gassen fast keine Trübauer mehr, sondern nur Fremde. Dazu kamen noch allerhand Wehrmachtsabteilungen, Kommandos der Polizei, Gruppen der »Organisation Todt« [Arbeitsdienst] und dergleichen. Die Einwohnerzahl stieg in den ersten Maitagen auf ungefähr 25 000 [1939 betrug die Einwohnerzahl 8238]; ich wundere mich heute noch, wie es möglich war, [als Bürgermeister] immer wieder ein Plätzchen zur Unterbringung der Menschen und all dessen zu finden, was sie mitbrachten. Sogar in meinem Amte hatte ich einige Dienststellen geschlossen mit ihren Leuten untergebracht und einen Permanenzdienst eingerichtet.

Die eingesessene Bewohnerschaft, besonders die Frauen, bestürmten mich dauernd, alles zu veranlassen, dass die Stadt selbst nicht noch in den Krieg hineingezogen werde. Ich stand in Verbindung mit dem Platzkommandanten, einem alten Reiteroberst, der im ehemaligen Versorgungshause seine Dienststelle aufgeschlagen hatte, bis er selbst jede Fühlung mit seinen Vorgesetzten verlor und abrückte. So war ich auf mich allein angewiesen und war trotz aller Widerstände von mancher Seite fest entschlossen, alles zu tun, dass nicht noch weitere unnütze Blutopfer und Zerstörungen das über unsere Heimat hereingebrochene Elend vergrößern.

Am 8. Mai hörte man im Rundfunk, dass die deutsche Armee kapituliert habe und dass ab dem folgenden Tag der allgemeine Waffenstillstand eintreten werde. In dem Chaos war diese Nachricht ein kleiner Trost, glaubte man doch überall, dass die Front um diese Zeit stehen bleibt und damit weiteres Unheil vermieden wird. Am 8. Mai, gegen dreiundzwanzig Uhr, erschien in meiner Kanzlei ein Oberstabsarzt der Wehrmacht und ersuchte um Räume für ein Feldlazarett. Ich sagte ihm von der erwähnten Rundfunkmeldung, die auch er freudig aufnahm. Wir vereinbarten eine Unterredung um sieben Uhr früh, um die weiteren nötigen Maßnahmen zu treffen, worauf wir uns verabschiedeten. Ich glaube, er legte sich in seinen Wagen, und ich ging gegen ein Uhr nachts nach Hause. Endlose Kolonnen aller Wehrmachtsteile wie auch Flüchtlinge kamen von der Olmützer Straße her und überquerten den »Praterstern« beim Gymnasium. Abgemüdet und voll Sorge um das weitere Schicksal der Stadt und ihrer Bewohner ging ich zur Ruhe, um zeitig früh wieder im Amt zu sein.

Vor sieben Uhr des 9. Mai ging ich meinen üblichen Weg zur Gemeinde. Zu meiner großen Bestürzung rollten bereits russische Autos über die Kreuzung beim Gymnasium, wo Herr Pavlis in der Uniform eines Zugführers der ehemaligen tschechoslowakischen Armee stand und den Verkehr regelte. Er sagte mir, dass er der Chef aller Partisanen des Trübauer Kreises sei und dass ich in mein Amt gehen und dort auf ihn warten möge. Ich wunderte mich über Pavlis, der wohl Tscheche war, aber als Mann einer deutschen Frau immer den loyalen Reichsbürger hervorgekehrt hatte, dem ich während meiner Amtszeit als Bürgermeister manche Gefälligkeit erwiesen und den ich auch vor manchem Leid bewahrt hatte. Doch nicht nur er, sondern sogar einige Deutsche, ja selbst Parteileute hatten insgeheim mit den tschechischen Partisanen zusammengearbeitet, gingen nun nach dem Einmarsch der Russen mit Maschinenpistolen bewaffnet und mit dem tschechoslowakischen Hoheitszeichen herum und taten in unterwürfigster Weise und Liebedienerei Dienst bei den neuen Machthabern.

Nach kurzer Zeit kam Pavlis mit dem ehemaligen sozialdemokratischen Krankenkassendirektor Friedl und einigen mir unbekannten jungen Leuten in meine Kanzlei und forderte mich höflich auf, sofort eine weiße und eine Sowjetfahne auf dem Amtsgebäude zu hissen. Ich ließ ein weißes Leintuch und eine rote Fahne ohne Hammer und Sichel aushängen. Friedl und seine Mitläufer entfernten sich darauf. Dem neuen Allgewaltigen über Stadt und Kreis übergab ich als Zeichen unfreiwilliger Unterwerfung meine Pistole und die Schlüssel zu meinem Schreibtisch. Die Pistole übernahm Pavlis, die Schlüssel sollte ich, wie er sagte, vorläufig behalten und dem neuen Bürgermeister übergeben, auf den ich bis etwa elf Uhr warten solle. Dann ließ er mich allein, und ich hatte Muße, vom Fenster aus das Plündern der Russen in den Geschäften und ihre Jagd nach Frauen und Mädchen zu beobachten. Um elf Uhr erschien der neue Bürgermeister. Es war der Gärtnereibesitzer Zak, ein früherer österreichischer und nach 1918 tschechoslowakischer Gendarmeriewachtmeister, der sich während der Reichszeit Schak nannte und dessen Kinder bei der Hitlerjugend gewesen waren. Ihm übergab ich die Schreibtischschlüssel und verabschiedete mich mit den Worten: »Ich wünsche Ihnen für Ihr Amt recht viel Glück, hoffentlich haben Sie mehr Erfolg als ich.«

Dass dieser Wunsch nicht in Erfüllung gegangen war, erfuhr ich später durch Zufall, als ich in die Wohnung des Herrn Zak gehen musste, um dort zwei Männern aus dem Arbeitslager, die in der Gärtnerei beschäftigt waren, einen Bescheid des Velitel [Nationalausschusses] zu überbringen. Nach kurzem Gespräch erfuhr ich von Zak, dass er nicht mehr Vorsitzender des örtlichen Nationalausschusses (Bürgermeister) sei. Seine Amtszeit hatte nur ein paar Wochen gedauert. Wie im Kreis fand auch in den führenden Stellen der Stadt ein häufiger Wechsel statt, weil sich die tschechischen Parteien und ihre Günstlinge gegenseitig heftig bekämpften. So musste auch Pavlis weichen, er wurde sogar einige Male verhaftet. Gegen ihn wurde als angeblichen Deutschenfreund heftig intrigiert.

Wie ich später erfuhr, wurde auch das Braunerhäusel zweimal von Partisanen – diesmal hießen sie »Banderovci« [eine nach dem ukrainischen Nationalistenführer Stefan Bandera benannte Partisanenarmee, die sich 1947 von den Karpaten durch die Tschechoslowakei nach Bayern zurückzog, wo sie von den Amerikanern entwaffnet und interniert wurde] – überfallen und ausgeplündert, schließlich wurden auch die Bewohner, die Familien Steiner und Pavlis, aus Heim und Besitz verjagt und das Braunerhäusel in ein Kindererholungsheim umgewandelt. Pavlis fand später Beschäftigung beim staatlichen Forstamt, dann in der Staatsbank (ehemalige Sparkasse) und erhielt 1952 seinen Braunerhäuselbesitz wieder zurück; die Gastwirtschaft blieb aber geschlossen. So hat Pavlis, der tatsächlich in den kritischen Tagen manches Unheil von den Deutschen abwenden konnte, durch die Machtkämpfe unter seinen Landsleuten für seine Tätigkeit um die »Befreiung des tschechischen Volkes von den bösen Deutschen« vieles erleiden und dulden müssen.

Auf dem Stadtplatz traf ich Herrn Steiner aus dem Braunerhäusel, der mich einlud, mit ihm zu kommen, und mir sagte, dass meine Frau und meine Kinder und viele andere Trübauer oben im Walde beim Braunerhäusel wären. Ich hatte Frau und Kinder bereits am 8. Mai in die ehemalige Schießhütte in der Nähe des Hellgrabens geschickt, wo sie auf mich warten sollten. Es war gut, dass sie Herr Steiner mit zu sich hinausgenommen hatte, denn diese Hütte wurde gleich am 9. Mai von allen möglichen fremdvölkischen Elementen ausgeplündert und verwüstet.

Oben im Wald fand ich einige Hundert Trübauer, die dort Schutz suchten und fanden. Wir mussten auch die Nächte im Freien verbringen. In unserem Schlupfwinkel hörten wir immer wieder die fürchterlichen Nachrichten von den Geschehnissen in der Stadt und in den Dörfern. Wir erfuhren von den Misshandlungen aller Deutschen, von den Vergewaltigungen, von der Erschießung der deutschen Männer in Markt Türnau, darunter auch der ehemalige Abgeordnete Dr. h. c. Franz Hodina, von den vielen Selbstmorden und anderen Gräueln.

Samstag, den 12. Mai, an meinem sechsundfünfzigsten Geburtstage, ging ich mit Frau und Kindern zurück in die Stadt, in unsere Wohnung. Wenn uns das auf dem Heimweg Gesehene nichts Gutes ahnen ließ, so waren wir doch beim Betreten unserer Wohnung einfach starr, welcher Anblick sich uns bot. Die massive Eingangstür zerschlagen, alle Türen zu den einzelnen Räumen, zu den Schränken, Kommoden und dergleichen gewaltsam erbrochen, diese gründlich entleert, kurzum die ganze gut ausgestattet gewesene Wohnung ausgeraubt und vollkommen besudelt. Was mögen da wohl für Orgien gefeiert worden sein!

Wer solches nicht gesehen, wird nicht glauben, wozu »Kultur« aus dem Osten und Hass gegen alles Deutsche imstande sind. Langsam machten wir sauber vom Boden bis in den Keller, wo ich unter den Kohlen noch einige Kleiderreste und Essbestecke fand. Alles, was in der Wohnung gewesen war, war weggeschleppt oder unbrauchbar gemacht worden. So verbrachten wir den 12. und 13. Mai mit Aufräumungsarbeiten und richteten uns aus den Resten notdürftig ein Zimmer ein. Das Traurigste an dem großen Verluste war, dass sämtliche Urkunden, Zeugnisse der Familie sowie unersetzliche Erinnerungsstücke und Andenken mit verschwunden waren.

An diesem 13. Mai 1945, gegen fünfzehn Uhr, erschien ein Partisanenkapitän – es war dies der Förster Jaroslav Poulicek, der Schwiegersohn meines Schwagers Emil Schrötter in Markt Türnau –, erklärte mich für verhaftet und brachte mich zu einem Major der russischen Staatspolizei im Hause der Frau Margarete Meyer am Stadtplatz. Zu meinem Erstaunen entließ mich der Major nach kurzem Verhör mit dem Auftrage, morgen um zehn Uhr wiederzukommen, jedoch in die neue Bibus-Villa.

Zeitgerecht war ich dort und wurde neuerlich über verschiedene Parteiamtswalter und mein Urteil über die Rote Armee befragt. Ich antwortete so, dass ich keinem meiner früheren Mitarbeiter und auch mir selbst nicht schadete. Den überaus vornehmen Offizier interessierte besonders meine Offizierslaufbahn im Ersten Weltkrieg und die Organisation der ehemaligen k. u. k. Armee. Er entließ mich abermals und bestellte mich wieder für den folgenden Tag. So ging es bis Freitag. Er stellte mich und meine Familie unter seinen Schutz, aber als ich ihn bat, mir dies schriftlich zu geben, lehnte er es mit dem Bemerken ab, er habe kein Stampiglie [Siegel] seiner Dienststelle.

An diesem Freitage fragte er mich nach allgemeiner Unterhaltung, ob ich denn nicht einige Schnapsvorräte hätte. Ich sagte ihm, dass mein ganzes Hab und Gut gestohlen worden sei, dass ich daher auch keinen Alkohol mehr habe, versprach ihm aber eine Flasche Kognak, die ich noch in meinem Luftschutzgepäck vorgefunden hatte. Er bestellte mich wieder für den nächsten Tag und bat mich, den Kognak mitzubringen. Abends saß ich mit meiner durch die üblen Ereignisse verängstigten Frau im Garten; plötzlich stand ein kleiner russischer Soldat vor uns, den ich als einen aus der Umgebung des Majors erkannte. Er verlangte den Schnaps, wahrscheinlich hatte sein Herr schon heftiges Sehnen danach, ich händigte ihm die Flasche aus und ging nicht mehr zu dem Major.

Obwohl wir aller Habseligkeiten beraubt waren, kamen immer wieder tschechische junge Leute und suchten alles ab, ob nicht noch etwas für sie zu ergattern wäre. Besonders in der Nacht gab es oft unter dem Vorwand »Kriminalpolizei« bewaffneten Besuch, der immer wieder das Wenige, das wir uns wieder zusammengesucht hatten, durchstöberte. Solche, oft Stunden dauernde Durchsuchungen, die mit den größten Beschimpfungen verbunden waren, konnten einen verrückt machen. Es bedurfte großer Beherrschung, um nicht ausfällig zu werden. So erschien eines Nachts eine Gruppe bewaffneter Tschechen, fragte, ob wir nicht Soldaten verborgen hätten, und begann gleich mit dem Absuchen der Räume. Ich sagte den Plünderern: »Ja, wir haben in unserer Wohnung Soldaten, aber russische.« Meine Frau weckte die Russen inzwischen, und es kam zu einem heftigen Streit, bis schließlich die Russen ihre verbündeten Abenteurer fortjagten und wir so zur Ruhe kamen.

Unsere beiden Kinder hatte ich, um sie vor den Russen zu schützen, ins Krankenhaus geschickt, wo Inge auf der Diphtherie- und Traute auf der Typhusabteilung der Internen bei Dr. Bier als Pflegerinnen schafften, so dass ich mit meiner Frau allein war.

In unsere Wohnung hatte man noch das obdachlos gewordene Ehepaar Professor Sandbach gesteckt.

Ab dem 20. Mai musste ich mit vielen anderen Männern täglich auf dem Stadtplatz vor der Sparkasse antreten, wo der tschechische Leiter des Arbeitsamtes die einzelnen Gruppen einteilte. Ich wurde einer Abteilung zur Aufräumung des Museums zugewiesen. Was sich in diesem Gebäude heimatlicher Kultur zugetragen hatte, ließ uns alle erschrecken. Wohin man blickte, überall alles zerschlagen und mutwillig zerstört. Im Lichthof sah es besonders wüst aus: der große Globus in tausend Scherben, die Büsten Dr. Giskras [eines in Mährisch-Trübau geborenen österreichischen Politikers des neunzehnten Jahrhunderts] und des Malers Kasparides [eines bei Trübau geborenen Landschaftsmalers] entsprechend »bearbeitet«, nun ohne Nasen und Ohren, die Ölgemälde zerrissen, das Fahnentuch des ehemaligen Gesangvereines Lyra voll Unrat, die Sammlungen durcheinander geworfen – halbwegs unversehrt war lediglich die Mineralien- und Schmetterlingssammlung –, kurzum Verwüstungen höchsten Grades, wohin man schaute.

Das Wondra-Zimmer [nach einem bekannten Tuchmacher und Bürgermeister von Mährisch-Trübau im neunzehnten Jahrhundert] lag besonders arg da: die herrlichen großen Ölbilder mit Messern von oben nach unten zerschlitzt, das Spinett unbrauchbar gemacht, die Ehrenurkunden Dr. Giskras zerwühlt, deren Schutzdecken der Metallbeschläge beraubt – vermutlich glaubten die Missetäter, dass diese Verzierungen aus Gold sein müssen –, Bilder und Reliefs als Zielscheiben benutzt und zerschossen, sogar mit den Pfeilen der Waffensammlung muss viel »geübt« worden sein.

Die ungefähr 25 000 Bände zählende Bibliothek war aus den Regalen geworfen und stark beschädigt. Hier gab sich Kamerad Professor Franz Nowak, der später an den Folgen der in Kolin erduldeten Strapazen und Quälereien starb, die größte Mühe, nur einigermaßen wieder Ordnung zu schaffen.

Tierisch war die Verwüstung in der Schönhengster Webstube. Die weibliche Trachtenpuppe lag in eindeutiger Stellung im Bett und die männliche auf ihr. Im Uhrenzimmer fehlte jeder der ausgestellten Uhren das Werk. So mancher der naiven Moskowiter mag sich ein solches Uhrwerk beigebogen haben, um sich daraus eine oder mehrere Taschenuhren machen lassen zu können. Für Taschenuhren und Fahrräder waren ja die Sieger besonders empfänglich.

Im Vortragssaal lag der Flügel mit abgebrochenen Beinen verkehrt vor den ersten Bankreihen im Parkett, die Fenster waren zum größten Teil zerschossen, besonders auf der Seite gegen die Nowakgasse. Viele Körbe mit Scherben trugen wir hinaus in den Park zum Zuschütten der seinerzeit dort ausgehobenen Splitterschutzgräben. Gottlob blieb das Archiv unbeschädigt, da im Sitzungszimmer die Notverwaltung der Stadt Troppau untergebracht war. Über vierzehn Tage arbeiteten wir dort an der Reinigung und Aufräumung der Zimmer, am Einordnen der Trümmerstücke und versuchten dem Ganzen wieder ein nur halbwegs museales Aussehen zu geben.

In der zweiten Woche unserer Arbeiten hatten wir ein nicht gerade angenehmes Erlebnis. Wie üblich kamen wir eines Tages nach sieben Uhr hin, einer holte die Schlüssel bei der tschechischen Gendarmerieabteilung in der ehemaligen Reichsautobahnraststätte, und da fanden wir das Museum von Partisanen, natürlich schwer bewaffnet, umstellt. Wir durften das Gebäude nicht betreten, mussten vor dem Nebeneingang warten und wussten natürlich nicht, was los war. Schließlich mussten wir eintreten, uns im Lichthof in einer Reihe aufstellen, wurden nach Namen und Wohnung gefragt und durften uns nicht rühren. Unter den Partisanen erkannte ich einen Kraftwagenfahrer, der früher den Troppauer Bürgermeister gefahren und viele Gemeindefahrzeuge zu uns nach Trübau in Sicherheit gebracht hatte. Nun spielte er als Partisan eine führende Rolle und verfügte über die armen Troppauer in Trübau, deren größter Teil später auf seinen Befehl zu Fuß, jeder seiner Habe beraubt, nach Troppau zurückmusste.

Von ihm erfuhren wir nun auch den Grund der Maßnahmen an diesem Tage: Aus den Mauern des Museums war angeblich in der

Nacht auf Tschechen geschossen worden, es müssten daher noch unbedingt irgendwelche deutsche Soldaten im Museum verborgen sein. So musste nun Kamerad Dr. Linhart von unserer Arbeitsgruppe, ausgerüstet mit einer starken elektrischen Taschenlampe, begleitet von zwei Partisanen mit schussfertiger Maschinenpistole, jeden Winkel des Museums vom Boden bis zum Keller ableuchten, um die versteckten deutschen Soldaten zu finden. Leider, oder Gott sei Dank, ohne Erfolg! In Wirklichkeit hatten betrunkene Partisanen den nächtlichen Feuerzauber ausgelöst.

Wir standen weiter im Lichthof und bekamen schließlich den Auftrag, die zerschlagenen Fenster mit Brettern zu vernageln. Nicht gesagt wurde uns allerdings, woher wir Bretter, Nägel und sonstiges Werkzeug nehmen sollten. Inzwischen machten einige Partisanen in unseren Wohnungen zum Schrecken der Frauen Hausdurchsuchungen, um vielleicht da die gesuchten deutschen Soldaten zu finden. Wir wurden dann heimgeschickt und konnten die folgenden Tage ohne Störung unsere Arbeit fortsetzen.

Am 7. Juni sahen wir beim Antreten auf dem Stadtplatz tschechische Soldaten, die alle Zugänge abgesperrt hielten und ständig weitere Männer brachten. Der Haufen wurde immer größer, bis schließlich alle in der Stadt befindlichen Männer aufgetrieben waren. Es sollen ungefähr 600 gewesen sein. Das Kommando über die Soldaten führte ein wüst aussehender Stabskapitän namens Bestiak, im wahrsten Sinne des Wortes wirklich eine Bestie. Niemand wusste, was mit uns geschehen wird. Um dreizehn Uhr wurde der Haufen in Bewegung gesetzt, und ein bewaffnetes Aufgebot brachte die Kolonne zum Bahnhof. Meine stets um mich besorgte Frau gab mir während des Marsches einen Mantel und eine Aktentasche mit Kleinigkeiten. Ohne mich von ihr verabschieden zu können, ging's zum Bahnhof, wo schon ein Zug mit Viehwaggons zu unserer Verschickung bereitstand. Wie Tiere wurden wir in die Waggons hineingezwängt, und gleich begann nun die Fahrt ins Ungewisse, Richtung Triebitz. Nach der äußerst anstrengenden Fahrt wurden wir gegen dreiundzwanzig Uhr in Kolin auswaggoniert.

[Es folgt die Schilderung der Erlebnisse während des Arbeitseinsatzes in Kolin und während der Rückkehr nach Mährisch-Trübau Ende Juni 1945 und der dann folgenden Verhaftung.]

Allmonatlich tagte eine Woche hindurch das Volksgericht, dessen Urteile hart waren und das sogar zwei Todesurteile fällte. Am 28. August 1945 wurden wir 120 internierten und noch nicht abgeurteilten Männer in drei Autoladungen nach Mürau [in die Strafanstalt] überführt. Hier wurden wir in der Abteilung 2 untergebracht und zu Arbeiten in der Anstalt herangezogen.

Am 12. September begann abermals eine Tagung des Volksgerichtes in Trübau. Wir sechs Kandidaten wurden nicht mehr gefesselt, nicht in den »Grünen Heinrich« gesteckt, sondern gingen ganz gemütlich in Begleitung zweier Gendarmen vom Lager zum ehemaligen Landratsamt. In der Küche des früheren Hauswartes Frimmel mussten wir unter Bewachung durch einen Gendarmen warten, bis einer nach dem anderen aufgerufen wurde. Als Letzter kam ich dran; durch das mir so gut bekannte Gebäude wurde ich in den Verhandlungsraum, den früheren Sitzungssaal, geführt. Der hohe Gerichtshof saß an einem langen Tisch auf dem Podium. Vorsitzender war ein älterer Berufsrichter namens Mazal, ihm zur Seite saßen die drei Beisitzer, darunter eine Frau, Staatsanwalt und Ex-offo-Verteidiger [= Pflichtverteidiger] hatten an je einem Tische unten vor dem Podium ihren Platz. Ich als Angeklagter saß zwischen zwei Gendarmen in der ersten Stuhlreihe. Zu meinem Erstaunen gab es nur wenig Zuhörer – ein Beweis, dass diese Schauprozesse um diese Zeit keine Sensation mehr bei dem schon etwas beruhigten tschechischen Volk erregten.

Der Vorsitzende begann mit der üblichen Personalienaufnahme und verlas die umfangreiche Anklageschrift, darunter einige Protokolle aus der Zeit vor Oktober 1938 [dem erzwungenen Anschluss des Sudetenlandes an das Deutsche Reich] – vom damaligen »Geheimen« der tschechischen Staatspolizei, des damaligen Gendarmen Stratil –, die mich vieler gegen den tschechoslowakischen Staat gerichteter Handlungen beschuldigten. Die Verhandlung wurde in tschechischer Sprache geführt, obwohl ich diese nur mangelhaft beherrschte. Der Vorsitzende bezichtigte mich weiter verschiedener staatsgefährlicher Handlungen als Bezirksvorsitzender der Sudetendeutschen Partei [des NS-Sympathisanten Konrad Henlein]. Als mir dies zu bunt wurde, bat ich ums Wort und sagte, dass diese Anschuldigungen nicht zu Recht bestünden, da die Sudetendeutsche Partei doch eine von der tschechoslowakischen Regierung zugelassene Partei war, wie jede andere deutsche oder tschechische Partei, in allen öffentlichen Körperschaften ihre Vertreter hatte und im Prager Parlament nach den Wahlen im Mai 1935 die stärkste deutsche und zweitstärkste im Staate war, dass alle Veranstaltungen stets von Regierungsvertretern überwacht wurden, die sicherlich gegen mich eingeschritten wären, wenn ich mich vergangen hätte.

Meine Tätigkeit als Bürgermeister, meine Mitgliedschaft bei der Heimat-SS [tatsächlich: der regulären SS] gaben dem Vorsitzenden Anlass, mich zum größten Feind des tschechischen Volkes zu stempeln. Sogar dem Staatsanwalt schien dieses SS-Kapitel nichtssagend zu sein, da er einige Male erklärte, dass ich lediglich ehrenhalber, sozusagen nur als Uniformträger zu gelten hätte, da ich als Bürgermeister eben eine Uniform haben musste. Unter anderen Zeitungsausschnitten musste ich eine von mir im November 1938 in der *Schönhengster Zeitung* erschienene Notiz vorlesen. Ich forderte darin die Bevölkerung auf, nach nun erfolgter Eingliederung ins Reich die damit verbundenen Feiern zu beenden, wieder an die Arbeit zu gehen und alle Kräfte dem deutschen Vaterlande zu widmen. Mir wurde zur Last gelegt, den Artikel schon vor Oktober 1938 geschrieben zu haben.

Nach ungefähr einer halben Stunde zog sich der Gerichtshof zurück, erschien nach kurzer Zeit wieder und verkündete das Urteil: acht Jahre schweren Kerker, jeden Monat ein hartes Lager und zwölf Jahre Ehrverlust. Der Vorsitzende begründete das Urteil, erklärte, dass eine höhere Strafe beantragt war und nur aufgrund der mich entlastenden Aussage des tschechischen katholischen Pfarrers Dr. Simon dieses milde Urteil erfolgte.

[Es folgt eine Beschreibung der achtjährigen Haftzeit, die

Franz Hickl in verschiedenen Strafanstalten und Sonderabteilungen mit Zwangsarbeit verbüßte.]

Ich war immer der Meinung, dass der 4. Juni [1953] der Tag [meiner Haftentlassung] wäre. Da sich an diesem Tag nichts rührte, fragte ich am 5. Juni den diensttuenden Aufseher. Dieser war so anständig und erkundigte sich sofort in der Kanzlei und brachte mir den Bescheid, dass der 7. Juni der Tag meiner Entlassung wäre. Gleich brachte er mich auf die so genannte Exportzelle im Erdgeschoss. Am nächsten Tag erhielt ich im Magazin meine Zivilsachen, dann gab es die Abwicklung der verschiedenen Formalitäten in den Kanzleien, Abrechnung des Kontos usw., und nach einigen Stunden war ich wieder in der Exportzelle mit dem wonnigen Gefühl, in eigenen, wenn auch sehr schäbigen Kleidern zu stecken. Wieder bekam ich reichliches Essen und konnte in meinen Habseligkeiten herumwühlen.

Dabei wurde ich durch das plötzliche Eintreten des Abteilungschefs Oberwachtmeister Kvasnicka gestört, der mir geradezu entschuldigend mitteilte, dass ich erst am 8. Juni abginge, da der 7. Juni ein Sonntag war. Ich gab mich selbstverständlich zufrieden, war froh, dass meine Freilassung nun endlich Tatsache war, und kramte weiter in meinen Kleidern und in den während der Jahre erhaltenen Poststücken. Die größte Freude bereitete mir die zurückerhaltene Taschenuhr Marke Junghans, die ich vorsichtig in Bewegung setzte und die nun künftig mein stetiger Begleiter sein sollte. Ich hatte sie in den Sturmtagen des Mai 1945 vor den uhrenhungrigen Zugriffen der Russen schützen können.

Mit banger Ungeduld wartete ich am Montag, dem 8. Juni, das Gepäck stets griffbereit, auf den Augenblick, wo ich zum letzten Male über die Schwelle der Gefängniszelle treten konnte. Bis Mittag kam niemand, um mich [abzuholen]. Endlich nach dreizehn Uhr tat sich die Tür auf, ich durfte austreten und auf dem Gang warten. Dort waren gerade einige deutsche Kameraden zu irgendeiner Ausgabe angetreten und sahen mich mit traurigen Mienen an. Mir kamen die Tränen, als ich die so bekannten Gesichter zum letzten Male sah und sie nicht mitnehmen konnte.

Nun geleitete mich ein Wachtmeister durch lange Gänge und Höfe – da sah ich erst die gewaltigen Ausmaße des ganzen Gefängnisses, das früher ein Kloster gewesen sein musste – zum Haupttor, wo ein Personenkraftwagen bereitstand.

Der Kommandant der Anstalt, ein Oberstleutnant, steuerte den Wagen, zwei Wachtmeister fuhren mit. Ein herrlicher Frühlingstag, die Fahrt durch die landschaftlich so schöne Slowakei, das Gefühl der Freiheit und die Gewissheit, bald zu Frau und Kindern zu kommen, ließen mein Herz höher schlagen. Mit Interesse verfolgte ich alles, jeden Wegweiser, jede Ortstafel, die vielen öffentlichen Bauten. Der im Ersten Weltkrieg so heftig umkämpfte Jablunka-Pass, die Stadt Jablunkau wurden durchfahren, und schließlich überzeugten mich die Ortstafeln mit der Aufschrift »Kraj Tesin« [Kreis Teschen], dass es gegen Ostrau ging beziehungsweise nach Kuntschitz.

Nach sechzehn Uhr kamen wir dort an, ich wurde mit den Papieren dem diensttuenden Wachtmeister übergeben und war somit tatsächlich frei, wenn es auch in diesem Aussiedlungslager noch die üblichen Beschränkungen gab. Ich konnte mich kaum auf den Füßen halten – ich wog bloß achtundsechzig Kilogramm – und wurde von bekannten und neuen Kameraden freudig empfangen und ausgefragt und schließlich auf die Stube 9 in Baracke I gebracht. Stets habe ich darauf gesehen, mein Bett und Schrank und Tisch, die Ablage der Kleider, der Lebensmittel so zu stellen, dass es ein wenig gemütlich und wohnlich aussah, auch wenn es nur für einige Tage war. So machte ich es auch hier und tat gut daran, da ich weiter über sieben Monate in diesem Raume den verwanzten Strohsack drücken musste.

Gleich am zweiten Tage wurde ich in die Kanzlei gerufen und vom Kommandanten des Lagers, Oberwachtmeister Podeprel, als Insasse aufgenommen. Seine größte Sorge war, ob ich Geld mitgebracht hätte und in Arbeit gehen werde. Letzteres verneinte ich sofort, da ich infolge meines Zustandes keine Arbeit leisten konnte und auch nicht wollte. Ich war doch zur Aussiedlung und nicht zu weiterer Fron hierher gekommen. Für den unfreiwilligen Aufenthalt im Lager musste jeder pro Tag zwölf Kronen für Essen und Unterkunft bezahlen. Da nach vier Monaten mein Guthaben erschöpft war, mussten sie mich für die weitere Zeit umsonst halten.

Schon nach wenigen Tagen war ich mit den meisten Kameraden bekannt, desgleichen mit den Lagergepflogenheiten. Ich erfuhr, dass viele Insassen hier bereits über ein Jahr auf die Aussiedlung warteten und durch das Lagerkommando immer wieder vertröstet wurden. [Eine im August 1953 von den deutschen Häftlingen gewählte Lagervertretung nahm Verbindung zum Kreiskommando der tschechischen Sicherheitsorgane auf und erfuhr dort, dass ein Aussiedlerlager in Kuntschitz unbekannt sei.] Aufgrund dieser Vorsprache erschien Ende September 1953 ein Leutnant vom Kreiskommando und ließ sich in einer Versammlung aller Lagerinsassen ein Stimmungsbild geben. Er versprach uns daraufhin, noch in der Nacht nach Prag zu fliegen, dort alle Wege für einen baldigen Abschub zu regeln und uns am nächsten Tag Bescheid zu geben. Tatsächlich erschien dieser Leutnant noch am späten Abend wieder im Lager und teilte mit, dass [auch] in Prag bei den zuständigen Stellen über das Aussiedlungslager Kuntschitz nichts bekannt sei, dass er nun alle Stellen informiert habe und wir innerhalb von vier Wochen Bescheid erhalten würden.

Am 28. Oktober kam ein anderer Leutnant des Kreiskommandos mit der für uns freudigen Nachricht, dass in Prag bei den maßgebenden Ämtern alles für die rascheste Aussiedlung aller in unserem Sinne erledigt sei und dass er mit seiner Person dafür einstehe, dass wir längstens zu Weihnachten 1953 über der Grenze sein werden. Mit Jubel nahmen wir diese Mitteilung auf und schrieben sofort unseren Angehörigen in Deutschland und Österreich. Und so erschien noch vor Mitte Dezember eine Abordnung des Tschechoslowakischen Roten Kreuzes im Lager, besuchte jede Stube und sagte uns, dass die Aussiedlung am 15. Januar 1954 beginne und in kleinen Transporten zu zwanzig Personen vor sich gehen werde.

Wir hatten ja gelernt, Geduld zu haben, und so vertrauten wir den Worten dieses offiziellen Vertreters vom Tschechoslowakischen Roten Kreuz. Wirklich wurden Anfang Januar die Leute für den am 15. Januar 1954 abgehenden ersten Transport aufgerufen. Ich selbst wurde am 13. Februar für den am 18. Februar abgehenden Transport aufgerufen. In meiner Freude telegraphierte ich sofort meiner lieben Frau nach Bad Schwalbach.

Mit Dienstag, dem 16. Februar, durften wir Abschubskandidaten das Lager nicht mehr verlassen. Die ärztliche Abschiedsvisite war rasch erledigt, an sie schloss sich die so genannte politische Prüfung an, eine Ausfrage durch Kriminalpolizeibeamte, in der ich mein Urteil über die Behandlung während der Haft, über Verhältnisse politischer und wirtschaftlicher Natur in der Tschechei und Ähnliches abzugeben hatte und schließlich ersucht wurde, über diesen Satellitenstaat in Deutschland ja nichts Ungünstiges zu erzählen.

Donnerstag, den 18. Februar, wurde von Kriminal- und Zollbeamten das Gepäck einer gründlichen Revision unterzogen, woran sich die Durchsicht des Handgepäcks und eine Leibesvisite schlossen. Jeder beschriebene Fetzen Papier wurde weggenommen. Nach dieser langwierigen Prozedur wurden wir zwanzig in die Kantine eingesperrt, und niemand von den anderen durfte mehr zu uns. So wurde es langsam zweiundzwanzig Uhr. Ein Autobus fuhr vor, das Gepäck und wir wurden darin verladen, und schon ging's zum Tor hinaus in nächtlicher Fahrt nach Oderberg-Bahnhof. Dass wir nicht in Kuntschitz oder Ostrau abfuhren, mag wohl mit polizeilichen Maßnahmen zusammenhängen, es sollte wohl niemand mehr mit uns hier zusammentreffen beziehungsweise vom Abschub erfahren.

Auf dem Oderberger Bahnhof stand außerhalb des Bahnsteiges ein schöner Pullmanwagen, gut geheizt, für uns bereit. Wir zwanzig machten es uns bequem. Um Mitternacht [des 19. Februar] standen wir in Eger, wo der Zug von Grenzsoldaten streng bewacht wurde. Bald verließen wir die alte deutsche Stauferstadt, die jetzt Cheb heißt, durchfuhren das Niemandsland und waren überglücklich, als wir die ersten Lichter auf bayerischem Boden strahlen sahen, und kamen gegen ein Uhr des 20. Februar 1954 in der deutschen Grenzstation Schirnding an.

Ich fuhr krank von Oderberg weg, hatte während der Fahrt starkes Fieber, war jedoch imstande, die herrlichen Eindrücke wahrnehmen zu können, die ich von der ersten Begrüßung in Schirnding und von der reichlichen Bewirtung durch das Deutsche Rote Kreuz hatte. Die vom Herzen kommenden Worte des Willkommens, die Blumen, das Essen und die Getränke, nicht zuletzt auch die uns ungewohnte Sauberkeit des Bahnhofes und dessen Umgebung beeindruckten mich ganz außerordentlich.

Nach kurzer Rast bestiegen wir einen schönen Autobus der Bundesbahn, der uns nach rascher Fahrt ins Grenzdurchgangslager bei Hof-Moschendorf brachte. Auch hier gab es trotz der späten Nachtstunde freundliche Begrüßungsworte, Blumen, Bewirtung usw. Es war schon vier Uhr früh, als wir ins Bett stiegen. Nach kurzem, aber umso kräftigerem Schlaf auf deutschem Boden wurde um sieben Uhr aufgestanden, bei gut und reichlich gedecktem Tisch gefrühstückt, und dann begann in einem Saale die wohl organisierte Personalienaufnahme, die immerhin bis nach zehn Uhr dauerte. Für die Weiterreise erhielten wir hier Anweisung auf Fahrscheine 2. Klasse und 300 DM.

Um elf Uhr begann im Saale die offizielle Begrüßungsfeier durch Vertreter des Bundes, des Landes, Kreises, durch den Bürgermeister, Vertreter beider Kirchen, des Deutschen Roten Kreuzes, der Heimkehrer-Verbände und Landsmannschaften. Kamerad Dr. Nutzhorn und ich erwiderten namens der Heimkehrer und sagten unseren Dank für all das Gute, das uns hier geboten wurde. Mit Liebesgaben aller Art reichlich beschenkt, verließ ich fiebergeplagt das Lager. Die gleich zur Begrüßung erschienenen Landsleute brachten mich zum Bahnhof. Sie hatten meine Ankunft durch den Rundfunk erfahren, und ich freute mich ungemein, die ersten Schönhengster in deren nun neuer Heimat zu treffen. Am Bahnhof besorgten mir die Landsleute Fahr- und Gepäckschein und brachten mich auf den Bahnsteig, so dass ich um vierzehn Uhr Richtung Würzburg, Frankfurt, Wiesbaden abfahren konnte. Hier kam ich um einundzwanzig Uhr an. Nach kurzem Warten wurde ich von meiner lieben Frau und Tochter Inge in die Arme geschlossen, die, wie ich später hörte, über mein Aussehen und den krankhaften Zustand nicht wenig entsetzt waren.

Die Ortsstelle Bad Schwalbach des Deutschen Roten Kreuzes hatte einen Kraftwagen zur Verfügung gestellt, der uns in die Wohnung fuhr, wo mich Muttl und Inge umsorgten und gleich ins Bett brachten. Morgens kam Dr. Zöllner, ein Mährisch-Neustädter, zur ersten oberflächlichen Untersuchung und Behandlung. Am folgenden Tag brachte mich Frau Zöllner im Auto ins Krankenhaus, wo mich ihr Mann nun eingehend untersuchte und durchleuchtete. Wieder daheim in der Wohnung, konnte ich im Fieberzustand meine neue Umgebung noch nicht recht erfassen. Erst am Mittwoch, dem 23. Februar 1954, war ich mir bewusst, wo ich bin und wie es um mich bestellt ist. Jetzt erst erfuhr ich, dass mir neben Herzbeschwerden, Kreislaufstörungen und Ödemen eine übergangene Lungenentzündung argen Schaden zugefügt hatte und mein Zustand besorgniserregend war. Dank der vorbildlichen Pflege durch meine liebe Frau und der ärztlichen Betreuung durch Dr. Zöllner besserte sich mein Zustand, so dass ich Anfang April aufstehen, kurze Spaziergänge machen und so langsam meinen neuen Wohnort, das schöne Bad Schwalbach, kennen lernen konnte.

Leider haben sich im Laufe der Zeit weitere Auswirkungen der entbehrungsreichen Zeit der Haft eingestellt. Ein vierzehntägiger Kuraufenthalt in Bad Wildungen brachte wohl einige Besserung, doch stellte sich zu meinem Leidwesen eine Nierenentzündung ein, die mich seit dem 1. September 1954 ans Bett fesselte. Es blieb mein Wunsch, zu gegebener Zeit in die Schönhengster Heimat zurückzukehren und meinem Mährisch-Trübau meine bescheidenen Kräfte wieder widmen zu können.

Quelle: Bundesarchiv-Lastenausgleichsarchiv Bayreuth, Erlebnisberichte zur Dokumentation der Vertreibung der Deutschen aus Ost-Mittel-Europa, Ost-Dok. 2, Nr. 269, S. 35 ff., Bürgermeister Franz Hickl aus Mährisch-Trübau, Wohnort: Bad Schwalbach, Datum: Jahreswende 1954/55.

»Wir sind zufrieden und müssen es wohl sein«

Elisabeth Gitschner, Hausfrau, aus Karlsbad/Sudetenland

Mittwoch, 4. Juli 1945. – Ich war wie immer im [Karlsbader] Kurhause meiner Beschäftigung als Hilfsköchin nachgegangen. Schon seit zwei Tagen hatte ich so ein dumpfes Gefühl, insbesondere quälte mich der Gedanke an meinen ziemlich wertvollen Schmuck. Mir schwebte ununterbrochen vor, denselben in ein Säckchen umzuleeren und dieses in ein altes Aluminiumgefäß zu stecken. Hätte ich es nur getan! Der Krug und die Tasche, in der er sich befand, wurden nämlich sonderbarerweise bei keiner der vielen Durchsuchungen angetastet. Trotzdem traf ich keine größeren Vorbereitungen, nur ein paar Lebensmittel gab ich in Büchsen, was uns später sehr zustatten kam.

Nach drei Uhr nachmittags kam ich nach Hause, das letzte Mal! Die Haustür war nicht versperrt, was mich wunderte; denn wegen der ständigen Belästigungen durch russische und tschechische Soldaten ließ man damals die Türen nicht offen. Nichts rührte sich im Hause, auch auf der Treppe war niemand. Als ich die Tür zu meiner Wohnung öffnete, stand ich einer Gruppe von neun Männern gegenüber, sieben Soldaten mit einem Major und einem tschechischen Kommunisten in Zivil. Mitten drunter meine blasse, von einer Fiebererkrankung kaum genesene Tochter, die aber ihre Besonnenheit keinen Augenblick verlor.

Alle Schränke offen, die Koffer und andere Behältnisse mit dem Bajonett aufgebrochen, der Inhalt ringsum verstreut, ein wüster Anblick. Der tschechische Offizier sah mich nur kurz an und warf mir ein Wort hin: »Ausweisung!« Ich erschrak bis ins Herz und sah fassungslos um mich, dabei bemerkte ich erst meine Nachbarin, die etwas Wäsche, altes geflicktes Zeug – anderes erlaubten ihr die Tschechen nicht – für uns in einen Koffer packte, der auf dem Tische stand. Meine Tochter half ihr dabei. Während sich die Tschechen mit meinem Silberkoffer beschäftigten, den ich aus einem Wandschrank nahm, gelang es mir, von ihnen unbeachtet, aufgespartes Geld und den im Luftschutzkoffer in drei Schachteln verpackten Schmuck zu holen. Leider klirrte derselbe beim Ausleeren hinter das Futter einer alten Tasche, und der Kommunist eilte herbei, nahm mir alles ab. Gierig sahen die Kerle auf den glitzernden Haufen, den sie auf das Klavier gelegt hatten.

Mich aber fasste Verzweiflung. Mit diesem Schmuck, ihn verkaufend oder vertauschend, hätten meine Tochter und ich lange Zeit unser Leben fristen können, ganz abgesehen von den vielen lieben Andenken an Verstorbene und den kostbaren Erbstücken, die dabei waren. Ich sank in die Knie und schrie den Offizier an, er solle mir seinen Revolver geben, um mich zu erschießen. Zynisch lächelnd wendete er sich ab, nur meine Tochter, der die Tränen in den Augen standen, half mir auf und suchte mich zu beruhigen. Einiges von den aufgehäuften Wertstücken verschwand gleich in den geräumigen Taschen des Offiziers. Meine Dokumente, meine Sparkassenbücher nahm er mir aus der Hand, sagte: »Das brauchen Sie nicht mehr«, und legte es fort.

Zwanzig Minuten dauerte diese Quälerei, dann drängte man uns kurzerhand aus unserer lieben kleinen Wohnung auf den Korridor. Hinter uns ließen wir ein grauenvolles Durcheinander, Berge von Wäsche auf dem Fußboden, offene Schränke, erbrochene Kommoden und Koffer, alle Fenster aufgerissen. Dann wurde die Tür versperrt und mit dem Siegelstreifen verklebt. Es ging so schnell, das Erlebte war so ungeheuerlich, so unfassbar, dass ich noch immer nicht richtig bei mir war. Die Soldaten zogen mit dem Silberkoffer über die Treppe polternd ab. Diese kurze Pause des Unbeobachtetseins nützte ich aus, um mir von der weinenden Nachbarin das gerettete Geld in die Ärmelaufschläge meines Mantels einnähen zu lassen. Zum letzten Male stieg ich die Treppe in meinem eigenen Hause herunter, entsetzt, aufgewühlt bis fast zur Verrücktheit.

Vor der Haustüre erwarteten uns wieder die Soldaten, trieben uns zur Markthalle. Dieser Gang war schrecklich, ich kam mir wie eine gedemütigte Bettlerin vor, und die weit aufgerissenen, mitleidigen und erschreckten Augen unserer Bekannten trafen mich wie glühende Pfeile. Die halb ausgebombte Markthalle war mit Ausgewiesenen angefüllt, viele Bekannte darunter. Es gelang mir, das Geld, das mir sicher Prügel und Ärgeres eingetragen hätte, wenn man es bei mir fand, in einem Taschentuch einer [mir] bekannten jungen Frau zuzustecken. Gleich nachher wurden wir beide samt unserem lächerlich geringen Besitztum zur Untersuchung geführt. Meine Tochter ließen sie fast unbehelligt, mich nahmen sie desto gründlicher vor. Ich kann hier nur andeuten, dass der tschechische Gendarm diese Untersuchung in sehr unanständiger Weise durchführte und, als ich mich darüber beschwerte, achselzuckend erwiderte: »... muss sein, auch da verstecken Frauen manchmal Wertgegenstände.« Wieder zu den schon Abgefertigten zurückgebracht, richteten wir uns alle, so gut es gehen wollte, für die Übernachtung ein.

In dieser Nacht schlief außer den Kindern wohl niemand in der zugigen Halle, deren Fenster vom letzten Bombenangriff im April noch zerbrochen waren, von den übrigen größeren Schäden des Gebäudes ganz zu schweigen. Es war wohl die schrecklichste Nacht nach dem schrecklichsten Tag meines Lebens, seither weiß ich, was die Redensart bedeutet: Es dreht einem das Herz um! Frühmorgens kamen Verwandte und Freunde der Ausgewiesenen an die vergitterten und versperrten Türen. Es gab viele Tränen und viele, viele liebe Gaben. Meine gute Schwester erschien mit Brot und zwei Paar Socken, meine Hausmeisterin brachte Kaffee, und eine andere, jetzt leider schon verstorbene Frau beschenkte uns mit bestrichenen Broten. Freilich aßen wir, den meisten war es wie uns beiden ergangen, die wir am Vortage schon kein Mittagessen gehabt hatten, aber die Bissen quollen im Halse, und die strömenden Tränen ließen Brot und Kaffee salzig schmecken. Ich hatte das Gefühl, mein körperliches und seelisches Ich sei eine einzige Wunde, die beständig mit einem Reibeisen bearbeitet wird.

Plötzlich erschienen tschechische Soldaten, verjagten unsere lieben Landsleute, sperrten die Türen auf und verlasen unsere Namen nach den schon vor Tagen abgegebenen Fragebögen. Jeder musste sich mit »Hier« melden. Jetzt trat ein kleiner Mann in Majorsuniform ein. Er schien die Verkörperung eiskalter Rache; er soll, wie ich später hörte, in einem deutschen Konzentrationslager gewesen sein. Mit bewegungslosem Gesicht und einer monotonen, eisigkühlen Stimme fragte er, ob unter den Anwesenden jemand wäre, der nachweisen könne, gegen die Partei oder das Dritte Reich gewirkt zu haben. Man hörte es der Fragestellung deutlich an, wie sicher er war, keine Antwort zu bekommen. Gleich nachher wurden wir in Lastautos verladen, die Fahrt ging gegen den Homer Berg zu.

Dort standen an irgendeiner Straßenkreuzung die Russen auf Posten. Die tschechische Begleitmannschaft begann nun Verhandlungen mit diesen. Die Russen wiesen die Tschechen jedoch stur ab. Wie wir später erfuhren, wollten diese die ganzen Ausgewiesenen ins Gebirge schaffen, sie dort ihrem Schicksal beziehungsweise der eigenen Findigkeit überlassen, sich nach Deutschland durchzuschlagen.

Nachdem die Russen diesen Handel abgeschlagen hatten, wollten die Tschechen es nun bei den Amerikanern versuchen. Das Lastauto wendete und fuhr zurück nach Neu Sattl. Doch auch die amerikanischen Posten schüttelten nur die Köpfe, als ihnen unsere Papiere vorgelegt wurden, machten ablehnende Handbewegungen und kümmerten sich dann nicht weiter um uns und die bereits verärgerten Tschechen. Also wieder zurück nach Karlsbad in die Markthalle. Dort stand jetzt eine stattliche Reihe von Autos, voll besetzt mit Ausgewiesenen, die schon vor uns weggefahren worden waren und ebenfalls ergebnislos umkehren mussten.

Wir mussten bis um vier Uhr nachmittags hungrig und aufgeregt in der glühenden Sonne warten, bis endlich Bescheid kam. Die ganze Autokolonne schwenkte ab und rollte wieder dem Gebirge zu. Da man von den Tschechen keiner Antwort gewürdigt wurde, erfuhren wir nicht, wohin man uns bringen würde, und die schrecklichsten Vermutungen wurden laut. Endlich im Städtchen Neu Rohlau hielten die Wagen. Mit Schimpfen und Schreien wurden wir förmlich von den Autos gestoßen, jeder musste sein Gepäck selber schleppen, ständig zur Eile angespornt. Es ging einen kleinen Hügel hinauf, und dann standen wir vor dem Wachhaus des Konzentrationslagers.

Hier hieß es, die Koffer müssen wegen Platzmangels abgegeben und in einem Zimmer aufbewahrt werden, wer noch etwas herausnehmen wolle, solle es sofort tun. Also umpacken auf offener Straße! Da jeder dem anderen dabei zusehen konnte, hat mich dies später meinen einzigen Koffer, meine letzten Konservenbüchsen sowie das einzige Paar Schuhe gekostet, das ich von daheim mitnehmen durfte. Ein haftentlassenes Ehepaar ließ sich nämlich das Zimmer, wo die Gepäckstücke aufbewahrt worden waren, aufsperren, angeblich um ihre Bündel zu holen. Da wir nichts Schriftliches über die hinterlegten Sachen bekommen hatten und die Tschechen jeden allein ließen, der etwas holen wollte, konnte dieses tüchtige Ehepaar sich meinen Koffer aneignen.

Doch wieder zu unserer Ankunft im KZ. Durch ein kleines Tor im Stacheldraht trieb man uns dann hinein auf den breiten Hof, wo wir uns in einer langen Reihe aufstellen mussten. Jugendliche und Arbeitsfähige wurden sofort ausgeschieden, aufgeschrieben und mussten sich auf die andere Seite begeben. Man schob uns hin und her, schrie uns an, drohte mit Peitschen, außerdem hielten einige unserer Peiniger ständig ihre Maschinenpistolen und andere Mordwerkzeuge auf uns gerichtet. Das machte aber nicht einmal solchen Eindruck. Wovor unser ganzer Elendshaufen zitterte, das war die [befürchtete] Verschickung nach Sibirien!

Endlich hatten die Tschechen von ihrer sadistischen Hin-und-Her-Jagerei selbst genug, sie trieben uns alle, auch die Aufgeschriebenen, in eine Baracke. Diese bestand aus einem quadratischen Vorraum, einem länglichen Raum ohne Schlafgelegenheiten und dem eigentlichen Lagerraum mit den in dreifacher Reihe übereinander aufgebauten Holzbetten. Das war also die zugewiesene Behausung für 189 Menschen, von denen der Jüngste fünf

Wochen, der Älteste einundneunzig Jahre war! Die Unterbringung ging reibungslos vonstatten, obwohl der Lagerführer alles mit groben Worten erklärte und Prügel androhte für jeden Verstoß. Die Menschen verkrochen sich alle in den winzigen Raum, der ihnen zur persönlichen Verfügung stand, denn so ein Bett war recht schmal und kurz. Meine Tochter und ich wählten eines der in der dritten Etage liegenden Betten, man war dort unbeobachteter, das Hinaufklettern machte uns keine Beschwer. Wir lagen auf einer dünnen Schicht Holzwolle, die schon so zerlegen war, dass bei jeder Bewegung der Holzstaub nach unten rieselte; eine Decke und ein kleines Kissen hatten wir mitnehmen dürfen, so richteten wir uns ein. Auf den Füßen lag unser ganzes Besitztum: ein kleiner Rucksack und drei Taschen!

In dieser Nacht wurde wenig geschlafen. Die Plötzlichkeit und Furchtbarkeit der Erlebnisse zitterte in allen Insassen nach. Man hörte nur Räuspern, Seufzen und viel unterdrücktes Schluchzen. Dabei war es nur für kurze Minuten ganz finster, denn die tschechischen Soldaten auf den Wachtürmen leuchteten ununterbrochen die Fronten der Baracken mit ihren starken Scheinwerfern ab. Zu ihrer Unterhaltung setzten sie die aus deutschen Wohnungen mitgenommenen Grammophone in Gang, auf den Platten waren meist deutsche Soldatenlieder, was reichlich grotesk anmutete.

An diesem ersten Hafttag erhielten wir keine Verpflegung aus der Lagerküche, jeder musste selber zuschauen, womit er seinen Hunger stillte. Viele bettelten sich brockenweise ihre Nahrung zusammen, mancher gab mehr von seinen Vorräten, als notwendig gewesen wäre, und litt dann später selber Hunger. Tschechische Soldaten und der Lagerführer kamen und gingen, wie es ihnen passte, sie kontrollierten die unteren Betten, wenn es ihnen einfiel, doch in die oberen zu steigen, waren sie zu faul.

Wir warteten, warteten auf eine Bekanntgabe, eine Auskunft, warum und wie lange wir hier aushalten müssten oder was man sonst mit uns vorhatte. Keiner von uns war zu einer Strafe verurteilt, keiner hatte vor der Ausweisung einen Streit oder sonst eine Auseinandersetzung mit den tschechischen Behörden gehabt, warum hielt man uns also hier fest? Man bekam nie eine Antwort, auch wenn man in tschechischer Sprache die kontrollierenden Posten fragte.

Die Insassen unserer Baracke bestanden zum Hauptteil aus Pensionisten, dann einer kleineren Anzahl Ärzte und endlich aus solchen Familien, deren Wohnung irgendeinem der neuen Machthaber in die Augen gestochen hatte und die darum herausgeworfen wurden. Persönlich wurde niemand behelligt. Ich kann mich nur an eine Prügelstrafe erinnern. Eine Frau wurde zu fünfundzwanzig Stockhieben verurteilt, weil sie angeblich Wäsche gestohlen hatte aus den Zimmern der Tschechen.

Das Leben ging aber doch weiter, vorläufig hatte noch jeder zu essen, man musste zu den festgesetzten Stunden die Waschräume aufsuchen, die Kinder mussten versorgt und beschäftigt werden. Bald hing auch der Stacheldraht im nächsten Bereich unserer Baracke voll trocknender Windeln. Es mutete an wie ein Symbol des sich ständig erneuernden Lebens trotz Krieg und Not und Verwüstung.

Das gemeinsame Hausen in einem Raum hatte die selbstverständliche Folge, dass sich Frauen und Männer voreinander aus- und anziehen mussten. Das störte aber kaum, es hatte jeder mit seiner leiblichen und seelischen Not mehr als genug zu tun, um erotische Gefühle aufkommen zu lassen. Einer der Männer sagte mir einmal: »Ihr Weiber könnt's euch da nackert ausziehen, des int'ressiert uns Mannsbilder gor net!« Natürlich gab es ebenfalls nur eine gemeinsame Latrine. Sieben oder acht Sitze, die durch eine Bretterwand, nur so breit wie der Sitz selber, voneinander getrennt waren.

Dies war eine Einrichtung, an die man sich nur schwer gewöhnen konnte, umso mehr, als zu Anfang beide Geschlechter sie benutzten. Erst auf die entrüsteten Proteste der Frauen hin wurde dann den Männern der kleinere, neben dem Pissoir liegende Teil vorbehalten. Ich weiß nicht, ob es den anderen auch so ging, ich fühlte darin das so völlig Entrechtete unserer Situation, nicht einmal an dieser Stätte vor beobachtenden Augen geschützt zu sein.

Außerdem war die Örtlichkeit sehr unsauber, weiße Würmer krochen aus der Kloake herauf, waren überall auf Sitzen und Wänden zu finden.

Am zweiten Morgen wurden wir mit einem Stück Brot zum Frühstück überrascht. Ich brach in Tränen aus, es war das erste Almosen, das ich empfing, noch viele sollten folgen! Es wurde auch noch bitteres dünnes Kaffeewasser verteilt, und zu Mittag gab es heißes Wasser mit ein paar Kartoffelschalen darin. Der zynische Lagerleiter, »Herr Direktor« Zaboj, ließ uns dazu sagen, er hätte das so angeordnet, damit wir nicht glaubten, wir seien in einem Hotel! Am Abend erhielten wir Wassersuppe mit Sauerkraut. Dieser Speisezettel blieb längere Zeit in Kraft.

Die Vorräte, die meiner Tochter und mir zur Verfügung standen, gingen zur Neige. Die letzten zwei Kilogramm Mehl, die sich noch in meinem Haushalt befunden hatten, nahmen mir die Tschechen in der Markthalle weg; jetzt hätte ich mir dafür beim Lagerkoch ein Brot eintauschen können. Andere Lagerinsassen, deren Verwandte und Freunde sie nicht vergessen hatten, erhielten Pakete mit Lebensmitteln, manche durch die offizielle Abgabe am Wachhaus, wo die angelieferten Liebesgaben erst durchsucht, ausgeplündert und der Rest dem Adressaten verabreicht wurde. Manche Spender getrauten sich auch bis an den Stacheldrahtzaun und schoben, wenn keine Wache zugegen war, was nur die engen Maschen hindurchließen, oder sie bestachen die Posten mit Zigaretten, diese wendeten sich dann ab, wenn Pakete und Briefe über den Zaun flogen.

Wenn es Zeit zum Essenfassen war, stellten wir uns schon lange [im Voraus] in Reih und Glied; das war blanke Berechnung, wer nämlich früher dran war, konnte schneller mit der Suppe fertig sein und erhielt dann vielleicht noch einen Schlag Essen. – Hier möchte ich die Bemerkung einflechten, dass meine Aufzeichnungen nicht mit Datum versehen sind. Ich getraute mich nicht, dies zu tun, weil ja jede Art Aufzeichnung verboten war und Ziffern auch im Stenogramm für jeden zu lesen gewesen wären. Wer wie ich in einem KZ gewesen ist, wird dies begreiflich finden, war ja schon der Besitz eines Bleistiftstümpfchens strafbar. Papier stellte eine noch größere Rarität dar, so dass ich die hier zugrunde liegenden Aufzeichnungen auf zwei mir zugesteckten Zetteln gemacht habe. Die letzten Eintragungen schrieb ich auf eine Kinderzeichnung meiner Tochter, die zufällig in mein Gepäck geraten war.

Mit der Zeit lernten wir unsere Lagerbefehlshaber kennen. Der oberste war, wie schon erwähnt, der »Herr Direktor« Zaboj. Er zeigte sich selten, meist nur bei einem Inspektionsgang oder einer Besichtigung. Sonst fuhr er auf seinem Motorrad in der Gegend herum, zu unerfindlichen Zwecken, allerdings hatte er täglich zur Berichterstattung und [zum] Befehlsempfang nach Karlsbad ins »Goldene Kreuz« zu fahren.

Der wirkliche Lagerkommandant war daher der so genannte »stellvertretende Direktor« Belbl. Er war von Beruf Kohlenkutscher und bei der Firma Sebert in Fischern angestellt gewesen, er sprach Egerländisch wie ein Einheimischer, natürlich auch perfekt Tschechisch. Er war ein »Elegant«, trug jeden Tag einen anderen Anzug, hielt sich ein Reitpferd und ein Auto. Ein Häftling, der gelernter Herrenschneider war, musste ständig für ihn arbeiten, ebenso beschäftigten seine Frau und seine Schwiegermutter einige inhaftierte Schneiderinnen. Solche Pöstchen waren gar nicht so unbeliebt, die Leute bekamen anständiges Essen, mussten keine Schmutzarbeit im Lager verrichten und wurden auch sonst etwas vorsichtiger behandelt.

Belbls in egerländischer Mundart vorgebrachte Leutseligkeit konnte sehr schnell ins Gegenteil umschlagen. Eines Tages, kurz nach dem Essenfassen, peitschte ein Schuss über den Lagerhof. Wir standen erstarrt auf dem kleinen freien Vorplatz, dann brach in jedem die Angst aus, alles stürmte in die Baracke. Jetzt stürzten einige Frauen, die sich gerade im Waschraum auf der anderen Seite der Lagerstraße aufgehalten hatten, aufgeregt herein und schrien: »Drüben ist eine Blutlache, der Belbl hat einen Häftling erschossen!«

Verängstigt hockten wir beisammen, beobachteten aus den

Fensterwinkeln, was sich nun ereignen würde. Ein Posten erschien, der uns streng verbot, uns außerhalb der Baracke aufzuhalten. Wer es dennoch tue: »Todesstrafe«. Diese Androhung hörten wir noch oft, sie wurde später nicht mehr ganz so ernst genommen. Man hatte uns nun zwar in die Baracke verbannt, aber vergessen, dass eines der Fenster [die Sicht] durch zwei hintereinander liegende Fenster des gegenüberliegenden Baues [freigab]. Dort war ein niedriger Hügel, auf dem sich jetzt allerhand abspielte. Wir sahen zwei Männer ankommen, die eine Bahre trugen, andere mit Schaufel und Spaten. Unsere Stimmung, die sich, da man uns sonst in keiner Weise näher trat, etwas beruhigt hatte, schwang dadurch jäh zurück in die große Angst und Unsicherheit.

Die übrigen Häftlinge, die zuerst ebenfalls in ihre Baracken gejagt worden waren, durften nach einiger Zeit wieder heraus und ihren Hofarbeiten nachgehen. Auch am Steinwall neben unserer Baracke hatten sie zu tun, und gegen ein Stück Brot gaben sie uns flüsternd Auskunft. Der Getötete war ein Häftling gewesen, anscheinend etwas geistig beschränkt. Da er ständig Hunger hatte, schlich er nach den Mahlzeiten an die Abfalltonnen, um sich dort noch etwas Essbares herauszuklauben. Belbl soll ihm mehrfach gesagt haben, wenn er ihn einmal dabei erwische, werde er ihn erschießen, »Todesstrafe«. Der arme Teufel hatte dieser Drohung wahrscheinlich auch nicht mehr Wert beigelegt, als wir es uns nun auch schon angewöhnt hatten, und ging weiterhin zu den Tonnen. Belbl soll, als er ihn an der Tonne erblickte, kein Wort gesagt haben, sondern nur die Pistole gezogen und losgeknallt [haben].

Fünfmal während unseres erzwungenen Aufenthaltes in Neu Rohlau haben wir plötzlich einen kurzen scharfen Knall gehört und sahen dann durch das erwähnte Fenster oben am Hügel die gleichen Vorgänge. Einmal hörten wir den Lagerkapo, einen Deutschen, rufen: »Zieh nan d'Schouch äs, i brauch sie nuch!« Dieser Lagerkapo war schon im ehemaligen deutschen KZ gewesen und wurde von den Tschechen, mit denen er sich gut verstand, gleich in derselben Eigenschaft behalten. Mit Belbl schien er sich besonders gut zu verstehen.

Belbl im Range am nächsten war ein starker großer Mann, der vier Spitznamen hatte: Inspektor, Cousin, Plüschhut und Fleischer. Er war ein brutaler Kerl, der nicht nur zwei Pistolen ständig herumtrug, sondern auch eine Peitsche aus farbigen Lederschnüren und häufigen Gebrauch davon machte.

Ein »Unterfeldherr« des Lagers war der so genannte »Afrikaner« oder »Goldgräber«. Diesen Namen bekam er, da er die Uniform eines deutschen Afrikakämpfers trug und immer in den Baracken unterwegs war, die noch etwa versteckten Wertgegenstände »für den Staat« zu requirieren. Er war zwar wegen Plünderung und Diebstahl eingesperrt, also ebenfalls Häftling, genoss jedoch wegen seiner tschechischen Nationalität überall Sonderbehandlung.

Da viele von uns noch unausgenützte Lebensmittelkarten hatten, regte ich an, einmal beim »Direktor« vorzusprechen, ob wir diese nicht im Dorfe unten einlösen könnten. Das erste Mal erhielt ich eine glatte Abfuhr, doch als sich dann auch die Mütter von Kleinkindern beteiligten, die baten, etwas Milch holen zu dürfen, wurde es uns gnädigst erlaubt. Während der »Audienz« saß Zaboj halb angezogen in einem Lehnsessel und ließ sich von einem Inhaftierten rasieren. Ungefähr fünfzehn Frauen wurden ausgewählt, und, von zwei Posten eskortiert, wanderten wir fort. Was für ein Gefühl, keinen Stacheldraht vor Augen zu haben, freie Menschen zu sehen, die noch in ihren eigenen Wohnungen lebten! Wir gingen stracks zum Bäcker. Leider war das Brot noch nicht fertig ausgekühlt, daher hieß es warten. Den Posten war das zu langweilig, sie verzogen sich irgendwohin, nicht ohne uns vorher einzuschärfen, in zwei Stunden würden sie uns abholen, und wehe den Übrigen, wenn eine fehlte!

Die Gefahr des Ausreißens bestand bei uns Frauen kaum, denn jede hatte eines oder mehrere Kinder oben im Lager und hätte diese gewiss nicht Misshandlungen ausgesetzt, nur um sich selber einen Vorteil zu verschaffen. Wir wanderten planlos herum. Die Dorfleute, von unseren Elendsgesichtern gerührt, schenkten allerhand Lebensmittel, die wir natürlich sorgfältig verstecken mussten, sonst wäre es uns am Lagereingang schlecht ergangen. Endlich war dann auch das Brot fertig, wir gaben die Karten und das Geld ab und trugen im Triumph die schweren Körbe bergwärts. Dabei trieben uns die Begleitposten zur größten Eile an, denn die freigegebene Zeit war weit überschritten. An der Pforte wurden wir zwar nicht untersucht, hingegen angeschrien und gestoßen, weil wir so spät kamen, was ja nicht unsere Schuld war.

Diesen Abend gab es noch eine große Aufregung: Beim Lagerappell fehlte ein Häftling! Sofort wurden wir in die Baracke gejagt, die wirklichen Häftlinge aber mussten stehen bleiben. Die ganze Nacht [hörten wir] die bellenden Kommandos, das Schreien und Stöhnen [der Gefangenen]. Jeder zehnte Mann wurde verprügelt, fünf wurden ausgewählt und an die Wand gestellt. Der »Boss« schoss wahllos in die Menge hinein, einer fiel nieder.

Hatte es schon zur Strafe für das Ausreißen des Häftlings kein Abendessen gegeben, so wurde auch am anderen Tag kein Brot ausgeteilt. Uns traf das nicht so hart, wir hatten ja einen kleinen Vorrat an dem aus dem Dorf geholten Brot, aber die armen ausgehungerten Häftlinge! Sie hatten uns oft gebeten, Kartoffelschalen und Gemüsereste nicht in die Abfalltonnen zu werfen, sondern im Waschraum in den Abfluss zu legen, sie würden es sich dann von dort holen! Das taten wir, aber man legte meist auch noch etwas wirklich Essbares dazu. Auf diesem Wege gingen auch manchmal geschriebene Botschaften hin und her; auf diesen »Geheimsender« sind die Tschechen nie gekommen, obwohl sie doch scharf aufpassten, dass wir mit den eigentlichen Inhaftierten nicht zusammentrafen.

Als wir kein Brot mehr hatten und wieder im Wachhaus wegen des Einkaufens vorstellig wurden, wies man uns barsch ab mit der Begründung, einige Frauen hätten im Dorf gebettelt und von ihrem Hunger erzählt. Das war bitter, der Hunger war aber noch bitterer, so wagten wir es nochmals. Da wurden wir zuerst wüst beschimpft und mit der Peitsche bedroht, aber schließlich gestattete man es doch wieder einer Gruppe hinunterzugehen. Diesmal war auch meine Tochter dabei; wir hatten durch Häftlinge erfahren, dass im Pfarrhof ein Packerl für uns liege. Wir gingen also hin, nahmen das halbe Brot in Empfang, und der gute Pfarrer lieh uns auch ein Buch, das hochwillkommen war, denn in einem KZ ist nicht nur der leibliche und seelische, sondern auch der geistige Hunger groß.

Von nun an durften wir nicht mehr ins Dorf gehen, denn das Karlsbader Ernährungsamt verbot weitere Einkäufe auf unsere restlichen Lebensmittelmarken, da wir seiner Ansicht nach im Lager ausreichend verpflegt wurden. Ausreichend! Unsere tägliche Suppe bestand, wie mir der Lagerkoch einmal sagte, aus dreißig Litern Wasser, einer Einbrenne von einem viertel Kilogramm Margarine und 200 Gramm Mehl, dazu halb gekochte gelbe Rüben und Kartoffeln mit der Schale. Am Abend statt des Gemüses meist nur Sauerkraut. Ein- oder zweimal während der ganzen Zeit befanden sich einige lange Fleischfasern darin. Die »Plattner«, die Leute aus der Bergstadt Platten, sowie einige aus der nächsten Umgebung und auch manche aus Karlsbad erhielten nach wie vor Pakete, meist auf dem illegalen Wege über den Draht oder durch ihn hindurch. Einmal wurde es sogar offiziell erlaubt, den Inhaftierten Lebensmittel und Kleidungsstücke zu bringen.

Wie man mir später erzählte, haben meine Verwandten und Bekannten, sogar mein Brotherr aus dem Kurhaus, mir Brot, eingekochtes Obst und anderes ins Dorfgasthaus geschickt, wo die Tschechen diese Gaben in Empfang nahmen. Ich habe aber nur ein einziges kleines Paket von meiner Schwester erhalten, darin war etwas Suppengrün, ein halbes Brot und ein winziges Stückchen Speck. Wie mir ist es anderen auch ergangen. Was man nicht direkt in die Hände des Betreffenden legen konnte, durchwühlten die tschechischen Soldaten oder nahmen es ganz weg. Um die Glücklichen jedoch, die ganze Töpfe voll Kartoffelsalat, Majorankartoffeln oder gar Kuchen erhielten, standen ganze Gruppen mit gestielten Augen herum.

Ich muss leider sagen, dass die meisten von uns, mich eingeschlossen, in ihrem Hunger jede Haltung verloren und alles nahmen, was mehr oder weniger freiwillig gegeben wurde. Manchmal brachten die Soldaten auch Lebensmittel mit, die sie irgendwelchen Leuten aus irgendwelchen fadenscheinigen Gründen an der Pforte abgenommen hatten. Sie verteilten diese Dinge wahllos unter uns, das gab natürlich zu verschiedenen Reibereien Anlass. Heute wundert es mich trotzdem, dass nicht noch mehr Streit unter uns war. Erst später, gegen das Ende unserer völlig unberechtigten Inhaftierung, kam so etwas wie ein Tauschhandel auf. Man vertauschte etwa Salz gegen Zucker oder Puddingpulver gegen einen Schlag Essen und dergleichen.

Ich erwähnte vorhin, dass wir völlig unberechtigt inhaftiert worden seien. Das besteht zu Recht, man hatte uns nur deshalb ins Lager Neu Rohlau eingeliefert, weil weder die Russen noch die Amerikaner es erlaubten, uns über die Grenze abzuschieben, bloß weil man unsere Wohnungen haben wollte. Später stellte sich heraus, dass überhaupt niemand für uns verantwortlich sein wollte, weder die Lagerleitung im Besonderen noch die Kriminalpolizei als vorgesetzte Lagerbehörde. Man hatte 189 Menschen einfach aus ihren Wohnungen geworfen in der Annahme, uns in die Gebirgswälder jagen zu können und damit los zu sein.

Die erzwungene Untätigkeit war eine Qual. Wir vertrieben uns die Zeit mit stundenlangem Patiencelegen, wobei die anderen interessiert zusahen. Wir erzählten uns von herrlichen Rezepten und Speisen. Ein paar besonders Geschickte verfertigten ein Windrad und auf einem abgelegenen Fleckchen eine Sonnenuhr, damit wir wenigstens halbwegs wussten, welche Zeit es war. Die Taschenuhren hatte man uns ja schon bei der Ausweisung abgenommen. Viele flüchteten sich auch ins Gebet und hielten richtige Andachten ab.

Es war ein wunderschöner Sommer, wiederholt baten wir darum, in den Wald gehen zu dürfen, um Beeren zu suchen, denn der Vitaminmangel machte sich sehr bemerkbar. Wir boten an, unsere Kinder als Geiseln hier zu lassen – umsonst, nie wurde uns eine diesbezügliche Erlaubnis erteilt.

Die Untätigkeit verführte aber auch zur Gerüchtemacherei. Was wurde uns nicht alles als unumstößliche Wahrheit aufgetischt!

Churchill sei gestorben, Stalin habe ganz Berlin [besetzt] und marschiere weiter, Sudetenland bleibe bei Deutschland, es würde mit Bayern zusammengelegt, man habe schon Briefmarken und Aufschriften gesehen und vieles andere mehr. Das tollste Gerücht gab es jedoch, als der Schlagbaum an der Pforte weggenommen worden war, um frisch gestrichen zu werden. Niemand kam auf diese einfache Lösung! Es hieß, es gäbe Krieg zwischen den Amerikanern und den Tschechen, man wolle diese menschenunwürdige Behandlung nicht mehr dulden und uns befreien. Zufällig hielt an diesem Tag ein amerikanischer Jeep oben an der Pforte, um irgendwelche Auskünfte einzuholen. Das war Wasser auf die Mühlen der Gerüchtemacher! Seht ihr, hieß es triumphierend, das ist der Erste, bald kommen die anderen und jagen die Tschechen weg!

Nein, die Insassen des Jeeps halfen uns ebenso wenig wie die Kommission holländischer Ärzte, die mit eisigen Mienen unter uns herumgingen. Wir starrten sie stumm an, und sie betrachteten uns wie wilde Tiere im zoologischen Garten. Wir durften sie nicht anreden, das war uns vorher eingeschärft worden, und sie fragten nichts, fanden unsere Unterbringung und Behandlung anscheinend vollauf in Ordnung. Wir konnten ihnen ja nicht begreiflich machen, dass wir keine Häftlinge waren, und die Begleitsoldaten hüteten sich, davon zu reden.

Etwa in der Mitte unseres Aufenthaltes hieß es plötzlich: »Alle Männer antreten!« Einige wurden ausgewählt und am nächsten Tag nach Kladno abtransportiert. Das brachte uns wieder das Unsichere, Entrechtete unserer Lage zum Bewusstsein, neue Gedrücktheit breitete sich aus. Wieder einige Tage später durften einige Familien nach Hause. Solche Anordnungen kamen immer plötzlich. Meist waren es Mütter mit Kleinkindern, die das Lager verlassen konnten. Ihr Aufruf und das Wegschicken gingen so schnell vor sich, dass die Frauen die eben zum Trocknen aufgehängten Windeln, so nass wie diese waren, einpacken mussten. Teils beneideten wir sie, teils nicht. Hier hatten wir doch ein Dach über dem Kopf und etwas Essen, wie aber waren die Verhältnisse draußen für die vogelfreien Deutschen?

Nun fehlten schon vierzig Personen von der ehemaligen Belegschaft. Es war Platz geworden, und auch wir, meine Tochter und ich, übersiedelten von der höchsten Bettreihe in den »zweiten Stock«. Die wenigen Hocker bekamen neue Besitzer, die Abgehenden vermachten sie ihren Bekannten, unzählige Namen waren auf ihnen schon eingekratzt oder geschrieben. Ein etwas besserer Zusammenhalt begann sich [unter den Gefangenen] anzubahnen. Eines Tages kam »Herr Direktor« Zaboj höchstpersönlich in die Baracke und erklärte uns, wir würden übermorgen alle entlassen! Eine zage Freude überkam uns, wir wollten diese Nachricht gerne glauben, trauten der Ankündigung aber noch nicht ganz, jedenfalls legten wir uns an diesem Abend etwas beruhigt nieder. Am folgenden Vormittag, Renate lag noch im Bett, die Decke ganz über sich gezogen, ich befand mich im Vorraum zur Latrine, hörte ich Lärm, grobe Beschimpfungen der Posten, Stimmengewirr und Füßegetrappel, dann wurde es totenstill in der Baracke. Ich stürzte aus dem Vorraum hinaus, von der Angst um mein Kind getrieben, rannte zum Bett: Gott sei Dank, sie lag ruhig unter ihrer Decke, aber sonst befand sich kein Mensch im Raum.

Vorsichtig lugte ich aus dem Fensterwinkel, draußen auf dem Vorplatz standen unsere Elendsgenossen in zwei Reihen, stumm ohne Bewegung. Aufrufe, Antworten, Überstellen von einer Reihe in die andere. Ich wusste nicht recht, was ich tun sollte, hier bleiben oder mich noch nachträglich melden? Verzweifelt überlegte ich, was das Beste wäre, da stürzten schon die Ersten aus den Reihen da draußen wieder herein. Die Ausgesuchten mussten sofort packen und sich fertig machen, es sollte so schnell gehen, dass sie nicht einmal mehr zum Essenfassen antreten durften, ihre Fahrt ins Unbekannte also hungrig beginnen sollte.

Wir versuchten zu helfen, indem wir größere Gefäße zum Essenfassen mitnahmen, um den Abgehenden wenigstens ein paar Löffel warme Suppe zu verschaffen. Wie erschlagen waren wir alle von der Wucht dieser Anordnung! Gestern Abend erst hatte Zaboj erklärt, wir würden alle entlassen werden. Heute dagegen wählte man Bergarbeiter aus für Kladno. Andere munkelten von

Abfahrt nach Gottesgab und dann Übergabe an die Russen. Wieder geisterte die Angst vor Sibirien in unseren Herzen. Als die Ausgesuchten endlich marschbereit waren, bemerkten wir, dass einige geschwollene Wangen aufwiesen oder an Arm und Bein lahmten, das waren Andenken an die stets schlagbereiten Posten. Der halbwüchsige Sohn eines bekannten Arztes ging auch ziemlich krumm, ein Soldat stieß ihm das Gewehr in den Rücken, weil er seinen Eltern in der anderen Reihe zugerufen hatte: »Mich haben sie gewählt!« Der Junge brauchte nicht allein zu gehen, Vater und Mutter begleiteten ihn freiwillig. Schwerster Abschied, größte Betrübnis bei den Abgehenden wie bei den Zurückbleibenden, man hatte sich, durch die gleiche Not verbunden, doch schon enger aneinander angeschlossen.

Am folgenden Morgen, wir erwarteten ihn bange, nirgends ein Anzeichen, dass wir Übrigen gleichfalls weggebracht werden sollten. Mittags kam ein Transport von circa sechzig Ausgewiesenen aus Karlsbad, viele Bekannte darunter. Sie berichteten, dass ganz Karlsbad ausgeräumt und ausgeplündert würde. Jeder Tag brachte jetzt neue Transporte, alle Baracken, auch die Häftlingsunterkünfte, waren mit Menschen voll gestopft. Sie hockten auf dem blanken Fußboden, denn für die Letzten gab es nicht einmal ein bisschen Holzwolle mehr. Die Neuankömmlinge erzählten, Churchill sei nicht wiedergewählt worden, sein Nachfolger sei jetzt Attlee, das verzögere die Verhandlungen [über das weitere Schicksal der Sudetendeutschen während der Potsdamer Konferenz der Siegermächte im Juli und August 1945].

Heute wurden wieder dreizehn Frauen die Haare abgeschnitten, weil sie ihren Angehörigen Esspakete gebracht hatten. Durch die Überbelegung mit neuen Insassen traten Reibereien auf, man stritt sich um Tische und Hocker, an einem Tage stritten alle gegen alle. Wir waren eben durch Hunger, Angst und Schreck überreizt. Neue Schauergerüchte tauchten auf, in Karlsbad sollten Standgerichte stattfinden, Kämpfe gab es angeblich zwischen den national gesinnten Tschechen und den Kommunisten. Auch das alte Märchen von »Karlsbad in Neubayern« wurde aufgewärmt, diesmal mit der Versicherung, es hingen schon diesbezügliche Plakate am Bahnhof.

Eines Tages gab es eine kleine Tragikomödie, deren Mittelpunkt [eine] harmlose Verrückte war. Kurz nach dem Essen erklärte sie kategorisch: »Es gefällt mir hier ja ganz gut, aber das Essen ist zu wenig, ich gehe nach Hause!« Unsere Bemühungen, sie davon abzubringen, blieben vergeblich. Sie nahm ihren Mantel und den Fransenschal, an dem sie stundenlang zupfen konnte, ihre Tasche und zog los. Wir gingen bis zum Ende unserer Lagergasse mit, weiter zu gehen war uns verboten, und versuchten, sie nochmals zum Hierbleiben zu überreden. Sie achtete gar nicht auf uns, sondern marschierte weiter. Von den Fenstern und Gassenwinkeln aus beobachteten wir sie, mussten wir doch fürchten, jeder Posten, an dem sie vorbeikäme, würde auf sie schießen. Die Tschechen ließen sie aber ruhig zuwandern, nur als sie an den Stacheldrahtzaun kam und nach einer Türe suchte, legte der Wachsoldat sein Gewehr auf sie an. Da schien ihr etwas zu dämmern, und mit einem höflichen »Bitte, bitte, wenn Sie meinen«, das an den Posten gerichtet war, drehte sie um und trollte sich langsam zurück in die Baracke.

Eines Tages erkrankte eine der Insassinnen an Rotlauf. Ein Frauenarzt, der ebenfalls ausgewiesen werden sollte, behandelte sie mit geretteten Medikamenten, sie genas bald. Die Lagerleitung kümmerte sich in keiner Weise um diese Kranke, noch wurden irgendwelche Absperrmaßnahmen wegen weiterer Ansteckungen getroffen. Hingegen mussten wir alle in den nächsten Tagen achtmal zum [tschechischen] Arzt »wegen Untersuchung«! Was er finden sollte oder wollte, blieb unergründlich, er sah nur in den Hals, betrachtete Arme und Hände, ließ einige Rumpfbeugen machen, und dann schickte er uns weg. Wir erfuhren nie, was es damit auf sich hatte. Es war ganz einfach eine Anordnung, um irgendwelchen Befehlen Genüge zu leisten.

Trotzdem brachte diese Sache viel Unruhe und Aufregung, da der »Afrikaner« hämisch bemerkte, in unserer Abwesenheit würde das gesamte Gepäck nach zurückbehaltenem Geld und Wertsachen durchsucht werden. Wehe dem, der noch solche Dinge in seinem Besitz hätte, fünfundzwanzig Stockprügel und sofortige Einweisung als Häftling seien ihm sicher! Es war aber nur ein Schreckschuss, das ganze Gerede; als wir von der »Untersuchung« zurückkamen, lag alles so, wie wir es verlassen hatten, kein Mensch hatte die Baracke betreten. Das war es ja, was so viel Nerven kostete, diese ewigen Anordnungen, Drohungen, Gerüchte.

In der vierten Woche unseres Aufenthaltes im KZ wurden zwei Arztfamilien ganz plötzlich entlassen, es lag kein ersichtlicher Grund vor und wurde auch keiner angegeben, man wusste nie, woran man war. Neue Gerüchte wurden uns von in Außenarbeit stehenden Häftlingen zugetragen: Die endgültige Grenze solle erst im September gezogen werden!

Neuer Schrecken am frühen Morgen: Achtundvierzig Särge wurden über die Lagergasse getragen. Die Träger unterhielten sich dabei ganz gemütlich und rauchten gemeinschaftlich an einer Zigarette. Wir haben nie erfahren, was es mit diesem Massensterben auf sich hatte, nicht einmal gerüchteweise.

Während der Essensausgabe wurde einem Kriegsverletzten, er hatte nur einen Arm, vom »Fleischer« mit der Essschüssel so lange auf den blutenden Stumpf geschlagen, bis er ohnmächtig zusammenbrach. Allen Prothesenträgern hatte man ihre Stützen fortgenommen, was für die Einbeinigen besonders peinvoll war. Kam einer dieser Unglücklichen einem Befehl nicht schnell genug nach, dann jagten sie den Armen, hüpfend und stürzend, so lange um den Lagerhof, bis er liegen blieb und auch auf Fußtritte nicht mehr reagierte.

Ein junger österreichischer Soldat, mit dem ich manchmal sprach, verschwand plötzlich. Wie ich später hörte, ist er aus nichtiger Ursache erschossen worden. Auch hinter mir schossen sie einmal her, weil ich ihnen nicht schnell genug über den Lagerhof lief. Einmal brachte der Wachposten während der Essensausgabe triumphierend eine ältere halbnackte Frau angeschleppt, die er [zur Sperrstunde] im Waschraum angetroffen hatte. Die Bedauernswerte musste mit einem Handtuch vor der Brust, Arme und Rücken klatschnass, so lange vor dem »Fleischer« knien, bis es diesem genug dünkte und er sie mit dem Fuße fortstieß.

In der letzten Woche unseres Aufenthaltes trat der »Afrikaner« um Mitternacht in unsere Baracke und sagte, wir sollten ihm unser zurückbehaltenes altes Geld geben, man würde uns einen Schein ausstellen, und die Lagerleitung würde dafür sorgen, dass wir es in die neue Währung, die schon am nächsten Tage in Kraft trat, umgewechselt erhalten würden. Das war nun wieder eine schwierige Entscheidung: Vielleicht bekam man sein Geld wieder, vielleicht auch nicht, vielleicht war es nur eine Finte, uns das Geld herauszulocken und dann zu bestrafen, weil ja der Besitz desselben verboten war! Ich riskierte es, und diesmal hielten die Tschechen ihr Wort, wir bekamen tatsächlich für das abgegebene Geld den vollen Betrag in neuer Währung ausbezahlt.

Am 11. August traten einige Posten und der »Afrikaner« in unsere Baracke, lasen einige Namen aus einer Liste vor und bedeuteten den Aufgerufenen, sich sofort fertig zu machen. Wohin? Jeder in seine Heimatstadt! Das war tröstlich zu hören. Wir halfen den Abgehenden beim Packen, wehmütig war uns zumute, nun schrumpfte die Zahl der »Alten« weiter zusammen. Wann würde für uns die Befreiungsstunde schlagen? Dies geschah in viel kürzerer Zeit, als wir erhofft hatten, denn die eben Aufgerufenen wanderten gerade über den Lagerhof, als der »Afrikaner« aufs Neue erschien, einen zweiten Zettel verlas, und da waren auch meine Tochter und ich mit dabei.

In Hast stopften wir unsere Decken und Habseligkeiten zusammen, fürchteten wir doch immer wieder, die Tschechen könnten anderen Sinnes werden und uns wieder dabehalten. Damit hatten wir Unrecht, diesmal ging es ihnen nicht schnell genug, sie stellten sogar einen Leiterwagen für alte und gebrechliche Leute und Kinder zur Verfügung. Meine Tochter wurde mit unserem bisschen Kram und anderen Bündeln und Kindern auf diesen Wagen geschoben, ich lief zu Fuß voraus. Der Weg, den ich nahm, ging durch Felder, die sich in einem sanften Schwung bergabwärts zogen. Ich sah den Wagen immer im gleichen Abstand hinter mir, aber meine Tochter erkannte mich nicht und erlitt einen Weinkrampf, weil sie vermutete, ich sei von den Tschechen zurückbehalten worden. In Poschetzau fanden wir uns vor dem Gemeindehaus wieder zusammen, alle erhielten Quartierzettel und mussten nun im sinkenden Abend auf die Suche nach den zugewiesenen Häusern gehen.

Wir wurden sehr unfreundlich aufgenommen, erhielten nur ein schmales und hartes Lehnsofa für zwei Personen als Nachtlager zugeteilt. Nach zwei Tagen hatte ich diese Qual satt, ging erneut auf die Suche und fand auch bald ein passables Unterkommen. Im Laufe des Jahres, das wir in Poschetzau zubringen mussten, wurden wir noch zweimal aus unseren jeweiligen Wohnungen von Tschechen herausgeworfen, vertrugen uns aber mit allen unseren weiteren Hausleuten sehr gut. Meine Tochter wurde Facharbeiterin in der dortigen Porzellanfabrik, und ich ging als Tagelöhnerin zu den Bauern. Diese gaben mir trotz meiner unzulänglichen Arbeitskraft stets den ausbedungenen Naturallohn, ja darüber hinaus noch Federbetten, Wäsche und anderes.

Am Mittwoch vor den Pfingstfeiertagen 1946 wurden wir endgültig ausgewiesen und ins Lager Neu Sattl verbracht. Wenige Tage später verfrachtete man uns mitsamt dem Gepäck in Viehwaggons. Nach dreitägiger Bahnfahrt trafen wir in Augsburg ein. Am 28. Juni 1946 hatte ich schon eine Anstellung als Dolmetscherin und Karteiführerin beim Regierungsflüchtlingskommissar und bekam daraufhin vom Wohnungsamt ein Zimmer zugewiesen. Damit begannen wir in Augsburg Fuß zu fassen, und wenn wir auch weder das ausgestandene Leid noch die Heimat und die Besitzverluste vergessen konnten, wir sind zufrieden und müssen es wohl sein.

Quelle: Bundesarchiv-Lastenausgleichsarchiv Bayreuth,
Erlebnisberichte zur Dokumentation der Vertreibung der Deutschen
aus Ost-Mittel-Europa, Ost-Dok. 2, Nr. 269, S. 7 ff.,
Angestellte im Fürsorgeamt Elisabeth Gitschner aus Karlsbad,
Wohnort: Augsburg, Datum: 16.3.1957.

»Es kommt eben auch auf das Gesangbuch an«

Gustav Grüner, Ingenieur,
aus Asch/Elstergebirge

Jeder hatte seine Last zu tragen. Die junge Frau rannte jeden Tag nach Neuhausen, um dem aus der Gefangenschaft gekommenen Mann einen Topf Erdäpfelgulasch über den Schlagbaum zu reichen. Die Nachbarin machte sich mittags auf den Weg, um ihrem Vater das Essen ins Tell [das von den Tschechen in Asch errichtete »Internacni Tabor« (Internierungslager)] zu bringen. Die Familie nebenan sorgte sich um die Tochter, die im Herbst [1945] nach Strakonitz gefahren war und immer noch dort sein musste. [Etwa 1000 Jugendliche aus Asch waren von den Tschechen als Erntehelfer rekrutiert worden.] Der Trikotagenwarenfabrikant wusste nicht, wie er mit seinem »Spravce« [einem von den tschechischen Behörden eingesetzten Verwalter] dran war. Ewig fürchtete man eine neue Razzia. Ein Gerücht jagte das andere.

Immer und immer wieder hieß es, dass alle Deutschen aus der Tschechoslowakei ausgewiesen würden. Dabei pfiffen es aber die Spatzen vom Dache: Das ganze Egerland und ganz besonders Asch kommen zu Bayern! Soundso viel Amis haben es gesagt. [Der tschechische Staatspräsident] Benes soll auch erfreut gewesen sein, dass Asch [von den deutschen Truppen] kampflos übergeben wurde. »Das werde ich meinen Aschern nicht vergessen«, ja, das soll er gesagt haben. Unvergessen bleibt [mir] ein alter Pensionist, der alle Gespräche mit der stereotypen Redewendung begann: »Ich how an Herrn troffn …« Der ominöse Herr wusste dieses und jenes, aber stets war es gut für die Ascher.

Und dennoch sorgte man vor! Die dunklen Nächte waren erfüllt von den heißen Wünschen der Männer und Frauen, die nahe

Grenze zu erreichen. Man sorgte vor, und Wäsche, Kleider, Handwerkszeug und gelegentlich auch Textilmaschinen wurden in die bayerischen Grenzdörfer geschafft. Der »Franzl«, ein egerländisch sprechender [tschechischer] Finanzer [Zollbeamter], drückte beide Augen zu, doch andere Tschechen machten sich einen Spaß daraus, die Pascher [Grenzgänger] ob ihrer sauer verdienten »Schmuggelware« zu jagen wie gehetztes Wild. Tragödien spielten sich am Schüsselstein, bei der Hofmanns-Scheune, bei der Knallhütte und überall an der aus tausend Wunden blutenden Grenze ab.

Das Bild wäre unvollständig, wollte man den blühenden Schwarzhandel vergessen. Der Spravce [Treuhänder] vom Türkenschurl verkaufte das Kilo Schweinefleisch für 500 Kronen, der Spravce der Papierhandlung Egelkraut betrieb einen gut gehenden Handel mit Reichsmark. Die Alliierten-Mark war wesentlich teurer, denn sie sollte später nicht abgewertet werden. Für zehn Kronen konnte man beim Friseur Zigaretten kaufen. Juden – wer weiß, woher sie kamen – brachten die Zigaretten an. Ami-Zigaretten waren teurer. Sogar Knoblauch erzielte Phantasiepreise. Manches gute Stück wurde »verhojert«, um das Notwendigste zum Leben zu erhalten. Unter zahlreiche Formulare setzte man die »Vlastnorucni Podpis« [eigenhändige Unterschrift], und voller Angst rief die Frau am Morgen aus: »Jessas, ich ho ma gelwa Bindn vagessn!«

Jener Februartag [1946] unterschied sich durch nichts von den vorhergegangenen. Auch die Nacht versprach ruhig zu werden. Doch da geschah am Abend das Unfassbare. Mit Tränen in den Augen trat die Frau des gegenüber wohnenden Schulrektors ins Zimmer. Stockend berichtete sie, was sie von einem Angestellten des Elektrizitätswerkes gehört hatte. Die Tschechen haben dem WEW [Westböhmischen Elektrizitätswerk] die Adressen [der Deutschen] gemeldet, die ab morgen keinen Strom mehr beziehen werden, da sie zum ersten Ausweisungstransport gehören. Wir sind mit dabei!

Nach Minuten lähmenden Entsetzens erfolgt harter Entschluss. Wir werden noch einmal über die Grenze [nach Bayern] gehen, koste es, was es wolle. In fieberhafter Hast werden zwei Rodelschlitten gepackt. Anzüge, Wäsche, Zeugnisse, etwas Geld, Schmucksachen und Porzellan kommen in die Fuhre. Wir fahren ohne gelbe Binden, mein Vater setzt einen kleinen braunen Hut auf, einen echten Pepitschek-Hut [scherzhaft: Luftikus]. So geht es die Berggasse hinauf und die Ringstraße entlang. Als wir beim Gymnasium ankommen, schlägt es acht Uhr. Die Zeit beginnt also, in der Nemci [Deutsche] zu Hause zu sein haben.

Am Sportplatz des Gymnasiums entlang, vorbei an den Schrebergärten, geht es über die Bahn hinweg. Ja, man könnte diesen Weg [noch heute] zeichnen! Es ist verdammt hell. Der Mond ist hochgekommen, weshalb man die ganze Fläche bis zur Grenze übersehen kann. Außerdem knirscht der steinhart gefrorene Schnee, und dauernd fällt ein Schlitten um. Eigentlich ist es Wahnsinn, was wir machen, wir sind ja kilometerweit zu sehen. Hier stand einmal der Hangar der Segelflieger, und jetzt haben wir den schützenden Bretterzaun des Sportplatzes auf der Prex erreicht. Hierher ging immer unser Spazierweg. Ein Gedanke blitzt durch das Gehirn: Im Weltkrieg ist Benes diesen Weg bis zur Kümmelbüchse gegangen – tempora mutantur!

Rechts neben dem Sportplatz ist ein kleines Fichtenwäldchen. Wir schleichen uns hinein. Wenn nur die Schlitten nicht dauernd umfielen! Aber der Schnee ist eben zu hoch.

Da, was ist das?

Von der Hofmanns-Scheune her kommt eine tschechische Streife. Lautlos sinken wir in den tiefen Schnee und liegen regungslos. Irgendwo knistert ein froststarrer Ast.

Die beiden Tschechen haben etwas gehört. Sie leuchten mit ihren Taschenlampen in das Wäldchen. Gespenstisch fingert der schmale Lichtkegel durch den winterlichen Wald. Jetzt, jetzt müssen sie uns entdeckt haben.

Doch es geschieht nichts.

Die Soldaten hören auf, mit ihrer Lampe herumzufuchteln. Sie beziehen Posten am Ende des Wäldchens – und stecken sich Zigaretten an. Gelegentlich stampfen sie mit den Füßen, denn es ist bitterkalt.

Die Minuten verrinnen wie Ewigkeiten. Da muss sich mein Vater erbrechen. Leise würgt er – der Schnee vor ihm färbt sich dunkel. Ach, wie verkitscht stellt sich mancher Schriftsteller eine solche Flucht vor, und wie grausam ist die Wirklichkeit!

Ich weiß nicht, wie lange wir so lagen. Dann aber geschah das Wunder, die beiden stapften in Richtung Zweck davon. Die Luft war rein.

Mit halberfrorenen Gliedern setzten wir den Marsch fort. Vor Neuhausen wurde es unerträglich. Wir fielen von einer Schneewehe in eine andere. Von Neuhausen ging es nach Reichenbach zu »unserem« Bauern. Längst war es Mitternacht geworden, aber ich musste noch nach Erkersreuth, da dort eine große, verschließbare Holzkiste von uns stand.

Um vier Uhr früh war alles in dieser Kiste verstaut. Todmüde traten wir den Rückweg an. Diesmal begegnete uns keine Streife. Im Morgengrauen waren wir wieder zu Hause.

Aber vor uns waren schon Besucher bei uns gewesen. Zwei Soldaten waren es, die das überbrachten, was uns die Nachbarsfrau schon am Abend vorher mitgeteilt hatte: den Ausweisungsbefehl.

Um elf Uhr sollten wir beim Schützenhaus sein mit dreißig Kilo Gepäck. In fieberhafter Eile wurde gepackt.

Ja, was sollte man mitnehmen?

Hier sei gleich ein Erlebnis eingeblendet, das sich Monate später vollzog. Eine hessische Hausbesitzerin schilderte meiner Mutter die schlechten Verhältnisse einer Familie des Dorfes: »Die sind auch wie Sie nur in Säcken umgezogen.«

Nachbarn und Verwandte kamen, um uns beim Packen zu helfen. Kurz vor elf Uhr traten wir dann den Weg zum Schützenhaus an. Vorher hatten wir die Schreibmaschine noch gründlich ruiniert, und die Mutter hatte die Bibel auf den Tisch gelegt.

Nun standen wir vor der breit ausladenden Treppe des Schützenhauses, mit dem wohl für jeden Ascher frohe Kindheitserlebnisse verknüpft sind. Doch das Schützenhaus hatte sein freundliches Gesicht von einst verloren. Der Saal glich einem aufgewühlten Ameisenhaufen. Vojaci [Soldaten] kontrollierten das Gepäck. Manch wertvolles Stück wechselte hier noch schnell seinen Besitzer. In einem unachtsamen Augenblick schaute ich auf die Uhr, und schon war sie weg, die schöne, goldene Konfirmationsuhr. Wer kontrolliert war, wurde in den hinteren Teil des Saales getrieben. Am frühen Nachmittag ging es dann zum Askonas. [Die Firma Heller & Askonas war das Sammellager der Ausgewiesenen in Asch.] Es war ein langer Zug des Elends und der Verzweiflung. Die Nachricht vom ersten Ausweisungstransport hatte sich wie ein Lauffeuer durch die Stadt verbreitet. Deshalb standen auch viele Ascher auf den Gehsteigen, als wir in der Mitte der Straße, flankiert von Soldaten, den Anger hinaufzogen. Es gab Tränen und viele Zurufe!

In den großen Sälen waren Doppeldeckerbetten aufgestellt. Männlein und Weiblein richteten sich ein, die erste Nacht der Vertreibung zu verbringen. Einzeln musste man ins Büro kommen, wo der »Prepravni listek pro odsunovane«, der »Transportzettel für Umsiedler«, ausgestellt wurde. Die letzte Spalte stellte die entscheidende Frage: »Wünscht gehen nach?« In echter Böhmakelei war dies die große Lüge des grünlichen Zettels. Denn niemand »wünschte« zu gehen, jeder wollte bleiben, wo er das Recht zu bleiben hatte, weil seine Urahnen schon dort waren, als noch niemand an die »Statni tiskarna v Praze« [die »Staatliche Druckerei in Prag«] dachte, die diese Zettel gedruckt hatte.

Auch im Askonas verstummten die Gerüchte nicht. Nun war die große Angst, der Transport könnte in die russisch besetzte Zone geschickt werden. Gelegentlich ließen sich auch Tschechen dazu herab, ein paar Wörter zu sagen, aber sie wussten ja auch nichts. In der Nacht werden wohl die wenigsten auf den harten Strohsäcken geschlafen haben. Der andere Morgen war vor allem damit ausgefüllt, sich entlausen zu lassen. Die Amerikaner hatten den Tschechen ein modernes »powder« gegeben, und hygienisch, wie sie nun mal sind, spritzten sie die Ausgewiesenen auch kräftig ein.

Es war fast eine Erlösung, als es wirklich losging.

Abermals bewegte sich ein langer Zug gequälter Menschen durch die Stadt, die in diesem Augenblick begann, ihre Söhne und Töchter zu verlieren, die begann, ihr Gesicht zu verändern, die zu sterben begann. Zahllose Zurückgebliebene winkten aus den Fenstern, aber es war alles so ruhig, so stumm, so unheimlich.

Es ging den Weg hinunter zum Bayerischen Bahnhof, vorbei am Kriegerdenkmal, an der Vitello-Kiste und an der alten Seifenfabrik, wo wir einst schlanke Segelflugzeuge gebaut hatten.

Da ist der Bahnsteig!

Ich kenne ihn nur zu genau. Vier Jahre lang stieg ich jeden Tag hier ein, um nach Eger zur Schule zu fahren. Aber er ist jetzt verändert. Es scheint, als trüge er schon etwas vom mystischen Grauen des Ostens an sich. Ein langer Zug mit Viehwagen steht auf dem Gleis. Man hat schmale Bretter zu den Türen hinaufgelegt. Schwestern helfen den Alten, in den Wagen zu kommen. Die Viehwagen sind alle mit einem ätzenden Desinfektionsmittel ausgespritzt, so dass auch hier noch manches Kleidungsstück argen Schaden nimmt.

Es beginnt ein langes Warten, und abermals nähert sich eine Nacht. Noch ist eine Frage ungeklärt: die des Geldes. Im Lager Askonas hatte man uns versprochen, jede ausgewiesene Person bekomme 1000 Mark. Es scheint aber so, als wollte man uns um diese lächerliche Entschädigung bringen. Einige Tschechen sagen, das Geld werde erst in Eger ausbezahlt. Das macht wiederum stutzig.

Nach Eger soll es gehen?

Ob sie uns in das Innere Böhmens fahren? Als Arbeitssklaven? Schließlich gibt es doch die 1000 Mark. Dafür müssen wir aber die Sparkassenbücher abgeben.

In der Dunkelheit geht es dann in Richtung Eger, wo wir früh eintreffen. Der Zug hat unterwegs lange gehalten. Da der Viadukt vor Eger zerstört ist, fuhren wir über Tirschnitz.

Wieder vergehen Stunden des Wartens. Schließlich kommt ein gelangweilter amerikanischer Offizier, der einen Kaugummi im Mund hat, und begutachtet alles.

Ein Pfiff der Lokomotive – der Zug setzt sich in Bewegung. Er nimmt nicht, wie befürchtet, seinen Weg in Richtung Pilsen, sondern fährt schnurstracks nach Schirnding. Tschechische Soldaten begleiten ihn. Trotzdem öffnen sich in Bayern die Türen der Viehwagen. Die gelben Armbinden, die Zeichen der Unfreiheit, werden von den Ärmeln gerissen und in hohem Bogen aus dem Zug geworfen. Sie hängen in den Zweigen der Bäume oder liegen im Schnee des Bahndammes. Der Zug fährt weiter, die gelben Binden werden zu kleinen Punkten, bis sie ganz verschwinden.

Wenn die Fahrt durch Dörfer geht, dann winken die Ausgewiesenen zu den Leuten auf der Straße. Gelangweilt winken diese zurück; sie wissen nicht, was geschehen ist. Das Ziel ist Wiesau [in der Oberpfalz]. Langsam fahren wir ein. Auf dem Nachbargleis steht ein Hilfszug des Bayerischen Roten Kreuzes. Die paar tschechischen Soldaten fühlen sich unsicher, als wir auf dem Bahnsteig stehen. Es gibt auch Verpflegung, und man spricht davon, dass es nach Hessen gehen soll.

Wir wollen »zur schönen Sommerszeit ins Land der Franken fahren«, so heißt es im Lied. Doch es war an diesem Märztag des Jahres1946 kein Sommerwetter, und den meisten war die Lust an der Landschaft vergangen. Die Sorge um die ungewisse Zukunft lastete auf jedem, als der Zug durch fränkisches Land fuhr. Es ging nicht sonderlich schnell. Zwischen Würzburg und Aschaffenburg verbrachten wir noch einmal eine Nacht. Am darauf folgenden Morgen standen wir auf dem Bahnhof des zerstörten Aschaffenburg. Einmal hat einer gesagt: »Bayern geht von Aschaffenburg bis Asch.« Wir waren also am Ende Bayerns.

Inzwischen wusste auch jeder, dass Gießen die Endstation des Transportes sein soll. Das Erstaunlichste war für uns alle, dass kein Schnee mehr zu sehen war. Die Sonne strahlte. Es war ein herrlicher Vorfrühlingstag, doch man begriff das alles nicht so recht. Zu schnell waren die Eindrücke der letzten Tage vorübergegangen. Man glaubte sich noch beim Einpacken zu Hause zu sehen, war aber doch längst mit dem Zug über die bayerische Grenze hinweggerollt, hinein in die »goldene Wetterau«.

Es war ein Sonntag. Als der Zug wieder einmal hielt, hörte man die Kirchenglocken. Schließlich hielt er für längere Zeit an dem mäßig zerstörten Bahnhof in Friedberg/Hessen. An sich war diese Stadt das Ziel des ersten Ascher Ausweisungstransportes. Einige Wagen wurden abgehängt und nach Bad Vilbel vor den Toren der Stadt Frankfurt gefahren. Einige Wagen wurden nach Gießen geschickt, ein Teil blieb aber auch in Friedberg.

Gelegentlich fragten uns beim Ausladen sonntägliche Spaziergänger nach unserer Herkunft. Mit dem »Wir kommen von Asch« konnten sie aber nichts anfangen. Dagegen nickten sie verständnisvoll, wenn man dies näher beschrieb: »Ach so, aus der Tschechei.«

Zunächst wartete auf uns ein Lager, eine alte Turnhalle inmitten der Friedberger Altstadt. Es gab wieder die üblichen Betten, zum Teil war aber auch einfach Stroh auf den Fußboden geschüttet. Als wir alle da waren, gingen ein paar Begrüßungsansprachen auf uns nieder. Auch der katholische Pfarrer war gekommen. Den evangelischen Pfarrer besuchten dann einige Ascher Frauen und heilten ihn von dem Irrtum, dass alle Sudetendeutschen katholisch wären. Abends kamen die Halbwüchsigen aus Friedberg an die Fenster, um das Gewühl der sich Auskleidenden zu sehen. Tagsüber erfolgten Personalaufnahmen, Untersuchungen und ähnliche amtliche Dinge. So verging fast eine Woche, bis der Flüchtlingskommissar kam und sagte, dass es endlich so weit sei. Wir wurden aufgeteilt. Er sei davon überzeugt, dass wir es gut haben würden.

Man trennte uns dann fein säuberlich in Katholische und Evangelische. Es war fast ein Vorzeichen für das, was in späteren Jahren noch mancher erleben musste, dass es nämlich auch auf das Gesangbuch ankommt. Die Katholischen kamen nach Dorn-Assenheim, die Evangelischen nach Nieder-Florstadt. Das

Gepäck wurde auf einen Anhänger verladen, der die Straße in Richtung Lauterbach in Oberhessen einschlug.

Die ersten Wochen des Aufenthaltes waren häufig getrübt durch Reibereien mit den »Gastgebern«. Es war schon ein Problem, wenn man im Omnibus mitgenommen werden wollte. Viele sind dann auch in kurzer Zeit wieder weggezogen, nach Bayern, Württemberg oder eben dorthin, wo es Arbeit gab. Ein Rest ist aber geblieben, nicht nur in Nieder-Florstadt und Dorn-Assenheim, sondern in zahlreichen Dörfern zwischen Frankfurt und Gießen im fruchtbaren Oberhessen.

Die Zeit ist nicht stehen geblieben, so wie es damals manchem erscheinen musste. Die Jahre seither sind kurz und doch so unendlich lang. Wer mag erahnen, wie viel persönliches Schicksal sich in dieser Zeit erfüllt hat? Wer mag erahnen, was aus den 1200 geworden ist, die am letzten Februartag des Jahres 1946 ihre dreißig Kilo packen mussten? Nicht klein ist die Zahl der Kreuze auf den Friedhöfen der Wetterau, auf denen steht: »Hier ruht fern der Heimat ...«. Ihnen soll unser Gedenken gehören, wenn der Februartag ins Land kommt, an dem wir die Stadt verloren, der unsere ganze Sehnsucht gehört.

Quelle: Bundesarchiv-Lastenausgleichsarchiv Bayreuth,
Erlebnisberichte zur Dokumentation der Vertreibung der Deutschen
aus Ost-Mittel-Europa, Ost-Dok. 2, Nr. 239, S. 10 ff.,
Ingenieur Gustav Grüner aus Asch,
Wohnort: Korbach, Datum: 24.3.1957.

»Sie gehen am besten dahin zurück, woher Sie gekommen sind«

Dr. Roland Chmelirsch, Arzt,
aus Hodischau/Westböhmen

Mein Name ist Roland Chmelirsch. Ich bin Arzt und wurde am 5. Juli 1921 in Hodischau im Landkreis Mies, wenige Kilometer westlich von Pilsen, geboren. Hodischau gehörte damals zum Regierungsbezirk Karlsbad und war ein rein deutsches Dorf, tschechische Familien lebten dort nicht. Das galt übrigens auch für das Kreisstädtchen Mies. Tschechisch war zwar, neben Deutsch, die Amtssprache, aber selbst die wenigen Tschechen, die dort als Polizisten, bei der Post oder als sonstige Staatsbeamte eingesetzt waren, sprachen ausreichend Deutsch, so dass viele Einwohner ohne Tschechischkenntnisse blieben oder allenfalls ein bisschen »Küchentschechisch« sprachen, also einige kümmerliche Brocken beherrschten, um sich notfalls verständlich machen zu können. Ich lernte allerdings Tschechisch auf dem Gymnasium als erste Fremdsprache und beherrschte es später so gut, dass ich in verschiedenen brenzligen Situationen als Tscheche durchgehen konnte.

Meine Mutter war 1892 zur Welt gekommen, mein Vater 1885. Von Beruf war er Kanzleidirektor, also kaufmännischer Leiter in einem Bergbaubetrieb. Die Mutter war – wie damals meist im bürgerlichen Milieu – nicht berufstätig, sondern kümmerte sich um Haushalt und Familie, zu der noch meine etwas jüngere Schwester zählte. Wir waren, für die damaligen Verhältnisse, recht wohlhabend. Mein Vater verdiente auskömmlich und besaß zwei Häuser; in dem einen wohnten wir, während das zweite vermietet war. Besonderer Luxus indes war zu Hause nicht üblich. Man hatte, was erforderlich war, aber lebte ansonsten eher bescheiden.

Bis zum Abitur 1939 habe ich das Reformrealgymnasium in

Pilsen besucht. Die Unterrichtssprache war Deutsch, denn dieser westliche Teil des Sudetenlandes war ein rein deutsches Sprachgebiet. Tschechische Schüler besuchten diese Schule nicht, sie gingen auf tschechische Gymnasien. Ausdrücklich gemischte deutsch-tschechische Gymnasien gab es nicht. Die Trennung war also schon ziemlich streng. Allerdings wurde auch an einzelnen deutschen Volksschulen Tschechisch gelehrt. Aber es wurde kein besonderer Druck, diese Sprache fließend zu beherrschen, ausgeübt. Sie galt als Fremdsprache wie etwa auch Latein auf dem Gymnasium.

Das Zusammenleben mit den wenigen Tschechen gestaltete sich in unserer Region übrigens reibungslos, jedenfalls bis etwa 1935, als sich die Henlein-Partei immer stärker an die Nationalsozialisten in Deutschland anlehnte und dann auch beträchtlich radikalisierte. Konrad Henlein (1898–1945) forderte am 24. April 1938 als Vorsitzender der Sudetendeutschen Partei, die bereits bei den Wahlen 1935 zwei Drittel aller deutschen Stimmen auf sich vereinigen konnte, die autonome Selbstverwaltung der mehrheitlich von Deutschen bewohnten Gebiete der Tschechoslowakei. Auf der Münchener Konferenz am 29. September 1938 beschlossen die Staats- und Regierungschefs des Deutschen Reiches, Italiens, Großbritanniens und Frankreichs in Abwesenheit tschechoslowakischer Vertreter die Abtretung der deutsch besiedelten Grenzregionen Böhmens, Mährens und Schlesiens an Deutschland. Am 1. Oktober 1938 marschierten deutsche Truppen in das Sudetenland ein und besetzten am 15. März 1939 nach der Unabhängigkeitserklärung der Slowakei die Rest-Tschechei. Eine halbe Million tschechische Polizisten, Verwaltungsbeamte und Funktionäre der nationalistischen tschechischen Grenzlandbewegung floh mit ihren Angehörigen bereits im Winter 1938/39 aus Furcht vor der Henlein-Bewegung in das noch unbesetzte Landesinnere. Henlein wurde wegen seiner hitlerhörigen Politik am 1. Mai 1939 zum »Reichsstatthalter« des Sudetenlandes ernannt und blieb in dieser Funktion »Gauleiter« bis zum Kriegsende. Am 10. Mai 1945 beging der SS-Obergruppenführer in amerikanischer Gefangenschaft in der ehemaligen Flakkaserne in Pilsen Selbstmord.

Während der Zeit der Besatzung wurden tschechische Familien aus dem Sudetenland entschädigungslos ausgewiesen und Hunderttausende zur Zwangsarbeit verpflichtet. Rund 120 000 tschechische und slowakische Juden wurden in den Konzentrationslagern ermordet, etliche Tausend Tschechoslowaken büßten ihr Leben als Widerstandskämpfer ein.

Vor 1935 gab es bei uns keine Auseinandersetzungen zwischen Deutschen und Tschechen. Wenn ich bei einer Behörde mit meinem Tschechisch nicht weiterkam, dann hat der Beamte versucht, mir auf Deutsch zu helfen. Das Klima war nicht vergiftet. Es war natürlich aus historischen Gründen angespannt. Schließlich gehörte die Tschechoslowakei bis 1918 zur k.u.k. Monarchie, und die Tschechen fühlten sich damals in ihren nationalen Rechten, in ihrem Streben nach Unabhängigkeit, beeinträchtigt. Aber das Land war nach dem Ersten Weltkrieg doch ein Vielvölkerstaat geworden, mit erheblichen deutschen, slowakischen und ungarischen Minderheiten. Die Tschechen stellten nur relativ die Mehrheit. Da musste jede Seite Zugeständnisse machen. Sonst wäre dieser Staat noch sehr viel früher auseinander gebrochen.

Zu Konfrontationen kam es zwischen Deutschen und Tschechen erst seit 1933, nach der Machtübernahme der Nazis im Reich. Dann radikalisierten sich die Anhänger von Henlein, aber auch die Tschechen verschärften ihren antideutschen Kurs. Eltern, die ihre Kinder auf tschechische Schulen schickten, wurden Versprechungen gemacht, was deren berufliche Chancen anging. Außerdem wurden im Sudetenland staatliche Stellen mehr und mehr von Tschechen besetzt. Bei der Polizei, der Justiz und beim Militär waren alle führenden Stellen von Tschechen eingenommen.

Deutsche konnten im Handel, im Gewerbe, in der freien Wirtschaft erfolgreich sein, der Staatsdienst blieb ihnen weithin verschlossen. Und in den dreißiger Jahren nahm ihre Ausgrenzung noch erheblich zu. Man darf ja nicht das Größenverhältnis der beiden Länder übersehen: Je stärker sich die Henlein-Leute an Hitler orientierten, umso mehr fürchteten die Tschechen, ihre staatliche Unabhängigkeit erneut zu verlieren. Die Konfrontation nahm zu, die Deutschen wollten am Ende mehrheitlich »heim ins Reich«.

In den deutschsprachigen Teilen des Sudetenlandes verkehrten Deutsche und Tschechen kaum miteinander. Ich hatte keine tschechischen Mitschüler und infolgedessen auch keine tschechischen Freunde. Beide Seiten hielten sich getrennt. Das galt für den Sport, für das Vereinswesen insgesamt, aber eben auch für die Politik. Neben der Henlein-Partei gab es ja auch Sozialdemokraten oder Kommunisten unter den Sudetendeutschen. Jedoch selbst die hatten ihre eigenen Ortsgruppen und hielten auf Abstand zu den Tschechen.

So verschärften sich allmählich die Spannungen, und am Ende wollten nur noch die Tschechen diesen Staat wirklich erhalten. Trotzdem muss ich feststellen, dass nach meinen Beobachtungen den Tschechen in der Zeit der deutschen Besatzung nicht annähernd so übel mitgespielt wurde wie uns Sudetendeutschen dann nach dem Krieg: Über drei Millionen wurden aus ihrer Heimat vertrieben, Zehntausende verloren dabei ihr Leben.

Allein während des Aufstands gegen die deutsche Besatzung in Prag am 5. Mai 1945 sind nach wissenschaftlichen Untersuchungen annähernd 20 000 Deutsche bei pogromartigen Racheaktionen umgebracht worden. In Aussig an der Elbe wurden am 31. Juli 1945 bei ähnlichen Unruhen etwa 2000 Deutsche ermordet. Und der »Brünner Todesmarsch«, die Austreibung der deutschen Bevölkerung aus Brünn in Richtung der österreichischen Grenze am 31. Mai 1945, forderte zwischen 6000 und 9000 Todesopfer. Hinzu kommen die Toten während der so genannten »wilden Vertreibungen«, die bis zur Potsdamer Konferenz im August 1945 andauerten.

Im Wintersemester 1939 habe ich mein Medizinstudium in Wien begonnen, wurde allerdings bereits im Januar 1940 zur Wehrmacht einberufen. Es war also keine Freiwilligenmeldung von mir. Aber natürlich war uns Sudetendeutschen auf der anderen Seite klar, dass wir in diesem Krieg so wenig wie die Österreicher abseits stehen konnten. Ich meldete mich daher für die Reserveoffizierslaufbahn bei der Luftwaffe und habe auch einen Teil der fliegerischen Ausbildung absolviert. Um den Jahreswechsel 1941/42 wurde ich wegen einer verletzungsbedingten Brustfellentzündung von der Fliegerei abgelöst. Ich war fliegeruntauglich geworden und kam zurück zum Ersatztruppenteil nach Wien. Dort wurde ich der Reserve zugeteilt und war Adjutant beim dortigen Luftgaukommandeur.

Gesprächsweise erfuhr ich dann, dass Studenten, die ihr Medizinstudium bereits begonnen hatten, die Möglichkeit erhielten, dieses fortzusetzen. Davon habe ich Gebrauch gemacht und schrieb mich zum Sommersemester 1942 an der medizinischen Fakultät in Prag ein. Vor 1938 gab es in der Hauptstadt sowohl eine deutsche wie eine tschechische Universität. Die tschechische wurde nach Einrichtung des »Reichsprotektorats Böhmen und Mähren« 1939 geschlossen. Es blieb also lediglich die deutsche Universität übrig, die von ihrem Lehrkörper her zumindest in der medizinischen Fakultät einen sehr guten Ruf hatte. Tschechische Studenten konnten dort jedoch seit 1939 nicht mehr studieren. Sofern sie überhaupt eine Zulassung bekamen, mussten sie zum Studium an eine Universität ins Reich gehen.

Die Mehrheit der Kommilitonen an der Prager Universität waren kriegsbedingt Frauen. Die männlichen Studenten waren entweder Verwundete oder, wie ich, nach dem Fronteinsatz für das Studium freigestellte Soldaten und Offiziere. Im Oktober 1944 habe ich nach Abschluss meiner klinischen Fächer ohne reguläre Prüfung ein Notexamen abgelegt. Nicht nur Soldaten, sondern auch Ärzte wurden während der erbitterten Kämpfe in den letzten Kriegsmonaten dringend gebraucht. Bis zum Kriegsende arbeitete ich als Truppenarzt bei einer motorisierten Sanitätskolonne im Westen. Unsere Aufgabe war es, die Verwundeten aus dem Kampfgebiet herauszuholen und so schnell wie möglich medizinisch zu versorgen. Die Kapitulation im Mai 1945 erlebte ich in Seeshaupt an der Südspitze des Starnberger Sees.

Im Lazarett ließ ich mir dort eine Entlassung aus der Wehrmacht als Verwundeter geben, das heißt, ich gab mir diese Bescheinigung selbst und machte mich zu Fuß auf den Heimweg, weil ich meine Familie ja noch in Hodischau wusste. Tatsächlich konnte ich verschiedene amerikanische Kontrollen anstandslos passieren und traf Ende Mai 1945 wieder zu Hause ein. Damals ging das Gerücht um, die überwiegend oder ausschließlich deutschen Teile des Sudetenlandes würden zu Deutschland geschlagen, so dass also die Heimkehr auch abgesehen von der Sehnsucht nach meiner Familie und meiner Freundin nahe lag. Andernfalls wäre es ja klüger gewesen, am Starnberger See zu bleiben und die Familie dorthin zu holen.

Für den Rückmarsch brauchte ich ungefähr zehn Tage, wobei ich die letzten fünfzig Kilometer von der Grenze bei Furth im Wald bis zu uns nach Hodischau nachts zurücklegte, um möglichen Kontrollen durch Tschechen aus dem Weg zu gehen. Ende Mai kam ich dann eines Morgens in aller Frühe zu Hause an. Meine Mutter weinte, weil sie fürchtete, dass mir Schlimmes bevorstand, und das trat dann auch tatsächlich ein.

Ich musste mich bei den tschechischen Behörden anmelden und bin bei dieser Gelegenheit sofort verhaftet und schwer misshandelt worden. Der Grund dafür? Es gab keinen Grund außer dem, dass ich Deutscher war, dass ich bei der Wehrmacht gedient hatte, dass ich Akademiker war oder was auch immer. Jedenfalls sind mir nie irgendwelche Vergehen oder Verbrechen vorgehalten worden.

Ich war Mitglied in keiner Partei, weder in der Sudetendeutschen von Henlein noch bei den Nazis. Dennoch wurde ich zusammengeschlagen und in das nahe gelegene frühere Gerichtsgefängnis von Staab eingesperrt. Was sich dort und in späteren Gefängnissen und Lagern an Brutalitäten abgespielt hat, ist nicht zu beschreiben.

Einige Gefangene begingen Selbstmord, andere wurden zu Tode geprügelt, alle anderen lebten in der beständigen Furcht, es könnte ihnen in jedem Augenblick ähnlich Schreckliches geschehen. Keiner wurde angeklagt oder vor Gericht gestellt. Es gab keine Möglichkeit, sich bei höherer Stelle Gehör zu verschaffen.

Jeder war den Milizionären, die sich Ordnungsfunktionen anmaßten, vollkommen ausgeliefert. Und diese »Revolutionsgarde«, so nannten sich diese Schläger, wurde in ihrem Tun durch die Dekrete des Staatspräsidenten Eduard Benes auch noch ermuntert und gedeckt.

Eduard Benes (1884–1948) wurde bereits in der ersten tschechoslowakischen Regierung unter Präsident Thomas Masaryk im Oktober 1918 Außenminister. Im Dezember 1935 wurde er zum Staatspräsidenten gewählt, trat aber am 5. Oktober 1938 nach der deutschen Besetzung des Sudetenlandes zurück und emigrierte zunächst in die USA. In Großbritannien bildete er eine Exilregierung, die nach Beginn des Zweiten Weltkrieges von der Anti-Hitler-Koalition als »provisorische Regierung« anerkannt wurde. Am 25. Mai 1945 kehrte Benes nach Prag zurück und wurde am 19. Juni 1946 als Staatspräsident wiedergewählt. Dem zunehmenden kommunistischen Druck, ein »volksdemokratisches« System einzuführen und eine entsprechende Verfassung zu verabschieden, konnte Benes nicht standhalten. Er verweigerte am 7. Juni 1948 die Unterzeichnung der »Verfassung vom 9. Mai« und trat zurück.

Sein Nachfolger wurde der Kommunist Klement Gottwald. In den bis heute umstrittenen Dekreten, deren Rechtsgültigkeit von tschechischer Seite unverändert behauptet wird, verfügte Benes am 19. Juni 1945 etwa die Strafbarkeit jeder Handlung, die zwischen dem 21. Mai 1938 und dem Kriegsende »die Interessen der Tschechoslowakischen Republik bewusst schädigte«. Am 21. Juni 1945 ordnete er die Beschlagnahme der deutschen Vermögen an und sprach in einem Gesetz vom 8. Mai 1946 die generelle Straffreiheit für Handlungen aus, die in der Zeit zwischen dem 30. September 1938 und dem 28. Oktober 1945 »eine gerechte Vergeltung für Taten der Okkupanten oder ihrer Helfershelfer zum Ziele hatten«.

Deutsche waren in jeglicher Hinsicht Freiwild. Die Rache für die Jahre der Besatzung schlug wahllos auf jeden Sudetendeutschen blutig zurück. Es spielte keine Rolle, wie er sich in dieser

Zeit verhalten hatte. So wurden meine Eltern aus ihrem Haus vertrieben und mussten mit einer Armutsklause vorlieb nehmen, obwohl sich mein Vater während der Kriegszeit in seinem Betrieb gegenüber den tschechischen Arbeitern so tadellos verhalten hatte, dass ihm danach deswegen keinerlei Vorwürfe gemacht worden sind. Aber immerhin: Geschlagen wurden meine Eltern nicht, nur bis aufs Letzte ausgeplündert. Sie wussten, dass sie in ihrer Heimat keine Zukunft mehr hatten, und warteten, ohne Besitz, ohne Vermögen, auf ihre Aussiedlung, die dann im Frühjahr 1946 mit einem Transport im Viehwaggon erfolgte. Meine zwei Jahre jüngere Schwester, die Wehrmachtshelferin gewesen war, wurde nach ihrer Rückkehr in Hodischau wie alle übrigen arbeitsfähigen jungen Deutschen auf dem Meierhof zur landwirtschaftlichen Zwangsarbeit eingesetzt.

Ich blieb zunächst im Gefängnis, ohne jede Begründung. Ich denke, weil ich Akademiker war. Der Hass der Tschechen auf diese Menschen blieb mir zwar unverständlich, aber er war offenkundig. Mal wurden Ärzte, mal Juristen, mal Lehrer zusammengetrieben, alle wurden unbeschreiblich misshandelt. Die meisten Ärzte haben sich in der Haft umgebracht. Es gab keine Vernehmungen durch Polizeibeamte, Staatsanwälte oder Richter – wir wurden ganz einfach und ohne jede Erklärung eingesperrt, verprügelt und ausgehungert. Erst als die Amerikaner einen Arzt für ihr Flüchtlingslager suchten, in dem Reichsdeutsche auf ihre Abschiebung warten mussten, und nachdem ich mich auf diesen Aufruf gemeldet hatte, wurde ich zum ersten Mal von einem tschechischen Juristen befragt. Er kam zu dem Ergebnis, dass gegen mich nichts vorlag, und gab mich infolgedessen Ende September 1945 für die Amerikaner frei.

Die Reichsdeutschen in diesem von Amerikanern überwachten Lager wurden nach und nach auf Lastwagen zur Grenze abtransportiert, so dass die Tschechen dieses Lager mit Sudetendeutschen füllen konnten und es in ein KZ, ein Konzentrationslager, verwandelten und es seltsamerweise auch genau so bezeichnet haben: »Koncentracni tabor«. Den deutschen Begriff Konzentrationslager kannte ich lange nicht. Erst kurz vor Kriegsende habe ich davon erfahren, als ich mit meiner Sanitätskolonne auf erkennbar schwache und kranke Männer in gestreiften Anzügen stieß. Ich fragte meinen Fahrer, ob dort ein Lazarett sei, zu dem diese Männer als Patienten gehörten, und da fragte er mich, ob ich denn nicht wisse, was das für Männer seien, die kämen aus einem KZ.

Das war mir neu, davon hatte ich bislang nichts gehört. Vielleicht wussten Reichsdeutsche mehr davon, denn im so genannten Reichsprotektorat gab es als einziges KZ die Festung Theresienstadt nördlich von Prag, am Zusammenfluss von Eger und Elbe, wo tschechische Juden vor ihrer Deportierung in den Osten eingesperrt wurden. Da ich aber mit Juden keinerlei Verbindung hatte, blieb mir das unbekannt. Natürlich wussten wir, dass Juden ihren Besitz aufgeben mussten und später auch abtransportiert wurden. Aber das Ziel dieser Transporte und ihr weiteres Schicksal waren jedenfalls mir nicht bekannt.

Direkt in Kontakt kam ich mit KZ-Häftlingen unmittelbar nach Kriegsende in Seeshaupt, als das dortige Militärlazarett in ein Lazarett für ehemalige Gefangene des KZ Dachau umgewandelt wurde. Diese Menschen waren nach der Räumung des Konzentrationslagers – die wegen der anmarschierenden Amerikaner erfolgte – in Waggons verladen und in Richtung Alpen gebracht worden. Bei der Kapitulation wurden diese Waggons in Oberbayern einfach abgehängt und die Menschen ihrem Elend überlassen. Dort haben wir sie übernommen und im Lazarett versorgt.

Aus den Gesprächen mit diesen Menschen wurde mir klar, was KZ über die Gefangenschaft hinaus bedeutet hat: Hunger, Misshandlung, Krankheit, Seuchen und Tod. Und genau das haben wir in den tschechischen KZs auch erfahren – mit einem Unterschied: Vergast haben die Tschechen niemanden. Sie haben die Leute erschossen, oder sie haben sie erschlagen.

Sicherlich hätte ich mich im Lager unter die Reichsdeutschen einreihen können und wäre dann auch mit diesen abgeschoben worden. Aber irgendwie habe ich da den Anschluss verpasst und bin geblieben, vielleicht auch aus Rücksicht auf meine Familie, die ja immer noch in Hodischau in beschwerlichsten Verhältnissen lebte, im Grunde genommen ja nur vegetierte.

Allerdings konnte ich mit einem amerikanischen Armeepfarrer Kontakt halten. Er hat mich zum Jahresende 1945, als ich keine ärztliche Hilfe mehr leisten konnte, weil nun auch die Sudetendeutschen nach Bayern ausgewiesen oder aber in das Innere der Tschechei verlegt wurden, aus dem Lager herausgeschmuggelt. Er ließ mich durch die amerikanische Militärpolizei aus dem Lager herausholen, als ginge es zu einem Verhör, und zu seinem Haus bringen. Dann holten die Amerikaner meine Schwester bei meinen Eltern ab. Ein oder zwei Tage versteckte uns der Pfarrer bei sich, lud uns dann in einen Jeep und brachte uns beide bei Furth im Wald über die Grenze. Diese Fahrt war gefährlich, aber wir hofften, dass es die Tschechen nicht wagen würden, ein amerikanisches Militärfahrzeug anzuhalten und zu durchsuchen.

Dieser Pfarrer hat mir und auch anderen geholfen, bei denen er überzeugt war, dass sie zu Unrecht gequält wurden. Zum Beispiel gab es einen Beinamputierten, dem die Tschechen übel mitgespielt haben. Auch ihn hat er über die Grenze gebracht, wie mir erzählt wurde. Diesem amerikanischen Pfarrer verdanke ich wohl mein Leben. Ob ich das Lager ohne seine Hilfe überstanden hätte, ist äußerst ungewiss. Leider habe ich mich später bei ihm für seine Hilfe nicht bedanken können. Seine Anschrift habe ich in dem ganzen Durcheinander der Flucht verloren. Mein Versuch, über die US-Armee wieder Verbindung mit ihm aufzunehmen, schlug fehl. Wahrscheinlich ist er bald nach seiner mutigen Hilfeleistung für mich aus dem Militärdienst entlassen worden und in seine Heimat zurückgekehrt. Und natürlich hatten amerikanische Dienststellen anderes zu tun, als einen ehemaligen Armeepfarrer zu suchen, nur um einem Deutschen einen Gefallen zu tun.

Der Armeepfarrer hatte mir bescheinigt, dass ich in dem Konzentrationslager als Arzt gearbeitet habe, so dass ich wenigstens über ein Empfehlungsschreiben oder über den Anschein von amtlichen Papieren verfügte. Denn irgendwelche Dokumente hatte ich im Lager ja nicht bei mir und wollte sie aus Sorge vor einer Kontrolle auch von meinen Eltern nicht mitnehmen.

In dem Abschiebelager der Reichsdeutschen hatte ich einen Röntgenologen kennen gelernt, der mir empfahl, ich solle nach Erlangen gehen, wenn ich es denn schaffen würde, nach Bayern ausgesiedelt zu werden. Erlangen nämlich war im Krieg kaum zerstört worden, hatte eine Universität und bot damit gute Voraussetzungen für den Neuanfang. Doch ich hatte, als ich mich in Furth im Wald bei den deutschen Behörden meldete, weder eine Arbeitserlaubnis noch eine Zuzugsgenehmigung für Erlangen. Deshalb war der erste Ratschlag, den mir ein bayerischer Beamter dort erteilte, nachdem ich kaum mit dem Leben davongekommen war: »Sie gehen am besten dahin zurück, woher Sie gekommen sind.«

Die bürokratischen Hemmnisse und auch die Gefühllosigkeit dieser Leute waren unglaublich. Jeder, der an den Grenzübergängen ankam, hatte Schrecklichstes erlebt und mit knapper Not überstanden und musste sich dann Prozeduren unterziehen, die an Kaltherzigkeit nicht zu überbieten waren. Meine Schwester und ich entzogen uns jedenfalls diesem Verfahren und machten uns auf eigene Faust auf den Weg. Von Erlangen hatte ich allerdings keinerlei Vorstellungen. Ich kannte dort niemanden. Anfang 1946 trafen wir in Erlangen ein, und die Stadt war tatsächlich unzerstört. Es hatte in den letzten Kriegstagen nur wenige Gefechte gegeben. Allerdings hatte die SS den Wehrmachtskommandanten noch im letzten Augenblick erschossen, weil er die Stadt kampflos den Amerikanern übergeben wollte.

Nach unserer Ankunft mussten wir uns anmelden. Wir erhielten keine Zuzugsgenehmigung, sondern eine Aufenthaltserlaubnis für jeweils fünf Tage, die ständig zu erneuern war. Als Unterschlupf bekamen wir zwei Plätze in einem Barackenlager zugewiesen. Wir hatten nichts bei uns als das, was wir auf dem Leibe trugen, und ein bisschen kleines Gepäck. Ich trug den Anzug eines Mannes aus dem Lager, der sich aufgehängt und den man nach seinem Selbstmord entkleidet hatte.

Auf Verständnis oder Hilfsbereitschaft haben wir zwar gehofft, aber das war vergeblich. Wir standen außen vor. Jeder hat sich um sein eigenes Überleben gekümmert. Und obwohl es den Erlangern trotz aller Klagen doch sehr viel besser gegangen ist als uns, haben uns nur wenige unterstützt. Eine Wohnung zu finden war praktisch unmöglich. Irgendwann fand ich ein Zimmerchen bei einem Arzt, und das wäre ja schon eine große Verbesserung gegenüber dem Massenlager in den Baracken gewesen. Doch auch dieses Zimmer wurde nicht an uns vermietet, weil es dem Vermieter unzulässig erschien, dass Bruder und Schwester gemeinsam in einem Raum untergebracht waren.

Das Unverständnis der Erlanger, was unsere Lage anging, war nicht zu übertreffen. Es war eine bittere Zeit. Die Abwehr der Erlanger war kein böser Wille, denke ich. Sie fühlten sich von uns Flüchtlingen und Vertriebenen, die in die Stadt hereinkamen, in ihrem Eigenen bedroht und von der Situation überfordert. Daher reagierten sie mit Misstrauen und Unduldsamkeit. Das ist jetzt nachträglich der Versuch einer Erklärung, aber verstanden haben wir damals diese Haltung nicht. Denn für den Krieg trugen wir Sudetendeutschen sicherlich am wenigsten Verantwortung. Umso bedrückender war dann für uns, dass wir den Eindruck gewinnen mussten, wir hätten ihn allein verloren und müssten auch allein für ihn büßen, nicht nur mit dem Verlust der Heimat, dem Schrecken in den Lagern, sondern auch durch die sehr viel schlechteren Startbedingungen.

Zunächst waren die Amerikaner in die Stadt gekommen und hatten Villen und Häuser für eigene Zwecke beschlagnahmt. Und danach kamen wir und brauchten Unterkünfte und waren damit so etwas Ähnliches wie die zweite Besatzungswelle. In einer Stadt, die vom Krieg stärker in Mitleidenschaft gezogen worden war als Erlangen, wären wir vielleicht auf mehr Verständnis gestoßen, weil die Menschen Not hautnaher miterlebt und dann mit mehr Hilfsbereitschaft auf andere in gleicher Notlage reagiert hätten. Aber das kann natürlich auch eine Täuschung sein. Da haben sich Bürger im Gespräch mit uns bitter darüber beklagt, dass ihnen Amerikaner das Silberbesteck weggenommen hatten.

Wir hatten überhaupt nichts mehr und konnten über solche Beschwerden nur den Kopf schütteln.

Nach der Ankunft in Erlangen erhielten wir Bezugsscheine wie alle anderen, denn außer auf dem Schwarzmarkt waren ja keine Waren oder Lebensmittel frei zu kaufen. Immerhin bekamen wir noch zusätzlich eine Tagesunterstützung in Höhe von fünf Mark. Aber das reichte nicht annähernd aus, zumal wir keinen Garten oder Verwandte auf dem Land hatten, die uns mit Obst und Gemüse, mit Eiern oder mit einem Stück Fleisch unterstützt hätten. Ich musste also so schnell wie möglich eine Arbeit suchen, damit wir uns das Notwendigste kaufen konnten.

In meinem Beruf als Arzt hatte ich keine Chance, weil mein Kriegsexamen nicht anerkannt wurde. Ich konnte mich auch nicht an der Universität einschreiben, um ein reguläres Examen nachzuholen, weil sie ihren Betrieb noch nicht wieder aufgenommen hatte. Freie Stellen bei deutschen Unternehmen gab es auch kaum oder doch jedenfalls nicht für uns Vertriebene. Wer eine Arbeit zu vergeben hatte, bevorzugte Einheimische, die er kannte oder die ihm näher standen als wir Fremden, die abgerissen nach Erlangen gekommen waren.

Bei den Amerikanern hatte ich schließlich Glück und wurde als Monteur in einer Werkstatt eingestellt, obwohl ich in diesem Beruf nie gearbeitet hatte. Nach einiger Zeit konnte ich dann in das amerikanische Lazarett wechseln, aber eben auch nicht im medizinischen Bereich, sondern als Koch. Das heißt, die Amerikaner haben mir mehr geholfen als die Deutschen.

Dank dem kleinen Verdienst bei den Amerikanern konnte ich nach und nach das Notwendigste kaufen. Und nachdem auch meine Schwester bei den Amerikanern im Kasino eine Stelle als Serviererin gefunden hatte, konnten wir uns schlecht und recht über Wasser halten. Am Ende fanden wir bei einer verständnisvollen Frau, deren Mann im Krieg gefallen war, ein Zimmerchen in der Wohnung, so dass wir das Barackenlager verlassen konnten. Da waren wir überglücklich.

Papiere hatte ich überhaupt keine bei mir, außer der Registratur aus Furth im Wald und der Meldebestätigung in Erlangen, die auf meinen eigenen Angaben beruhten. Das reichte auf Dauer natürlich nicht. Also bin ich Anfang des Jahres 1946 zurück zu meinen Eltern. Außerdem wollte ich meine Freundin nachholen, die sich meiner Flucht nicht angeschlossen hatte, weil sie ihren Eltern beistehen wollte.

Damit sie aus der Tschechei ausreisen konnte, brauchte sie eine Zuzugsgenehmigung im Westen. Die habe ich für Erlangen nicht bekommen. Deshalb versuchte ich es im nahegelegenen Marloffstein, und dort stellte mir der Bürgermeister ein solches Papier gegen das Versprechen aus, dass wir davon nie Gebrauch machen würden. Mit dieser Bescheinigung machte ich mich über die »grüne Grenze« auf den Weg nach Karlsbad.

Nach der Grenze bestieg ich einen Zug, der für Deutsche verboten war. Das gelang mir, weil ich so gut Tschechisch sprach, dass ich nicht auffiel. Mit dieser Bescheinigung bekam ich in Karlsbad tatsächlich die Ausreisegenehmigung für meine spätere Frau. Die Eltern gaben mir meine Dokumente, wollten selbst aber noch im Land bleiben, so dass ich mit meiner Verlobten, wenn man so will, nach Erlangen zurückkehrte, wo wir dann zu dritt in unserem kleinen Zimmer unterkamen.

Mit dem Sommersemester 1946 nahm die Universität in Erlangen ihren Betrieb wieder auf. Im Zuge der Entnazifizierung waren viele Ärzte aus ihren Stellungen entlassen worden. Es gab also einen großen Bedarf an Medizinern, so dass ich davon ausgehen konnte, nach einem weiteren Prüfungssemester das reguläre Examen ablegen zu können und danach auch eine Arbeit in meinem Beruf zu finden. Natürlich war es nach dem, was ich erlebt hatte, nicht ganz einfach, wieder als Student an die Universität zurückzukehren. Aber da wir nichts in Händen hielten, war unser Wille, erneut in geordneten Verhältnissen zu leben, umso stärker. Wir wollten aufbauen, wir wollten etwas leisten, weil wir nichts hatten, worauf wir uns hätten ausruhen können. Niemand hat uns unterstützt. Was wir uns nicht selbst erarbeitet haben, hatten wir nicht.

Zu meiner Prüfungsgruppe gehörten ein Schlesier aus Breslau und ein ehemaliger Fallschirmjäger, die in der gleichen Situation waren wie ich. Studienunterlagen oder private Lehrbücher hatten wir keine, daher waren wir auf die Bestände der Universitätsbibliothek angewiesen, die Gott sei Dank nicht zerstört war. So konnten wir uns einigermaßen vorbereiten. Aber auch die Professoren nahmen auf uns insofern etwas Rücksicht, als sie in ihren Fragen weniger auf ihre eigenen Forschungsschwerpunkte abhoben, die wir ja nicht kannten, sondern vor allem jene Gebiete prüften, die uns als Militärärzten eher vertraut waren. Im Wintersemester 1946 legten wir unsere Prüfung ab und erhielten unsere Approbation zum Jahreswechsel 1946/47.

Im Anschluss daran eine bezahlte Planstelle zu bekommen war praktisch unmöglich. Was uns angeboten wurde, das war eine Weiterbildung als Volontärassistent, das hieß volle Arbeit ohne Gehalt. Wovon wir leben sollten, war den Klinikleitungen egal. Als Lohn gab es ab und zu ein Mittagessen. Beschäftigungslose junge Ärzte gab es genug, die auf freie Stelle warteten und darauf auch dringend angewiesen waren. Lehnte der eine das Angebot ab, unbezahlt bei voller Verantwortung eingesetzt zu werden, übernahm der nächste diese Position sofort.

Ich weiß nicht mehr, wie lange ich für Gotteslohn gearbeitet habe. Da ich keine Unterstützung durch die Familie bekommen konnte, klappte es am Ende mit der Weiterbildung nur, weil ich zusätzlich in einem Unternehmen stundenweise als Werksarzt arbeiten konnte. Ich hatte also vormittags den normalen Klinikdienst, in der Mittagspause bis fünfzehn Uhr war ich in der Firma, und danach bin ich bis in die späten Abendstunden in die Klinik zurückgekehrt.

Zusätzlich habe ich am Wochenende, wenn ich in der Klinik keinen Dienst hatte, Landärzte vertreten. Das brachte neben dem Lohn auch immer mal wieder Naturalien ein, wenn ich Bauern behandelt habe, die nicht versichert waren. Dann gab es ein paar Eier und Milch oder Brot oder auch mal ein Stück Fleisch. Aber die Bezahlung insgesamt war doch so knapp, dass ich mich eben nur über Wasser halten konnte. An irgendwelchen Luxus war nicht zu denken.

Diese Situation war deshalb besonders schwierig, weil inzwischen auch unsere Kinder zur Welt gekommen waren, der Sohn bereits 1946 und die Tochter 1947. In dieser Zeit konnten wir uns nur gerade eben durchschlagen. Zwar bekamen wir von der Stadt auf unseren Flüchtlingsausweis Bezugsscheine, weil wir ja mit nichts als dem, was wir auf dem Leibe trugen, nach Erlangen gekommen waren. Aber der Bezugsschein half nur dann weiter, wenn wir erstens das Geld hatten, um die uns genehmigten Dinge zu kaufen, und zweitens einen Kaufmann fanden, der auch bereit war, seine Ware gegen Reichsmark abzugeben.

Denn bis zur Währungsreform im Sommer 1948 galt noch die völlig entwertete Reichsmark. Geschäftsleute zogen in dieser Zeit den Tauschhandel entschieden vor oder horteten ihre Lagerbestände, als sie hörten, dass die neue Währung eingeführt werden sollte, um in diesem Augenblick ihre Schaufenster wieder füllen zu können.

Für meine Freundin und mich war nach ihrem Eintreffen in Erlangen klar, dass wir zusammenbleiben wollen und würden. Die Heirat 1946 und auch die Geburt der Kinder verschafften uns einen kleinen Vorteil, wenn es um die Zuteilung von Wohnraum oder auch um eine Klinikstelle ging. Darauf wurde dann doch Rücksicht genommen. Alleinstehende hatten es in dieser Hinsicht noch erheblich schwerer. Außerdem schrieb sich meine Frau an der Philosophischen Fakultät ein, erteilte Nachhilfeunterricht im Englischen und steuerte so noch ein kleines Zusatzeinkommen bei.

Unsere erste Wohnung bekamen wir in der Nähe des Erlanger Bahnhofes zugewiesen, sie bestand aus einer Küche und anderthalb Zimmern. Da sind wir mit drei Erwachsenen und den Kindern eingezogen.

In dieser Zeit wurden auch die Schwiegereltern ausgewiesen. Der Vater meiner Frau war als Ingenieur beim Karlsbader Quelleninspektorat beschäftigt gewesen und wurde zunächst von den Tschechen als Fachkraft zurückgehalten. Als sie ihn 1947 dann nicht mehr unbedingt brauchten, wurde ihm nahe gelegt, das Land zu verlassen. Doch eine Zuzugsgenehmigung für Erlangen erhielt nur, wer eine Beschäftigung nachweisen konnte.

Zufällig hatte ich einen Mann kennen gelernt, der Verbindungen in die Bauindustrie hatte. Der bescheinigte meinem Schwiegervater, der bereits im Pensionsalter war, pro forma, dass ihm eine Stelle offen stünde. Selbstverständlich gab es die nicht, aber das waren die Tricks, die man brauchte, um überleben zu können, wenn man nicht anderweitig Beziehungen hatte, was bei uns Vertriebenen natürlich nicht der Fall war. Andererseits bekam mein Schwiegervater nach einiger Zeit seine Pension als Regierungsdirektor und konnte davon nicht nur mit seiner Frau leben, sondern auch uns ein wenig unter die Arme greifen. So kamen wir dann langsam ein wenig über Wasser und konnten etwas aufatmen.

Der so genannte Lastenausgleich, der ab 1952 dafür sorgen sollte, dass nicht wir Vertriebenen die gesamte Last des Krieges allein tragen mussten, fiel in unserem Fall recht bescheiden aus. Mein Schwiegervater war im Sudetenland Beamter gewesen und erhielt deshalb seine Altersversorgung zugesprochen und ausbezahlt. Hausbesitz oder Grund und Boden besaß er nicht, er hatte in einer Dienstvilla gewohnt.

Wir in meiner Familie hatten, wie bereits erwähnt, zwei Häuser, in einem haben meine Eltern gewohnt, das andere war vermietet. Dafür erhielten sie Lastenausgleich. Aber der war minimal, er machte nicht mehr als 5000 Mark aus. Das Geld, das sie auf der Sparkasse hatten, war verloren. Bescheidene Rentenzahlungen erfolgten durch die »Soforthilfe«, weil auch die Altersversorgung meiner Eltern, die auf private Versicherungszahlungen aufgebaut war, nicht mehr in Anspruch genommen werden konnte.

Mein Vater starb bereits 1951, und meine Mutter suchte Zuflucht in der Familie und in der Sorge für uns. Sie starb 1988 im Alter von siebenundneunzig Jahren. Sie war, was erstaunen mag, nicht voller Bitterkeit bis zu ihrem Tode. Und auch mich hat nicht zeitlebens ein Gefühl von Ungerechtigkeit oder Benachteiligung bestimmt. Es war viel mehr so etwas wie ein Ansporn, es den anderen, den Bessergestellten, zeigen zu wollen, den eigenen Wert unter Beweis zu stellen. Aber dies war natürlich auch eine Notwendigkeit, denn wir hatten nichts, worauf wir uns hätten ausruhen können.

Wir mussten fleißiger sein als diejenigen, die bessere Voraussetzungen hatten. Wer dies allerdings nicht schaffte, und das waren vor allem die etwas Älteren, die wegen ihres Alters oder ihrer Berufe hier in das Nichts hineinkamen, der musste nicht nur wirtschaftliches Elend und sozialen Abstieg ertragen, für ihn führte sehr häufig kein Weg mehr daraus. Diese Menschen resignierten oder verfielen in Depressionen.

Denen, die hier keinen Anschluss mehr fanden, ist es an den Lebensnerv gegangen. Einzelne haben den Freitod gewählt, weil sie die Umstände, unter denen sie hier zu leben gezwungen waren, nicht mehr ertragen konnten. Besser ging es uns Jungen, die am Anfang ihrer beruflichen Laufbahn standen, oder auch den Staatsbediensteten, die allmählich wieder in den öffentlichen Dienst aufgenommen wurden oder mit ihren Pensionszahlungen rechnen konnten und insofern versorgt waren.

Meine Eltern waren 1946 nach Felsberg in Hessen ausgesiedelt worden, ohne sich dieses Ziel selbst ausgesucht zu haben. Der Transport wurde eben nach Hessen geleitet und dort auf verschiedene Städte und Dörfer aufgeteilt, um die einzelnen Gemeinden nach Möglichkeit nicht allzu sehr zu überlasten. Auf den Zusammenhalt von Familien konnte dabei nur sehr eingeschränkt Rücksicht genommen werden. Also habe ich mich bemüht, die Eltern über einen Tausch in unsere Nähe zu bekommen. Dies gelang zwar nicht in Erlangen, aber wir fanden für sie Ende 1946, Anfang 1947 eine Wohnung immerhin in Brand, das ist etwa fünfzehn Kilometer von hier entfernt. Insofern war die Familie wieder einigermaßen zusammen, hatte zwar an Vermögen alles verloren und eine schwere Zeit durchgemacht, aber doch wenigstens keine Toten zu beklagen.

Dennoch: Die Last war schwer genug. Bis Ende 1950, Anfang 1951 blieb ich zur Weiterbildung in der Klinik und musste mich dann niederlassen, weil ich in der ganzen Zeit keine Anstellung als planmäßiger Assistent erhalten hatte. Am Ende meiner Weiterbildungszeit war ich Oberarzt und Vertreter des Chefarztes, habe aber bis zum Schluss nie eine vertragliche Absicherung meiner Tätigkeit bekommen. Das heißt: Ich erhielt auch kein reguläres Gehalt, sondern habe von den Zuwendungen meines Chefs gelebt.

Die einzige Chance, wieder in ein normales, geregeltes Leben zu kommen, war die Niederlassung als praktischer Arzt. In Büchenbach, wenige Kilometer außerhalb Erlangens, erhielt ich dann die Kassenzulassung und konnte meine Praxis eröffnen. In diesem Verfahren habe ich mich gegen zahlreiche Bewerber durchgesetzt, die wie ich auf eine Niederlassungsmöglichkeit warteten. In diesem Auswahlverfahren wurde ich aufgrund meines Alters, des Familienstandes und auch wegen meines Status als Vertriebener als »Würdigster« benannt. Ich konnte mich also nicht wie ein Arzt heute aus eigener Entscheidung niederlassen, sondern musste mich mit dreißig bis vierzig Kollegen um eine Stelle bewerben, die ausgeschrieben worden war.

Ich war also der Glückliche, doch war mir zu dieser Zeit noch nicht klar, auf wie starke Ablehnung ich als Vertriebener bei den Einheimischen stoßen würde. Für diese Menschen war ich der »Flüchtlingsdoktor«, und den brauchten sie nicht, den riefen sie nur nachts oder am Wochenende, wenn der ortsansässige Arzt keinen Dienst hatte und nicht aufstehen wollte oder auf Notrufe ungnädig reagiert hätte. Sicherlich spielte dabei auch eine Rolle, dass ich den Dialekt der Menschen nicht gesprochen habe und dass ich vom Typ her nicht so verbindlich bin, wie es dieser Kollege war. Ich war im Vergleich zu ihm eher der Hansel, der geduldet wurde.

Später, in der Aufbauphase der fünfziger Jahre, wuchs Büchenbach, es zogen Auswärtige hinzu, die dann zu mir kamen. Meine wirtschaftliche und soziale Lage wurde deutlich besser, obwohl ich während der gesamten Zeit in Büchenbach so etwas wie ein Schattendasein führte, also nicht wirklich so anerkannt war, wie es eigentlich aufgrund meiner Leistung als Arzt angemessen gewesen wäre. Als ich 1960 erfuhr, dass in Alterlangen ein neues

Siedlungsgebiet entstehen würde und ich auf Tauschwegen ein Grundstück zugesprochen erhielt, entschloss ich mich daher zum Umzug. An dieses Tauschgrundstück war ich durch Bauern gekommen, die nicht krankenversichert waren und mir als Dank für medizinische Behandlung ein Stück Land überschrieben hatten.

Bis 1976 habe ich meine Praxis an dieser Stelle im Neubaugebiet von Alterlangen betrieben. Meine Patienten waren hier kaum mehr alteingesessene Einheimische, sondern Menschen, die hierher gezogen sind, darunter nicht wenige Flüchtlinge und Vertriebene. Zwar musste ich nun wieder von vorn anfangen, aber ich habe mich doch deutlich wohler gefühlt als zuvor. Ein bisschen befriedigt hat mich auch, als nach meinem Umzug Menschen aus Büchenbach in meine neue Praxis kamen und klagten, dass ich fortgezogen sei und ihnen doch fehlen würde. Mein Glück jedoch war, dass in diesem Stadtteil Erlangens etliche Flüchtlinge lebten, aus dem Sudetenland und aus Schlesien, die Ähnliches wie ich erlebt hatten und froh waren, auf einen Arzt ihres Vertrauens zu stoßen.

Insgesamt gilt, dass sich das Verhältnis zwischen den Einheimischen und den Neubürgern im Zuge der positiven wirtschaftlichen Entwicklung in der zweiten Hälfte der fünfziger und zu Beginn der sechziger Jahre deutlich entspannt hat. Es ging allen besser. Die Menschen lernten sich gegenseitig kennen und auch schätzen. Viele der alten Vorurteile verblassten. Doch im eigentlichen Sinne heimisch bin ich hier nie geworden. Ich fühlte mich allmählich zu Hause, das kann ich sagen, und das ist ja auch nicht wenig.

Wir haben uns nach und nach in dem überschaubaren Erlangen wohl gefühlt. Den Wunsch, in das Sudetenland zurückzukehren, habe ich nicht. Meine Eltern und Schwiegereltern haben nie die Absicht gehabt, die Heimat auch nur einmal zu besuchen. Wir selbst sind im Jahre 1960/61 mit den Kindern erstmalig dorthin gefahren, um ihnen zu zeigen, wo wir herkommen. Später folgten noch drei Besuche. Aber Heimweh in dem Sinne, dass wir dort wieder würden leben wollen, habe ich nie gespürt. Dazu sind die Erinnerungen an die Umstände unserer Vertreibung doch zu schmerzlich. Denn leben könnten wir dort ja nur gemeinsam mit den Menschen, die jetzt da zu Hause sind. Und das wäre mir, soweit es um Ältere geht, nicht möglich.

Ich würde dann doch immer wieder fragen müssen, ob der eine oder andere nicht auch an dem Unrecht und an den Verbrechen Mitschuld trägt, denen wir ausgesetzt waren. Ich hatte als junger Mensch mit den Nazis nichts zu tun, ich habe keinen Tschechen verfolgt und musste dann doch deren Rache aushalten und habe nur mit Glück und knapper Not überlebt. Das vergisst man nicht.

Im Zuge des Beitritts Tschechiens zur Europäischen Union darf das, was uns widerfahren ist, nicht stillschweigend übergangen werden. Es geht mir dabei nicht in erster Linie um eine materielle Wiedergutmachung, also um die Rückgabe des uns geraubten Eigentums und um zusätzliche Entschädigung für weitere Vermögens- und Gesundheitsschäden. Aber es darf nicht sein, dass dies alles von interessierter Seite weiter unter den Teppich gekehrt wird. Es muss darüber gesprochen werden, es müssen die Opfer, die gebracht wurden, anerkannt werden, und es müssen die Verbrechen, die begangen wurden, verurteilt werden.

Von allen und auf allen Seiten. Es darf nichts verschwiegen werden, was einer gemeinsamen Zukunft im Weg steht. Ich würde mir für das deutsch-tschechische Verhältnis wünschen, dass wir das wechselseitig zugefügte Leid nicht mehr verdrängen, sondern darüber endlich miteinander sprechen. Das ist wichtiger als jede Aufrechnung, als jeder materielle Ausgleich. Es wäre ein Beitrag, der beide Länder in ein gemeinsames Europa führt. Wird aber weiter gegenseitig abgeblockt, sehe ich für Europa keine glückliche Zukunft.

Quelle: Gespräche mit dem Autor
im Dezember 2003 und Januar 2004.

»Ich bin immer noch auf der Flucht«

Manfred Richter, Dozent,
aus Spindelmühle/Riesengebirge

Ich wurde am 20. August 1940 in Spindelmühle geboren. Mein Vater kam 1897 zur Welt, die Mutter 1907. Der Vater war gelernter Kunstschreiner, verdiente vor dem Zweiten Weltkrieg allerdings seinen Unterhalt als Geschäftsführer der Spindlerbaude, eines großen Berggasthauses auf dem Kammweg zur Schneekoppe, dem höchsten Berg des Riesengebirges. Da er wegen einer Erkrankung nicht frontdiensttauglich war, wurde ihm während des Krieges das Amt eines Ortspolizisten in Spindelmühle übertragen. Mein Vater hatte allerdings weder eine Polizeiausbildung noch war er Nationalsozialist.

Wir wohnten in einem eigenen Häuschen in Spindelmühle 20, an einem Hang, etwas erhöht über dem Ort. Meine Eltern hatten 1930 geheiratet, und dann kamen die Kinder: ein Mädchen und zwei Jungen, dann ich und schließlich noch ein jüngeres Schwesterchen, das nach dem Kriegsende während der Flucht gestorben ist. Mein Vater wurde am 24. Mai 1945 zu Hause, am Veraweg im Waldstück »Mummel«, von Tschechen erschossen.

Meine Mutter und wir Kinder gehörten zu den Ersten, die danach Spindelmühle verlassen mussten. Das war Anfang Juli 1945. Wir überschritten die Grenze zur sowjetischen Zone und sind dort ein Jahr lang von einem Ort zum anderen geschoben worden, bis wir 1946 in Sindelfingen landeten, wo ein Verwandter bei den Amerikanern Arbeit gefunden hatte.

Sindelfingen war damals ein zusammengebombter Industriestandort; Daimler war der bedeutendste Arbeitgeber. Viele Männer waren gefallen oder noch in Gefangenschaft, so dass es an sich ausreichend Arbeitsplätze gab. Was die Lage für uns aber schwierig machte: Die Bevölkerung war evangelisch. Als wir kamen, gab es sieben Katholiken im Ort. Und wir waren die nächsten. Wir standen da, wie halt Zigeuner dastehen. Denn das war in einem bösen Sinne die Bezeichnung, unter der wir liefen, wenn es Streit gab: »Ihr Zigeuner!«

Unsere Familie hatte allerdings insofern Glück, als vor uns ein Cousin in Sindelfingen eingetroffen war, der uns zu Beginn weiterhelfen konnte. Er war UFA-Direktor in Prag gewesen und hatte jüdischen Schauspielern geholfen. Als er in amerikanische Kriegsgefangenschaft geriet, war sein Vernehmungsoffizier zufällig einer dieser Prager Juden, die die Flucht in die Vereinigten Staaten mit seiner Hilfe geschafft hatten. Und der schlug nun dem Cousin vor, statt in Gefangenschaft zu gehen Manager eines amerikanischen Offizierskasinos zu werden. So kam er nach Sindelfingen.

Die Amerikaner hatten dort etliche Häuser beschlagnahmt. Eines davon war die Wäscherei. In diesem Haus lebte er mit seiner Familie, und als wir kamen, wurde uns ein Raum frei gemacht. Ein Zimmer für meine Mutter und die vier Kinder. Doch zweifellos ging es uns trotz dieser Enge besser als manchen anderen, denn meine Mutter bekam sofort eine Stelle als Wäscherin für die Amerikaner.

Probleme gab es allerdings mit dem Schulbesuch bei den älteren Geschwistern, weil Schulnachweise aus dem Sudetenland im Westen nicht ohne weiteres anerkannt wurden. Also hat meine Mutter den ältesten Bruder zunächst bei einer Gärtnerei als Feldarbeiter untergebracht und ihm dann eine Lehrstelle als Großhandelskaufmann bei einer Sindelfinger Firma beschaffen können, deren Inhaber den eigenen Sohn im Krieg verloren hatte und von unserem Schicksal berührt war. Später, als meine Mutter eine Stellung bei der Sindelfinger IBM gefunden hatte, wechselte auch mein Bruder dorthin und machte da eine ganz ordentliche Karriere.

Meine Schwester verdiente zunächst als Hilfsarbeiterin ihr Geld. Dann hat meine Mutter sie getriezt, in Abendkursen Stenographie und Schreibmaschine zu lernen, damit sie beim Daimler als Sekretärin anfangen konnte. Danach ging sie ein Jahr in die USA, um Englisch zu lernen. Nach ihrer Rückkehr trat sie ebenfalls bei der IBM ein. Auf Drängen meiner Mutter hat sie später ihr Abitur nachgemacht und Medizin studiert.

Mein anderer Bruder ist direkt nach dem Abitur zur Bundeswehr gegangen. Nach einem anschließenden Praktikum bei der IBM hat er ein Semester Betriebswirtschaft in Mannheim studiert und dann zu Medizin übergewechselt. Beide Geschwister haben in Sindelfingen als niedergelassene Ärzte gearbeitet und Anerkennung gefunden.

Als Jüngster kam ich hier direkt in die Schule. Eine Weile ging ich in ein Internat, habe dann meine Lehre gemacht, bin nach Paris gegangen und war bis zu meiner Pensionierung auch bei der IBM. Zuletzt habe ich dort in der Anwendungsberatung gearbeitet und als Dozent Schulungskurse betreut.

Das ist unsere Biographie in Stichworten und in geglätteter Fassung. Denn natürlich haben wir hier alles das auch erlebt, was überall sonst das Schicksal von Flüchtlingen und Vertriebenen ausmachte. Obwohl ich unter uns Geschwistern der Jüngste bin, sind mir diese schlimmen Erlebnisse und Erfahrungen bis heute in Erinnerung geblieben. Ich war ein Außenseiter. Aber das war ich nicht, weil ich schwach oder klein war, sondern weil ich fremd war, weil ich eben einfach nicht dazugehörte. So bin ich beispielsweise aus dem Kinderhort, sobald ich hingebracht worden war, wieder geflüchtet. Ich hatte panische Angst, in eine Gruppe hineinzugehen. Gleichzeitig wollte ich aber auch von den anderen aufgenommen und anerkannt werden. Aber das ist mir nicht gelungen.

Im Gegenteil. Ich habe auch ganz infame Ablehnung erfahren – mir und meiner Mutter gegenüber. Wir lebten in diesem Haus, das gerammelt voll war – und das auch geächtet war. Uns wurde pauschal unterstellt, dass wir stehlen. Ganz besonders schlimm war das in der Zeit, in der wir noch nicht Schwäbisch sprachen; aber im Grunde hielt die Ausgrenzung auch danach weiter an. Eigentlich bis heute. Es gibt heute noch alte Sindelfinger Familien, die uns Vertriebene nie wirklich akzeptiert haben. Gewiss, meine Geschwister wurden als Ärzte anerkannt, weil sie in ihrem Beruf qualifiziert und nützlich waren. Aber wirklich reingekommen sind wir hier nie.

Ich bin mit zwölf Jahren in das Internat gekommen, weil ich hier im Ort überhaupt keinen Anschluss gefunden hatte. Nach der Schule gab es keine Verabredungen mit einheimischen Klassenkameraden, ich stand auf der Straße – Punkt, aus, Ende. Die Mutter kam am Abend von der Arbeit nach Hause und hat dann Essen gekocht. Bis dahin war ich allein. Also hat sie mich in das Internat zu den Franziskanerinnen nach Schwäbisch Gmünd gegeben, und dort habe ich zum ersten Mal außerhalb der Familie gespürt, dass sich irgendjemand für mich interessiert hat. Das vergesse ich den Nonnen bis heute nicht. Am Anfang war mir das ganz unheimlich, dass sie mich angelacht haben oder mir mal über den Kopf strichen. Das kannte ich vorher nicht. Von meinen Leistungen her bin ich förmlich explodiert, von einem Schnitt von 3,5 in Sindelfingen auf 1,1 in achtzehn Monaten. Aber das war es nicht, was mir das Internat so wichtig gemacht hat. Es war die Erfahrung, dass ich überhaupt existierte.

Vorher in Sindelfingen war ich der Kasper oder der Bösewicht. Ich wurde mit Beschuldigungen konfrontiert, die nie geprüft wurden. Wann immer etwas passierte, war ich der Schuldige. So einfach ging das. Es wurden Kirschen gestohlen. Wer wurde verhört? Ich. Das Urteil: schuldig. Dabei war ich auf keinem Kirschbaum gewesen, sondern habe Kirschen aufgelesen, die auf dem Boden lagen.

Meine Mutter wurde trotzdem wegen Felddiebstahls verurteilt, sozusagen ersatzweise für mich, obwohl das alles, wenn es überhaupt strafbar war, höchstens Mundraub gewesen wäre. Für meine Mutter war dieses Urteil damals ein moralischer Keulenschlag. Verurteilt – und das in einer so kleinen Stadt. Das war entsetzlich für sie. Eine öffentliche Hinrichtung. Künftig gab es um uns das Odium, wenigstens Gauner, wenn nicht Verbrecher zu sein.

Diesen Richter Mayer habe ich in den siebziger Jahren mal besucht. Damals gab es die ersten Anschläge von Baader-Meinhof, und da hatte dieser Mann die Hosen voll, weil er dachte, auch auf ihn sollte ein Anschlag verübt werden. Ich wollte mit ihm ein Gespräch über dieses Urteil führen und über die Geisteshaltung, die dahinter stand. Aber das war nicht möglich. Die einzige Sorge dieses Mannes war, dass er so schnell wie möglich Bodyguards bekam, um sich gegen mich zu schützen.

Ich kann die Namen solcher Menschen nicht vergessen. Ich kenne auch noch die der Polizisten, die mich mit der Anschuldigung in Polizeiarrest gesteckt haben, ich hätte als Elfjähriger Geld geklaut. Das ging durch ganz Sindelfingen. Da gab es keinen Prozess. Meine Mutter hat Geld zurückgezahlt, das ich überhaupt nicht gestohlen hatte. Nur damit Ruhe einkehrt und die Schwierigkeiten nicht noch größer werden.

In der Schule war bei der Schülerspeisung das Geld aus der Kasse verschwunden. Es wurde die Polizei gerufen, und ich wurde beschuldigt. Der Schuldirektor hat mich in das Gesicht geschlagen. Die Polizisten haben mich aus der Schule abgeführt und bis abends zweiundzwanzig Uhr in das Polizeigefängnis gesetzt. Dann konnte mich meine Mutter nach ihrer Arbeit abholen. Keiner ist damals aufgestanden und hat die Sache aufgeklärt. Später hat mir einer der Polizisten erklärt, sie hätten sich damals nicht weiter darum gekümmert, weil sie die Angelegenheit vom Tisch haben wollten.

Immer waren wir die Außenseiter. Durch dieses Urteil: Außenseiter. Durch unsere Herkunft: Außenseiter. Weil wir den Dialekt nicht sprachen: Außenseiter. Aufgrund unserer sozialen Stellung selbst in der katholischen Gemeinde: Außenseiter. Kompensieren konnte ich das nur dadurch, dass ich in meiner eigenen Welt gelebt habe, ganz in mich zurückgezogen, ohne Kontakte nach außen. Die meisten haben uns abgelehnt. Und das in einer Form, die unmenschlich war.

Ein Beispiel: Meine Mutter ging zum Wohnungsamt, damit wir nach Jahren aus diesem einen Zimmer herauskommen konnten, das nicht einmal beheizbar war. Auf dem Heimweg heulte meine Mutter die ganze Zeit. Denn der Mann auf dem Amt hatte ihr gesagt: »Wenn es Ihnen nicht passt, dann gehen Sie doch dahin, wo sie hergekommen sind.« Da hat sich meine Mutter vor ihn hingekniet und ihm gesagt: »Wenn Sie das möglich machen könnten, dann würde ich Ihnen die Füße küssen.«

Auf uns zugegangen sind nur wenige: Zu ihnen gehörte der evangelische Pfarrer, der meiner Mutter, obwohl sie katholisch war, jeden Freitag ein Brot aushändigte. Oder der Bauer Essig, der mir wahrscheinlich dadurch das Leben gerettet hat, dass er mir jeden Abend einen Viertelliter Milch zukommen ließ. Das war bei meiner Tuberkulose überlebenswichtig. Es gab eine Gemüseverkäuferin, die meiner Mutter Ware auch ohne Marken überlassen hat. Insgesamt waren es sieben Menschen, die uns geholfen haben. Ich habe später versucht, mich bei ihnen zu revanchieren. Viele wussten nichts mehr davon, konnten sich daran gar nicht erinnern. Aber ich habe meine Rechnungen beglichen, soweit man dies überhaupt kann.

Was man mir angetan hat, das ist vergessen oder damit kann ich weiterleben. Nicht ertragen kann ich aber bis an mein Ende das, was meiner Mutter angetan wurde. Sie war, als wir in Sindelfingen ankamen, eine neununddreißig Jahre alte Kriegerwitwe, so nannte man das damals, mit vier Kindern. Auf der einen Seite wurde sie wegen ihres Schicksals lebhaft bedauert, auf der anderen wurde ihr nicht geholfen, sondern nur immer zu verstehen gegeben: Du hast nichts, du bist nichts, du hast hier nichts verloren, du musst dankbar sein, dass wir dich hier leben lassen.

Selbst als sie sich 1953 entschlossen hatte zu bauen, damit wir endlich eine menschenwürdige Unterkunft bekamen, ist sie um 2000 Mark, immerhin zwölf Prozent der Bausumme, betrogen worden. Sie und meine beiden älteren Geschwister, die ja schon arbeiteten, hatten Bausparverträge abgeschlossen. Meine Mutter konnte das machen, nachdem sie eine Rentennachzahlung erhalten hatte, weil man ihr drei Jahre lang nach der Ermordung meines Vaters keine Rente gezahlt hatte, da sie seinen Tod nicht nachweisen konnte. Mit diesem Geld bewarb sie sich beim Siedlungsbau. Doch da wurde sie nicht berücksichtigt, weil sie angeblich nicht kreditwürdig war. Andere, die weniger Geld als wir hatten, waren hingegen kreditwürdig. So musste meine Mutter kämpfen und kämpfen, bis ihr das gleiche Recht wie anderen zugestanden wurde. Sie stand immer allein.

Ihre ganze Hoffnung setzte sie auf die Kirche, dort waren Autoritäten, denen sie vertraute. Aber auch bei denen fand sie in Wahrheit keine Hilfe. Denn bei ihr war ja nichts zu holen. Als ein Verwandter von mir in Sindelfingen als erster katholischer Geistlicher seit 400 Jahren seine Primiz feierte, kam es für mich zum Höhepunkt. Auch der ehemalige Pfarrer war anwesend: ein enger, frommer, kleinkarierter Katholik, der gelegentlich der Auffassung anhing, man müsste Protestanten verbrennen, aber dies nicht aus schlimmen Gründen, sondern weil sie eben nicht an Maria glauben. Das war sein Weltbild. Er war sehr streng und zu den Flüchtlingen besonders. Der drehte sich bei dieser Priesterweihe zu meiner Mutter um und sprach sie an: »Ach, Frau Richter ...« Sie trippelte in ihren kleinen Schritten auf ihn zu, und ich sagte zu meinem Bruder: »Ich gehe da aber nicht hin.« Als wir Kinder waren, hatte er gemeint, aus uns würden vielleicht Facharbeiter beim Daimler werden, das wäre schon viel.

Und dann ging es los: »Na, Josef, was machst denn du?« Mein Bruder antwortete: »Ich bin in Paris bei der IBM.« Dann zu meiner Schwester, die damals noch Sekretärin war: »Na, Irene, und was machst du?« – »Ich bin Sekretärin bei der IBM.« Danach zu meinem zweiten Bruder: »Rudi, was ist denn aus dir geworden?« – »Ich schaff' im Krankenhaus.« – »Ja, bist du Pfleger geworden?« – »Nein, Stationsarzt.« Schließlich hat mich meine Mutter zu ihm hingeschoben, und da sagte die Schwester des Pfarrers: »Ach, das ist ja der Manni, der ein kleines Teufeli war.« Und in diesem Augenblick war ich wirklich gut, obwohl mir in solchen Situationen sonst die passenden Antworten meist erst später einfallen. Ich platzte heraus: »Frau Lina, ich war kein Teufeli. Ich war eine ganz arme Sau, die sich nach einem guten Wort gesehnt hat und das von niemandem bekommen hat.«

Da war Stille. Keiner reagierte. Alle guckten betroffen vor sich hin. Das sind kleine Rachen, gewiss. Aber die Falschheit und Gehässigkeit, die hinter dem Verhalten der anderen stand, vergesse ich nicht. Deshalb bin ich aus der katholischen Kirche ausgetreten und arbeite auch nicht mit Banken zusammen, die uns damals nicht helfen wollten. Das mag man für kleinlich halten. Aber ich bekenne mich dazu. Ich bin denen gegenüber genauso kleinlich und gehässig, wie sie uns gegenüber gewesen sind. Ich bin heute noch nicht fertig mit dem Schicksal meiner Mutter. Und will deshalb ganz bewusst mit Leuten nichts zu tun haben, die ihr damals das Leben schwer gemacht haben.

Sie wurde beim Kirchgang nicht gegrüßt, weil verheiratete Frauen glaubten, meine Mutter würde ihnen die Männer abspenstig machen. Bei einem Pfingstfest mit Tanz, zu dem sie 1952 eine andere Kriegerwitwe mitgenommen hatte, saßen die beiden Frauen allein bis zum Schluss, ohne ein einziges Mal zum Tanzen aufgefordert worden zu sein, weil Frauen, die mit einem Partner gekommen waren, fürchteten, die Kriegerwitwen seien scharf auf ihre Männer. Das war das letzte Mal, das meine Mutter ausgegangen ist.

Diese Kleingeistigkeit der Leute, die sich nicht vorstellen konnten oder wollten, was wir mitgemacht hatten, macht mich noch heute krank. Ich bin immer noch auf der Flucht und fliehe Situationen, die ich nicht ertragen kann.

Mein Riesenglück ist, dass ich eine schwäbische Frau gefunden habe, die so viel Ruhe und Erdbezogenheit hat, manches an meinem Verhalten, das sie nicht versteht, einfach zu ertragen oder darüber hinwegzugehen oder aber auch es aufzufangen. Ich habe keine Heimat, ich fühle mich nirgends wohl und ruhig und kann keine richtigen Beziehungen eingehen.

Zu dieser inneren Unsicherheit trug sicherlich auch die Unklarheit über das Schicksal meines Vaters bei. Zwar wussten wir, wann und wo er ermordet worden war, aber wir wussten nicht, weshalb und von wem. Deshalb habe ich 1965 Strafanzeige wegen Mordes bei der Staatsanwaltschaft Stuttgart gestellt, um der damals anstehenden Verjährung von Kriegsverbrechen zuvorzukommen und Gewissheit über die Umstände zu erlangen, die zum Tode meines Vaters führten.

Die Staatsanwaltschaft kam damals nicht weiter. Also machte ich mich selbst auf die Suche nach Beweisen für die Ermordung meines Vaters. Ich führte viele Gespräche mit Zeitzeugen und nahm dabei die Spur von Josef Jech auf, einem ehemaligen Hausmeister im Hotel Wiesenhaus, der von verschiedenen Überlebenden als Anführer der damaligen Plünderer- und Partisanenbande in Spindelmühle bezeichnet worden war. Seine Spur verlor sich allerdings kurz nach Kriegsende. In Erfurt lokalisieren konnte ich ihn erst nach 1989, nach der Vereinigung. Und erst jetzt, nach sechzig Jahren, weiß ich, wie mein Vater wirklich gestorben ist.

1994 hat die nicht sehr rege Staatsanwaltschaft Erfurt Josef Jech endlich verhört und zusätzlich einige Zeugen, die ich benannt hatte, aber auch die nicht vollzählig. Jech hat natürlich jede Tatbeteiligung bestritten. Ob die von mir ebenfalls ausfindig gemachten tschechischen Zeugen von der Staatsanwaltschaft vernommen worden sind, weiß ich nicht. Denn auf meine Frage, ob meine Strafanzeige gegen Jech aus dem Jahr 1992 an die tschechischen Justizbehörden weitergereicht worden sei, bekam ich als Antwort, dazu sei die deutsche Justiz nicht verpflichtet.

Ich weiß lediglich aus einem Artikel, der in einer tschechischen Zeitung in Hradec Kralove (Königgrätz) im März 1995 erschien, dass darin der »Leiter der Verhörabteilung bei dem Bezirksermittlungsamt« darlegte, man solle sich nicht aufregen, die ganze Angelegenheit werde in zwei Monaten erledigt sein, da die Leute, die dazu etwas aussagen könnten, nicht mehr am Leben seien. »Sachen«, die vor fünfzig Jahren geschehen seien, beruhigte dieser Herr Visek möglicherweise dennoch beunruhigte Zeitzeugen, seien »schwer nachzuweisen«. Bisher habe die tschechische Polizei drei Fälle untersucht. In keinem sei es zu einer Anklageerhebung gekommen.

So »vertagte« denn auch der tschechische Polizeimajor Dr. Milan Hüttner als Untersuchungsführer des »Bezirksermittlungsamtes Ostböhmischer Bezirk« in Hradec Kralove im November 1995 »die Sache bezüglich der Anzeige von BRD-Bürgern, dass im Zeitraum von Mai bis September 1945 im Kataster der Gemeinde Spindleruv Mlyn gesetzeswidrig mindestens achtzig deutsche Staatsangehörige erschossen wurden«, weil es sich bei dieser Anzeige von mir nur »um den Verdacht einer Straftat« handle, die »vor Ort nicht geklärt werden kann«. Weder Zeugen noch Archivdokumente, heißt es in diesem erstaunlichen Beschluss, hätten meine Informationen bestätigt.

Zwei oder drei Tschechen sollen sich als Zeugen bei tschechischen Behörden gemeldet haben, aber ich habe von diesen Stellen nie etwas erfahren. Und von der Staatsanwaltschaft in Erfurt kam im Februar 1996 der Einstellungsbescheid mit der Begründung, der Tathergang sei nicht mehr aufzuklären, da es an entsprechenden Zeugen fehle. Dagegen habe ich Einspruch mit der Begründung eingelegt, dass von der Staatsanwaltschaft durchaus nicht alle verfügbaren Zeugen angehört worden seien, etwa die Ehefrau von Josef Jech. Auch an die Heimatverbände und Landsmannschaften hatte sich die Staatsanwaltschaft nicht gewandt, wo in der Vergangenheit klare Aussagen von Überlebenden gesammelt worden sind.

Doch auch dieser Einspruch ist im März 1998 mit einem erneuten Einstellungsbeschluss gleicher Begründung beantwortet worden. Daraufhin wurde ich von dem Pfarrer Fliege in seine Talkshow eingeladen. In dieser Sendung im Jahr 2000 hat er meine Suche nach dem Mörder meines Vaters und nach weiteren Tatzeugen vorgestellt. Das Ergebnis war, dass zehn Leute schrieben, die Vergleichbares erlebt hatten. Drei von ihnen waren offenbar noch immer derart verängstigt, dass sie ihre Adressen nicht angaben, sondern meine Reaktion postlagernd erwarteten. Unter ihnen war kein Tatzeuge der Ermordung meines Vaters. Eine Frau allerdings teilte mir mit, dass sie mich unbedingt zu sprechen wünsche – und das war die Schwiegertochter von Josef Jech.

Ich fuhr zu ihr. Sie war ausgesprochen aufgeregt und forderte mich auf, meine Nachforschungen unbedingt fortzusetzen. Sie verfügte über ein Adressbuch, das sie mir zwar nicht aushändigte, in dem sich aber die Anschriften weiterer Tschechen aus dem Riesengebirge befanden. Das bedeutet, dass Jech bis in die Gegenwart hinein mit seinem alten Umfeld Verbindung gehalten hat, nicht zuletzt bei Urlauben, die er regelmäßig in der Umgebung von Vrchlabi [Hohenelbe] verbracht hat.

Andererseits hatte sich Jech in der eigenen Familie nicht als Täter offenbart, so dass eine Aussage, die Jech überführt hätte, von der Schwiegertochter nicht zu bekommen war. Damit sind meine Möglichkeiten ausgereizt. Zumal auch der Europäische Gerichtshof aufgrund des zu Tage liegenden Desinteresses der deutschen Justiz in dieser Sache nicht tätig werden kann, da kein letztinstanzliches Urteil eines deutschen Gerichtes vorliegt.

In der Ermittlungsakte der Erfurter Staatsanwaltschaft, in die mein Anwalt Einblick nahm, fand sich aber immerhin die Aussage einer Zeugin vom Hörensagen, die mir viel Aufklärung gebracht hat. Diese Zeugin ist unsere frühere Nachbarin aus Spindelmühle, eine Frau Möhwald. Und nun wird es ganz toll, denn die Schwiegertochter von Jech heißt auch Möhwald. Sie hat einen Möhwald geheiratet. Dieser Möhwald ist der Sohn der Frau Jech aus erster Ehe. Er ist der Sohn eines Möhwald, von dem seine Mutter – die jetzige Frau Jech – berichtet hat, er sei beim Rückzug vor den Russen gefallen. Die Schwiegertochter hält es jedoch für möglich, dass der Vater ihres Mannes gar nicht gefallen ist, sondern ebenso wie mein Vater von den Tschechen umgebracht wurde. Das würde bedeuten, dass sich in der Gestalt von Jech ein Mörder mit der Ehefrau eines Mordopfers zusammengetan hätte.

Das würde auch erklären, weswegen Jech so scharf reagiert hat, als ich ihm bei einem ersten Zusammentreffen 1992 beschrieb, wo genau in Spindelmühle unsere Familie gelebt hat – woraufhin seine Frau dann einwarf: »Ach, da hat ja auch Verwandtschaft von uns gewohnt.« Also ist die Zeugin der Ermordung meines Vaters verwandt mit der Ehefrau eines Tatbeteiligten. Das ist schon grotesk.

Diese Zeugin aus Spindelmühle, die nach dem Krieg in der DDR gelebt hat, hörte von einer tschechischen Augenzeugin, dass mein Vater bei seiner Hinrichtung von sechsundzwanzig Kugeln getroffen wurde. Dies stützt ein Gerücht, das nach der Tat in Spindelmühle umging. Demzufolge ist mein Vater vor einer größeren Zahl von Zuschauern quasi als Schießbudenfigur missbraucht und exekutiert worden. Die Mitglieder des »Nationalausschusses« [Narodni Vybor] haben eine Art von Preisschießen auf ihn veranstaltet. Zuvor muss mein Vater derart misshandelt worden sein, dass er nicht mehr auf eigenen Füßen zu dem Erschießungsort in dem Waldstück »Mummel« gehen konnte, sondern von zwei Männern mitgeschleppt wurde. So ist die Aussage eines weiteren Zeugen.

Von diesen Misshandlungen wusste meine Mutter, und sie wusste, dass daran anscheinend auch Deutsche mitgewirkt hatten. Dies erfuhr sie von einer Mitarbeiterin der Stadtverwaltung Spindelmühle, die später aber darüber nicht mehr sprechen wollte. Es gibt also sowohl unter ehemals deutschen wie unter den heutigen tschechischen Bewohnern ein gemeinsames Interesse, über die Verhaftung, die Behandlung und die Ermordung meines Vaters Schweigen zu bewahren. Dieses gemeinsame Interesse führte dazu, dass mir sowohl von deutscher wie von tschechischer Seite geraten wurde, meine Nachforschungen nicht mehr fortzusetzen, sondern die Sache auf sich beruhen zu lassen, vor allem aber keine Exhumierung an der Hinrichtungs- und Begräbnisstätte vorzunehmen.

Was bleibt, sind daher die Zeugenaussagen, die ich gesammelt habe. Von deutscher Seite handelt es sich dabei um meine Mutter, um meine Schwester, um Ernst Teichmann, den letzten deutschen Bürgermeister von Spindelmühle, um die Frau des gleichfalls ermordeten Lehrers Walter Czernohous und um Ursula Huber, die direkt neben dem von den tschechischen Partisanen besetzten Hotel Central in Spindelmühle wohnte.

Meine Mutter, die 1989 zweiundachtzigjährig starb, hielt über die Tage des Kriegsendes, über die Plünderungen und die Verbrechen der Tschechen fest: »Jech war der Drahtzieher. Er plünderte auch bei uns. Der bucklige Hausmeister aus dem Hotel Erlebach war sein Komplize. Er soll Plucha geheißen haben.«

Die Frau des Lehrers sagte aus: »Jech war der Schlimmste, der konnte einen gar nicht ansehen. Der war dabei, als sie unseren Vater [gemeint ist damit der Ehemann] holten. Musil war körperlich groß und primitiv. Der Bucklige aus dem Hotel Erlebach war ein Verräter. Er und Jech waren aus dem gleichen Holz geschnitzt.«

Ursula Huber gab an: »Als Täter bzw. Beteiligte an den Tötungen galten damals Sanda, Seijitschek, Musil, Jech. Jech fiel mir auf, weil er extrem zugekniffene Augen hatte. Er war körperlich klein und galt als verschlagen. Plucha hatte einen Buckel und bezeichnete sich selbst als GPU [Mitglied der sowjetischen Geheimpolizei].«

Ernst Teichmann bestätigte: Die Täter »waren die tschechischen Hausmeister und Bader [Friseure] aus Spindelmühle. Sie hatten sich Hilfe aus Hohenelbe und Rochlitz geholt. Feig, wie sie waren, haben sie sich an die Wehrlosen gehalten. Jech war einer der Rädelsführer. Da war noch der bucklige Hausmeister aus dem Hotel Erlebach. Er war die rechte Hand von Jech. Besonders blutdurstig war Schanda, der tschechische Gendarm, der früher schon in Spindelmühle war und sich auskannte. Die Mitläufer waren die auf dem Gemeindeamt und alle, die sich im Hotel Central trafen. Die meisten waren Kommunisten und trugen den roten Stern. Die haben spioniert, verraten, sich am deutschen Eigentum bedient. Da lernst du deine Freunde kennen.«

Über die Ermordung meines Vaters berichtete er: »Als ich deinen Vater zum letzten Mal sah, habe ich ihn zuerst gar nicht erkannt. Sie brachten ihn aus dem Central und hatten ihn so [übel] zugerichtet. An den Stiefeln habe ich ihn dann erkannt. Er trug ja immer Maßstiefel. Sein Gesicht war schwarzblau angelaufen und stark angeschwollen. Prügeln konnten sie. Vom Rande des Ortsplatzes aus sah ich, wie er mit zwei anderen blutverschmierten Gestalten in Richtung ›Mummel‹ getrieben wurde. Einer davon war der Kneifel von der Spindlerbaude. Den andern kannte ich nicht. Nach einer Weile hörte man die Salven aus der ›Mummel‹.«

Auf meine Frage, wer die drei Männer abgeführt habe, antwortete Teichmann: »Es waren fünf bis sechs mit Gewehren. Einige davon schlenderten rauchend hinterher. Partisanen, Gendarmen, der Jech und sein Adjutant waren dabei. Die anderen konnte ich nicht erkennen. Ich habe mich abgewandt, als ich sah, dass sie mit Gewehrkolben geschlagen und getreten wurden. Die Wehrlosigkeit war nicht zu ertragen.«

Meine Schwester erinnert sich ebenfalls: »Eine Gruppe von drei Tschechen durchwühlte Schränke und Kommoden. Einen der Männer kannte ich. Er hieß Jech und war Hausmeister im Hotel Wiesenhaus. Ein anderer hatte einen Buckel. Jech kleidete sich bei uns um. Die Zivilkleidung meines Vaters befand sich in einem kleinen Abstellraum. Als er sich neu eingekleidet hatte, lagen seine alten Hosen so auf dem Boden, wie er herausgetreten war. Später brachte er aus dem Nordzimmer im Obergeschoss einige Kinderbücher mit der Anweisung, sie zu verbrennen. Dabei sagte er zu mir: ›Armes deutsches Kind, aber das ist jetzt aus!‹ Was er damit gemeint hat, habe ich nicht verstanden.«

Zur Ermordung unseres Vaters hat meine Schwester Folgendes im Gedächtnis behalten: »Am Freitag, dem 25. Mai 1945, nachmittags, kam unsere Nachbarin, Frau Hollmann, mit der Mitteilung, an der Anschlagtafel beim Hotel Edelweiß sei ›was angeschlagen‹ mit dem Namen unseres Vaters und dem Kommentar, ›sie sollen wohl was abgeben‹. Daraufhin gingen mein Bruder Josef, meine Mutter und ich zur Anschlagtafel. Dort war ein Anschlag aus leicht grauem Papier, Maschinenschrift, mit Stempel versehen. Größe circa DIN A5. Meine Mutter las mehrere Male und übersetzte dann: ›Wegen unerlaubtem Waffenbesitz wurden als Volksschädlinge bestraft: [Josef] Kohl, [Rudolf] Kneifel und Josef Richter.‹ Ich weiß nicht mehr, wie wir nach Hause gekommen sind. Sicher bin ich mir nur, dass meine Mutter das Wort ›bestraft‹ an diesem Abend eher als Hoffnung für das Überleben meines Vaters auffasste.«

Am folgenden Tag allerdings sollte meine Mutter erfahren, dass solche Hoffnung vergeblich war. Meine Schwester beschreibt den Fortgang: »Früh am Morgen, es muss gegen acht Uhr gewesen sein, entschloss sich meine Mutter, zum tschechischen Gendarmerieposten zu gehen. Sie ging allein. Nach circa einer Stunde kam sie zurück. Ich sah sie vom Küchenfenster aus auf unser Haus zukommen, gestützt von Frau Palme. Diese wohnte zu jener Zeit über dem Büro der Gendarmerie. In der Küche teilte unsere Mutter uns Kindern nach einer Weile mit: ›Unser Papa ist tot. Das hat mir der Gendarm gesagt.‹ Den Gesprächsverlauf mit dem tschechischen Gendarmen hat sie uns in Übersetzung mitgeteilt: ›Ich habe ihn gefragt, man kann doch einen Menschen nicht so einfach umbringen.‹ Da hat er geantwortet: ›Es ist Revolution, da hängen die Menschenleben an Fäden. Das ist Unrecht, aber wenn ich etwas sage, stellen sie mich auch an die Wand.‹ Auf die Frage meiner Mutter, wann sie meinen Vater beerdigen könne, erhielt sie die Antwort: ›Das ist alles schon erledigt.‹« Als Mörder, sagt meine Schwester, wurden ihr »immer wieder genannt: Jech, Sanda, Musil.«

Von tschechischer Seite liegen vier Aussagen vor. Jaromir Cenek, ein Hotelangestellter, den mein Vater als Ortspolizist 1944 vor einer Gefängniseinweisung bewahrt hatte, gab dem tschechischen Journalisten Ota Filip 1991 folgende Tatschilderung: »Herrn Richter hat man im Mai 1945 aus Versehen erschossen. Da kam, keiner weiß woher, ein tschechischer Offizier ins Hotel Central, wo die Partisanen in einem Badezimmer ihre blutig zusammengeschlagenen Gefangenen unter Verschluss hielten. Er hatte ein Verzeichnis von fünf Deutschen bei sich; unter ihnen war auch Josef Richter. Alle fünf wurden am Veraweg erschossen und verscharrt. Der Offizier ist gleich nach den Erschießungen aus Spindelmühle verschwunden, und erst dann zeigte sich, dass diese Hinrichtung ein Irrtum war.«

Josef Plucha, bis 1945 tschechischer Hausmeister in einem deutschen Erholungsheim, während der Wochen des Kriegsendes Partisan, später Briefträger und danach Rentner in Spindelmühle, bestätigte dem Journalisten Ota Filip 1991 die Ermordung von zweiunddreißig Deutschen, die freilich mit Ausnahme von Josef Richter »doch alles Funktionäre der nazistischen Partei« gewesen seien – was nachweislich nicht stimmt. Die Partisanen hätten sich ihre Opfer selbst ausgesucht, sie in den Wald geführt und am Veraweg erschossen. Josef Jech habe den Partisanen Hinweise gegeben: »Nehmt den oder jenen!« Eigentlich, meinte Plucha, sei im Mai 1945 gar nichts Besonderes geschehen: »Die Partisanen kamen, die Deutschen gingen weg, und damit gehörte Spindelmühle wie vor 1938 wieder zur Tschechoslowakei.«

In einem Gespräch mit mir bestritt Plucha 1993, »an der Tötung deutscher Zivilisten beteiligt« gewesen zu sein oder »Häuser ausgeraubt« zu haben. Nicht einmal zu den Partisanen habe er gehört: »Ich war nur der Briefträger.« Aber er belastete Josef Jech: »Es waren die kommunistischen Partisanen, welche die Menschen im Hotel Central erschossen haben. Dort war ein Zimmer, in dem die SA-Leute bearbeitet wurden. Da war auch der Jech dabei. Jech war bei den Partisanen.«

Und es gibt noch weitere Zeugen im heutigen Spindleruv Mlyn, die sich an Jech erinnern. Etwa der ehemalige Postmeister Josef Nechanitzky: »Jech gehörte zu der Partisanengruppe. Zu der Gruppe um Jech zählten noch Musil, Sucharda, Sanda, Seijitschek. Jech war ein großer Kommunist. Plucha war der Putzfleck [= Bursche] in der Partisanengruppe, während Jech wirklich wichtig war. Es sind Deutsche am Veraweg erschossen worden. Wie viele, das weiß ich nicht.«

Auch Josef Slavicek hat nicht vergessen: »Plucha und Jech waren die größten Gauner. Alle haben gestohlen. Plucha hat viele Männer erschossen. Und der Jech auch. Aus Angst haben nach dem Krieg alle geschwiegen, heute sind die meisten Zeugen tot. Selbst mir hat meine Frau nicht alles erzählt, was sie gesehen hat.«

Dem Erfurter Oberstaatsanwalt Anton von der Au reichten alle diese Zeugenaussagen zu einer Anklageerhebung nicht aus. Seine Schwierigkeit stellte er 1993 so dar: »Unsere Prüfungen haben ergeben, dass die Taten nicht verjährt sind und der Gerichtsstand Erfurt ist. Aber wir haben in dieser Sache das Problem, dass wir dem Jech die persönliche Teilnahme an einer konkreten Mordtat wasserdicht nachweisen müssen.«

Und dazu leistete Josef Jech natürlich keinen eigenen Beitrag. In einem Gespräch mit mir berichtete er 1993, als »bewährter Antifaschist« 1946 von der Tschechei in die sowjetische Besatzungszone hinübergewechselt zu sein. Dort habe er bei der Kriminalpolizei Karriere gemacht. Vor seiner Pensionierung 1969 sei er im Range eines Hauptmannes in der Bezirksverwaltung Erfurt der Staatssicherheit für die ideologische Schulung der Mitarbeiter und für die Nachwuchswerbung verantwortlich gewesen. Wegen seiner Leistungen sei er mit dem »Vaterländischen Verdienstorden in Silber« ausgezeichnet worden.

Er bestritt, in die Morde im Frühjahr 1945 verwickelt gewesen zu sein: »Ich habe aktiv in keiner Art und Weise an der Tötung von Deutschen in Spindelmühle teilgenommen.« Im Gegenteil, Jech, der die tschechische Staatsbürgerschaft bis ins hohe Alter beibehielt, will bei Kriegsende die deutschen Einwohner des Kurortes im Riesengebirge sogar »mit der Pistole in der Hand« gegen Übergriffe von Partisanen verteidigt haben. Er habe, versicherte er im Widerspruch zu allen glaubwürdigen, weil bis ins Detail übereinstimmenden Zeugenaussagen, »zum Schutz der aus ihren Häusern vertriebenen deutschen Frauen ganz radikal eingegriffen, damit sie ihr Gepäck mit den Kindern über die Grenze mitnehmen« durften.

Zwar räumte Jech ein: »Einige Deutsche sind festgenommen worden, die waren sozusagen interniert im Hotel Central.« Auch an Erschießungen in Spindelmühle konnte er sich erinnern, »aber ohne meine Teilnahme, ohne meine unmittelbare Teilnahme«. Diesbezüglich, sagte der alte Mann mit der dicken Brille, »bin ich sauber«. Und schaute mir dabei unverfroren freundlich in die

Augen. »Sie vermuten«, hielt er mir entgegen, »dass ich als Jech, Josef am Tod Ihres Vaters beteiligt war. Aber das war ich nicht.« Vielleicht, schob er mit starkem böhmischem Akzent nach, sei der Täter ja ein Namensvetter gewesen. Da habe es nämlich »noch einen Jech, Josef gegeben, der kam aus den Bergen«. Woher genau, das wusste er vorsichtshalber nicht anzugeben.

Er dagegen, versicherte er wiederholt, sei ein kleines Licht gewesen. Das große Wort unter den kommunistischen Partisanen hätten »ein gewisser Sucharda« und Musil geführt, doch beide seien leider schon lange tot. Er indes, der Jech, Josef aus Vichova, habe ständig das »Pech«, dass man sich an ihn erinnere. Das liege daran, bot er dreist als Erklärung an, dass er einerseits »zu dieser Gruppe der tschechischen Widerstandskämpfer gehörte, die dort gewütet hat«, und dass er andererseits »als Hausmeister des Hotels Wiesenhaus in Spindelmühle bei jeder deutschen Familie bekannt war«.

»Ich habe«, schloss Jech mit erhobenem Zeigefinger das für mich schwer erträgliche Gespräch 1993 ab, »keine unmittelbare Teilnahme« an der Ermordung von Deutschen 1945 in Spindelmühle: »Und schon gar nicht an der Ihres Vaters, Herr Richter. Ich habe keinen einzigen Menschen geprügelt oder gefoltert und nicht einmal eine Hose eingesteckt.« Abgesehen davon, unterstrich seine Frau die bemerkenswerte Glaubwürdigkeit der Familie, »wenn man wirklich irgendwas gemacht hat, steht man gerade dafür. So sind wir eingestellt.« Ihr Mann sei »immer hilfsbereit« gewesen, und »dadurch kennt ihn halt ein jeder«.

Mit der Weigerung der Erfurter Staatsanwaltschaft, gegen den von vielen Seiten belasteten Josef Jech ein Strafverfahren wegen Mordes zu eröffnen, ist für mich die Aufklärung des Verbrechens an meinem Vater aussichtslos geworden. Zumal auch die tschechische Regierung, an die ich mich in dieser Sache mit einer Anfrage bezüglich Einsicht in tschechische Ermittlungsakten, Verhörprotokolle etc. mehrfach gewendet habe, zwar mir den Eingang meines Briefes bestätigte, ihn aber nie inhaltlich beantwortet hat.

Gleiches Desinteresse gibt es auch bei deutschen Regierungsstellen. Die frühere Justizministerin Herta Däubler-Gmelin (SPD) antwortete mir auf ein Unterstützungsersuchen, sie könne in ein laufendes Ermittlungsverfahren nicht eingreifen. Und auch alle anderen Politiker, die ich angesprochen habe, bedauerten wortreich mein Schicksal, fügten aber, als hätten sie sich abgesprochen, hinzu, sie könnten in der Sache leider nichts ausrichten.

Inzwischen ist Josef Jech gestorben und damit eine gerichtliche Überprüfung und Verurteilung seines Verhaltens nicht mehr möglich. Damit hat sich die jahrelange Blockade und Verzögerungstaktik aller amtlichen oder politischen Stellen ausgezahlt. Meine Strafanzeige, die 1992 vom thüringischen Generalstaatsanwalt noch als »ersichtlich mit besonderer Sorgfalt erstellt« belobigt worden war und deren Inhalt er, wie er mir schrieb, »mit außerordentlicher Betroffenheit zur Kenntnis genommen« hatte, läuft jetzt ins Leere. Sie ist obsolet.

Die deutsche Seite will ihre Ruhe, und von Tschechen wird man ganz schnell in eine revanchistische Ecke geschoben, obwohl mir von meinen politischen und moralischen Überzeugungen nichts ferner liegt als das. Mein Bruder hat noch den Versuch unternommen, an der Hinrichtungsstätte eine Erinnerungskapelle mit den Namen der Ermordeten bauen zu lassen. Aber auch dies ist von tschechischer Seite abgelehnt worden. Allerdings nicht schriftlich, wie es überhaupt in dieser Angelegenheit von tschechischen Stellen keine schriftlichen Äußerungen gibt. Sämtliche Stellungnahmen erfolgten ausschließlich mündlich, so dass im Bedarfsfall immer die Möglichkeit bestanden hätte, sich unter opportunen Gesichtspunkten neu zu entscheiden. Die offizielle Politik auf deutscher wie auf tschechischer Seite scheint also übereinstimmend zu sein, an diese Dinge nicht mehr rühren zu wollen. Sie könnten ja die Geschäfte stören, die man sich in der neuen und erweiterten Europäischen Gemeinschaft wechselseitig voneinander verspricht.

Mir geht es nicht um Eigentumsansprüche. Unser Häuschen sollen die Tschechen haben, die darin wohnen. Was mich erbost, das ist, dass moralisch integre Personen wie etwa der tschechische Präsident Vaclav Havel, den ich von meinem Bemühen, den Mord an meinem Vater und an mindestens einunddreißig namentlich bekannten Männern aus Spindelmühle und an mindestens fünfzig deutschen Soldaten und »Hitlerjungen« in der Zeit zwischen dem 9. Mai und dem 30. September 1945 aufzuklären, unterrichtet habe, offenbar keine Möglichkeit sahen, dieses nicht nur legitime, sondern geradezu selbstverständliche Anliegen zu unterstützen. Das enttäuscht mich tief und lässt mich für die Zukunft Europas nicht das Beste hoffen.

Quelle: Gespräch mit dem Autor im März 2004.

»Unverständnis gibt es uns gegenüber noch immer«

Josef Neumann, Handwerker,
aus Neudorf/Moldawien

Ich stamme aus Moldawien und wurde dort am 6. Oktober 1928 in Neudorf geboren.[1] Meine Familie wurde nach einer Absprache zwischen Hitler und Stalin 1940 gemeinsam mit anderen deutschen Familien, die ebenso wie wir Bauern waren und seit mehr als einhundert Jahren in Russland zwischen Prut und Dnestr lebten, aus unseren deutschen Gemeinden ausgesiedelt und in den Warthegau gebracht, der nach dem deutschen Überfall auf Polen 1939 dem Deutschen Reich zugeschlagen worden war. Dort zogen wir auf einen ehemals polnischen Bauernhof, dessen Bewohner verschwunden waren. Sie waren geflohen oder vertrieben worden. Aber auch für uns war das gewissermaßen unsere erste Vertreibung.

Die Zeit nach unserer Ansiedlung im Warthegau verbrachte ich ständig in Lagern: Hitlerjugend-Lager, Wehrertüchtigungslager, Arbeitsdienst. Das große Elend begann für meine Familie im Januar 1945 bei der Großoffensive der Roten Armee. Meine Eltern flüchteten mit der Familie meines älteren Bruders und mit meinen Schwestern vor den heranrückenden Sowjets bis nach Mecklenburg. Dort kamen sie bei einem Bauern unter und haben für ihn gearbeitet. Das war ihre zweite Vertreibung. Nach dem Krieg haben die Russen aber in ihrer Besatzungszone alle Familien, die aus Russland stammten, in besonderen Lagern zusammengefasst und nach Sibirien verschleppt. Meine Familie kam nach Archangelsk ganz im Norden. Dies war ihre dritte Vertreibung innerhalb von fünf Jahren.

Ich lebte zu dieser Zeit schon nicht mehr bei meinen Eltern, versuchte mich aber in einer Gruppe von sechs Burschen in meinem Alter am Jahresanfang 1945 zu ihnen durchzuschlagen. Doch ich fand nicht mehr heim zu den Eltern und jüngeren Geschwistern. Der Weg zu ihnen wurde mir durch die schnell vorstoßenden russischen Truppen versperrt. Ich kam noch bis Posen, weiter ging es nicht mehr. Wir jungen Burschen sind dann südlich nach Breslau gezogen und von Breslau, wieder auf der Flucht vor der Roten Armee, westlich nach Bautzen. Dort mussten wir uns beim Wehrbezirkskommando melden und sind als »letztes Aufgebot« eingezogen worden. In Schlesien kamen wir kaum ausgebildet noch an die Front. Aber unsere Einheit konnte keinen Widerstand mehr leisten, sie wurde vollkommen zerschlagen und aufgerieben. Wir Überlebenden zogen uns über das Riesengebirge auf sudetendeutsches Gebiet zurück. Mit sechzehneinhalb Jahren bin ich dort bei Kriegsende in tschechische Gefangenschaft geraten.

Die Bedingungen waren so schlimm, dass ich mich nach vierzehn Monaten mit einem anderen Gefangenen entschlossen habe, stiften zu gehen. Der hieß August Wegert und stammte aus M. Die Flucht gelang uns. Bei Hof haben wir die deutsche Grenze überschritten, aber da haben uns gleich Grenzer geschnappt. Die haben uns gesagt: »Wir schicken euch ins Entlassungslager, da kriegt ihr Entlassungspapiere aus der Gefangenschaft und vierzig Mark Entlassungsgeld, Ami-Zigaretten und vier Tafeln Schokolade.« Das weiß ich noch, als wenn es gestern gewesen wäre. Wir haben den Männern allerdings nicht geglaubt. Wir hatten Angst, die würden uns an die Tschechen oder an die Russen ausliefern und dann wäre es wieder ab nach Osten in die Gefangenschaft gegangen. Mein Kamerad, der August, war schon verheiratet und hatte zwei Kinder. Der hat zu den Grenzern gesagt: »Lassen Sie mich gehen, ich finde meinen Weg nach M. allein, ich will kein Geld und keine Schokolade, ich will so schnell wie möglich heim zu meiner Familie.«

Die Grenzer haben wahrscheinlich Mitleid mit uns gehabt, jedenfalls ist es uns gelungen, uns loszueisen und ohne weitere Kontrolle nach M. zu kommen. Ein paar Tage bin ich dann in M.

bei der Familie Wegert geblieben. Da war seine Frau mit ihren zwei Kindern, und plötzlich standen noch zwei Esser vor der Tür. Also habe ich mir gesagt: »Du kannst denen nicht länger auf der Tasche liegen, du musst eine Arbeit finden.« Da es die in dem kleinen Dörfchen für mich nicht gab, bin ich in das benachbarte G. gekommen. Von M. nach G., diese zwei Kilometer, das war mein schlimmster Gang. Ich habe dort niemanden gekannt. Der August, mit dem ich in Gefangenschaft gewesen war, das war ein Mensch wie mein eigener Bruder, aber in G., das war völlig fremd, da habe ich keinen gekannt. Ich hatte an Kleidung nur das bei mir, was ich am Leib tragen konnte: meine Barras-Schuhe, eine Zivilhose, eine Jacke, ein Hemd und eine Garnitur Unterwäsche. Mehr habe ich nicht gehabt. Nicht einmal Socken.

Die Fußlappen, die ich vom Militär noch hatte, waren vollkommen zerrieben. Meine Füße waren wund von der Flucht aus der Gefangenschaft. Ich konnte nicht mehr laufen. Da hat der Kamerad sein Hemd ausgezogen, die Ärmel abgerissen und mir gegeben, damit ich mir neue Fußlappen daraus machen konnte. In M. hat mir Frau Wegert dann ein paar Socken geschenkt, damit ich überhaupt in den Schuhen laufen konnte.

In G. habe ich bei einem Bauern angefangen. Mit einem anderen landwirtschaftlichen Helfer habe ich zu zweit ein Zimmer bewohnt. Auf der linken und der rechten Seite stand ein Bett, und dazwischen gab es einen kleinen Schrank. Wenn der eine aufgestanden ist, musste der andere ausweichen, so klein war das Zimmer. Der Weckruf war im Sommer früh um halb fünf Uhr. Eine Waschgelegenheit hatten wir in der Futterkammer neben dem Pferdestall. Dort stand ein Waschkessel, in dem die Futterkartoffeln für die Schweine gekocht wurden. Da hatten wir eine Waschschüssel und einen Eimer, das war unser Badezimmer. Bis sechs Uhr war Stallarbeit – ausmisten, füttern und melken, dann gab es Frühstück, und um dreiviertel sieben Uhr ist es aufs Feld gegangen. Mittags um elf Uhr sind wir heimgekommen. Wenn um zwölf Uhr die Mittagszeit zu Ende war, haben wir die Tagelöhner hinaus aufs Feld gebracht. Danach ist die Arbeit weitergegangen bis abends um sechs Uhr. Eine Uhr hatte ich nicht. Aber der Abendzug von W. ist so um dreiviertel sechs Uhr von unten raufgekommen, danach haben wir uns gerichtet. Um halb sieben Uhr war Abendessen. Anschließend ging es wieder in den Stall, und Feierabend war gegen halb acht Uhr, manchmal auch später.

Die Bezahlung sah so aus, dass wir freie Kost und Unterkunft hatten und einen Stundenlohn von siebzehn Pfennig. Die Frauen haben weniger gekriegt, ihr Stundenlohn betrug zehn Pfennig. Männer kamen so auf fünfzig Mark im Monat und Frauen auf fünfundzwanzig bis dreißig Mark. Das hat überall gegolten, mehr hat keiner gezahlt, und mehr hat keiner bekommen. Dazu gab es ein kaltes Zimmer, das nicht zu heizen war. Das heißt: Wir konnten nicht einmal unsere Socken trocknen, nachdem wir sie gewaschen hatten. Wäsche zum Wechseln hatte ich nicht. Wenn der Futterkessel beheizt war, dann hatten wir Glück, dann konnten wir unsere Wäsche, unsere Socken und Fußlappen drauflegen und trocknen. Wenn sich aber keine andere Möglichkeit ergab, habe ich meine Sachen in meinem Bett mit meiner Körperwärme getrocknet.

Mit meinen Erinnerungen möchte ich niemandem zu nahe treten und niemanden kränken. Diese Zustände hatten sich durch die Kriegs- und Nachkriegszeit so entwickelt, und jeder war froh, ein Dach über den Kopf und etwas Essen zu bekommen. Von meinem Monatslohn konnte ich mir ohne Lebensmittel- oder Kleidermarken nichts kaufen. Der Schwarzhandel hat geblüht, aber ich hatte nichts zum Tauschen. Die besten Geschäfte wurden mit Zigaretten und Bohnenkaffee gemacht, auch mit Butter und Eiern. Für eine Schachtel amerikanische Zigaretten wurden im Schwarzhandel einhundert Mark und noch mehr bezahlt. Für eine Raucherkarte gab es achtzig Mark und für ein Ei fünf Mark.

Die Versorgung der Flüchtlinge und der Vertriebenen im Dorf war das größte Problem. Es hatten zwar alle Bezugskarten, aber oft waren die Zuteilungen, die nach G. kamen, geringer als das, worauf die Leute mit ihren Karten Anspruch hatten. Dann gingen sie eben auf die Felder und haben auf ihre Art geerntet. Sie haben

Ähren gesammelt, um Brot zu backen. Oder auch Zuckerrüben aus dem Feld gezogen. Rüben waren etwas ganz Wertvolles damals, sie hatten viele Nährstoffe, und aus ihnen konnte man Sirup kochen. Besser ging es denen, die bei den Bauern als Tagelöhner arbeiteten. Die bekamen oft neben ihrem Lohn – eine oder anderthalb Mark am Tag – noch etwas Essen. Doch 1947 und 1948 verschlechterte sich die Situation in der Landwirtschaft. Es gab Kunstdünger nur auf Marken, kein Saatgut, keine Ersatzteile. Alles lag brach.

Außerdem muss man sehen, dass ja auch viele aus der Stadt zum Betteln kamen. Das war schon eine große Last für die Bauern. Ein bisschen was hat eigentlich jeder gekriegt. Zwar nicht von jedem Bauern, aber manche haben schon einen Sack Kartoffeln hingestellt, um helfen zu können. Daneben kamen die Schieber, die im großen Stil tauschen wollten, außerdem die Frauen aus der Stadt mit ihren Töpfen und Körben, die ein bisschen was einkaufen oder eben auch tauschen wollten. Manchmal hatten sie Glück, wenn es auf den Höfen noch etwas gab. Oft stand danach am Bahnhof die Polizei und hat beschlagnahmt, was die Frauen an Lebensmitteln bei sich hatten. Das war natürlich ein großes Unglück für diese Menschen.

Der große Umschlagplatz war oben in der »Zehntscheune«. Was die Leute aus der Stadt bei den Bauern aufgetrieben hatten, das haben sie bei einer Familie, die da gewohnt hat, untergestellt. Bei Dunkelheit mussten die Sachen dann zur Bahn gebracht werden. Das habe ich oft übernommen. Ich habe sie auf einen Handwagen geladen und ein bisschen getarnt, und dann ging es ab zum Bahnhof. Als Lohn bekam ich ein paar Zigaretten in die Tasche gesteckt, und das war ja sowieso die Währung, für die alles zu haben war.

Am Morgen standen die Frauen zwanzig Meter Schlange auf der Hauptstraße vor dem Milchhäusle mit den Kannen in der Hand, um für ihre Kinder ein bisschen Magermilch zu bekommen. Der Fritz Heunisch war für die Frauen von den Flüchtlingen und Vertriebenen ein besonderer Mann. Wenn die zu ihm gegangen sind und die Karten haben nicht mehr gereicht für einen Stollen Brot oder für ein halbes Pfund Fett, dann hat er sich umgeschaut, ob die Luft rein war, und dann hat er für weniger Marken das herausgegeben, was die Frauen brauchten. Ein sehr guter Mensch war der.

Wenn ich mit meiner Raucherkarte zu Lydia E. gegangen bin, dann hat die ein ganz scharfes Messer gehabt und hat mir genau so viel Tabak abgeschnitten, wie ich gegen Marken bekommen durfte. Der Fritz Heunisch aber hat oft so geschnitten, dass es sehr zu meinem Vorteil war. Die Raucherkarte war übrigens praktisch Gold wert. Für eine Raucherkarte hat man zwei Dienstboten einen ganzen Monat lang beschäftigen können. So verrückt waren die Leute danach.

Besonders hoch im Kurs standen die Ami-Zigaretten. Wenn man da beim Tanzen eine kaufen wollte, musste man zehn Mark dafür bezahlen. Und verdient hat man in der Landwirtschaft damals als Arbeiter zwischen vierzig und sechzig Mark im Monat. Aber mit dem Geld konnte man ja sowieso nichts anfangen, dafür gab es vor der Währungsreform 1948 nichts zu kaufen. Das Einzige, was man sich leisten konnte, das war vielleicht mal ein Bier, wenn es zum Tanzen ging. Das gab es nämlich ohne Marken, wenn es das überhaupt mal gab.

Während der Ernte 1946 habe ich meistens mit nacktem Oberkörper gearbeitet, denn ich besaß nur ein einziges Hemd. Im Spätsommer wurden die Abende kühl, und morgens war es auch recht frisch. Da hat man ohne Jacke ziemlich gefroren. Eines Tages hat mich mein Bauer beauftragt, mit dem Pferdegespann eine Fuhre Weizen zur Mühle nach W. zu fahren. Auf der Straße sah ich etwas liegen und hielt an. Es war eine graue Arbeitsjacke aus Stoff. Ich habe die Jacke aufgehoben und mich umgesehen, ob sie wohl jemand verloren hat. Nachdem ich niemanden sah, habe ich mich beim Herrgott bedankt und bin weitergefahren. So kam ich ohne Bezugsschein und ohne einen Pfennig Geld zu einer Arbeitsjacke. Natürlich war das nicht in Ordnung, sie hat ja jemand anderem gehört. Aber die Not war damals so groß, dass meine Freude größer war als das schlechte Gewissen.

Erst langsam wurde es etwas besser. 1950/51 wurde hinter der Bahnlinie mit dem Bau der Siedlung für uns Flüchtlinge begonnen. 1952 wurden die ersten Häuser bezogen; 1954 ging es weiter, 1957 waren die letzten beiden Doppelhäuser fertig gestellt. Dass sie überhaupt zustande gekommen sind, das haben wir dem alten Herrn Wirths zu verdanken. Er hat dafür Grundstücke getauscht, die Planung übernommen und Steine aus seinem Betrieb geliefert. Er hat sich alle Mühe gegeben. Natürlich hat es auch böse Zungen gegeben. Die haben gesagt: »Der lässt euch die Häuser bauen, und wenn ihr nicht mehr zahlen könnt, dann klagt er euch raus und kommt billig an die Häuser.« Aber so war dieser Mensch nicht. Er hat wirklich geholfen.

Natürlich war die Finanzierung der Häuser schwierig, und schwer war es für uns auch, in die Dorfgemeinschaft wirklich aufgenommen zu werden. Zwar war das für uns Jüngere nicht ganz so schlimm. Wir sind uns ja beim Tanzen näher gekommen oder beim Fußball. Die Älteren haben da bestimmt mehr auszuhalten gehabt. Und viele sind dann ja auch, als die Zeiten wieder etwas besser wurden, aus den Dörfern in die Städte gegangen, wo sie auch beruflich mehr Chancen hatten. Aber »Flüchtling«, das war schon etwas wie ein Schimpfwort und ist lange auch so gebraucht worden. Wir hatten nichts außer unseren Kenntnissen und unserem Fleiß. Uns gehörte nichts. Wir konnten nichts beisteuern, keine Grundstücke und kein Haus, wenn wir uns mit Einheimischen anfreundeten und sie heiraten wollten.

Oft hat es geheißen: »Ihr Flüchtlinge habt ja leicht zu bauen gehabt, ihr habt Lastenausgleich bekommen und billiges Geld.« Das stimmt nicht. Es war eine schwere Zeit. Als meine Frau und ich 1956 gebaut haben, bekamen wir keinen Lastenausgleich, da wir bei der Vertreibung als Kinder kein Vermögen gehabt hatten. Ich konnte keinen Schaden anmelden, das hätte nur mein Vater tun können, der den Besitz hatte, und der lebte ja nicht hier im Westen.

Die Finanzierung unseres Siedlungshauses sah so aus: Die Herstellungskosten, ohne Straßenanschluss, ohne Wasser und Strom, betrugen 28 000 DM; die erste Hypothek mit sechseinhalb Prozent Zinsen brachte 7000 DM; dann hat jeder, der dort bauen wollte, 10 000 DM Staatsdarlehen gekriegt und 3500 DM Aufbaudarlehen; als Eigenkapital hatten wir 1700 DM. Die noch fehlende Summe haben wir durch Eigenleistung abgedeckt. Wir haben die Baugrube selbst ausgehoben, aber nicht mit einem Bagger, sondern mit der Schaufel. Wir haben das Haus innen und außen verputzt, das Dach gedeckt, Fliesen verlegt und sämtliche Malerarbeiten ausgeführt. Darüber hinaus haben wir die Fußböden verlegt. Das Nebengebäude für Waschküche und Kleintiere haben wir in Nachbarschaftshilfe gebaut und auch die Klärgrube selbst ausgehoben. Alles ohne die Maschinen, die es heute gibt, sondern mit Muskelkraft und unseren zehn Fingern. Zwölf Jahre hat es gedauert, bis bei uns die Straße und der Kanal gebaut wurden. So lange sind wir und unsere Kinder bei Regen durch den Dreck gegangen. Das war alles nicht leicht.

Nach dem Krieg habe ich oft mit dem Herrgott gehadert und geschimpft, weshalb er mich so allein und ohne Nachricht von meinen Angehörigen in der Fremde lässt. Ich hätte meine Heimat, meine Eltern, meine Geschwister so nötig gebraucht – schließlich habe ich sie und meine Schulkameraden im Alter von fünfzehn Jahren verloren. Ich habe die Bilder noch vor Augen, wie nahe ich in meinen jungen Jahren dem Tod gewesen bin. An der Front schlug in meinem Schützenstand ein Granatsplitter an einer Stelle ein, wo ich ein, zwei Sekunden vorher gestanden hatte. Das wäre mein sicheres Ende gewesen. In Gefangenschaft musste ich mit ansehen, wie die Tschechen die Männer von der Waffen-SS erschlagen haben und wie sie drohten, sie würden jeden fünften Mann erschießen, wenn sie noch einen SS-Angehörigen fänden. Solche Bilder und Erinnerungen kann man nicht wegwischen, die bleiben ewig in dir, solange du lebst.

Beim Bauern bin ich danach mal vom Scheunenboden gestürzt und bis in die Tenne durchgebrochen. Ein andermal löste sich ein

Stein aus einer Wand und fiel unmittelbar neben meinem Kopf nieder. Als ich einmal den Bulldog mit der Kurbel andrehte, verwickelte sich meine Jacke in die Kurbel, die ich erst im allerletzten Augenblick aus ihrer Führung herausreißen konnte. Durch alle diese Erlebnisse habe ich gespürt, dass ich nie allein war. Ich hatte einen Beschützer, den man nicht sieht, einen Schutzengel, der immer in meiner Nähe war. Ich hoffe und wünsche, dass meinen Kindern und all den jungen Menschen dieser Weg, den ich gehen musste, erspart bleibt.

Nach dem Kriegsende gab es keine Verbindung mehr zu meinen Geschwistern und zu meinen Eltern. Zwölf Jahre habe ich hier in G. gelebt, ohne jeden Kontakt zu meiner Familie. Meine Mutter hat die ganze Zeit über aus Russland versucht, durch Briefe Verbindung zu anderen Familien aufzunehmen, die auch verschleppt worden waren. Eines Tages hat sie dann von einer Frau Nachricht gekriegt, deren Bruder hier ganz in der Nähe in O. gelandet war. Diesen Mann hatte ich zuvor getroffen. Und der hat seiner Schwester geschrieben: »Der Josef Neumann ist auch hier, in G.« So erfuhr meine Mutter von mir, und so haben wir uns nach einem Dutzend Jahren ausfindig gemacht: 1956. Meine Mutter durfte aber aus Russland nicht ausreisen. Der Vater war bereits an Hunger gestorben. Der Rest der Familie hatte sich immerhin zum größten Teil im Ural wieder zusammengefunden. Nur von meinem Bruder Johann gab es unverändert keinerlei Lebenszeichen.

1965 wurde ich vom Flüchtlingsamt in W. angeschrieben, ich solle über den Verbleib des elterlichen Vermögens in Moldawien und im Warthegau Auskunft geben, da ich der einzige Überlebende der Familie Neumann sei. In diesem Brief lagen Formulare, die ich ausfüllen sollte. Doch ich sagte mir, das eilt nicht so. Nach vierzehn Tagen kam eine Mahnung, ich müsste das schleunigst ausfüllen, darunter auch die Angaben zu meinem Bruder Johann. Das habe ich auch erledigt, Geburtsdatum usw., und dann eben die Angabe: »Vermisst seit 1945.« Kurz danach erhielt ich eine Vorladung aufs Amtsgericht. Mir wurde gesagt: »Herr Neumann was Sie da geschrieben haben, das ist in Ordnung, aber das mit Ihrem Bruder, von dem Sie geschrieben haben, er sei seit 1945 vermisst, das können wir so nicht stehen lassen. Den müssen wir für tot erklären, weil er länger als zehn Jahre ohne Lebenszeichen vermisst ist.«

Ich habe geantwortet: »Nein, das mache ich nicht, das geht mir gegen den Strich, das tut mir weh, meinen Bruder für tot zu erklären, ich weiß ja nicht, ob er nicht doch noch lebt.« Der Sachbearbeiter hat mich beruhigt, diese Todeserklärung gehe nicht von heute auf morgen, da würden zunächst verschiedene Suchdienststellen abgefragt. Darauf habe ich mich dann eingelassen, und innerhalb von drei, vier Monaten habe ich ein Schreiben vom Amtsgericht gekriegt: »Ihr Bruder Johann Neumann ist ab null Uhr, Jahresende 1945, für tot erklärt.« Das war schlimm. Am Ende habe ich gedacht: »Damit musst du dich abfinden; dein Bruder ist ja nicht der Einzige, der im Krieg ums Leben gekommen ist.«

Ein halbes Jahr später kam wieder ein Schreiben vom Amtsgericht, ich solle nach W. kommen. Am Südbahnhof habe ich dort den Herrn Stumpf aus R. getroffen, der war als Sachbearbeiter beim Amtsgericht beschäftigt, und den habe ich gefragt, was diese Nachricht wohl zu bedeuten habe. Der hat mir Auskunft gegeben, es sei ein Schreiben eingetroffen, das sich um meinen Bruder drehe. Ich bin zum Amtsgericht, und da haben die ein Schriftstück rausgezogen und mir vorgelesen: »Johann Neumann, geb. 1923 in Breslau.« Das war eine Art Meldekarte, die alle Soldaten ausfüllen mussten, wenn sie in Gefangenschaft kamen. Sämtliche Angaben haben gestimmt, nur der Geburtsort nicht.

Ich habe den Beamten gebeten, mir das Dokument zu zeigen, und habe darauf zweifelsfrei die Handschrift meines Bruders erkannt. Aber mir erschien es seltsam, dass auf der Karte stand, er sei in Breslau und nicht in Neudorf/Moldawien geboren worden. Also haben sie weitergeforscht und haben über die Suchdienststelle der ehemaligen Wehrmacht, die Wehrmachtsauskunftsstelle, herausgefunden, dass er in Afrika in Kriegsgefangenschaft geraten ist, danach in England in ein Lager kam und bis 1948 in englischer Gefangenschaft war. Im selben Jahr ist er nach Deutschland zurückgekehrt, und zwar nach Gelnhausen. Das haben sie mir ein Vierteljahr später in W. mitgeteilt.

Ich habe sofort das Wohnungsamt in Gelnhausen angerufen und habe dort erfahren, dass in Gelnhausen ein gewisser Hans Neumann wohnt, der 1923 geboren wurde, verheiratet ist und einen Sohn hat. Er wohnte am Obermarkt 16 in Gelnhausen. Ich habe mich unglaublich gefreut, aber es blieben doch gemischte Gefühle: Wie wirst du ihn antreffen, ist er verwundet worden, kennst du ihn, kennt er dich noch? Dann bin ich 1966 runtergefahren nach Gelnhausen. Mein Bruder war noch auf der Arbeit, als ich bei ihm zu Hause eintraf. Ich habe mich seiner Frau vorgestellt, und sie hat mir gesagt: »Sie haben Glück, dass er heute Innendienst hat, dann kommt er am Abend nach Hause, sonst könnte es sein, dass er auswärts ist, in Würzburg oder irgendwo sonst.«

Darüber hinaus meinte sie, dass ja jeder kommen könne und sagen, er sei der Bruder. Ich habe die Frau gefragt, ob sie nicht ein Bild von ihm hat. Da hat sie mir das Hochzeitsbild gezeigt, und da war für mich klar, das ist mein Bruder. Ich habe seiner Frau gesagt, er habe ein unveränderliches Kennzeichen auf dem rechten Armrücken, nämlich eine fünf Zentimeter lange Narbe. Sie hat geantwortet: »Ja, das stimmt. Sie sind mein Schwager.« Der Bruder ist am Abend heimgekommen, und wir haben uns nach dreiundzwanzig Jahren wiedergesehen. Er hat mich zunächst nicht erkannt. Ich ihn dagegen sofort. Als ich ihn das letzte Mal gesehen hatte, war er schon ausgewachsen gewesen, aber ich war ja damals noch ein Büble von fünfzehn Jahren.

Mein Bruder hat mich gefragt, wo ich wohne, und ich habe geantwortet, in G. »Was, in G.«, hat er gesagt, »ich habe da doch ganz in der Nähe alle vier Wochen zu tun gehabt.« Er war bei den Amerikanern angestellt und musste regelmäßig in alle Städte fahren, in denen Amerikaner stationiert waren. So kam er auch nach W., hat dort das Schloss besucht, in dem ich zur gleichen Zeit

Malerarbeiten ausgeführt habe, oder das Vermessungsamt, in dem ich eine große Stuckdecke renoviert habe, während er einen Stock tiefer zu tun hatte. Wäre er einen Stock höher gekommen, dann hätte er meine Arbeitskiste gesehen, auf der mein Name stand. Dann hätten wir uns schon viel früher getroffen. Vielleicht auch am Hauptbahnhof in W., wo ich auf einem Gerüst gearbeitet habe. »Da waren zwei Mann drauf«, erinnerte er sich. »Ja«, habe ich gesagt, »und einer davon war ich.«

Noch einmal elf Jahre später habe ich dann auch meine Familie in Russland nach fünfunddreißig und die eine meiner Schwestern sogar erst nach siebenunddreißig Jahren wiedergesehen. 1977 habe ich meiner Schwester geschrieben, ob die Möglichkeit besteht, uns in Russland zu treffen – mit meinem Bruder Philipp, der im Krieg schwer verwundet worden war, und mit meinen zwei Schwestern. Die eine Schwester hat geantwortet: »Ja, wir wollen uns noch einmal sehen.« Wir haben ausgemacht, dass meine Geschwister aus dem Ural nach Moskau kommen und ich mit einer Reisegruppe dorthin fliege.

Das war mir zwar nicht ganz geheuer, schließlich war ich nach deren Vorstellungen noch russischer Staatsbürger und konnte mir daher nicht sicher sein, ob mich die Russen nicht drüben behalten würden. Aber die Sehnsucht nach meinen Geschwistern war zu groß. Zwei Tage und zwei Nächte waren sie mit der Transsibirischen Eisenbahn unterwegs und ich nur ein paar Stunden im Flugzeug. Doch die russische Botschaft hatte mir bei meinem Visumantrag nicht mitgeteilt, in welchem Hotel ich in Moskau schlafen kann. So habe ich mit meiner Schwester verabredet, dass sie sich nach ihrem Eintreffen in Moskau am Flughafen erkundigt, in welchem Hotel unsere Reisegruppe untergebracht ist. Es war das Hotel »Ukraine«.

Am nächsten Tag habe ich unserer Reiseleiterin gesagt, dass ich an der geplanten Stadtbesichtigung nicht teilnehmen werde. Ich musste doch meine Geschwister suchen. Aber wie das in der fremden Millionenstadt gehen sollte, wusste ich nicht recht. Ich nahm mir also ein Taxi und bat den Fahrer, mich dorthin zu bringen, wo sie absteigen wollten. Das war ganz in der Nähe vom Geheimdienst NKWD, und da habe ich schon ein mulmiges Gefühl gehabt. Aber der Fahrer beruhigte mich und sagte, es gebe noch ein zweite Straße, die denselben Namen trage, und dort hat er mich hingebracht. Doch meine Geschwister waren schon nicht mehr da. Daraufhin sind wir zu meinem Hotel zurückgefahren, und da standen alle drei auf der Eingangstreppe und haben nach mir ausgeschaut.

Der Bruder mit Krücken, dem ging es gar nicht gut. Die eine Schwester hat mich gleich erkannt. Und die ältere Schwester hat gesagt: »Schau mal, was du anhast.« – »Na ja, Kleider«, habe ich erwidert. Und was ich jetzt erzähle, ist nicht erfunden, es ist die Wahrheit. Denn die Tochter meiner Schwester hatte zu Hause zu ihrer Mutter gesagt: »Ich habe geträumt, der Onkel Josef hat eine dunkelbraune Hose an, ein beigefarbiges Jackett und ein braunes Hemd. Die Hose hat ein Fischgrätenmuster.« Und tatsächlich – solche Kleidung habe ich wirklich getragen. Das war unser Wiedersehen.

Nach vier Tagen mussten wir uns leider verabschieden. Die Zeit war für uns nach Jahrzehnten der Trennung viel zu kurz gewesen. Aber Gott sei gedankt, dass wir uns noch einmal sehen durften. Mein Bruder Philipp ist ein Jahr nach unserem Wiedersehen gestorben. Meine Schwestern leben auch nicht mehr, und mein Bruder Johann ist 1996 in Gelnhausen gestorben. Von der Familie Neumann aus Moldawien bin ich der einzige Überlebende. In G. fühle ich mich jetzt wohl, hier lebe ich mit meinen beiden Söhnen. Denen habe ich aufgeschrieben, wie es uns ergangen ist. Ob ich das alles öffentlich sagen könnte, weiß ich nicht, denn Unverständnis gibt es uns Flüchtlingen und Vertriebenen gegenüber noch immer. Aber es ist doch die Wahrheit.

Quelle: Gespräch mit dem Autor im November 2002.

»Es fehlt an dem Gefühl, willkommen zu sein«

Hirsch Dutiné, Techniker,
aus Frankfurt/Main

Am 28. April 1922 wurde ich in Frankfurt am Main im Erlenbruch 68 geboren, und zwar in der Wohnung meiner Großmutter, in der Küche. Das Haus war nach dem Ersten Weltkrieg gebaut worden und für die damaligen Verhältnisse sehr modern und bequem. Wir, das heißt meine Großmutter, meine Eltern und ich, lebten in einer Zweizimmerwohnung mit Küche, Badezimmer und Toilette. Der Küchenherd wurde mit Gas versorgt, das warme Wasser kam aus einem Gasboiler im Bad. Diese Ausstattung war damals noch sehr ungewöhnlich: Die meisten Mietshäuser hatten keine Badezimmer, sondern nur eine Waschgelegenheit mit kaltem Wasser in der Küche, und die Toiletten lagen meist außerhalb der Wohnungen als Gemeinschaftseinrichtung auf dem Zwischenstock.

Wir hatten wenig Geld, so dass im Winter die Zimmer nicht geheizt wurden. Im Küchenherd hat dann die Großmutter Ziegelsteine aufgeheizt, und die kamen in die kalten Betten, um sie ein wenig aufzuwärmen. Aber das machte nichts, das Leben spielte sich sowieso meist in der Küche ab. In den anderen Jahreszeiten waren wir Kinder draußen, haben im Wald gespielt oder uns auf dem Sportplatz getroffen. Der Zusammenhalt zwischen uns Jungen, aber auch unter den Eltern in dieser Siedlung war groß. Das lag vor allem daran, dass Riederwald eine Arbeitersiedlung war. »Riederwald ist rot«, hieß es, und das war auch richtig, dort hat alles sozialdemokratisch oder kommunistisch gewählt.

Mein Vater war ebenfalls Kommunist. Außerdem war er Jude, wenn auch nicht gläubig. Er hieß Lasar Grigorijewitsch Serebrennikov – auf deutsch: Silbermann – und stammte aus Russland. Er wurde 1900 geboren, war 1917 in Petersburg Mitglied der »Roten Garde« und erlitt bei den Revolutionskämpfen um Kiew eine leichte Halsverwundung. Jedenfalls lag er dort im Lazarett, als die deutschen Truppen 1918 die Ukraine besetzten, und kam so in Kriegsgefangenschaft. Er wurde nach Frankfurt gebracht und als Dreher in einer Rüstungsfirma zwangsverpflichtet. Dort lernte er meine Mutter Maria kennen, die anderthalb Jahre älter war als er. Sie arbeitete seit einiger Zeit in demselben Betrieb, um mit Hilfe des kleinen Verdienstes die Hungerzeit im Krieg überstehen zu können. Sie kümmerte sich ein bisschen um die Gefangenen, die schlecht gekleidet und ernährt waren. So lernten die beiden sich kennen. Meine Großmutter hätte es wohl lieber gesehen, wenn meine Mutter sich mit einem Deutschen angefreundet hätte. Aber sie hat sich mit meinem Vater dann doch abgefunden, obwohl er viel politischer war als sie oder meine Mutter.

Mein Vater trat der deutschen kommunistischen Partei gleich nach ihrer Gründung 1919 bei und hat bis 1923 an den Spartakuskämpfen teilgenommen. In diesem Jahr ist er nach den letzten bürgerkriegsähnlichen Kämpfen in Thüringen aus Frankfurt geflohen und auf dem Umweg über Frankreich mit dem Schiff nach Leningrad gefahren. Bei seiner Ankunft wurde er zunächst verhaftet, da er keine Papiere bei sich hatte, aber bald wieder freigelassen, nachdem ihn sein ehemaliger Kommandeur der »Roten Garde« identifiziert hatte. Mein Vater ist kein politischer Funktionär geworden, obwohl er einige der alten Bolschewiki persönlich kannte, sondern hat eine Stellung in einer Moskauer Kammfabrik angetreten. 1925 sind dann meine Mutter und ich zum ersten Mal nach Russland gefahren und haben den Vater besucht.

Als 1928 meine Einschulung im Riederwald anstand, haben sich meine Eltern entschieden, dauerhaft in Moskau zu leben. Mein Vater hatte für uns drei in einer kommunalen Wohnanlage ein Zimmer gefunden. Neununddreißig weitere Personen waren in diesem Neubau mit uns untergebracht und teilten sich zwei

Küchen, zwei Wasserstellen und zwei Toiletten. Morgens und abends, wenn die Menschen zur Arbeit gingen oder nach Hause zurückkehrten, bildeten sich lange Schlangen vor den Toiletten und in den Küchen. Das ging natürlich nicht ohne Streit ab und war mit unserem Leben im Riederwald überhaupt nicht zu vergleichen. Das Leben war ärmlich, und die Ernährung war knapp. Meine Mutter, die kaum ein Wort Russisch lernte, blieb meist in der Wohnung.

Die Einschulung in Moskau bedeutete für mich eine ziemliche Katastrophe. Ich sprach zunächst die Sprache nicht und wurde von meinen russischen Mitschülern gehänselt. Das habe ich mir so zu Herzen genommen, dass ich ein Jahr lang den Schulbesuch verweigert habe, meinen jüdischen Vornamen Hirsch ablegte und mich fortan Grigorij nannte. Aber ich wurde weiter als Deutscher verhöhnt. Dann erfuhren meine Eltern bei einem Besuch im deutschen Thälmann-Klub von der Existenz der deutschsprachigen Karl-Liebknecht-Schule, die von den Kindern deutscher Funktionäre bei der Kommunistischen Internationalen, sozusagen dem Generalstab der Weltrevolution, besucht wurde. Die Schule nahm mich auf, und ich habe sie besucht, bis sie im Zusammenhang mit den stalinistischen »Säuberungen« 1938 geschlossen wurde.

Ich hatte etliche Schulkameraden, die es als Kinder von politischen Emigranten später zu einiger Prominenz gebracht haben: Markus Wolf etwa, Chef der Hauptverwaltung Aufklärung, des Auslandsnachrichtendienstes der Staatssicherheit der DDR; oder Wolfgang Leonhardt, der bekannte Historiker, der 1945 mit der »Gruppe Ulbricht« nach Ost-Berlin kam, das Land aber vier Jahre später verließ, nach Jugoslawien floh und mit seinem Tatsachenbericht *Die Revolution frisst ihre Kinder* für großes Aufsehen sorgte. Aber auch Russen gehörten zu meinen Mitschülern, die wie unsere Lehrer in die Mühlen der »Säuberung« gerieten: Anari Eisenberger, Leonid Luminarski, außerdem unsere Klassenlehrerin Müller, der ich viel zu verdanken habe.

Bis 1936 fuhr ich mit meiner Mutter vor allem während der

dreimonatigen Sommerferien regelmäßig nach Frankfurt zu Besuch. Das war immer eine schöne Zeit. Dann haben wir uns dort dick und rund gegessen und uns alles gegönnt, was es in Moskau nicht gab, Eis zum Beispiel oder süße Brause am Kiosk im Erlenbruch. Die Großmutter hat uns verwöhnt. 1936 hat sie uns auch nach Moskau begleitet. Die Eindrücke dort müssen für sie schrecklich gewesen sein, denn sie hat anschließend darüber daheim erzählt: »Ach, hätte ich mir doch nur vorher ein Bein gebrochen, dann wäre mir dieses Elend erspart geblieben.« Die Armut und das kümmerliche Leben in Moskau waren für sie zu entsetzlich. Für mich war das normal, wenn ich natürlich auch immer wieder gern nach Frankfurt fuhr. Der Riederwald war schon meine eigentliche Heimat. Moskau ist das in diesem Sinne nie geworden, obwohl ich dort die Schule besucht habe und im Herbst 1938 als Elektrolehrling in einer Strickerei eingestellt wurde, in der ein Onkel, der Bruder meines Vaters, arbeitete.

Auch in diesem Betrieb war es für mich als Deutschen nicht einfach, obwohl ich inzwischen perfekt Russisch sprach. Während einer Nachtschicht hat mich ein Arbeitskollege angegriffen, und ich habe mich verteidigt. Er drückte mich zurück, und ich ließ das geschehen, weil ich dachte, dass ich mich dann von der Wand mit den Füßen abstoßen und ihn so überrumpeln könnte. Aber hinter mir war nicht die Wand, sondern dort stand eine Stalin-Büste auf einem Postament, und das trat ich versehentlich bei diesem Gerangel um. Die Büste stürzte herunter, aber zersprang Gott sei Dank nicht. Nur das Gips-Postament war zertrümmert.

Das hätte in diesen Jahren schlimm ausgehen können – ein Angriff auf Stalin, man stelle sich das einmal vor. Der Parteisekretär bestellte mich zu einem Gespräch mit dem Komsomol-Führer, dem Leiter des Jugendverbandes, und machte mir heftige Vorwürfe. Glücklicherweise haben beide diesen Vorfall aber nicht weiter nach oben gemeldet, sondern mir lediglich aufgetragen, so schnell wie möglich ein neues Postament zu besorgen. So bin ich nach der Schicht in ein Geschäft gegangen, das Fahnen, Transparente, Gipsbüsten von Parteiführern und ähnliches Zeugs anbot, wo ich ein neues Postament fand. Damit war diese Sache erledigt.

Ein andermal passierte mir ein zweites Malheur. Wieder in der Nachtschicht. Die Fabrik hatte eine teure Garnwickelmaschine mit Elektromotor aus Deutschland gekauft. Meine Aufgabe war es, diese wertvolle Maschine aufzustellen. Dazu musste ich das Fundament aufschlagen, um das Gerät auf seinem Schlitten im Boden einbetonieren zu können. Als ich danach versuchte, den Motor zu starten, um die Maschine probeweise anlaufen zu lassen, schleifte der Anker in seiner Führung. Mit Schraubenzieher und Hammer wollte ich nachhelfen, doch dabei fraß sich der Anker endgültig fest, und die gusseiserne Motorabdeckung zersprang in ihre Einzelteile. Der Motor war nicht mehr zu gebrauchen. So etwas galt damals als Sabotage und hätte mich den Kopf kosten können. Ein älterer Elektriker kam jedoch auf die Idee, wir könnten uns in anderen Fabriken nach einem ähnlichen Motor umsehen, ihn dort beschaffen und hier gegen den beschädigten austauschen. Drei Tage lang suchte ich, bis ich einen passenden Motor fand und herbringen ließ. Damit war die Sache gerade noch einmal gutgegangen.

Sie hätte auch anders ausgehen können. Mein Vater war 1938, weil er mit einer Deutschen zusammenlebte, aus der Partei ausgeschlossen worden. Er wurde aufgefordert, meiner Mutter zu raten, ihre deutsche Staatsbürgerschaft aufzugeben und Russin zu werden. Meine Mutter lehnte das ab, weil sie mit einem sowjetischen Pass nicht mehr nach Deutschland hätte einreisen dürfen. Also wurde mein Vater an seiner Arbeitsstelle entlassen und musste aus Moskau verschwinden, denn ohne Arbeit gab es keine Wohngenehmigung in der Hauptstadt. Er ging nach Swerdlowsk im Ural und fand dort eine einfache Arbeit. Gute Freunde von ihm hatten sich in der Zwischenzeit bei der Parteiführung für ihn eingesetzt, so dass er nach einem Jahr nach Moskau zurückkehren durfte. Danach lebte er dort sehr vorsichtig, um nicht unangenehm aufzufallen.

Auch für meine Mutter wurde es schwierig. Ihr Reisepass lief

1940 aus. Die deutsche Botschaft in Moskau weigerte sich, ihn zu verlängern. Meine Mutter und ich, sagten die Beamten, müssten nach Deutschland ausreisen und dort einen neuen Pass beantragen. Aber inzwischen war ja der Zweite Weltkrieg ausgebrochen, und meine Mutter hatte Angst, dass sie als Frau eines Juden und Kommunisten in Deutschland Ärger bekommen würde und vielleicht nicht mehr mit mir zu meinem Vater zurückkehren könnte. Deshalb blieben wir in Moskau.

Das hatte allerdings zur Folge, dass wir beide dort als Staatenlose leben mussten. Spätestens nach dem Kriegsausbruch zwischen Deutschland und Russland im Juni 1941 wurde dies für uns höchst gefährlich. Selbst Deutsche, die mit Billigung der Partei in Moskau wohnten, wurden nach dem Osten abtransportiert – teils zu ihrem eigenen Schutz, falls die Hauptstadt fallen würde, vor allem aber aus panischer Angst vor Spionage und Sabotage, die vor keinem Halt machte. Deshalb trat ich mit meinem Vater in die »Zweite Volksdivision« ein, die wie andere Volksdivisionen nach den ersten großen Niederlagen der Sowjetarmee im Sommer 1941 als letzte Reserve aufgestellt worden war. In diesen Wochen der nahenden Katastrophe wurde nicht mehr so genau kontrolliert wie noch kurz vorher, sondern jeder war willkommen und wurde gebraucht, der ein Gewehr halten konnte.

Auf deutsche Soldaten traf ich erstmals am 10. Oktober 1941 nachts, östlich von Smolensk. Es war eine schreckliche Begegnung, denn nach meinen schlechten Erfahrungen in der Schule und am Arbeitsplatz fühlte ich mich doch mehr als Deutscher denn als Russe. Trotzdem dachte ich nicht im Traum daran überzulaufen. Ich war Radmelder und sollte einen Befehl vom Stab nach vorn zur Kampflinie bringen. Dabei musste ich durch einen Wald, wo ich plötzlich Stimmen hörte. Ich schlich mich näher, weil ich sie nicht genau verstand. Und dann war klar: Das sind Deutsche. Ich kroch sofort zurück, denn die hätten mich nach einer Gefangennahme bestimmt umgebracht: In Frankfurt geboren, die Mutter Deutsche, der Vater russischer Jude und Kommunist, das wäre wohl das sichere Ende gewesen.

Mitte Oktober 1941 wurde ich gemeinsam mit meinem Vater und mit mehr als 100 000 sowjetischen Soldaten bei Wjasma eingekesselt, gerade noch 250 Kilometer von Moskau entfernt. Doch nach heftigen Kämpfen gelang unserer Einheit unter schweren Verlusten bei dem Dörfchen Bogarodizkoje der Ausbruch. Im Gebalk der Kirchturmspitze hatte sich ein deutscher MG-Schütze mit seiner Waffe eingebaut und hielt das Gelände unter Feuer. Nur wenige unserer Soldaten schafften die Flucht. Auch mein Vater wurde verwundet und musste ins Lazarett. Meine Mutter war mittlerweile als feindliche Ausländerin in Moskau verhaftet und, ohne uns verständigen zu können, nach Turkmenistan deportiert worden. Und auch ich wurde verhaftet.

In Wolokolamsk, neunzig Kilometer nordwestlich von Moskau, beschuldigte mich der sowjetische Geheimdienst nach der Trennung von meinem Vater, ein deutscher Spion zu sein. Niemand glaubte mir meine Geschichte. Zu unwahrscheinlich schien sie selbst in dieser an Unwahrscheinlichem so reichen Zeit. Verbindung zu meinem Vater durfte ich nicht aufnehmen. Im November wurde ich ohne Gerichtsverfahren in das Arbeitslager 667 im Ural verbannt. Bis in das Frühjahr 1944 hinein montierte ich dort in einer Rüstungsfabrik unter Hunger und Schlägen Geschütztürme auf den legendären Sowjetpanzer T 34.

Dann gelang mir endlich die Flucht. Ich schlug mich nach Moskau durch und wollte zu Stalin höchstpersönlich durchdringen, um ihm mein Schicksal vorzutragen. Ich war ja gläubiger Kommunist und dachte, was mir geschehen war, müsste einem unglaublichen Missverständnis unterer Dienstgrade entsprungen sein. Tatsächlich kam ich bis in das Vorzimmer Kalinins, des sowjetischen Ministerpräsidenten. Doch ein Sekretär gab mir dort, nachdem er mein Anliegen aufgeschrieben hatte, den Rat, so schnell und unauffällig wie möglich in das Lager nach Sinarskoje zurückzukehren, denn ich könnte von jeder Polizeistreife aufgegriffen und als Spion sofort erschossen werden.

Die Rückkehr gelang mir unbeschadet. Und endlich hatten die Sicherheitsbehörden in Moskau auch aufgrund der Interventionen meines Vaters ein Einsehen mit mir, glaubten meine Geschichte und schickten mich als Soldat in den Fernen Osten. Dort konnte ich als Deutscher wohl keinen Schaden anrichten. Nach dem Kriegsende traf ich meinen Vater in Moskau wieder – doch von meiner Mutter fand sich keine Spur. Ein Brief, den sie mir im Juni 1942 ins Arbeitslager geschrieben hatte, blieb ihre letzte Nachricht: »Mein lieber Bubitschka, dir ist es wie mir ergangen: dich haben sie aus der Roten Armee fortgeholt und mich aus Moskau. Ich war krank und bin nur noch Haut und Knochen. Ich wiege zweiunddreißig Kilo und 400 Gramm. Kleine Kinder laufen mir schreiend auf der Straße nach, große werfen Steine nach mir und rufen: ›Seht mal, eine Verrückte!‹ Mein lieber Sohn, schicke mir kein Geld. Wechsele deine Wäsche, so oft es geht, und hüte dich vor Läusen und Typhus. Ich habe nichts mehr zu essen, meine Wäsche haben sie mir genommen, ich habe jetzt nur noch einen Mantel und ein altes Kleid. Aber ich soll jetzt nach Fergana in Kasachstan, da soll es warm und billig sein. Bestimmt finde ich dort eine Arbeit, aber am liebsten wäre ich bei dir. Oder willst du nicht, dass ich komme? Oh, dieser hundertfach verfluchte Krieg. Es grüßt dich und es küsst dich deine dich liebende Mutter.«

Meine Mutter starb. Irgendwo. Sie ist verhungert. Und irgendwo liegt sie begraben, wenn sie überhaupt ein Grab gefunden hat. Aber ihr Herz hat sie in Frankfurt gelassen. Und bei mir war das nicht anders. Ich kam nach Moskau, und es gab nicht die geringste Möglichkeit einer Rückkehr nach Deutschland. Stalin war noch immer an der Macht. Ich habe versucht, nicht mehr an Deutschland zu denken. Ich fand wieder Arbeit, war fleißig und bin allmählich aufgestiegen. Ich habe mein Frau Swetlana kennen gelernt, wir bekamen unsere Tochter Lena. Sie hat studiert, geheiratet und unsere Enkeltochter Katja zur Welt gebracht.

So ging alles seinen Gang. Wir bekamen eine schöne Wohnung in Moskau, hatten einen Garten mit Datscha außerhalb und konnten uns ein Auto leisten. Unsere Urlaube haben wir entweder auf dem Land oder auch schon mal an der Ostsee verbracht;

dort war es beinahe wie in Deutschland. Nach dem Inkrafttreten des deutsch-sowjetischen Vertrags im Mai 1972 habe ich gedacht, jetzt würde die Zeit auch für uns besser werden. Ich habe allerdings schnell gemerkt, dass sich die Politik um uns einzelne Menschen, um die kleinen Leute, nicht gekümmert hat. Es ging ihr immer nur um angeblich große Dinge, aber nie um uns. Deshalb habe ich es nicht gewagt, einen Antrag auf Aussiedelung zu stellen. Schließlich lebte bis 1976 auch noch mein Vater, und außerdem hatte ich eine Zeit lang in einer Fabrik gearbeitet, die als Rüstungsfirma galt, so dass ich ohnehin keine Genehmigung zur Ausreise bekommen hätte.

Danach war ich bis zu meiner Pensionierung stellvertretender Direktor in einem Reparaturbetrieb für Fernsehgeräte und hätte wohl gehen dürfen. Doch da war die Familie, und dann wusste ich ja auch nicht, ob von meinen Verwandten im Riederwald noch jemand am Leben war. Seit 1940 hatte ich keinerlei Verbindungen nach Deutschland mehr.

Erst 1991 brach das wieder auf. Da lernte ich auf einer Fahrt mit Kriegsveteranen nach Bogarodizkoje zufällig einen deutschen Journalisten kennen, der aus Anlass des fünfzigsten Jahrestags des deutschen Überfalls auf die Sowjetunion für eine Reportage nach Russland gekommen war. Ich sprach mit ihm über mein Schicksal, und er fragte mich, ob ich denn nicht einmal wieder nach Deutschland fahren wolle. Ich antwortete ihm, dass ich mir darüber nicht im Klaren sei, aber nannte ihm die Namen meiner Cousins Heinz und Heinrich, die wie ich als Kinder im Riederwald gelebt hatten.

Und beide fand der Journalist tatsächlich. Sie wohnten immer noch in Frankfurt, aber nicht mehr im Riederwald. Sie erzählten ihm, dass sie seit fünfundfünfzig Jahren keine Nachricht mehr von mir erhalten hätten, keinen Brief und kein Bild. Und dass sie auch keinen Versuch gewagt hätten, das Schicksal ihrer Verwandten in Russland aufzuklären. Zu groß war anfangs die Sorge, solche Nachfrage könne uns schaden, und zu gering war später die Hoffnung, wir könnten überhaupt noch am Leben sein. Als sie nun von mir hörten, haben sie mich sofort nach Frankfurt eingeladen.

Die Spannung vor diesem Besuch war für mich kaum auszuhalten. Heimkehr nach einem halben Jahrhundert. Im September 1991 kam ich nach Frankfurt. Ich habe als Erstes den Riederwald besucht. Die Straßenbahn rumpelte noch immer dorthin. Es war immer noch die Linie 18. Die Straße hieß unverändert Erlenbruch. Es gab den Bolzplatz und den Kiosk, nur das Haus Nummer 68 mit dem schiefergedeckten Satteldach, mit dem Efeu an der Stirnwand und den hölzernen Kräuterkästen vor den Fenstern, das gab es nicht mehr. An seiner Stelle stand ein achtstöckiger Betonbau, glatte Fassade zur Straßenfront, kleine Fenster, kein Grün.

Vielleicht war das gut so. Vielleicht hätte ich die Erinnerung nicht ausgehalten, wenn alles so wie in meiner Kindheit geblieben wäre. Jedenfalls wurde ich eingeladen, vom damaligen Frankfurter Oberbürgermeister Andreas von Schoeler. Im Römer, dem alten Rathaus, hat er mich willkommen geheißen. Ich bekam von ihm eine Vergrößerung meiner Geburtsurkunde überreicht. Und danach hat er mich gefragt, ob ich meinen Lebensabend nicht wieder in meiner Geburtsstadt verbringen wolle.

Das war zu viel für mich, zu viel an Eindrücken und an Erinnerungen. Ich flog zurück nach Moskau und habe mich mit meiner Frau, mit meiner Tochter, mit ihrem Mann und mit unserer Enkeltochter beraten. Ich war noch nicht reif für eine Entscheidung. Auf der einen Seite das Heimweh und auch das Wissen, dass die Lebensbedingungen in Frankfurt unvergleichlich besser sein würden als in Moskau, auf der anderen Seite aber die Unklarheit, wovon wir leben könnten, und die Ungewissheit, ob es Swetlana und Katja, die in Moskau bei uns wohnte, weil es von uns aus näher zu ihrer Schule war, in dem fremden Land gefallen könnte, dessen Sprache sie nicht beherrschten.

Am Ende haben wir uns für die Rückkehr nach Deutschland entschieden, weil mein Heimweh doch zu groß war. Der Riederwald hat mich nicht mehr losgelassen. Hinzu kam, dass die

Lebensverhältnisse in Moskau Anfang der neunziger Jahre immer schwieriger wurden. Die Renten waren niedrig, die Preise stiegen, und die Aussichten für Katja, nach ihrem Schulabschluss eine gute Berufsausbildung absolvieren zu können, waren nicht gut. Darüber hinaus traf ich bei der deutschen Botschaft in Moskau auf einen Beamten, der mir großen Mut machte. Er sagte mir, ich sei Deutscher, ich solle im Alter nach Deutschland heimkehren und Deutschland werde sich um mich kümmern.

Das war 1992. Im Mai habe ich von der deutschen Botschaft in Moskau meinen deutschen Pass überreicht bekommen. Ich war also wieder amtlich anerkannter Deutscher und könnte, so wurde mir gesagt, ohne Visum nach Deutschland reisen, mir da eine Wohnung suchen und dort ohne irgendwelche bürokratischen Hemmnisse leben. Meine Rente würde nach einem deutsch-sowjetischen Abkommen von der deutschen Rentenversicherung ausbezahlt werden, als hätte ich mein Leben lang in Deutschland gearbeitet – so wie auch umgekehrt ein Deutscher, der als Rentner nach Russland zieht, von der dortigen Rentenversicherung versorgt wird. Das jedenfalls wurde mir erzählt, in der Frankfurter Stadtverwaltung und in der deutschen Botschaft in Moskau.

Nachdem mir so viel Mut gemacht worden war, habe ich mich bei den russischen Behörden um die Ausreise bemüht. Gegen Jahresende 1992 hatte ich endlich sämtliche Stempel zusammen, nicht zuletzt auch vom Finanzamt, dass gegen mich keinerlei Steuerforderungen bestehen. Die russische Rentenversicherung teilte mir mit, dass sie mit dem Datum meiner Ausreise ihre Zahlungen einstellen werde. Aber das berührte mich insofern nicht, als ich nach der Auskunft in der Botschaft ja davon ausgehen konnte, dass meine Versorgung ab demselben Datum durch die deutsche Rentenversicherung getragen würde.

So flog ich am 26. Januar 1993 nach Frankfurt, und Swetlana kam am 23. Juni nach, als ich durch Vermittlung meines Cousins Heinrich überraschend schnell eine schöne Wohnung gefunden hatte. Die Einrichtung und das Geschirr stellten meine Verwandten und andere Menschen, die von meinem Schicksal gehört hatten. Einen neuen Kühlschrank und die Waschmaschine kaufte das Frankfurter Sozialamt für mich, obwohl es doch gebrauchte Geräte auch getan hätten.

Dies allerdings war das Einzige, was problemlos klappte. Bei allem anderen dagegen musste ich feststellen, dass mein Fall ganz offenkundig nicht zu den Verordnungen passte, nach denen deutsche Beamte gewöhnlich vorgehen. Ich war kein Russlanddeutscher, der sich um Aufnahme bewarb. Ich war kein Vertriebener aus Ostdeutschland, der nach Jahrzehnten der Verschleppung in die Heimat zurückkehrte. Ich war ganz einfach ein Deutscher, der sein Land während der Nazi-Zeit verlassen musste beziehungsweise aus politischen und rassischen Gründen dorthin nicht zurückkehren konnte und es jahrzehntelang danach nicht gewagt hatte, diesen Schritt zu tun.

Als Erstes teilte mir die Rentenversicherung mit, dass ich nur dann einen Rentenanspruch hätte, wenn ich Spätaussiedler im Sinne des Bundesvertriebenengesetzes wäre. Um als solcher anerkannt zu werden, müsste ich zum Sozialamt gehen, die würden mir zunächst eine laufende Hilfe zum Lebensunterhalt bezahlen und mir schon den richtigen Weg durch den Behördendschungel zeigen.

Das Sozialamt schickte mich zum Ausgleichsamt, wo ich erfuhr, ich müsste einen Aufnahmeantrag als Spätaussiedler stellen. Dies hätte ich, so wurde mir gesagt, eigentlich bereits vor meiner Einreise nach Deutschland in Moskau erledigen müssen. Jetzt, wo ich nun schon einmal da sei, solle ich dies im Grenzdurchgangslager Friedland nachholen, wo eine Dienststelle des Bundesverwaltungsamtes sitze, die solche Anträge bearbeite.

Dort wurde ich nach meinem Einreisevisum für die Bundesrepublik befragt und nach meinem Aufnahmeantrag, den ich in Moskau bei der deutschen Botschaft hätte stellen müssen. Als ich meinen Pass vorlegte und erklärte, dass ich kein Spätaussiedler sei, sondern ein Deutscher, der kein Einreisevisum brauche, wussten die Beamten nicht mehr weiter.

Und so ging es weiter, von einer Dienststelle zur anderen. Ich bekam keine Rente, sondern Sozialhilfe, die ich eigentlich nicht haben wollte, weil mir die Rentenzahlung zugesagt worden war. Hätte man mir in Moskau erklärt, dass ich nur von solcher staatlichen Unterstützung würde leben müssen, wäre ich vielleicht nicht nach Deutschland gekommen. Und dies nicht, weil mir die Höhe der Sozialhilfe zu gering war, sondern weil ich kein Bettler sein wollte.

Ich hatte mein ganzes Leben hart gearbeitet und habe auch in Moskau nicht schlecht gelebt. Wir hatten Wohnung, Auto, Datscha – uns ging es also für russische Verhältnisse sehr gut. Der Gang in das Sozialamt hier in Frankfurt war schlimm für mich. Die Beamten waren dort sehr freundlich und hilfsbereit und haben uns in jeder Hinsicht großzügig unterstützt. Aber es war eben nicht mein Geld, das ich bekam, sondern geschenktes Geld, weil ich mein Leben lang nicht in Deutschland gearbeitet hatte. Wie konnte ich das annehmen? Ich hatte ein sehr schlechtes Gewissen dabei.

Schließlich hat mir ein Rechtsanwalt geraten, das Bundesverwaltungsamt in Köln zu verklagen. Ich könne nicht dafür verantwortlich gemacht werden, wenn mir von der deutschen Botschaft in Moskau oder auch von Behörden der Stadt Frankfurt fehlerhafte Rechtsauskünfte gegeben worden seien. Woher hätte ich wissen sollen, dass ich in Moskau in jedem Fall einen Aufnahmeantrag zur Übersiedelung in die Bundesrepublik hätte stellen müssen und dass ohne dessen Genehmigung die Einreise nicht erfolgen durfte? Ich bin doch kein Jurist. Und von solchen Bestimmungen hatte ich keine Ahnung.

Also ersuchte ich das Bundesverwaltungsamt, mich über eine Härtefallregelung als Spätaussiedler anzuerkennen, damit ich an meine Rente käme. Im September 1995 lehnte das Bundesverwaltungsamt diesen Antrag ab. Ich legte Widerspruch ein. Auch der Widerspruch wurde zurückgewiesen, im Januar 1996. Daraufhin verklagte der Rechtsanwalt die Kölner Behörde.

Bis zur Verhandlung vor dem Verwaltungsgericht Köln dauerte es noch einmal fünfeinhalb Jahre. Im Juli 2001 kam es dann zur Verhandlung. Die Richter konnten die jahrelangen Verzögerungen nicht verstehen und überzeugten das Bundesverwaltungsamt, alle ablehnenden Bescheide aufzuheben und sowohl mich wie Swetlana über eine Härtefallregelung als Spätaussiedler nach dem Bundesvertriebenengesetz anzuerkennen.

Nun sind wir beide seit April 2002 amtlich anerkannte Spätaussiedler, obwohl Swetlana von ihrer Herkunft eindeutig Russin und keinesfalls Spätaussiedlerin ist und ich von Geburt her eindeutig Deutscher bin und damit auch kein Spätaussiedler.

Doch so ist dem Gesetz und den sonderbaren Rechtsvorschriften Genüge getan, und ich beziehe meine Rente. Sie ist zwar klein, aber das ist schon in Ordnung so, schließlich habe ich in Deutschland ja nie Beiträge dafür bezahlt. Bedrückt hat mich allein, dass ich zehn Jahre warten musste, bis ich zu meinem Recht kam.

Hätten mich in dieser Zeit nicht meine Verwandten und gute Freunde unterstützt, dann hätte ich diese Belastung ganz bestimmt nicht durchgestanden und wäre vielleicht doch enttäuscht nach Moskau zurückgekehrt. Denn es ist ja nicht so, dass wir hier das Gefühl vermittelt bekommen hätten, wirklich willkommen zu sein. Natürlich, unsere Verwandten haben uns herzlich aufgenommen und großzügig unterstützt. Die Stadt Frankfurt hat uns jede Hilfe gegeben. Wir können uns alles kaufen, was wir brauchen. Es fehlt also eigentlich an nichts. Nur eben an dem Gefühl, willkommen zu sein. Für viele sind wir die Russen und bleiben die Russen. Diese Menschen wollen uns nicht kennen lernen. Vielleicht haben sie zu viele eigene Probleme oder sind zu unsicher, als dass sie auf andere Menschen menschlich und offen zugehen könnten.

Aber wir halten durch. Uns Riederwäldern wurde schon in meiner Kindheit nachgesagt, wir seien ganz besonders stur. Einen solchen Dickkopf habe ich auch. Gott sei Dank! Denn den brauche ich jetzt, nachdem Swetlana einen Schlaganfall hatte. Ihr war längere Zeit schwindlig gewesen, dann brach sie zusammen. Die medizinische Versorgung war viel besser, als wir sie uns in Moskau jemals hätten leisten können. Swetlana war wochenlang im

Krankenhaus und kam danach zur Rehabilitation in eine Klinik im Taunus. Sie hat wieder gehen gelernt, kann sogar den zunächst gelähmten Arm bewegen. Natürlich werde ich mich in der Zukunft um mehr Dinge im Haushalt kümmern müssen als zuvor. Doch wir haben im Riederwald eine Seniorenwohnung zugewiesen erhalten, die behindertengerecht eingerichtet ist, zwei Zimmer hat und ein großzügiges Bad.

Und nun kommt das Tollste: Diese Wohnung liegt genau an der Stelle zwischen Erlenbruch und Schultze-Delitzsch-Straße, wo ich 1922 geboren wurde. So schließt sich der Kreis. Als ich die Wohnung besichtigt habe, kam eine ältere Frau auf mich zu und sagte: »Herr Dutiné, ich kenne Sie von früher, wir haben als Kinder im Riederwald zusammen gespielt.« Jetzt bin ich wirklich zu Hause angekommen.

Quelle: Gespräche mit dem Autor im Januar und Mai 2004.

Anmerkungen

Teil I

1 *Dokumentation der Vertreibung der Deutschen aus Ost-Mitteleuropa,* in Verbindung mit Adolf Diestelkamp, Rudolf Laun, Peter Rassow und Hans Rothfels bearbeitet von Theodor Schieder, herausgegeben 1954 vom Bundesministerium für Vertriebene, unveränderter Nachdruck in acht Bänden, München 1984, hier: *Die Vertreibung der deutschen Bevölkerung aus der Tschechoslowakei,* Band 1, S. 12. Diese auf breiter Quellengrundlage erarbeitete wissenschaftliche Auseinandersetzung herausragender zeitgenössischer Historiker mit Flucht und Vertreibung der Deutschen nach dem Zweiten Weltkrieg ist noch heute Grundlage jeder seriösen Darstellung zu diesem Thema.

2 Zitiert in: *Akten zur Deutschen Auswärtigen Politik,* Serie D, Bd. VII, Nr. 193.

3 Zitiert in: Bruno Wasser: *Himmlers Raumplanung im Osten. Der Generalplan Ost in Polen 1940–1944,* Basel/Berlin/Boston 1993, S. 56.

4 Denkschrift Himmlers *Über die Behandlung der Fremdvölkischen im Osten* (Mai 1940), in: Vierteljahrshefte für Zeitgeschichte 5/1957, S. 194 ff.

5 Zitiert in: Alfred M. de Zayas: *Die Anglo-Amerikaner und die Vertreibung der Deutschen,* München 1979, S. 255.

6 Die folgenden Zahlenangaben beruhen auf den zuverlässigen Ermittlungen von Gerhard Reichling: *Deportation, Flucht und Vertreibung in Zahlen,* in: *40 Jahre Arbeit für Deutschland – die Vertriebenen und Flüchtlinge,* Frankfurt am Main/Berlin 1989, S. 30 ff.

7 Zitiert nach: Alexander Werth: *Rußland im Krieg,* München 1965, S. 644.

8 Manfred Wille/Steffi Kaltenborn (Hrsg.): *Die Vertriebenen in der SBZ/DDR. Dokumente,* Band II: *Massentransfer, Wohnen, Arbeit 1946–1949,* Wiesbaden 1999, S. 241.

9 Ebd.

10 Ebd., S. 177 f.

11 Ebd.

12 Ebd.

13 Manfred Wille/Steffi Kaltenborn/Gerald Christopeit/Manfred Jahn (Hrsg.): *Die Vertriebenen in der SBZ/DDR. Dokumente,* Band I: *Ankunft und Aufnahme 1945,* Wiesbaden 1996, S. 372 ff.

14 Ebd., S. 369 ff.

15 Ebd., S. 451 ff.

16 Zitiert bei: Manfred Wille: *SED und »Umsiedler« – Vertriebenenpolitik der Einheitspartei im ersten Nachkriegsjahrzehnt,* in: Dierk Hoffmann/Michael Schwarz (Hrsg.): *Geglückte Integration? Spezifika und Vergleichbarkeiten der Vertriebenen-Eingliederung in der SBZ/DDR,* München 1999, S. 91.

17 Ebd., S. 94.

18 Ebd.

19 Philipp Ther: *Vertriebenenpolitik in der SBZ/DDR und in Polen 1945 bis 1950,* in: Dierk Hoffmann/Michael Schwarz (Hrsg.): a.a.O., S. 148.

20 Arnd Bauerkämper: *Die vorgetäuschte Integration. Die Auswirkungen der Bodenreform und Flüchtlingssiedlung auf die berufliche Eingliederung von Vertriebenen in die Landwirtschaft in Deutschland 1945–1960,* in: Dierk Hoffmann/Michael Schwarz (Hrsg.): a.a.O., S. 202.

21 Ebd., S. 151.

22 Dierk Hoffmann: *Vertriebenenintegration durch Arbeitsmarktlenkung? Zur Beschäftigungspolitik der SBZ/DDR (1945–1950),* in: Dierk Hoffmann/Michael Schwarz (Hrsg.): a.a.O., S. 182 f.

23 Manfred Wille: a.a.O., S. 98.

24 Ebd.

25 Ebd., S. 101.

26 Ebd.

27 Zitiert bei: Ulrich Harbecke: *Abenteuer Deutschland. Von der Teilung zur Einheit,* Bergisch Gladbach 1991, S. 261.

28 Zu den Zahlenangaben im Folgenden: Georg Klemt: *Organisatorische Aspekte der Aufnahme und Unterbringung der Vertriebenen,*

in: Marion Frantzioch/Odo Ratza/Günter Reichert (Hrsg.): *40 Jahre Arbeit für Deutschland – die Vertriebenen und Flüchtlinge,* Berlin 1989, S. 66 ff.

29 Liliana Djekovic/Hermann Gross: *Der Beitrag der Vertriebenen und Flüchtlinge zum Wiederaufbau der deutschen Wirtschaft,* in: Marion Frantzioch/Odo Ratza/Günter Reichert (Hrsg.): a.a.O., S. 129.

30 Zu den Zahlenangaben im Folgenden: Siegfried Palmers/Karl Wimmers: *Die Eingliederung vertriebener und geflüchteter Landwirte – Ein gesellschaftlicher Auftrag,* in: Marion Frantzioch/Odo Ratza/Günter Reichert (Hrsg.): a.a.O., S. 94 ff.

31 Ulrich Tolksdorf: *Der Beitrag ostdeutscher Fischer zur Entwicklung der maritimen Alltagskultur in der Nachkriegsgeschichte der Bundesrepublik Deutschland,* in: Marion Frantzioch/Odo Ratza/Günter Reichert (Hrsg.): a.a.O., S. 106 f.

32 Zu diesen Zahlenangaben und im Folgenden: Paul Rauch: *Die berufliche Eingliederung der Vertriebenen,* in: Marion Frantzioch/Odo Ratza/Günter Reichert (Hrsg.): a.a.O., S. 116 ff.

33 Ebd., S. 120.

34 Gotthold Rhode: *Ostdeutsche Wissenschaftler und ihre Traditionen in der Bundesrepublik Deutschland,* in: Marion Frantzioch/Odo Ratza/Günter Reichert (Hrsg.): a.a.O., S. 196 ff.

35 Gerhard Reichling: *Wandel der Bevölkerungsstruktur und regionale Konsequenzen im Lichte der Statistik,* in: Marion Frantzioch/Odo Ratza/Günter Reichert (Hrsg.): a.a.O., S. 89.

36 Wilfried Schlau: *Gesellschaftliche Eingliederung der Vertriebenen,* in: Marion Frantzioch/Odo Ratza/Günter Reichert (Hrsg.): a.a.O., S. 179.

37 Die Zahlenangaben zum Lastenausgleich stammen aus: Der Präsident des Bundesausgleichsamtes (Hrsg.): *Fünfzig Jahre Lastenausgleichsgesetz. Bilanz einer einmaligen Solidarleistung des deutschen Volkes,* Bad Homburg v. d. Höhe 2002, passim.

38 Zu den Zahlenangaben vgl.: Ulrich Völklein: *Kriegskinder. Eine Dokumentation,* Hamburg 2002, S. 12 ff.

39 Zitiert bei: Haus der Heimat des Landes Baden-Württemberg

(Hrsg.): *Umsiedlung, Flucht und Vertreibung der Deutschen als internationales Problem. Zur Geschichte eines europäischen Irrwegs*, Stuttgart 2002, S. 74.

Teil II

»Ich war heimatlos«

1 Die Vor- und Nachnamen des Zeitzeugen wurden wunschgemäß anonymisiert.

»Unverständnis gibt es uns gegenüber noch immer«

1 Namens- und Ortsangaben des Zeitzeugen wurden auf seinen Wunsch hin verändert, weil er sich in seinem Aufnahmeort selbst nach sechzig Jahren noch nicht vorbehaltlos aufgenommen fühlt.

Bildnachweis

Sämtliche Abbildungen in diesem Buch entstammen dem Herder-Institut Marburg, Bildarchiv.

S. I oben: Foto Max Krause
S. II: Foto Pabel
S. V: Foto Ted Castle
S. VI unten: Foto Ted Castle
S. VIII: Foto Ted Castle
S. IX: Foto Ted Castle
S. X: Foto Ted Castle
S. XI: Foto dpa
S. XII unten: Foto Sudetendeutsches Archiv

Ortsregister

A
Alfeld 116
Allenstein 20
Alt-Damm 105 ff.
Altenessen 233
Althaferwiese 146
Angerburg 20
Archangelsk 332
Asch 28, 282, 285 f.
Aschaffenburg 288
Aschendorf 234, 236
Asmissen 90
Augsburg 281
Aumühle 89
Aussig 42, 228, 294

B
Bad Eilsen 175
Bad Essen 193, 196
Bad Schwalbach 258, 260
Bad Vilbel 289
Bad Wildungen 260
Bahro 53
Balga 21
Balz 154 f.
Baranow 20
Bartenstein 21
Bautzen 333
Bayreuth 17
Bebra 51
Beneschau 40
Berent 105
Bergen-Belsen 109
Bergfeld 120
Berlin 17 f., 22, 28, 45, 161, 163–169, 174, 219, 242
Bielefeld 89 f.
Birkenfeld 92
Bischofswerda 204
Bleichfelde 126
Bodenbach 229
Bogarodizkoje 351, 353
Böhmisch-Brod 40
Bohmte 193 f., 200
Bötgenwalde (Bitkowice) 121 f.
Brahberg 129
Brand 308
Brandenburg am Frischen Haff 21
Braunschweig 192
Breslau 22, 69, 180, 184, 188, 190, 333, 341
Brest-Litowsk 101
Brieg 21, 38
Bromberg (Bydgoszcz) 26, 123, 125 ff., 129 ff., 142
Brünn 69, 294
Brüx 42
Büchenbach 309 f.
Bückeburg 179
Budweis 39, 51

C
Cham 195
Cosel 244

D
Dachau 299
Danzig 9, 21 f., 35, 37, 69, 86, 96 f., 99, 128
Dirschau (Tczew) 98
Dömitz an der Elbe 105, 169 f.
Dorn-Assenheim 209 f.
Dresden 204 ff., 208, 212 f., 216, 223 ff., 229 f.
Dühringshof 151
Düren 66

E
Ebenrode 19 f.
Eberswalde 139
Eckernförde 87
Eger (Cheb) 258, 287
Ehrenfeld 232
Eibau 204
Eilsen 178 f.
Eisenach 28
Elbing 21
Elchwerder 20
Eltville 92
Erfurt 320 ff., 328 f.
Erkersreuth 285
Erkner 162 f.
Erlangen 301 ff., 306–310
Espelkamp 66
Essen 196–201
Ettenbostel 108 ff., 112 f.

F
Falkenau 96
Fallingbostel 109 f.
Fansburg 132
Felsberg 308
Fergana 352

Fischern 269
Flatow 132
Frankfurt am Main 124, 140, 345 f., 348, 352–358
Frankfurt an der Oder 158, 162
Freiberg/Sachsen 195, 197
Friedberg/Hessen 289
Friedbergschbruch 147
Friedland 234, 356
Fürstenfeldbruck 236
Fürstenwalde 150, 161 ff.
Furth im Wald 50 f., 296, 300 f., 304

G
Gardelegen 53
Gdingen (Gotenhafen) 22
Gelnhausen 342, 344
Gießen 288 f.
Göhren 55
Goldap 20
Gollnow 105
Golzow 161
Göritz 159
Görlitz 204
Göschwitz 232 ff.
Gottesgab 277
Gottschimmerbruch 146
Graudenz (Grudziadz) 100, 102 f., 117, 128
Greiffenberg 204
Gröditz 223 f.
Gronowo 26
Großwaltersdorf 19
Guben 53
Güby 87, 89
Gumbinnen 19 f.
Gurkow 149

H
Hagen 140
Halle an der Saale 177
Hangelsberg 163
Hannover 140, 179
Hardissen 91
Heilbronn 236 ff., 242 f.
Heiligenstadt 178
Heilsberg 21
Heinrichswalde (Slawsk) 20, 92
Helmstedt 28, 140
Herringhausen 193 f.
Heydekrug 20
Hirschberg (Jelenia Gora) 202 ff., 212, 216
Hodischau 291, 296, 298, 200
Hof 28, 51, 259, 333
Hohenelbe (Vrchlabi) 322, 324
Hornsen 113 f., 116

I
Insterburg 20, 79

J
Jablunkau 256
Jägerndorf 39
Jalta 13, 23, 28
Jastrow 132
Jembke 105, 107 ff., 112
Jungbunzlau 42

K
Kalisch 21
Karlsbad 39, 261, 264, 269, 273, 277, 304, 306
Kaschau 43
Kattowitz 242
Kelbra 178
Kiel 87
Kiew 346
Kladno 42, 275 f.
Kochendorf 237 ff., 242
Kohlfurt 192
Kolberg 22
Kolin 42, 250, 252 f.
Köln 357
Königgrätz (Hradec Kralove) 42, 320 f.
Königsberg (Kaliningrad) 19 ff., 26, 69, 80 ff., 93 f.
Kosel 190
Köslin 22, 105
Kreuzingen 20
Krone an der Brahe 120, 122, 126, 128 ff., 133, 135, 138, 142 f., 145
Kuntschitz 256 ff.
Küstrin 21, 157 f.

L
Labiau 81, 94
Lamsdorf 26
Lamspringe 117
Landsberg an der Warthe 150 f.
Langelage 193
Langenbielau 222

Laschendorf 55
Leba 178
Lehrte 234
Leipzig 28, 213, 216 ff., 232
Leningrad 346
Liebenau 96
Lipten 173
Lissa 26
Lobenstein (Orlovius) 118
Lodz 21, 26
Lommatzsch 230
London 43
Lorgenau 81
Lowitsch 102
Lübeck 28
Ludwigslust 167 f., 175 ff.
Luhden 179
Lyck 20

M
Machuswerder 146
Magdeburg 177, 216
Magnuszew 21
Mährisch-Ostrau 22, 38 f.
Mährisch-Trübau 244 f., 247, 250 f., 253, 260
Maiken (Maiskoje) 93, 94
Mainz 69
Malchow 55
Mannheim 314
Marienburg 103
Marienwerder 20, 99
Markt Türnau 247 f.
Markthausen (Wysokoje) 79 ff., 92, 94
Marloffstein 304
Mehdenau 82 ff.
Meißen 230
Memel 19 f.
Mewe 96, 99, 101 f., 104 f., 110
Meyenburg 137
Mies 291
Minsk 18
Mitrowitz (Mitrovice) 26, 143
Moorhof 132
Moskau 18, 43, 343, 346–352, 354–358
München 38, 43, 72, 236, 292
Münster 140 f.
Mürau 253

N
Nakel 132
Naugard 105
Nemmersdorf 19, 83, 104
Netzbruch 146, 153
Neu Rohlau 265, 270, 274
Neu Sattl 264, 281
Neudorf/Moldawien 332, 341
Neugablonz 66
Neuhausen 282, 285
Neukirch 204
Neukuhren 21
Neumecklenburg 147 ff.
Neumünster 88 ff.
Neunkirchen bei St. Wendel 92 f.
Neuruppin 134, 140
Neusalza 204
Neustadt (Weiherowo) 124
Neustadt an der Dosse 165
Neutief 85
Nieder-Florstadt 289 f.
Nordheim 178 f.

O
Ödheim 238 f.
Olmütz 39
Opladen 238
Oppeln 221 f., 243
Oschersleben 216
Osnabrück 192, 195, 200, 233 f.
Osterkappeln 194
Östrum 114
Ottmachau 244

P
Palmnicken 81 f.
Paris 314, 318
Pelplin 105
Petersburg 346
Pforzheim 66
Pillau 21, 81–85
Pilsen 28, 39, 41, 292 f.
Platten 273
Poschetzau 281
Posen 21, 69, 75, 333
Potsdam 14, 28 ff., 33, 35, 48 f., 52, 57, 59, 64, 277, 294
Potulitz 26
Prag 10, 39 ff., 44, 69, 257, 294 f., 297, 313

Preußisch Eylau 21, 26
Pulawy 21
Pultusk 21

R
Radeberg 204
Ragnit 20
Ransbach-Baumbach 91
Rastenburg 18
Ratibor 244
Rauden 96
Regensburg 195
Reichenbach 285
Reidenhausen/Pfalz 92
Reitwein 160 f.
Rheinsberg 134
Rochlitz 324
Rohlau 112, 118
Rönne 87
Roßlau 28
Roth bei Herborn 91
Rottleberode 177 f.
Rummelsburg 162

S
Sangerhausen 177
Schiewenhorst 22
Schirnding 258 f., 288
Schlawe 105
Schloßberg 20
Schmölln 105
Schneidemühl 124, 132
Schwäbisch Gmünd 315
Schweidnitz 38
Schwerin 28, 54
Seeshaupt 295, 299
Sikawa 26
Sinarskoje 351
Sindelfingen 312–318
Slawsk (Heinrichswalde) 92
Smolensk 350
Soldau 21
Sparow 55
Spindelmühle (Spindleruv Mlyn) 312, 320–324, 326 ff., 331
Staab 296
Stalingrad 18, 103
Stargard 105
Staritz 196
Steinau 21
Steinhöfel 149
Stendal 177
Stendsitz 105
Stepenitz 133, 135, 138 ff.
Stettin 35, 105
Stolp 26, 105
Strakonitz 282
Stuttgart 65, 320
Stutthof 85
Swerdlowsk 349

T
Tamsel 154–159
Teheran 13
Tetschen 42, 229
Theresienstadt 41, 299
Tilsit 20
Tirschnitz 287
Tolkemit 21
Tranßau 79
Treptow 26
Treuburg 20
Troppau 39, 244, 251

V
Vichowa 329
Vielank 169 ff., 174 ff.

W
Walsrode 109, 111
Warmhof (Ciepte) 96 f., 104 f., 118 f.
Warschau 12, 34, 41
Weinsberg 242
Weitzschenhain 230
Wesel 66
Wien 294
Wiesau 288
Wiesbaden 259
Wilhelmsort 121
Wismar 28
Witteldowo 120, 131
Wittenberge 28, 177
Wjasma 351
Wolokolamsk 351
Woltershausen 114, 116
Wormditt 21
Wtelno 127
Würzburg 66, 288
Wusterhausen 165, 175

Z
Zantoch 149
Zechow 149
Zittau 204